中国国际问题研究所
中国国际问题研究基金会

国际战略环境的新变化与中国战略机遇期的新阶段

——2011年国际形势研讨会论文集

曲　星◎主编

世界知识出版社

目 录

总 论

国际战略环境的新变化

中国战略机遇期的新阶段

国际问题专论

序 言

2011年11月26—27日，由中国国际问题研究所与中国国际问题研究基金会主办的2011年国际形势研讨会在北京举行，来自全国各地的国际问题专家、政府有关部门领导、媒体代表等170余人参加。外交部长杨洁篪出席开幕式并作形势报告，中央外办副主任裘援平出席会议并发表讲话。

2011年是新世纪第二个十年的开端，也是我国实施“十二五”规划的开局之年。在这一年里，欧美债务危机、西亚北非动荡、亚太地区变局成为国际形势发展变化的标志性事件。本次研讨会以“国际战略环境的新变化与中国战略机遇期的新阶段”为主题，围绕国际格局演变与大国关系调整、国际安全形势与热点问题、中国战略机遇期的新阶段等诸多重要议题展开。讨论议题紧扣当前国际形势变化的核心与焦点，并密切联系中国外交的现实。在当前国际形势发生深刻复杂变化、各种全球性挑战日益突出的背景下，准确把握国际形势的变化特点和发展趋势，对于最大限度地维护和延长我国战略机遇期，继续恪守维护世界和平、促进共同发展的外交宗旨，坚定不移地走和平发展道路具有重要意义。

与会专家学者多为全国各地国际问题研究界的领军人物，且有外交部和其他部委相关领导亲自与会，发表对当年国际形势和中国外交的权威见解。会议反映了国内国际问题研究的顶尖水平。按照惯例，我们将会议主要成果结集成书，以中英文版本奉献给国内外广大读者，以促进国际问题研究学界的交流与繁荣。本书的所有文章都是作者自己的研究成果，其观点仅代表个人看法，转载或引用请注明出处。

本书的出版离不开诸位作者的大力支持与配合。《国际问题研究》杂志编辑部承担了论文集的主要编辑工作，中国国际问题研究所的国际战略研究部、科研处、图书馆等部门为此书的构思、编辑、校对、翻译等工作做出重要贡献，世界知识出版社对本书的顺利出版提供了大力支持，在此一并致以衷心感谢。

中国国际问题研究所所长　曲星

2012年2月于北京台基厂头条3号

2011年国际形势研讨会开幕词

中国国际问题研究基金会理事长 **张德广**

尊敬的杨洁篪部长，

尊敬的各位大使、专家、学者，朋友们，同事们，

大家好！

今天，由中国国际问题研究所和中国国际问题研究基金会联合举办并由国内多家学术单位共同参与的年度高端学术交流活动，即2011年国际形势研讨会在这里开幕了。我代表这次活动的主办方向大家表示热烈的欢迎，并借此机会对多年来给予这项活动大力支持和指导的外交部、中国社科院以及上海有关单位的领导表示衷心的感谢。

2011年国际形势和国际关系继续发生快速、深刻、复杂的大变化、大调整。国际金融危机已持续三年有余，但人们期待的世界经济稳定增长仍未成为现实，"后危机时代"还远未到来。美国和欧洲主要发达国家深陷社会、经济困境，其危机之深之广为20世纪30年代以来所罕见。西亚北非局势激烈动荡，美、法、英等西方列强军事干涉利比亚，阿拉伯世界一些强人政权相继倒台；现在，西方的压力之剑又指向了叙利亚、伊朗。美国战略重心加速东移，高调加大对亚太地区的政治、经济、外交、军事投入。我周边一些国家与美国拉近政治、经济和安全合作关系。若干大国正面临权力更迭，美国、俄罗斯、法国等大选在即。2011年，我国成为世界第二大经济体，随着经济实力的增长，我国的国际影响力与日俱增。面对快速变化、躁动的世界，我国坚持和平发展道路，坚持和平、合作、互利共赢的对外政策。

回望2011年世界上所发生的重大变化，我们感到我国外交和对外交往面临的机遇和挑战都在增加。我们能否趋利避害，抓住机遇，妥善应对挑战，继续保障我国的复兴大业顺利前进，在很大程度上取决于我们能否科学地、正确地认知世界的变化趋势。我们的研讨会有来自全国各重要学术单位的著名专家和学者，大家聚集一堂，共同探讨，相信一定能取得丰硕的学术成果。

祝研讨会取得圆满成功。

谢谢大家！

总　论

2011年的中国外交[1]

中华人民共和国外交部部长　**杨洁篪**

即将过去的2011年可以说是进入新世纪以来国际形势演变十分深刻复杂的一年。尽管国际形势总体和平，但影响深远的大事、难事、急事接连不断，动荡的一面更为突出，国际关系和国际秩序调整变革步伐明显加快，一些格局性、趋势性变化更加明朗。

一年来，面对错综复杂的国际形势，我们在党中央、国务院正确领导下，把服务"十二五"规划良好开局作为外交工作的主线，全面推进外交工作总体布局，稳妥应对各种挑战，积极引导国际体系变革。胡锦涛主席、吴邦国委员长、温家宝总理、全国政协主席贾庆林等领导人出席多场重大多双边外交活动，卓有成效地开展首脑外交和高层往来，全方位推进我国与各方的友好合作关系，外交工作取得多方面积极成效。

一、稳妥应对外部经济风险，推进国际体系改革，服务国家发展

2011年，世界经济复苏的不稳定、不确定因素明显增多，一些国

① 本文为杨洁篪部长在中国国际问题研究所与中国国际问题研究基金会主办的"2011年国际形势研讨会"开幕式上的讲话，2011年11月26日。

家主权债务问题突出，世界主要经济体增速出现不同程度的下滑，国际金融市场动荡加剧，各种形式的贸易和投资保护主义上升，我国面临的外部经济环境更加复杂严峻。

针对国际金融危机和一些国家主权债务危机对我国造成的影响和冲击，国内各部门、各地区通力协作，努力化解风险挑战，积极参与国际经济合作，争取对我国经济发展总体有利的外部环境。胡锦涛主席在二十国集团领导人戛纳峰会上全面阐述了我国对应对当前金融危机，加强全球经济治理，实现世界经济强劲、可持续、平衡增长的立场和主张，向国际社会传递了保增长、促稳定、同舟共济、合作共赢的明确信号。在普遍关注的欧洲主权债务问题上，中方在会上表示，解决欧洲主权债务问题首先要靠欧洲自身努力，中方愿同国际社会一道参与欧洲克服危机的努力。我们同各方通过协调磋商，积极引导会议进程，推动二十国集团机制在全球经济治理中发挥更大作用。

在亚太地区，中方坚持互利共赢的开放战略，不断深化同各方共同利益，稳步推进区域合作进程，促进地区国家的共同发展。在夏威夷亚太经合组织（APEC）领导人非正式会议上，中方提出APEC要维护多边贸易体制，深化区域经济一体化，坚决反对和共同抵制各种形式的保护主义，反对一些国家利用汇率等问题转嫁责任的做法，推动建立均衡、普惠、共赢的多边贸易体制，对外发出了亚太地区应坚持自由贸易的有力信号，推动亚太区域合作进一步朝着健康的方向发展。

随着经济外交在国家总体外交中的地位不断上升，我们积极服务国家经济发展，配合实施“引进来”、“走出去”，进一步深化与各国互利合作，推动同欧亚、中东、拉美等地区能源资源、跨境基础设施建设等大项目合作取得新进展。加强同各国的宏观经济政策协调，参与和引导全球经济治理机制改革进程。妥善处理有关经贸摩擦，与各国经贸合作关系不断深化。

二、坚持“与邻为善、以邻为伴”方针，维护有利的周边环境

尽管受到国际金融危机影响，全球经济形势低迷，但亚洲地区经济总体上仍然保持发展势头，为推动世界经济增长发挥了积极作用。东盟、10+1、10+3、中日韩、东亚峰会等各种地区合作机制日益完善，形成了优势互补、协调并进的良好局面。虽然亚洲国家间存在一些领土主权和海洋权益争端，但求和平、重稳定、谋发展、促合作始终是地区形势的主流。

我们继续深化同周边国家的睦邻友好关系，将我国发展寓于地区整体发展之中，努力促进同周边国家的共同利益。我国已是大多数周边国家的最大贸易伙伴，并成为越来越多国家的最大出口市场。我们充分发挥地缘、经济、人文优势，推动10+1、10+3等区域合作不断深入。温家宝总理利用出席东亚领导人系列会议的机会，在双多边场合突出团结、发展、合作的主题，打出30多项合作倡议和举措，有力推动了地区务实合作的发展。我们努力维护东亚峰会作为“领导人引领”的战略论坛性质，坚持东盟主导，努力寻求和扩大利益汇合点，得到与会国家的积极响应。

我们努力保持南海局势的总体稳定，同东盟国家就落实《南海各方行为宣言》后续行动指针达成一致，并设立中国—东盟海上合作基金。

我们进一步深化同中亚国家的友好、合作关系。在圣彼得堡举行的上海合作组织总理第十次会议就尽快建立上海合作组织开发银行等达成多项重要共识，促进了上海合作组织各领域务实合作的深入发展。

三、促进与主要大国关系稳定发展

保持与大国关系的总体稳定，对于我们深化全方位对外合作、维护良好外部环境至关重要。一年来，我们同各大国关系稳步发展。2011年初，胡主席成功访美，中美就建设相互尊重、互利共赢的合作伙伴关系达成重要共识。之后中美两国举行了第三轮中美战略与经济对话和第二轮中美人文交流高层磋商，启动中美战略安全对话和亚太事务磋商，美国副总统拜登成功访华，促进了中美各领域的交流合作。我们坚决反对美国领导人会见达赖、美对台售武等错误行径，同时有针对性地做美各界工作，促美方以合作方式、通过平等协商妥善处理两国在经贸等方面存在的分歧。

中俄关系持续深化。我们以《中俄睦邻友好合作条约》签署10周年为契机，与俄方共同制定未来10年两国关系发展规划。中俄关系的战略内涵更加丰富。两国领导人往来密切，双方能源合作取得新进展，在重大国际和地区问题上协调配合取得积极成效。

中欧关系实现新的发展。我们从战略高度对待新形势下的中欧关系，我国多位领导人访欧，推动中欧战略互信不断增强，各领域合作水平进一步提升。我们与中东欧国家关系进一步加强，促进了中欧关系全面和均衡发展。

中日关系总体保持改善发展的势头。我们支持日本抗震救灾和灾后重建。日本政权交接后，我们及时做新政府工作，保持中日关系稳定发展势头。

四、深化同新兴大国和发展中国家的团结合作

新形势下，我们与广大发展中国家利益交融进一步深化，合作前景更加广阔。我国领导人遍访亚非拉地区，成功接待多位发展中国家领导人来访，增进了我国同有关国家的政治互信，推动了各领域的交流合作。我国在三亚成功举办金砖国家领导人第三次会晤，南非成为新成员，各方就保持团结、加强合作、共谋繁荣达成重要共识，并就一些重大国际和地区问题协商形成共同立场。我们全面落实中非合作八项新举措，中非传统友好焕发出新的活力。我们通过接待沙特国王特使访华、举行中国—海合会战略对话、出席第66届联大一般性辩论等渠道与海湾地区国家加强合作，共同推动双方关系发展。中国和拉丁美洲国家贸易额突破2000亿美元，双方务实合作迈上新台阶。

五、妥善应对西亚北非地区动荡，维护中国国家利益

2010年底、2011年初以来，西亚北非地区持续动荡，地区力量对比此消彼长，有关国家关系出现新的分化组合，地区形势进入动荡与变革交织的不稳定期。

我们尊重和支持西亚北非有关国家自主处理内部事务及其政治过渡进程，呼吁地区国家有关各方通过政治对话化解分歧。我们秉承《联合国宪章》精神和不干涉内政原则，强调联合国应在稳定局势和重建进程中发挥主导作用，支持一切有助于地区局势恢复稳定的外交调解努力，反对外界进行武力干涉。我们向利比亚、埃及等国及时提供人道主义援助，加强同西亚北非地区的互利合作，2011年前三个季度，中国同地区国家贸易额同比增长24%。

2011年以来，我们在维护海外利益方面的挑战有所增多。我们认真践行“以人为本、外交为民”理念，全力维护我国海外公民和机构安全及合法权益，圆满完成从西亚北非地区撤员行动，仅从利比亚就撤出35860名中国公民，充分展示了我国集中力量办大事的制度优势。我们严密防范一些敌对势力企图借西亚北非地区动荡对我国进行渗透破坏，维护了国家安全。

六、大力开拓公共人文外交

新形势下，公共人文外交是我国外交的重要开拓方向。我们切实贯彻党的十七届六中全会精神，积极推进公共人文外交，促进对外文化交流。我们围绕“十二五”规划实施、纪念建党90周年、辛亥革命100周年、《中国的和平发展》白皮书发布等重大活动加强政策宣示和舆论引导，向世界展示中国走和平发展道路的决心和诚意，唱响中国发展前景光明论。我们同各国广泛开展人文交流，成功举办“中国年”、“文化日”、“感知中国”、“中欧青年交流年”等大型活动，提升了中华文化的国际影响。我们将新闻发布会由一周两次改为一周五次，利用外交部官方网站、外交部蓝厅论坛、《中国外交》画册，借助“外交小灵通”微博、“外交服务站”广播等公共外交新品牌，向国内外民众广泛宣传我国内外政策和发展理念，受到各界欢迎。

2012年是我国经济社会发展十分重要的一年。我们将召开党的十八大，“十二五”规划也进入全面实施阶段。外交工作任务更加艰巨，责任更加重大。我们将在党中央和国务院的正确领导下，继续为保稳定、促发展服务，全力做好各方面工作，坚决维护国家主权、安全和发展利益，为全面建设小康社会、加快推进社会主义现代化营造更为有利的外部环境。

东边日出西边雨

——2011年国际形势主要特点

中国人民外交学会前副会长，前驻阿联酋、约旦大使 **刘宝莱**

2011年，国际局势纷繁多变，起伏不定。经济低迷，西方尤甚，矛盾频发，群体闹事；新兴市场，国力增强；力量对比，渐趋平衡；中东政局，持续动荡；美国战略，加速东移；中国发展，挑战增加。

一、新兴国家发展势头强劲

2011年，新兴市场国家和发展中国家继续保持强劲的发展势头，同发达国家的力量对比渐趋平衡，“西方大国可以独自决定地球未来的时代已经结束了”。[①] 这标志着世界格局正在发生深刻的变化。经济上，新兴国家日益成为推动全球经济发展的源泉。[②] 6月7日，世行报告称，全球经济复苏仍将是“南高北低”，发展中国家将增长6.3%，发达国家仅2.2%，[③] 发展中国家的国内生产总值将“超出发达国家45%”，并

---

① 爱德华多·费布罗:《金砖国家提供了示范》，阿根廷《第十二页报》，2011年9月21日。

② 马里亚诺·图尔齐:《2011年：11个经济体之年》，智利《美洲经济网站》,2011年7月22日。

③ 《2011年全球经济展望》报告，《世界银行》，2011年6月7日。

在“未来两年内对世界经济增长做出近80%的贡献”。[①] 鉴此，全球积累轴心实现了从发达国家向发展中国家过渡，“2006—2007年，从美国流向新兴世界的资本为3000亿美元，2010年，达到5500亿美元。相反，2006—2007年，从中国向美国的资本流动达到9000亿美元，2010年，降至6000亿美元”。[②] 新兴市场企业集团在全球的影响正在扩大。在英国《金融时报》按市值排名的2011年全球500强企业中，中国有27家，仅次于美、英、日，位居第四，如算上香港18家企业，中国排名第二。而危机前的2007年，中国排在第8名，只有8家企业进入500强。另外，印度14家、巴西12家，俄罗斯为11家。[③] 值得一提的是，新兴国家阵容不断扩大，又有11国经济增长前景看好，被高盛公司称之为“未来11国”。它们是孟加拉、埃及、印尼、伊朗、墨西哥、尼日利亚、巴基斯坦、菲律宾、土耳其、越南和韩国。[④] 政治上，发展中国家强烈主张国际关系民主化，增加话语权。目前，它们在联合国、20国集团和国际货币基金组织等国际和区域组织中的地位和影响明显上升，“金砖国家”正发挥重要作用，致使发达国家不得不认真倾听，接受“加强合作，同舟共济，共克时艰，互利共赢”的理念和主张。欧美国家也放下身段，要求发展中国家助其渡过债务危机。发展模式上，呈现多样化，多元化，个性化。各国大都按本国国情，因地制宜，积极采取措施，推动本国经济尽快复苏，以消除国际金融危机带来的负面影响。发达国家的“药方”，连自己都救不了，怎能救别人呢！美国“自己生病，让别人吃药”的方子，已遭到国际社会的猛烈抨击、谴责和嘲讽。

“这个时代的中心特征是世界平衡的轴心从西方转向东方，从大西

① 豪尔赫·卡斯特罗：《世界投资决定转向新兴国家》，阿根廷《号角报》，2011年8月7日。

② 同上。

③ 斯蒂芬·韦格斯蒂尔：《全球化是把双刃剑》，英国《金融时报》，2011年9月13日。

④ 马里亚诺·图尔齐：《2011年：11个经济体之年》，智利《美洲经济网站》，2011年7月22日。

洋转向太平洋，从发达国家转向新兴国家”。[①]2011年11月24日，世界银行首席经济学家林毅夫撰文称：“全球经济的地理中心已经显著地发生了转移。如今，中国处于前沿和中心位置，而其发挥的领头龙作用也有益于世界经济发展前景。”

二、美国重振自信，续做世界“老大”

美国经济疲软，债台高筑，失业率居高不下，国际影响力下降。“占领华尔街”运动，反映了美深层次的矛盾和到处弥漫着对政府的不满情绪。民调显示，平均每5个美国人中就有4个对政治制度不满，认为当前的制度在处理经济等国内问题时表现不力；56%的人对奥巴马处理经济事务的方式持反对态度；44%的人认为他们现在的生活状况比奥巴马上台时要糟糕。[②]“事实上，美国的失业率达到了9.1%，近1400万美国人失业”。[③]于是，国际社会“唱衰”美国者大有人在，美国有些人也散布美国“衰落论”，甚至认为，“美国巨人已回天乏力。与英国一样，美国正走进全球退休大国的养老院”。中国“唱衰”美国者亦有之。诚然，美国正面临诸多严峻挑战，但它仍是世界上唯一超级大国。在可见的未来，其地位无人可以取代。正如美前国务卿基辛格博士讲的那样：“美国的国力较‘二战’结束初期和苏联解体后的20世纪90年代有所下滑。但是，不论和哪个国家相比，美国仍是十分强大的，并未衰落。”[④]因此，美国“衰落论”“错得离谱”，其“地缘政治形势有利，意识形态气候回暖，与20世纪相比，21世纪美国的影响

① 豪尔赫·卡斯特罗：《世界投资决定转向新兴国家》，阿根廷《号角报》，2011年8月7日。

② 卡尔·罗夫（美国前总统小布什的高级顾问）：《为什么奥巴马在2012年可能会失败》，美国《华尔街日报》，2011年6月22日。

③ 同①。

④ 《美国要和亚洲保持友好》，日本《读卖新闻》，2011年9月2日。

力将更大。”①

为了增强美国人的自信，恢复往日之“霸气”和争取总统连任，奥巴马总统现正积极调整全球战略重点，以实现三个转变。首先，由全面反恐转入关注经济，即“对经济的担忧已取代对恐怖主义的担忧，成为美国和全世界最大的担忧。”②奥巴马的亚太之行，大谈经济，未谈反恐，就是一例。卡耐基国际和平基金会访问学者戴维·罗特科普夫称:“从中东地区的冲突到亚洲的战略和利益，从单边主义到新的均势外交，这一关注焦点的转变，也许是自冷战结束以来，美国的全球姿态出现的最重要的转变。”③在反恐方面，美国正改变反恐方式，缩小打击范围。2011年5月，美国大兵击毙本·拉登，这对奥巴马来说，无疑是一大胜利。9月，美无人机在南也门又打死了“网络本·拉登”奥拉基。美国一改过去大吹大擂、兴师动众的做法，而是加强侦破，秘密行动，出其不意，重点打击，收到了一定的效果。

其次，加速战略转移，打造“美国的太平洋世纪”。随着退出伊拉克和阿富汗两个战场，美国加快了战略重心向亚太转移的步伐。奥巴马亚太之行，声称“美国是太平洋强国。我们来到这里就要留在这里”，意在“重塑美国在太平洋的领导地位”。④美国务卿希拉里曾撰文强调，“亚太地区已成为全球政治的一个关键的驱动力。……利用亚洲的增长和活力是美国的经济和战略利益核心。”因此，美国外交政策需要加快调整，向亚太地区战略转移，建立“前沿部署”外交，“遵循六个关键的行动方针，即加强双边安全联盟；深化我们与新兴大国的工作关系，其中包括中国；参与区域性多边机构；扩大贸易和投资；

① 沃尔特·米德(美国巴德学院教授、《美国利益》杂志特约编辑):《未来依然属于美国》，美国《华尔街日报》，2011年7月2日。

② 蔡江南:《奥巴马方案能走多远》,《解放日报》，2011年9月24日。

③ 《德新社华盛顿》，2011年11月19日。

④ 《路透社华盛顿》，2011年9月21日。

打造一种有广泛基础的军事存在；促进民主和人权。”[①] 由此可以看出，美亚太战略的新特点，即运用巧实力和软实力，以最小的代价，实现利益最大化，以进一步确立其在该地区的霸主地位。

另外，调整中东政策，继续主导地区事务。奥巴马出台了“中东新思维”，化被动为主动，由力保亲美的阿拉伯共和制政权，转为明确支持地区变革，意在将其纳入美国的轨道，使各国政权按其意图实现平稳过渡，建立美式民主。美现正极力打造埃及民主样板；在推翻了卡扎菲政权之后，又企图压垮叙利亚。对沙特等君主制政权，为其出招，予以力保；首次提出巴以的永久性边界应建立在1967年边界线的基础上；坚持按时从伊拉克撤军；重点高压伊朗。上述举措正逐步落实，但地区局势仍在动荡，甚至出现反复，不可能按美意图发展。

在国内方面，美国政府也有三抓。一抓就业问题，以降低长期徘徊在9%的失业率。2011年9月8日，奥巴马向国会两院提出了就业刺激方案，主要包括降低税收和增加高达4470亿美元开支的一揽子计划，其核心在于削减工薪税（高达2400亿美元）。[②] 11月，奥巴马亚太之行，重点转向经济。他表示，期间签署的贸易协议将“支持13万个美国工作岗位”，并助美“实现到2014年让美国出口增长一倍的目标”。[③] 此外，美联储推出了新刺激举措，“决定大举调整其2.65万亿美元证券投资组合，以压低长期利率”，其中“出售4000亿美元3年内到期的国债，并将所得收益重新投资于6—30年内到期的国债，令长期国债在其持有资产中占据的比重大大增加”。通过利率的降低，来提振投资和消费，给陷入困境的房地产市场“注入一针兴奋剂”。[④] 二抓科技领先。美国政府继续加大对高科技和新式武器研发的投入，吸

① 《不再是超级大国？》，美国《纽约时报》，2011年6月24日。

② 美国《华尔街日报》网站，2011年11月14日。

③ 《在亚洲，奥巴马不再关注恐怖主义》，美国《洛杉矶时报》网站，2011年11月20日。

④ 同上。

引国际优秀人才，制定新的发展规划，争取在清洁能源建设方面，抢占国际制高点。三抓军事力量。尽管美国财政预算赤字高企，但军费开支减少不多。美国航母称霸海上，无人机横行天空，恣意侵犯别国领空。美国在海外建立多处军事基地和在多国驻军，以便达到海外制衡的目的。

三、欧债危机严重，主要靠自救

欧洲主权债务危机日趋严重，直接影响世界经济的复苏进程。欧元区17个成员国中爱尔兰、葡萄牙、希腊、西班牙和意大利均出现债务危机，其中希腊、意大利两国尤甚。据报道，希腊债务高达3500亿欧元，“没有偿还能力”，其经济不可能实现平衡，因此，希腊总理帕潘德里欧曾在20国集团首脑会议前夕，提出就欧盟对希腊的救援计划进行全民公决，犹如一枚定时炸弹对准该会。经做工作，他取消此议后，才使会议得以顺利召开。作为欧元区第三大经济体的意大利，债务高达1.9万亿欧元，相当于希腊债务的5.6倍，是上述前4国债务的总和。意总理被迫辞职。据美国高盛公司估计，“希腊债务将缩水60%，爱、葡两国债务缩水40%，意、西两国为20%”，“欧洲银行需注资3000亿欧元，法国银行将需130亿欧元，兴业银行116亿欧元，德国的德意志银行和德国商业银行则分别需122亿欧元和107亿欧元资本”。[1]

欧债危机一改欧洲的繁荣景象，致使失业率高企。据德国联邦统计局最新公布的数据显示，除了服兵役以外，在15岁至24岁的就业人群中，欧盟平均失业率为20.5%，其中西班牙和希腊最高，分别达45.7%和38.5%，意大利27.8%，英国19.6%，德国虽控制在10%以内，

① 《法新社巴黎》，2011年10月14日。

但依然比社会平均失业水平高出不少。[①]

为解决欧债危机，欧盟和欧元区采取了一些措施，主要有：

1. 增强欧洲金融稳定机构（EFSF）。欧元区17个成员国议会已批准该机构的扩大方案。目前，该机构有"4400亿欧元的可用贷款，预计其中的一半左右将被对爱尔兰、葡萄牙和希腊的紧急救助所消耗。这留给它太少的资金来应对意大利的麻烦"。[②]

2. "换人"自救。上述五国均实现了政府更迭。广大选民普遍希望通过新人上台，实现"专家治国"，尽快走出困境。现各国政府正制定财政紧缩计划，要求民众"勒紧腰带"，以渡难关。

3. 欧盟积极化解危机，如提出发行欧元债券的三种方案，以促债务共担。对此，德、法持有异议，难以实施。与此同时，欧盟正加大对财政、经济和体制改革力度，使之从"货币一体化"到"财政一体化"直至"政治一体化"的方向行走。[③]当然，这将是一条艰难、曲折的路。

4. 国际货币基金组织进行救援。拉加德总裁正积极活动，争取新兴市场国家，特别是中国、印度等金砖国家，通过该组织向欧洲提供援助。据报道，该组织将向意大利提供6000亿欧元的紧急援助。

四、中东地区进入动荡期

2011年伊始，中东地区发生政治风暴，冲击着西亚北非地区的阿拉伯国家。这是自20世纪五六十年代民族独立运动以来最大的一次风暴，只是各国国情不同，受冲击的程度不同而已，其中受冲击最大的

① 吴黎明：《欧洲"危机的一代"》，《北京日报》，2011年8月20日。

② 《G20结束，未达成协议》，美国《华尔街日报》，2011年11月4日。

③ 吴黎明：《欧洲"换人"更要"治本"》，《北京日报》，2011年11月22日。

有突尼斯、埃及、利比亚和也门，其政权相继更迭。叙利亚政局依然紧张、动荡，流血冲突不断；南苏丹实现独立；其他阿拉伯共和制国家，如阿尔及利亚、苏丹，也常有民众示威游行。阿拉伯君主制国家亦受波及，巴林尤甚。在巴林当局要求下，海合会出兵干预，使局势得以迅速恢复正常。值得提及的是，君主制政府及时进行了一系列改革和调整内外政策，适当改善民生，稳定了人心，故政局相对稳定。

埃及穆巴拉克的下野，标志着阿拉伯共和制国家的专制、强人统治时代的结束，一个新时代的开始。局势仍在发展，还将持续动荡、反复，甚至不排除发生突发事件的可能。美国及西方国家对地区事务的干预，使局势更为复杂多变。10月23日，突尼斯制宪议会选举，伊斯兰复兴运动获胜。随后，摩洛哥众议院大选，伊斯兰政党——正义与发展党也赢得了选举。11月28日，埃及议会第一阶段选举在混乱中开场，伊斯兰政党获得了65%的选票。种种迹象表明，伊斯兰势力在该地区正在增长，并将在地区政治舞台上成为一支举足轻重的政治力量。利比亚虽组成临时政府，但难以服众，将会动乱不已，人们担心利可能成为第二个伊拉克或索马里。叙利亚巴沙尔政权处境艰难。随着西方和阿盟对叙制裁力度的加大，叙反对派武装力量的增强，局势将会继续恶化，叙可能成为下一个利比亚。

巴勒斯坦问题被边缘化。迄今，巴以和谈搁浅。9月，66届联大期间，阿巴斯以巴勒斯坦总统和巴民族权力机构主席的身份，向联合国秘书长潘基文递交了巴“入联”申请，遭到了美以的强烈反对。美公开表示将在安理会使用否决权。看来，巴入联难以实现。联合国教科文组织接纳巴为正式成员，令美以大为恼火，扬言要停止对该组织的资助。

巴勒斯坦法塔赫和哈马斯，在埃及积极斡旋下实现了和解，受到了巴人民和阿拉伯人民普遍欢迎和赞赏。这有助于巴内部团结共事，用一个声音对外讲话，共同对付以色列。

以色列处境更为孤立，软实力下降。阿拉伯国家反以情绪高涨，埃以出现冷和平。9月9日，开罗部分民众闯进以驻埃大使馆，扯下以国旗，换上埃国旗。许多民众甚至支持取消戴维营协议。土以关系已跌入低谷，两国外交关系降至二秘级。土耳其取消了同以的一切军事协议。应该看到，巴“入联”申请本身就是对以的一个打击，使以在联合国等国际组织处境被动。

五、中国面临的挑战增加

2011年是中国“十二五”规划的开局之年。面对复杂多变的国际形势，举国上下，全力以赴，开好局，把好关，做好事，使广大人民分享到改革开放取得的巨大成果。尽管中国南方遭受了重大旱涝灾害，但经济仍保持快速、平稳发展，国内生产总值将增长9.3%，成为拉动世界经济复苏的“重要引擎”；进出口贸易将达3.5万亿美元，外汇储备3.2万亿美元；农业连续获得丰收，粮食产量超过5.7亿吨。市场繁荣，物价趋稳，通货膨胀率下降。中国航天事业发展迅速，“天宫一号”同“神八”的成功对接，使中国成为继美国、俄罗斯之后的世界第三航天大国。

随着中国综合国力的增强、国际影响力的扩大，中国的外交事业有了蓬勃发展。国际上发生的任何重大事件都直接或间接与中国有关。胡锦涛主席和温家宝总理等国家领导人出席20国集团首脑会议、亚太经社理事会首脑非正式会议、东亚峰会、上合组织领导人年会和出访有关国家等国事访问，宣传中国和平发展道路，增信释疑，促进政治互信，推动睦邻友好；强调同舟共济，加强合作，互利共赢，共克时艰；主张改革不合理的国际金融管理制度，这对推动世界经济尽快复苏和有关体制改革及增强中国的软实力，发挥了重要作用。中国已被历史推到了国际政治舞台的中心位置。

当前中国面临的挑战增加，主要有：

（一）经济转型，难度增大

中国正经历工业化时代的中期，建成了较完整的“高投入，低产出”工业化体系，虽促进了中国经济发展，但难以持续稳定地发展。这与发达国家相比，差距明显拉大。中国政府从发展战略考虑，决定在“十二五”规划期间，逐步实现经济转型，即建立较完备的“低投入，高产出”的工业化体系。此系一项伟大的系统工程，需要科技创新，设备更新，人才配套，资金到位，任务重大而艰巨。发达国家不会向中国出售先进设备和核心技术，只能靠中国人自己艰苦奋斗。

（二）改善民生，尚需时日

改善民生，刻不容缓，已提到议事日程。对此，中国政府十分重视，并做出了积极努力。就中国国情而言，面积大、人口多、底子薄、资源缺，迄今仍存在三大差距（城乡、东西、贫富）和三大难题（就医、住房、上学）。这是长期积累下来的老大难问题。正如温家宝总理讲的那样，任何小数目，乘上13亿，便成为大数目；任何大数目，除上13亿，则成为小数目。因此，改善民生，既要给大家带来希望，又要实事求是；既要雷厉风行，又要量力而行。只有随着经济的发展，逐步改善民生，才能使广大人民都能安居乐业。

（三）治理污染，绝非易事

当前，中国在生态环境方面面临的主要挑战有：（1）双重任务压力大。其一，我要“补上工业文明的课”。目前中国正处于工业化、城镇化快速发展的关键阶段。发达国家上百年出现的污染现象在中国呈现出“压缩型、结构性、复合型”的特点。据社科院蓝皮书称，截至2009年，中国城镇化率为46.6%，人口约6.2亿，未来5年，将达7亿，第一次超过农村人口。[①] 在如此高速发展情况下，尽管中国政府在治理污染方面取得了成效，但包括水、大气、土壤在内的环境污染依然相当严重。污染物的排放量大大超过环境承载能力。其二，“走好生态文明的路”。我们既要金山银山，更要绿水青山，决不能重复发达国家“先污染、后治理”的老路。这需要投入大量的人力、物力、财力和创新能力。(2) 国际压力大增。世界各国，不管是发达国家还是发展中国家，特别是岛屿国家，都强烈要求中国减排。我国现以一年60多亿吨的碳排放位居全球第一，约占全球碳排放的20%。但人均碳排放仅占美英等国的近5%。尽管如此，中国政府“自主宣布了温室气体减排的约束性量化目标，到2020年单位国内生产总值二氧化碳排放比2005年下降40%—45%。”[②] 这对能源结构以煤为主的中国来说，是一项十分艰巨的任务，需要付出更加艰苦卓绝的努力。(3) 全民的环保意识和理念，亟需大大加强。

(四) 周边安全环境更趋复杂

朝韩关系紧张、朝核六方会谈停顿、南海争端、中东政局动荡等均对中国周边环境带来消极影响。美国加快战略重心东移，积极打造美国的太平洋世纪，常拿南海问题说事，煽动东盟国家发难，并分别同日本、韩国、菲律宾进行海上军演，在澳大利亚驻军，意在建立由美主导的新联盟。目前，“为维护在亚洲的霸权，美国正悄然构建对华包围圈。奥巴马的亚太之行，充分暴露了这一战略意图”。[③] 美继续售台武器，又给台海局势增加了不安定因素。新疆分裂势力和藏独分子不时在境内外制造事端，影响中国西部边陲的长治久安。此外，国际贸易的竞争、摩擦也在日益加剧。

---

① 张旌等:《环卫机械：朝阳产业待喷薄》,《中国经济时报》, 2011年7月20日。

② 《德班峰会临近，各国分歧依然》,《共同社北京》, 2011年11月26日。

③ 《美国从经济和军事上包围中国》, 日本《每日新闻》, 2011年11月15日。

国际格局的新变化

中国国际问题研究所副研究员 **万玲英**

近年来接连爆发的世界金融危机和美欧日债务危机，使世界力量结构发生重大而深刻变化。全球战略结构多极化、南北差距趋小化、地缘力量均衡化、制度模式多元化趋势同步快速发展。世界格局的这些重要变化对促进世界和平大势有重大意义。

一、世界多极化趋势加速推进

后冷战时代，美国单极与诸强多极之争构成了世界战略力量格局的主要形态和基本矛盾之一。百年罕见的金融和经济危机凸显了世界发展不平衡规律，使力量天秤大幅向诸强倾斜，多极化进程获得前所未有的强势发展。这主要体现在三个方面：

（一）美国实力地位加速全面滑落，建立由其独家支配的单极世界秩序图谋趋于破灭

进入21世纪，随着美国经济痼疾发酵和新经济泡沫破裂，加上纠缠反恐和陷入两场大规模常规战争，其经济和独超实力持续下滑。金融危机和债务危机加剧了其下滑势头。

其一，经济增速和实力地位锐降。在克林顿主政的20世纪90年代，美国新经济突飞猛进，年均经济增速达3.4%。但在小布什当政的

8年，美国经济增速急剧下降，甚至一度陷入负增长。2007年下半年起，美国爆发并经历“二战”后空前严重的金融危机，经济更是遭到灾难性重创，连续18个月陷入衰退。自2009年下半年起，美国经济虽然走出了衰退，但复苏乏力。长期不景气和受危机打击，美国经济实力地位直线式下降。2000年美国经济总量占全球经济总量的近三分之一，2005年下降至25%，2010年再下降至约22%，10年滑落约10个百分点。美国经济对世界经济增长的贡献随之逐年缩小，现在其贡献率只有10%左右，远远落在中国之后。它作为世界经济增长主要引擎的作用明显减弱。

其二，美元的世界金融霸主地位严重削弱。美元所以能长期成为世界主导货币，一是靠实力，二是靠信誉。美国经济实力地位衰降和利己主义的货币政策使美元的信誉趋于坍塌，推动国际社会改革美元本位制世界金融体系的呼声日益高涨，美国金融霸主地位急剧下降。美元的世界金融霸主地位，是系在全球霸主美国颈上的“通灵宝玉”，其衰降是美国霸主地位衰降的风向标。

其三，美国软实力尤其是国际影响力和声誉严重下挫。美国国势减弱，犹紧抱旨在称霸世界的全球战略不放，势必力不从心，捉襟见肘，损人自损。奥巴马政府推出“外交新政”三年多来乏善可陈，在反恐、防扩散、应对气候变化、中东和谈、对拉美外交等诸多领域的政策目标无不受挫。特别是它推出新“量化宽松”货币政策之后，其损人利己的面目集中大暴露，大失人心与信誉，被包括其盟国在内的世界各国群起而攻之。这些说明了美国在国际事务中的主导性影响和地位显著下降。

基于严酷现实，奥巴马不得不对美国的世界定位作出一定调整。奥巴马不像其前任小布什把美国的力量绝对化、神话化，而强调美国“决不当世界老二”；不再提建立美国主导的单极世界，而强调美国作为全球第一强国，应在世界事务中发挥“领导作用”；不再抨击多极化主张，而在一定程度上认可世界正朝着多极化方向发展的现实。这反映了美国独超实力下降和走向衰弱的客观现实。

（二）金砖国家崛起，世界多极化趋势更加不可逆转

俄罗斯、中国等传统力量中心继续壮大，特别是俄、中与世界新兴经济体中的佼佼者印度、巴西、南非建构金砖国家合作机制，使世界力量对比进一步朝着不利于美国一家独大而有利于多极的方向发展。

金砖国家横空出世，举世瞩目。它们原来就是新兴经济体群体性崛起的领头羊，2001年至2010年更是它们发展的黄金时期。这十年它们经济平均年增速超过7%，是发达国家的3倍。即使在金融危机肆虐的2008年和2009年，当美、欧、日经济陷入深度衰退，它们年均增速仍达约5%。这使它们的经济总量迅速拉近了同美国的差距。以中国为例，2000年中国的经济总量只有美国的10%，到2010年，占到美国的40.2%。现在金砖国家的GDP、外贸总额、吸收外资额和外汇储备分别占全球的18%、15%、53%和60%，在世界经济中有着举足轻重的分量。它们的国防和科技力量及软实力同步快速提升，其中俄罗斯还保持了军事力量的超强地位，战略核力量基本上与美国处于同一等高线。

更重要的是，金砖国家走上了联合自强，共同崛起之路。从2006年起，它们先后建立了外长对话机制和首脑会议机制，形成了一个人口和幅员分别占世界42%和30%，经济总量仅次于欧盟和北美自贸区的全球特大的多边合作组织。该组织是国际上潜力巨大，冉冉上升的新的力量中心。金砖国家的兴起为世界多极化发展注入了新的强大动力。随着它们的不断壮大及其合作机制的深入发展，金砖国家及其合作组织未来将跻身国际舞台和多极化世界的主角之列。

（三）多极化格局隐现雏形

在危机中诞生的G20实际上已取代G7、G8，成为国际社会讨论世界经济问题的主要论坛和全球经济治理的主要平台，有可能发展为未来世界多极化结构的主要载体。这是因为：（1）它是由世界19个主要

经济体和欧盟组成的，经济总量占全球90%以上，其成员国囊括了世界上所有发达大国和发展中大国，有承载多极化格局的足够能力和代表性。（2）它在处理危机中形成的同舟共济、共克时艰、合作共赢的原则和不是由一个或少数几个大国操纵，而是由所有成员国平等参与、共同协商决策的精神，代表了多极化格局下国际形势和国际关系的发展方向。（3）它已超出了G7、G8那样的纯论坛性质，具有一定的决策功能，可以成为全球治理的合适机制。（4）它是发展和开放的。现在它主要讨论和应对世界经济问题，但随着国际形势演变、全球性挑战问题增多和加剧，它有必要和可能扩大为讨论与应对包括世界经济、政治、安全、气候变化等一应重大问题的机制，全面承担全球治理使命。

G20本身就是世界多极化进程发展的产物，也使多极化格局隐现端倪。它的发展走向可能最终构成未来世界多极结构的基础。

二、南北差距明显缩小

有一种说法是南北贫富差距越拉越大。这是指世界上最穷国家和最富国家之间的贫富差别而言，而不是反映了整个发展中国家和整个发达国家之间的经济差别状况。事实上，就整体而言，发展中国家同发达国家的经济差距不是越来越大，而是越来越小。金融危机和西方债务危机加速了南北经济实力差距缩小的趋势。

当代世界发展不平衡主要体现在南北之间，即发展中国家经济增长速度远快于发达国家。30多年来，随着东亚“四小龙”、“四小虎”和中国、印度、巴西、南非等新兴经济体的快速崛起，南方国家经济增速是北方国家的两倍多。西方金融和债务危机更加拉大了南北经济增速的差距。这导致双方经济力量发生较大的消长变化，发展中国家与发达国家经济实力差距愈益缩小。20世纪80年代初，前者的经济总量不到后者的15%，到2010年上升到后者的40%。按照IMF提出的购买力平价法计算，2009年发展中国家的经济总量占到全球经济总量的51.87%，首次超过发达国家的经济总量。

南北经济实力对比的重大变化在一定程度上改变了世界经济的权力格局。现在如果没有发展中国家，特别是新兴经济体的参与，任何一个重大的世界经济问题，包括能源危机、粮食危机、金融危机、生态危机，都得不到有效解决。迫于形势，西方国家不得不向它们转移国际金融机构的部分权力。世界银行2009年一次性向发展中国家移交3%的份额和投票权。IMF于2010年完成了其历史上第一次最大的权力制度改革，一次性向发展中国家转移超过6%的份额和投票权。现在，发展中国家在IMF中的份额增至42.3%，投票权超过40%。发达国家在IMF中的绝对垄断地位结束了。

三、全球地缘政治和地缘经济趋于均衡化，世界战略重心加快东移亚洲

几百年来，欧美一直是世界政治、经济中心，亚洲基本上被边缘化。“二战”后，帝国主义殖民体系土崩瓦解，情况才开始有所变化。最近30年来，大东亚地区经济腾飞、崛起之势有如狂飙突进，亚洲的地位节节攀升，全球战略重心呈现向亚洲倾斜态势。其主要标志和表现有三：

一是东亚兴起为世界三大经济中心之一

从20世纪80年代初迄今，包括“四小龙”、“四小虎”、中国、印度在内的大东亚地区年均经济增幅约达8%，美欧发达国家经济平均增幅不及前者的1/3。这使东亚地区的经济规模以加速度缩小与美欧的差距。现在加上日本，东亚国家的经济总量约达15万亿美元，超过美国

而接近欧盟的水平。东亚地区外贸总额约达7万亿美元，远远超过美国，外汇储备超过5万亿美元，约占全球的70%。东亚地区经济对世界经济增长的贡献达50%，超过欧美之和。现在，东亚地区已发展为全球财富中心之一和全球经济增长的主要引擎。世界经济已形成西欧、北美、东亚三足鼎立格局。

二是亚洲区域一体化建设取得实质性进展

东盟一体化建设得到长足发展；东亚整合显见成效，尤其是地区自贸区建设取得重大突破；中亚区域合作的主要载体上海合作组织不断扩大与深化全方位合作。

亚洲区域合作组织的深入发展，极大地增强了地区的竞争力和内在凝聚力，是地区整体实力和地位大幅提升的一个重要方面。

三是美国全球战略重心东移亚太

长期以来，美国对外战略重心一直放在世界地缘政治经济中心的欧洲—大西洋地区。进入新世纪以来，为适应亚洲崛起及其引发的国际形势新变化，美国逐渐将其对外战略重心东移亚洲—太平洋地区。现在，美国军事布局重点已东置亚太。在世纪之交，美国海外军事部署逐渐呈现西缩东扩态势。现在亚洲—太平洋地区已取代欧洲—大西洋地区成为美国对外军事战略重心。亚太地区是美国海外驻军和海空力量部署最多的地区和展示军威、军势的主舞台。它还着力强化同亚太地区盟国的军事联盟关系，加强同地区其他有关国家的军事安全合作，企图筹组亚洲“民主国家联盟”，以最终达成组建“亚洲版北约”的战略构想。

同时，奥巴马政府高调重返亚洲，将亚太地区定为美国对外政策的主攻方向和对外政策重点。

美国作为西方盟主和独超，利益遍及全球，它对各地区的重视程度折射出该地区的战略分量。美国对外战略重心东移亚洲，同亚洲战略地位飚升密切相关，也是世界战略重心加速移向亚洲板块的应然反映。

四、西方体制失色，世界制度模式朝多元化方向演变

冷战结束后，西方以冷战的胜利者自居，以为恢复了其“一统天下”的旧日辉煌。西方有些政学界代表人物提出“历史终结论”，断言西方的政经模式是“普世价值”，“绝对真理”和历史“终极模式”。然而当代历史进程表明，“历史终结论”并没有终结历史，反而被历史所终结。西方资本主义模式光环愈益消退，绝无可能成为世界惟一模式；世界逐渐走向模式多样化的时代。

第一，在南北经济增长的巨大落差中，美国代表的西方自由主义经济模式弊端毕现，促使发展中国家探索并实行适合自己的发展道路。

西方国家把其资本主义市场经济模式捧为世界上最优越的制度和“永恒真理”，强要非西方国家一体效仿。这种观点和做法遭到实践和历史的无情否定。美国等西方国家一味强调“大市场、小政府”，极度神化市场作用，将其绝对化，任其放任自流，结果导致经济长期低迷，贫富两极尖锐分化，最后酿成70多年来空前严重的危机。美国还将其模式包装成“华盛顿共识”强加给拉美等地区的发展中国家，给它们造成严重恶果。而那些选择适合自己国情经济模式的发展中国家经济持续快速增长，成为蒸蒸日上的新兴经济体。越来越多的发展中国家经过比较和反思认识到照搬照抄西方模式则衰，选择适合本国条件发展模式则兴，因而纷纷抵制西方模式，坚持走自己的路。

第二，发展中国家普遍拒绝照搬西方的政治体制，而选择适合自己特点的政治体制与民主模式。西方的“民主政治”模式在发展中国家普遍“水土不服”，勉强实行这种模式的国家付出了惨重代价。美国通过战争对阿富汗、伊拉克进行了“民主改造”，但两国战乱局面仍难

收拾；实行西式“民主”的国家，有的（如泰国）长期政局不稳，社会陷于持续动乱；有的（如海地和科特迪瓦）大选刚过即发生大规模骚乱，甚至陷于内战边缘，如此等等，不一而足。与此相对照，那些选择适合本国条件的政治体制的金砖国家等新兴经济体，实现了政局稳定、经济增长、社会进步。越来越多的发展中国家吸取正反两方面的经验教训，政治上拒绝全盘西化，坚持走自己的路。

第三，中国的发展道路和模式焕发出强大生命力。中国实行改革开放32年以来，各条战线突飞猛进，综合国力不断跃升新台阶，经济每年平均以近10%的幅度高速增长，2010年与1980年相比，经济总量增长了22倍，人均国民收入增长了16倍，人民生活从温饱型进入小康型，中国的面貌发生了翻天覆地的变化，创造了人类历史上前所未有的伟大奇迹。中国所以能取得如此辉煌的胜利和成功，根本原因在于实行了适合自己国情的发展模式，那就是有中国特色的社会主义道路。实践证明，中国的制度模式符合中国历史发展的客观规律，有着强大的生命力。中国的发展和中国模式的成功路有助于世界制度模式多元化趋势的发展。

五、推进世界和平大势的关键因素

国际格局的上述重要变化，是近年来国际形势发展的最大亮点和主要积极因素，对推进世界和平起着重要的保障作用。

（一）有利于促进大国和平共处，消弭世界性战争危险

世界战争与和平问题主要是世界大国的关系状况决定的。国际战略单极结构，即一个大国凭借对其他大国拥有绝对和压倒性的综合国力优势，确立其对世界的单边霸权支配秩序，是世界性冲突以至战争的根子。在这种情况下，那个霸权大国可以对包括其他大国在内的任

何国家予取予求，对那些不愿就范的大国，则可能动用各种手段包括使用武力予以压服。霸权压迫引发的冲突和战争因而势难避免。冷战结束后，美国依仗独超实力，把建立由它主宰的单极国际秩序作为其对外战略总目标。但随着国际战略格局多极化趋势的发展，它越来越力不从心。它的综合国力虽然对其他大国占有很大以至极大优势，但并不具备可以“君临天下”的绝对优势。它的经济实力地位急剧下跌，其经济总量从二战结束后占世界经济总量的2/3降至2000年的1/3，再降至2010年的不足1/4。在军事力量上，美国对诸强也只有相对优势而无绝对优势。因核武器是决定性的军事力量，而联合国安理会五大常任理事国都是核大国，仅俄罗斯一家的战略核力量就基本上同美国处于同一水平，双方保持了能“确保相互摧毁”的“核恐怖平衡”。大国力量的均衡化趋势的发展使美国建立单极世界秩序的目标趋于破灭。现在，大国之间的对抗与冲突没有赢家。和平共处，非对抗性竞争是大国处理相互关系唯一正确选择。这决定了世界性战争是可以防止和避免的。

（二）世界经济格局均衡化趋势的发展有利于缓解南北矛盾，消减国际对抗因素

南北矛盾即发展中国家与发达国家之间的矛盾是当代世界基本矛盾之一。后冷战时代前期，南方国家经济困难加重，南北差距扩大。这与北方国家拒不改革不公平合理的国际经济旧秩序，导致南方国家发展的外部环境恶化密切相关。这造成南北矛盾和对立严重加剧，成为国际形势紧张动荡的一大要因。进入新世纪以来，南方国家普遍调整了经济政策，实现了经济持续较快增长，尤其是新兴经济体群体性崛起，南北差距趋于缩小，南北矛盾趋于缓和。其主要标志有二：一是南北相互依存加深，谁也离不开谁。南方国家普遍实行对外开放政策，以北方国家为主要开放对象，大力吸收其资金、技术和人才。北方国家为实现经济再发展，亟需南方国家的市场、资源和廉价劳动

力。双方优势互补，经贸关系空前并愈益紧密，结成了你中有我，我中有你，利益与共的经济伙伴关系。二是南方国家随着经济实力大增，在国际经济治理机构中的代表性和发言权增大。在当前世界经济主要治理平台G20中，发展中国家占有10个名额。这些有助于南北矛盾的缓和与南北国家之间加强经济协调与合作。南北关系的改善与密切化是维护世界和平、稳定与发展的重要前提条件。

（三）中国因素的作用

中国是推动国际多极化进程的主力军之一。自从实行改革开放政策32年来，中国经济发展突飞猛进，年均增速近10%，创造了“天下所希闻，古今所未有”的一大奇迹。2010年，中国GDP达5.879万亿美元，是1978年的23倍多，占世界GDP总量9%强，外贸额和外汇储备均达近3万亿美元，吸收外资总量约达1万亿美元，成为世界上第二大经济体，第二大外贸国，第一大外汇储备国和世界主要吸收外资国之一。中国的国防、科技实力和以适合自身国情的政治体制、即有中国特色的社会主义制度为代表的软实力同步大幅提升，国际地位和影响空前提高。中国在国际格局和国际事务中都处于举足轻重的地位。更重要的是，中国选择了和平发展道路，打破了过去列强通过对外战争与掠夺而崛起的旧模式；奉行独立自主的和平外交政策，坚持不称霸原则与防御性国防政策，在国际上反对霸道强权，声张正义，主持公道，为防止世界战争、维护世界和平起着中流砥柱的关键作用，并作出了不可替代的独特贡献。

近年来，国际形势虽然复杂多变，但总体上以和平、缓和、稳定为主。这同世界格局积极而深刻变化密切相关。然而，当前世界格局的变化基本上属于量变和渐变，而不是质变与突变。国际战略格局多极化，世界经济与地缘力量均衡化和政治制度模式多元化还都是一种趋势，而没有正式成形。美国仍然是一超独大。西方国家的政治、经济、地缘实力仍远超发展中国家。美国的霸权主义，西方国家的强权政治虽受到较多牵制，还仍然盛行。这是近年来国际形势紧张、动荡，局部战争不时爆发的主要根源。这种状况在今后一个时期仍将持续下去。人类建立持久和平与和谐世界的目标依然任重道远。

对当前国际格局变化的几点思考

中国国际问题研究所发展中国家研究部主任　王友明

21世纪进入第二个10年，国际格局的调整力度进一步加大，东西力量对比、南北差距、区域政治生态等诸多方面发生重要变化。此轮大调整肇始于世界经济力量结构的嬗变，又因大国关系深刻互动，使得调整结构和发展态势更趋复杂多变。在此背景下，全球治理理念被热捧，有望成为推动形成国际新秩序的主导理念。尽管新兴经济体梯次跟进式地快速崛起，国际话语权有所增加，但它们联手建立公正、合理的国际新秩序依然任重而道远。

一、世界经济力量结构嬗变推动国际格局大调整

在20世纪国际格局的调整历程中，国际格局的确立与变化主要由战争因素推动，特别是由战胜国签订一系列国际条约和协定来确立战后国际秩序和国际体系。第一次世界大战后形成的“凡尔赛—华盛顿体系”和第二次世界大战后形成的“雅尔塔体系”便是其中的典型。而当前国际格局新变化并非由战争推动，而是以新兴力量群体崛起、发达国家经济困境以及与之而来的国际权力体系结构变化为标志。

当前国际格局大调整的根源在于世界经济力量结构的变化。传统西方大国由于过度投入反恐战争、深受金融危机和债务危机困扰等诸多因素，软硬实力均受重挫。其中，美国经济从2003年开始对世界经

济增长的贡献率逐年缩小，从最高年份的31.4%下降到10.8%。[①]“华盛顿共识”破产，风光一时的美国新自由主义发展模式黯然失色。欧洲陷入债务危机泥沼，一体化建设遭遇空前挑战。与此同时，以中国、巴西、印度为代表的“金砖国家”和以越南、土耳其、印度尼西亚为代表的“展望五国”、“灵猫六国”、“新钻十一国”等一批发展中国家群体性崛起，呈现规模大、持续时间长、势头强劲等特点。具体特点有：1.区域集中性。从地域分布特点来看，主要集中在亚洲，拉美其次，非洲稍逊。2.持续性。此轮新兴力量的发展，大都出现连续五年以上的增长，是二战结束以来最为强劲的经济增长周期。3.经济增长总量与质量同步提高。从总量来看，2009年，发展中国家的经济总量首次超过了发达国家，占全球经济总量的51.87%。从对世界经济增长贡献率来看，金砖国家的贡献率从1990年的–0.6%上升到2010年的60%多，其中，中国一国对世界经济增长的贡献率即超过30%，居世界第一。[②]从增长的质量来看，虽然仍为粗放式发展，但经济增长质量有所提高，主要表现是，经常项目顺差与经济增长同时出现，财政状况明显改善，外汇储备不断增加。4.发展模式创新。新兴经济体中几乎没有一个国家照搬西方发展模式，有的恰恰是在追随“华盛顿共识”倡导的美国新自由主义发展模式失败后，按照自身国情探索发展道路才取得成功。因此，新兴力量的兴起形成了工业化革命以来新型发展模式，促进了世界发展模式的多样化，也证明了西方模式并非所谓的“典范模式”或“终极模式”。

随着世界经济力量结构的嬗变，世界经济格局发生新变化，国际体系中上层建筑的权力结构也发生相应变化。原有的国际权力体系平衡被打破，国际规则的制定无法将新兴经济体置之度外。新兴大国顺势而为，在重大国际事务中加强沟通与协调，强烈要求增加在国际权

---

① http://news.xinhuanet.com/fortune/2008-04/15/content_7979262_1.htm.

② http://finance.qq.com/a/20110407/004208.htm，《新兴经济体蓝皮书》。

力体系中的知情权、话语权和规则制定权，西方主导的国际权力机制遭遇挑战。新兴大国与传统大国博弈互动，双方在联合国、G20、G8+5等国际多边机制中围绕责任、权益针锋相对，合作与竞争同步增强，力图在世界秩序重构中占据制高点。在这股潮流的推动下，新兴经济体走进了国际规则制定的最高议事场所。世界银行和国际货币基金组织等国际经济治理的核心机制发生重要变化，新兴经济体在其中的份额和代表权得以提升，成为冷战结束以来国际权力结构发生重要演变的标志。它表明新兴大国日渐从国际权力体系的边缘走向中心舞台，成为国际秩序重构中一支不可或缺的重要力量。

当前国际格局变化的主要特点是国际力量对比朝着相对均衡化、有利于多极化的方向发展。其中国际政治格局正从西方垄断国际事务向发展中国家广泛参与的方向转变，国际事务无法再由西方一家说了算，广大发展中国家积极而广泛地参与各种国际事务。国际经济格局正从西方独强向西衰东起的方向转变，以往西强东弱、北强南弱的局面有所改观。国际安全格局向合作形式多元化、内涵复杂化方向转变：传统安全和非传统安全相互交织，新旧冷战思维交织，传统大国与新兴国家之间的合作与对抗交织。①

当前国际格局正处于新旧力量抗衡较量之际，西方集团竭力维护旧有秩序与新兴力量要求重构新秩序之间的矛盾凸显。因此，国际格局均衡化与多极化只是相对于此前的国际力量对比严重失衡以及美国单级强权的局面而言，它不表明，国际权力重心已经从西方向东方转移，或者正在从传统大国向新兴力量转移，也不表明多极化的格局已经形成。尽管新兴力量总体实力显著增强，并在国际社会中的政治影响不断扩大，但是西方国家远未衰落，它们在国际政治、经济、科技、军事方面的实力仍然无人企及，还将长期在国际权力机制中占据主导地位。旧有格局退出历史舞台为时尚早，当前国际格局均衡化和多极

① 杨洁篪:《当前国际格局的演变和我国外交工作》,《国际问题研究》，2011年第1期。

化只是一种趋势，最终形成相对稳定格局仍需一个长期的发展过程。

二、大国关系深刻互动，影响当前国际格局变化走势

国际格局的变化通常是大国关系深刻互动的结果。当前，美俄欧等主要国际战略力量纷纷调整各自的对外政策，对当前国际格局的演变和未来走势均产生深远影响。

美国加快全球战略调整步伐。随着中国的快速崛起和国力的大幅提升，美国对中国挑战其亚太主导地位的担忧与日俱增。美国从伊拉克撤军，以退为进，整合力量投入战略新重心。近年来，美国实施重返亚洲战略，明显加大对亚太的战略投入，意欲建立美国主导的21世纪亚太战略新体系。美国统筹运用经济、外交、军事等资源，在中国周边投棋布子，确立以全面介入为特征、以遏制中国崛起为目标的亚洲战略布局。美国谋定而后动，在东南亚、东北亚做出一连串动作：交好东盟，恢复并强化与越南、印尼等国的军事交流；夯实美日、美澳、美韩联盟基础，加固其在亚洲安全代理链条；举行大规模亚太军演，提升美韩军演频率、规模，保持对朝鲜高压态势；执意对台军售，打“台湾牌”对中国牵制；高调介入南海问题，鼓噪南海问题国际化。配合其战略调整，美国积极推动“跨太平洋伙伴关系协议”（TPP）谈判，针对中国的贸易、投资保护主义抬升，加大对人民币汇率施压力度。美国构建亚洲战略新体系表明，美国国会两党均不甘因中国崛起而失去在亚洲的主导权，实施战略重心东移，重返亚洲，设法阻遏中国坐大成势。中美利益虽交融较深而合作面扩大，但美国防范中国、遏制中国而使亚太地区安全格局的不确定性有所增加。

俄罗斯外交在其“现代化战略”的框架下实现重要转型。俄制定全面为经济现代化服务的外交方针，对外策略更加务实。美俄宣布“关系重启”，在核裁军、伊核问题、俄加入世贸组织等重要问题上互

有让步。但随着俄总统大选的临近，俄美关系显著降温，双方在俄议会选举、中东乱局等问题上相互指责，“口水仗”时有升级，刚刚回暖不久的俄美关系重新滑向低谷。欧俄双方启动“现代化伙伴关系”，欧洲主要国家对俄政权体制的指责略有减少。但随着美俄关系恶化，欧洲主要国家势必追随美国加大对俄的遏制与防范。美俄、欧俄囿于历史、体制、地缘政治等诸多因素，彼此猜疑与隔阂难除，关系改善空间有限，合作与遏制相互交融的态势将长期存在。

在多组大国关系中，中美关系对于当前国际格局的演变和国际新秩序的建立影响非凡。奥巴马曾发表“美中关系将塑造21世纪的未来”的言论，有人将其理解为G2，即“中美共治”：两国共同主导未来国际格局和国际新秩序。虽然双方领导人均已否认这种共治的可能性，但仍未打消人们对此的怀疑和猜忌。事实上，中美共同主导未来国际格局和治理全球既不现实，也不合乎逻辑。一是两国在历史文化、意识形态、政治体制、发展模式等方面存在巨大差异，根本没有共治的共同价值观念基础。二是两国对于国际秩序的变革有着不同理解和主张，美国竭力维护既得利益体系，中国虽然不主张将既有体系推翻重建，但主张变革现有体系，建立公正、合理、有利于发展中国家可持续发展的新体系，因此，守成势力和新兴势力之间矛盾难以消弭。三是中美之间远未形成战略互信，双方合作和竞争面同步增强，尤其是美国对中国快速崛起的警惕性日益提高，干扰中国战略机遇期、延迟中国复兴进程成为美国的既定战略。四是在全球化日益加深的时代，任何大国或大国集团都无法独自应对全球问题。中国不会也不可能抛开新兴经济体和广大发展中国家，与美国绑在一起进行所谓“共治世界”。五是中国已经两次发表“中国的和平发展”白皮书，向世人宣告，中国走和平发展道路已经上升为国家意志，中国无论是现在快速发展还是将来强大了都不会走强权政治或霸权主义的道路，主张国际事务大家平等参与、平等协商、合作共赢，共同致力于建设持久和平、共同繁荣的和谐世界。

在大国关系互动中，G20等多边机制的重要性凸显。大国利用各种多边机制展开博弈，国际经济、金融秩序主导权之争更加激烈。“贸易战”、“货币战”使全球经济治理、金融治理遭遇新挑战。G20等多边机制成为大国利益集团争夺国际新秩序主导权的重要舞台。全球经济平衡增长和国际金融体系改革成为各方博弈焦点。大国展开攻守较量，规则制定权与话语权之争异常激烈。其中，弹性汇率制度、贸易盈余量化标准、宽松货币政策屡屡成为争议和对抗的焦点。各方虽表示接受诸如“实施市场决定型汇率制度，避免竞争性货币贬值”等共识，但是对如何化解尖锐性分歧仅作模糊处置，核心问题一个也没有得到真正解决。当前，G20机制的运行呈现以下特点：一是西方大国虽然不能垄断该机制的所有议程，但是仍主导涉其自身利益的重要议程，并竭力确保在该机制中规则制定者的地位。二是虽然该机制内存在发达国家阵营与发展中国家阵营，但两大阵营均非“铁板一块”。各国主要根据自身利益择机组合，如德法两国常在两大阵营中来回渗透，左右逢源。三是该机制议题泛化，且缺乏约束性协议加以实施与监管，多边机制效率低下的痼疾难以避免。四是G20成员国的经济结构、发展阶段、发展模式各不相同，利益诉求差异较大，在该机制框架内难以化解诸多利益分歧和冲突，其发展前景存在不确定因素。

三、全球治理被推崇为推动国际格局重构的主导理念

在当前国际格局和国际秩序大调整、大变化的形势下，全球治理理念再度升温。西方国家尤其是欧洲国家政界和学术界积极宣扬全球治理理念，竭力使其成为新世纪国际新秩序的主导理论。他们不断提出全球治理的新版本、新概念和新语汇。诸如，在治理领域的层面上，提出了“全球经济治理”、“全球环境治理”、“全球民主治理”等概念；在治理方式上推出了“多元主体治理”、“多层次治理”、“多边规则治

理”、“可持续发展治理”等原则；在治理领导力量上提出“私人治理”、“公共治理”、“多边组织治理”等主张。

纵观西方学者的观点，全球治理的核心要义在于“治理”，即“没有政府的管理”（governance without government）[①]，它不同于传统意义上的“统治”，意指各种国际行为主体以规则和秩序为基础，以平等协商的方式参与处置全球事务。全球治理的主要内涵包括三个方面：一是治理的领域在于“全球”，即治理的范围不再局限于民族国家疆界内进行，而是突破民族国家疆界，在区域乃至全球范围内解决问题。二是治理的对象在于“共同问题”，它既包括传统安全问题，也包括气候、能源、粮食、疾病、恐怖主义等非传统安全问题。三是治理的方式在于治理主体之间的“伙伴关系”，不再是政府的强制监督和行政管理，而是各参与主体之间的“合作、谈判、互动”。

多重因素推动全球治理成为国际秩序重构中的重要理念：一是全球化快速而深入发展。无论是全球化产生的正面效应还是负面效应，其所带来的挑战都前所未有，单一民族国家无法独自应对，需要国际社会联手行动，共克时艰。二是跨国公司、非政府组织和公民社会等“非主权行为主体”空前活跃，对国家、区域乃至世界经济发展的作用不断增强，在气候变化和疾病防控等非传统安全领域中的影响不断扩大。它们以利益集团形式参与本国经济与社会发展，参与国家和全球治理。三是现实主义和新现实主义破产，国际关系理论出现空白，全球治理乘机填空，试图成为“规则透明、反应快速、高效应对”的国际治理新理念。

尽管全球治理理念甚嚣尘上，但是盛名之下难隐其缺陷，一是该理念在规则制定、概念阐述、认同标准上充满“西方话语权”，西方中心主义思维充斥其中，尤其是该理念强调“主权让渡”，认为全球治理超国家、跨疆界，主权不再神圣不可侵犯，否则不会达到全球的“良

① http://en.wikipedia.org/wiki/Global_governance.

治”。事实上，在民族国家存在不同利益的前提下，强调主权让渡无疑给西方大国干涉别国内政提供口实。二是该理念强调“普世价值体系”，将民主、人权等观念视为全球治理的“基石”，鼓噪“失败国家”均系漠视人权、践踏民主之恶果。三是在治理主导权上，强调西方的领导地位，并未做到平等治理、合作治理、共赢治理。四是弱化民族国家的作用，认为在新型国际关系中，民族国家的重要性日渐式微，国家与非国家主体并驾齐驱于国际舞台。这显然忽视了政府的权威行为在全球事务中的核心作用。

由于上述缺陷，尽管全球治理理念在国际格局调整中大行其道，但在“谁来治理、治理什么、如何治理”等关键问题上固守“西方中心主义”旧思维，由其主导新世纪国际关系理论存在难度。

四、新兴大国联手改变国际格局任重而道远

全球金融危机彰显旧有国际体系的弊端，贪婪的华尔街和肆无忌惮的美元霸权体制拖累整个世界经济，广大发展中国家决意不让20世纪的不公正、不合理的国际政治、经济秩序继续主导21世纪。近年来，新兴大国在国际舞台上日趋活跃，在气候谈判、国际金融改革以及G20等多边对话中，加强合作与协调，联手向旧秩序和旧体制提出挑战，力图在多边合作中通过整体突破，实现自身利益，从而在国际新格局中占据有利地位。迄今，新兴大国已形成了诸如“金砖国家”、“基础四国”、“中俄印三方会晤机制”等多个国际合作机制，大有“结盟”、“抱团”挑战西方把持多年的国际秩序主导权之势。目前来看，新兴大国这些合作已经收到初步成效，在要求增加国际规则的话语权和制定权的问题上得到了一定回应。但这些合作机制也面临一些问题和挑战，四组较为突出的矛盾直接影响新兴力量重构国际新格局的力度与成效。

首先是新兴力量合作机制的代表性问题。新兴大国是代表发展中国家闪耀在国际舞台的，但现有国际合作机制仅涵盖了少数几个主要发展中大国，许多发展中国家并未参与其中，这引起它们的不满与埋怨，尤其是那些争夺地区主导权的国家，其中委内瑞拉便是典型。委内瑞拉多年来一直与巴西争做拉美地区的“领头羊”。委内瑞拉总统查韦斯认为，无论是“金砖国家”机制，还是G20机制，巴西并无权代表拉美行使发展中国家的话语权。委内瑞拉对未能参加G20与西方大国对话耿耿于怀。G20匹兹堡峰会刚刚结束，查韦斯便召开“南美洲—非洲峰会”，显然是有意抗衡G20。其他发展中国家，如尼日利亚和中东一些国家对金砖国家机制、8+5和G20等机制的代表权颇有微词，担心自身利益在国际格局转换中无人顾及。

其次是新兴大国之间的利益纠葛。新兴力量并非亲如一家，它们之间的利益和关注点不尽相同，在贸易、能源和市场还存在争夺的一面。到目前为止，新兴力量的合作成效不算太大，有的仍是象征性活动。美国学者撰文指出，“将金砖国家拼凑在一起、视为一个集团是错误的，它无法成为一个具有凝聚力的组织”。第二次金砖四国峰会刚结束，巴西、印度财长就攻击中国操纵人民币汇率。中印之间的边界问题更增添了该机制合作的复杂性。以中俄印三方会晤机制为例，俄印两国各怀心思，各有打算。俄罗斯积极介入，希望借助中国和印度的力量，建立一个以俄罗斯为中心的战略三角联盟，以增加与美国抗衡的筹码；印度对三边合作充满疑虑与担忧，在大国之间两边站队，多方捞好处。外界评论，这种同床异梦的合作很难形成真正的合力。

再次是新兴大国与发达大国之间的政治博弈。发达大国对新兴大国的合作机制表现出复杂心态。一方面，美欧为了争夺国际新秩序的主导权，它们竞相拉拢新兴力量为其所用。另一方面，当新兴力量要求与西方分享权益时，欧美又有默契和配合，联手阻遏“非我族类”与其“分羹”。西方虽然邀请新兴力量进入国际规则制定的最高议事场所，并做出一些让步，但这些均系策略性的权宜之计，旨在让新兴力量充当配角，助西方脱困，并非平等参与，更不是权益共享。再者，发达大国对新兴力量区别对待，拉一打一，分而治之，较为典型的做法是青睐印度，防范中国。简而言之，西方大国之间存在的矛盾演化是有限的，与新兴力量的利益争夺是根本的和长期的。

最后是新兴国家的经济持续增长与发达经济体下行之间的矛盾。目前，各国经济复苏步伐各异，世界经济增长呈现不平衡、不稳定的态势。欧洲债务危机正在发酵，财政政策、货币政策、社会政策之间的症结难以根治。美国经济艰难复苏，“投资不足、失业率居高不下、财政赤字攀高”等问题凸显。新兴经济体虽然率先复苏，成为世界经济增长的主要引擎，但发展中国家难以摆脱发达经济体而独善其身，尤其是当今世界经济的运转建立在以美元为主要储备货币的金融体系基础之上，发展中国家的经济犹如“人质”一样被绑在美国经济马车之上，其经济往往与美一荣俱荣，一损俱损。因此，新兴经济体的可持续发展尚需在全球经济整体复苏中获得可持续增长。

从上面几组矛盾来看，新兴力量到底能在多大程度上改变现行国际体系从而建立国际新格局还是值得商榷的。现存国际体系远没到发生根本转折的时候，西方集团虽然不能再垄断国际事务，但还是在主导国际事务，指挥棒仍然掌握在西方人手中，这就是为什么在国际货币基金组织（IMF）的改革中，美国一票否决权难以改变的原因。现存国际体系只要尚存自我调整和拓展的空间，就不会轻易退出历史舞台，亦如大英帝国早在19世纪末即已衰落，但英镑霸主体系直至20世纪中叶才被“布雷顿森林体系”代替。

一言概之，当前国际格局尚处于渐变和量变之中，尚未发生根本变化。西方远未衰落，新兴力量任何一种试图改变当前国际格局的合作举动都无疑会被西方集团看作是与其抗衡的动作，势必遭到西方大国的百般阻遏。新兴大国联手改变西方独大的国际格局任重而道远。世界格局的多极化、国际力量的均衡化、国际秩序的合理化将是一个长期而艰巨的过程。

国际战略环境的新变化

美国实力变化和国际体系重组

上海国际问题研究院院长 **杨洁勉**

2011年，美国总体实力继续在相对衰退的轨迹上继续下滑，其全球战略呈总体收缩态势，对全球经济和政治事务的主导进一步削弱。但美国作为世界头号强国，对国际体系重组仍拥有其他行为体所没有的影响，在某些领域（如军事安全）和某些地区（如亚太）仍有局部进取。2012年及以后，美国及西方大国和发展中大国（新兴大国）之间的关系正在进入深度磨合期，中国需要在美国大选期间提高理论和战略自觉，稳定和发展中美关系，并推动国际体系朝着更加公正合理的方向发展。

一、美国经济力量变化及其对国际经济格局的影响

美国是2008年国际金融危机的始作俑者。奥巴马政府在面对美国经济实力下降的现实时，3年来被迫同中国等新兴大国分享国际金融体系规制权和话语权。

（一）美国经济自20世纪90年代起的单极地位依赖于三大能力的支撑

一是全球信用扩张能力和虚拟经济的创造能力。1992—2006年的15年间，海外投资者对美国债券和股票等金融资产的净购买量从700

多亿美元增长到11400亿美元，2007年美国虚拟经济规模已是实体经济的30倍，金融资产泡沫强力托起了危机前美国经济的持续繁荣。二是全球科技创新实力和市场创造能力。美国30%的诺贝尔自然科学奖获得者并非出生在美国。在美国的研究实验室里工作的大都是在美国攻读物理学、数学、化学和工程学博士学位的学生，而其中三分之二是外国人。在生命科学（生物学、医学和农学）领域中，外国研究人员所占的比例为四分之一。美国迄今仍是全球规模最大的单一市场国家，2007年美国国内生产总值总额约14万亿美元，消费占比70%，总额在9万亿美元左右。三是全球资源配置能力。在全球最大100家跨国公司中美国占比通常保持在30家左右，美国企业海外分支机构数、交易额和增加值额大大领先于欧洲和日本跨国公司。危机前的2007年，仅占美国全部企业数1%的美国跨国公司创造了美国GDP的31%、私人部门总利润的25%、美国进口的37%、出口的41%、劳动生产率50%。[①] 此外，美元在国际货币体系中的核心地位至今仍未被包括欧元在内的其他国际货币所取代。

（二）国际金融危机带来的冲击正在侵蚀美国作为超级大国的经济基础，并影响到美国在国际经济格局中的地位

首先，美国对世界经济的掌控能力明显下降，全球经济治理的话语权开始呈现多元化趋势。这一趋势的集中体现，是20国集团成为协调全球经济事务的首要平台，以美国为核心的7国集团掌舵世界经济的时代一去不复返。在20国集团的推动下，新兴市场国家在国际货币基金组织和世界银行中的份额和话语权都有了实质性的提高。在国际货币基金组织中，经过调整，发达国家的总份额占比从改革前的65.4%下降到57.7%，新兴市场国家和发展中国家的份额占比从34.6%

① 金芳：《金融危机后的世界经济格局变化及其对美国经济的影响》，载《世界经济研究》，2010年第10期，第8页。

上升到42.3%；中国、印度、俄罗斯、巴西在份额调整之后将上升到6.394%、2.751%、2.706%、2.316%，均成为基金组织的前十大股东，尤其是中国成为了第三大股东。另外六大股东分别是美国（17.407%）、日本（6.464%）、德国（5.586%）、法国（4.227%）、英国（4.227%）、意大利（3.161%）。在世界银行中，发展中国家和转轨国家在国际复兴开发银行（世界银行）的投票权提高3.13个百分点，达到47.19%。与改革前相比，中国的投票权从2.78%上升到4.42%，成为第三大股东；巴西、印度分别从2.07%、2.78%升至2.24%、2.91%；俄罗斯和南非的投票权则略有减少，分别从2.78%、0.85%降至2.77%、0.76%；美国、日本的投票权将从16.36%、7.85%降至15.85%、6.84%；英法两国将从4.30%降至3.75%；德国将从4.48%降至4.00%。[①]

其次，伴随高失业率和高政府财政赤字，美国经济复苏迟缓，经济增长前景不明朗，削弱了美国作为世界经济引擎的动力。国际货币基金组织2011年9月发布《世界经济展望》报告显示，美国的经济活动（原本就在不断减弱）可能会遭受更多打击，这些打击可能来自于财政整顿的政策僵局，疲弱的住房市场，住户储蓄率的迅速增长，或者不断恶化的金融状况。由于政治分歧严重，美国政策走向具有高度不确定性。一个重大风险是，如果不通过必要的长期改革使债务降低到更可持续的水平，那么仓促的财政削减措施将使经济前景进一步恶化。[②]从解决债务危机的政治经济资源看，美国的债务危机比欧债危机的包袱更大。欧洲需要成员国家之间的协调，陷入危机的南欧国家已别无选择，欧洲改革势在必行。美国经济改革却面临巨大的国内阻力，一方面是具有国际竞争力的跨国企业集团，另一面是缺乏竞争力的就业人群，这种内部经济的二元性加大了美国经济改革的难度。从

① 《国际金融体系改革的评估与展望》（研究报告），上海国际问题研究院，2011年9月。

② IMF:《世界经济展望》，2011年9月，http://www.imf.org/external/chinese/pubs/ft/weo/2011/02/pdf/textc.pdf.

影响美国经济走向的上述诸多因素来看，未来美国作为世界经济引擎面临越来越大的动力不足风险。

最后，美国长期引以为傲的经济制度和市场理念面临前所未有的质疑。越来越多的有识之士指出，资本主义制度已经偏离平衡越来越远，以至发生结构性危机，将导致经济、政治、社会文化的无序动荡，当前这套制度已经无法继续下去；本次金融危机使“华盛顿共识”失去主导地位，凸显了资本主义制度固有的不稳定性，美式资本主义已经从神坛上跌落下来；资本主义追求利润最大化的资本积累模式已逐渐陷入僵局，新自由主义、全球化、举债、财政赤字、军事扩张5条“逃生之路”非但未取得成功，反而加剧了矛盾，资本主义在某种程度上已达到了极限，美国政治模式和意识形态霸权已经终结；中国等新兴国家的崛起，不仅是新的经济和政治力量的崛起，也意味着观念和模式的国际竞争。一个无法否认的事实是，西方国家的制度和体制正面临越来越大的变革压力。[①]

二、美国全球战略调整及其对国际安全格局的影响

在2011年，美国调整全球战略，在战略目标上变单一打恐为全面综合安全，在战略部署上加强跨大西洋和亚太地区军事同盟，在战略难点上通过从伊拉克和阿富汗逐步撤军而摆脱困境，从而试图改变其在国际安全格局中的被动地位和下滑态势。

（一）美国的战略调整

在综合实力持续下降的背景下，美国的对外战略出现了一系列调整。首先是战线收缩。美国不仅在从伊拉克和阿富汗撤军，而且开始

① 郭纪：《西方正在经历深刻的制度危机》，《求是》，2011年第17期。

比较谨慎地对待国外干涉，这在利比亚事件中表现得相当明显。可以预见，在未来的一段时间内，美国仍将尽力避免在非核心区域投入实质性的力量。其次是重点转移。这表现在两个方面：一方面，美国战略关注的地区由大西洋转向太平洋；另一方面，美国战略关注的主题由恐怖主义或“失败国家”所带来的麻烦，转向新兴国家、尤其是中国的发展可能对其霸权形成的挑战。第三是角色转换。实力不济迫使美国更加“灵巧”地使用力量，其办法就是将盟友推到前台，充分发挥盟友的前沿防御和干预作用。其结果可能是，美国将其全球战略分解为多个地区战略，在各个地区内通过同盟体系集聚优势，并由此维持其在全球的领导地位。

（二）美国对外战略的这些变化对国际安全环境产生了重要影响

从全球层面上看，全球性机制建设或机制改革可能由于议多行少而呈现疲态。美国为全球提供公共产品的动力明显不足，欧洲国家虽然受到主权债务危机的打击，但在国际舞台上的主体意识和行动意愿都有所加强。欧洲以及印度、巴西等新兴经济体对国际权力地位的诉求虽然体现了世界多极化的发展，但其发展在某些情况下也有可能对我国在国际体系中的份额造成影响。

从地区层面上看，中东北非地区的混乱局面仍将延续一段时间，阿拉伯世界的分化更加明显，中东在美国对外战略中的重要性有可能下降，美国在中东的投入有可能进一步集中到海湾等几个支点区域。与此相反，美国对亚太的关注已经由战略设计转为机制构建。除了进一步巩固与盟友的关系，密切各盟友之间的联系，美国还将积极介入亚太地区的经济一体化。美国从欧洲一体化的经验中意识到，单一的安全关系不足以保证美国在地区事务中的主导权。因此，美国将十分小心地防止被排除在亚太地区经济一体化之外。对美国来说，跨太平洋关系应采取不同于跨大西洋关系的模式，以便确保美国在未来也能牢牢控制这一地区。

从国家间关系的层面上看，美国既有凝聚盟友的需要，又受到物质条件的限制，强化共同价值观在此情况下很有可能更加得到美国的青睐，而且2012年的大选气氛也为宣扬意识形态因素增添了吸引力。

三、美国制度力量变化及其对国际政治格局的影响

2011年，美国在国内外迫切需要制度创新之际却陷入了制度困境，从实力基础、治理能力、引领思想、自信力和公信力、制度建设能力等方面处于“内虚阶段”，在没有脱胎换骨的全面制度更新之前，美国难以走出当前的制度困境。

（一）国际金融危机严重暴露了美国国内经济治理制度的缺陷

美国现有经济治理制度最大的问题是无法解决西方和全球经济面临的普遍性问题，如增长乏力、就业困难、债务严重、分配不公等。其次，美国的经济治理思想故步自封，囿于自由主义的市场经济而不能与时俱进，导致理论落后于实践和认识滞后于发展。再次，美国的金融治理和虚拟经济成为此次金融危机的直接导火线，至今难以转型。最后，西方经济治理制度服务于少数富有阶层，在金融危机及其后续发展中暴露无遗，“贪婪的1%”统治着“受害的99%”是美国的现实。

（二）美国民主政治制度的异化

美国式民主政治制度有其合理性和有效性的一面，但当前存在四大问题。其一，美国基于国内权益平衡的政治制度正面临建国以来颠覆性的挑战，传统的权力制衡和地方政治的结构无法适应全球化的变

化，需要在理念、制度、实践等各个方面进行深刻的政治改革，但目前美国既没有改革的愿望，也没有改革的能力。其二，“选举驱动”政治造成美国领导集团注意力内顾，并着眼于短期利益，囿于利益集团和选民的关注。当前，美国已经进入总统大选期间，奥巴马政府更是“选票第一”，不敢也不愿触及深层次矛盾。其三，美国有责政府与无责党争的矛盾突出。在党派政治和党争日益泛滥的情况下，美国政党政治成为两党相互攻讦和角力的战场，多次发生债务封顶的僵局，在国内外造成严重和破坏性后果。

（三）美国制度自信力和公信力正在下降

美国发展模式在此次国际金融危机中暴露出严重缺陷，美国的自信心和公信力也在不断下降。由于综合竞争力的下降，美国朝野对美国自信力持续下降的外在表现是，失落感日益增加，对外来竞争压力高度敏感，不是寻找病症的根源而是诿过于人和祸水外引等。美国国际公信力的下降更是有目共睹。美国在金融危机爆发后，不顾国际信义和责任而大搞量化宽松政策，导致国内经济、政治和民族保护主义情绪上升。有鉴于此，美国向国际社会提供公共产品的能力正在明显下降，而它们在国际社会的公信力也在相应下降。

（四）国际制度创新的缺失

美国在二战结束时主导了战后的国际制度建设。但在六七十年后的今天，这些制度的基础已经不复存在或有了重大的变化，而美国很难再独家主导新一轮的国际制度创新。首先，缺少改革现有国际制度的动力。美国是现有国际制度的制订者和得益者，但不是当前和平、发展、合作潮流的主导者，因而不愿进行以公正合理为目标的制度改革。其次，美国缺少国际制度创新的号召力。美国缺乏制度创新所需要的战略视野，更加缺乏制度创新的公信力，难以在国际制度改革的主攻方向上凝聚共识和达成一致意见。最后，美国缺少国际制度创新的能力。美国处于相对衰退阶段，既缺少推动制度创新的经济实力，也缺少内外的支持，在主动谋划和运筹国际制度创新问题上显得一筹莫展。

四、全面认识美国力量的变化与国际体系的互动关系

综上所述，美国当前面临各种现实和长远的困难，但应当指出的是，美国在综合实力、以及在政治、军事、文化、管理和科技领域还具有相当的优势，我们必须全面和客观地评估其对国际体系的影响。

（一）客观认识美国实力变化和国际体系的互动关系

一方面，美国对国际体系的主导力量处于相对而不是绝对下降的阶段。国际力量均衡化是个漫长的历史进程。美国在相对衰退的过程中还有“中兴”和“复兴”阶段，如在美元国际地位的调整和国际体系的话语权设置等方面仍拥有一定的优势。在政治和安全危机中，美国历经朝鲜战争、越南战争、伊拉克战争和阿富汗战争，大多能摆脱战争造成的不利影响，维护、甚至推进了以美国为核心的军事同盟体系。即便在此次国际金融危机中，也是美国挑头实现了二十国集团的升级版，美国在国内国际制度仍有相当的反弹能力和引领能力。而且，美国在国际体系和国际秩序问题上，如果说成事不足，但败事有余，千万不能低估其破坏作用。

另一方面，非西方力量在体系建设方面仍处于上升期的初级阶段，在规制权和话语权方面还需要经过很长的时间才能真正实现平等的目标。在世界近现代史中，非西方力量的成长经历了漫长的历史进程，经历了亚非拉的觉醒和民族解放运动的胜利，也经历了南北差距的扩大到发展中大国的兴起等过程。我们应该看到，当前非西方力量的提升主要还是在经济方面，而且还是在经济低端方面。非西方的整体意

识和凝聚力还处于初始阶段，既缺乏统一的思想和理想，也缺乏必要的组织机制。因此，在上世纪70年代直至本世纪初中期，广大发展中国家在建立国际政治经济新秩序中基本上处于提出口号和进行原则斗争的阶段。即使是在2008年国际金融危机中，新兴大国也只是在20国集团升级和世界银行/国际货币基金组织的投票权方面取得进展，但在规则制定方面迄今仍无明显进展。

（二）中美在国际体系重组中的理念和利益存在异同，合作竞争因而将长期并存

中美两国在国际体系重组的理念方面具有共同或相似之处。例如，“双方承诺致力于加强全球金融体系和改革国际金融框架。”[①] 胡锦涛主席在2011年1月访美时提出，中美两国应该共同承担负责任、建设性大国作用，开展共同应对挑战的全球伙伴合作。奥巴马总统对此表示完全赞同。[②]2011年，中美两国在世界银行和国际货币基金组织的改革方面也继续合作。但是，中美两国在国际体系重组的指导原则和组织机制方面仍存在较大的分歧，最主要的是美国坚持其对国际体系的主导权和领导权，在主权债务、美元责任和国际和平等问题上自私自负，一意孤行。

此外，由于经济困难和国内政治制约，美国在国际事务中倾向于采取“软对抗”的方式，力图限制中国在国际体系中的空间和地位。这表现在利用人权、政治自由等意识形态话题，给中国制造麻烦；制造“中国威胁论”，歪曲中国国家形象；利用周边国家、特别是南海声索国牵制中国，达到迟缓中国和平崛起的目的。2011年中美在地区次体系重组方面的矛盾更加突出。2011年10月，国务卿希拉里在美国《外交政策》杂志发表《美国的太平洋世纪》一文，强调“美国重心一定

① 《中华人民共和国与美利坚合众国联合声明》（2011年1月19日）。

② 《胡锦涛同奥巴马举行会谈 就中美关系发展提5点建议》，《人民日报》，2011年1月20日。

要向亚太转向”。[①] 事实也正如此，美国正在逐步落实其重心东移和加强亚太的战略，强化以其为首的地区安全体系，稀释中国发挥重要作用的东盟+X地区合作机制，并提出跨太平洋战略伙伴计划（TPP）以加强其对亚太地区合作的全面主导权，等等。

2012年，美国将举行总统大选，国内经济社会问题也更将尖锐复杂，向外转嫁危机的可能性将大幅增加。中国在迎接十八大召开的同时，也将逐步从战略制定期向战略实施期过渡。中美两国在国际体系重组上的深度碰撞和整合也将在更广泛的范围内进行，两国的分歧点将更加显现，两国国内因素对外交影响将更加凸显。因此，中国需要加强理论和战略自觉，重视政策举措得宜，推进同国际社会各种群体的合作，以维护世界和平、发展、合作的全球视野处理好中美在国际体系重组上的关系，争取在选举年稳定和发展中美关系。

① Hillary Clinton: America’s Pacific Century, Foreign Policy, www.foreignpolicy.com/articales/2011/10/11/americas_pacific_century.

如何看待美国战略重心东移

中国社会科学院荣誉学部委员、研究员　**陶文钊**

2011年下半年，随着美国即将完成从伊拉克撤军，并开始从阿富汗撤军，美国明显加快了战略重心东移的步伐。11月，奥巴马总统先是在夏威夷亚太经合组织领导人会议期间强调，“美国是并将永远是一个太平洋大国”，该地区“无论对我们的经济还是对我们的国家安全绝对都是至关重要的”，希拉里·克林顿国务卿更是发表演讲，要打造“美国的太平洋世纪”。随后，奥巴马和希拉里·克林顿趁出席东亚峰会的机会，遍访美国在这一地区的盟友及伙伴国家，重申美国对亚太地区“毫不动摇的承诺”。如何看待这一事态发展，关系到对我国整体安全环境的估计，也关系到对中美关系和我国与邻国的关系的看法，是一个需要认真研究、认真对待的问题。

美国对东亚形势的评估

在冷战时期，美国在两洋各保持着大致十万人的部队，基本维持着战略态势的均衡，但美国的战略重心在欧洲，这是无疑的。冷战结束后，尤其从90年代中期起，亚太地区越来越显示出经济发展的活力，美国对亚太地区的贸易、对这里的投资都超过了欧洲，克林顿政府又突出了美国对外战略中的经济因素；而且亚洲在安全机制方面也远远落后于欧洲，美国开始了战略重心的东移。自然，这是一个渐进的过程。在布什政府时期，这个过程仍在继续，以便有效地应对可能的地区冲突，并应对正在崛起的大国（重要是中国和俄罗斯）对美国的挑战。一个突出的事例是要建立覆盖美国及其盟国的导弹防御系统。这是一个整体扩张、局部收缩的过程。但从“9·11”以后，布什政府把主要的注意力转移到“反恐战争”上来。尤其是在2003年3月发动伊拉克战争以后，美国的力量更显得捉襟见肘。美国不管多么强大，它的力量还是有限制的，两场战争牵制了美国主要的外交精力，吸纳了美国的众多人力和物力资源。美国战略调整不能如预期的那样进行下去。尤其是东南亚，除了反恐，美国对于东南亚似乎不再有多少别的兴趣。国务卿赖斯一再缺席东盟地区论坛，在布什政府第二任期，美国国内就有前政府官员和学者批评布什政府忽视了东南亚。与此同时，中国在崛起，中国的睦邻政策取得显著成效，与周边国家关系改善，中国成了周边国家的最大的贸易伙伴，周边国家都在争先恐后搭中国这班车。中国妥善应对东亚金融危机，并通过10+1、10+3、东盟地区论坛等机制推动地区一体化进程，不断增长对这个地区的影响力，一个以中国为中心的亚太经济体系正在形成之中。

奥巴马当政以后，美国政界和学界对亚太形势有一个估计：美国的影响削弱了，中国的影响增长了，这里的力量对比失衡了，美国要来重建均势，重建美国的主导地位。2009年，世界金融危机突出，奥巴马政府忙于应对危机，一时顾不上更多的事情。及至金融危机“最坏的时候”一过，美国就迫不及待地“重返亚洲”，虽然美国从来没有离开过。奥巴马政府高调地宣布“我们回来了”。奥巴马本人、希拉里·克林顿和两任国防部长盖茨、帕内塔都一再表示，美国对这一地区的投入不会减少，美国削减国防开支不会以牺牲亚太地区作为代价，美国的军事存在不会减少，军事能力不会下降。

全面出击　来势汹汹

这两年来，尤其是2011年下半年以来，美国的战略重心东移动可以说是全面出击，来势汹汹。

（一）安全方面

美国进一步强化了与这一地区五个盟国的关系，以此作为其亚太安全战略的柱石。2010年美国利用“天安舰”沉没和延坪岛炮击事件，没完没了地与韩国在朝鲜半岛周围举行军事演习；2011年美国与日本、澳大利亚、菲律宾等盟国主要在南海举行军事演习。通过这种演习，美国使它在本地区的军事存在突显出来。美军舰队还罕见地造访越南。美国正在以125亿美元的巨资把关岛打造成超级美军基地。美国还强化亚太反潜网，矛头明显针对中国。11月16日，在奥巴马访问澳大利亚期间，两国签署了一纸永久性的驻军协议。从明年开始美国海军陆战队士兵将在澳达尔文港驻扎，6年内驻澳美军人数将增加到2500人。这是美军历史上首次常驻南太平洋地区。国家安全事务副助理本·罗兹毫不隐晦地表示，美国通过驻军传达一个信息，那就是“我们将继续在这个区域扮演巩固安全的角色。”

（二）充分利用中国的一些邻国对中国崛起的担心，利用中国与邻国的领土争端，积极介入，挑拨离间

中国的一些邻国对中国的崛起有担心，设身处地，可以理解；还有一些国家是在两个大国之间搞平衡，希望两面讨好，谁也不得罪；也有的是在中美之间要两面派，希望从两个大国的关系中得到最大的利益。奥巴马政府充分利用了这一点。最突出的就是南中国海的争端，最明显的是希拉里·克林顿在2010年7月23日在河内东盟地区论坛上

的突然袭击式的发言。甚至在2011年的东亚峰会上奥巴马还非常不合时宜地提起了南海问题。不仅如此，美国还鼓励印度“向东看”，鼓励印度介入南海问题；与日本在南海搞联合军事演习，试图将南海问题国际化，以此压迫中国就范。

（三）以TPP（跨太平洋战略经济伙伴关系）为主要平台，试图为亚太地区的一体化制订规范，主导地区经济事务

美国一直非常警惕地注视着东亚地区的一体化进程。在10+1，10+3，中日韩，以及起先的东亚峰会这些机制里没有美国的参与，它便认为是中国要排除美国，主导地区一体化进程。虽然中国一再表示对地区一体化进程持开放、包容的立场，美国还是不信。美国想方设法要挤进来，苦于没有抓手。正好几个小国提出了TPP的构想，美国接了过来，把它变成了自己的平台。美国的目的很清楚，一方面，它要通过这个平台来主导地区一体化进程，美国表示，这个地区的国家都可以加入进来，但这不是10+1，10+3，这是美国主导的机制，而且这个机制比别的机制都大；另一方面，美国要为亚太地区一体化制订规则。原先的TTP仅仅是一个自由贸易区的设想，美国加入了许多别的内容，包括战略、价值观，在经贸方面也把标准提得高高，要所有别的国家都向美国的标准看齐。奥巴马总统一再说，中国必须遵守规则（China must play by rules）。他的意思仍然是，我来制订规则，中国要遵守这个规则。或者说，美国要“规范”中国的发展。

（四）对新兴经济体竭力拉拢、扶植，以平衡中国

这主要表现在对印度的政策上。从小布什政府以来，美国对印度的崛起就格外垂青。美国副国务卿伯恩斯曾撰文说，印度的崛起为实现新的全球战略平衡提供了千载难逢的机遇。平衡谁？一个是平衡俄罗斯，一个是平衡中国。奥巴马政府也竭力讨好印度。2009年11月他刚刚访问了中国，回去就邀请印度总理对美国进行国事访问。希拉

里·克林顿2011年7月访问印度，极力鼓吹印度在亚洲发挥领导作用，毫不掩饰平衡中国的意图。

（五）继续推进美国的价值观

突出的事例是美国与印尼的关系和最近希拉里·克林顿对缅甸的访问。在小布什政府时期，由于印尼和美国在反恐方面并不完全合拍，两国关系疙疙瘩瘩。奥巴马当政后，把对印尼关系的重点放在支持印尼的民主转型上。因为印尼是最大的伊斯兰国家，89%以上的人口是穆斯林。所以印尼的民主转型对于推进美国的价值观显然意义重大。奥巴马也表示，印尼的民主实践表明伊斯兰与西方民主不是互相排斥的。希拉里·克林顿对缅甸的访问是50多年来美国国务卿对缅甸的首次访问。缅甸战略位置重要，是中国的近邻，与中国关系密切。自1988年军政府接管缅甸政权后，美国一直以“人权”为口实对其实施制裁。缅甸2011年成立了以前军人吴登盛为总统的文人政府，释放一些政治犯，开始解禁报刊，与以诺贝尔和平奖得主昂山素季为首的反对派进行和解。此次希拉里·克林顿访问发出的信息是：第一，美国认为缅甸最近发生的变化是美国政策的胜利，虽然还远远不够，但缅甸社会已经开始了向民主化的转型；第二，按照西方标准，缅甸的“民主体检”远远没有达标，她的访问是鼓励缅甸继续朝这条路走下去；第三，鼓励缅甸外交的多元化，改变过去过分依赖中国的做法。

总之，美国战略重心东移现在是全面的、多方位的，确实可能对下一个十年亚太地区的形势产生深远影响。

战略重心东移受到重重牵制

从美国现在国内和外交、安全和经济的各方面的处境看来，战略重心东移的牵制性因素也是不少的。

首先，“东移”受到美国经济形势的约束，美国手头拮据，资源有限。现在美国的债务已经与GDP相等，美国政府每花一美元就有43美分是借来的。美国政府可以说是借债度日。美国经济虽有增长，但失业率依然居高不下。美国削减预算，包括国防开支已成定局。在这种情况下，美国到底能在亚太地区增加多少投入是很成问题的。在最近奥巴马和希拉里·克林顿的这么多访问中美国没有掏出一美元，中国一下出手30亿美元。从经济上来说，美国“重返亚洲”是要进一步开拓亚洲的市场，在这里实现其出口翻番的计划，而不是来向亚洲提供市场的；是要吸引亚洲在美国的投资，而不是要在这里作更大的投资。也就是说，美国是来向亚洲索取的，而不是给予的。

其次，美国的全球战略现在受到来自许多方面的挑战。确实，美国在伊拉克撤军已经结束，但美军前脚走，伊拉克什叶派和逊尼派的斗争就公开化，形势会如何发展还很难说。美国撤军了，不等于美国对于伊拉克就撒手不管了，也就是说，伊拉克的形势对美国仍然是个牵制。美国也已经开始从阿富汗撤军，美国可以从深深陷入的地区腾出手来，把阿富汗留给阿富汗人。但在美军撤出后阿富汗能否保持一种起码的稳定仍然大可怀疑，许多观察家甚至不排除塔利班卷土重来的可能。十年反恐战争，美国与巴基斯坦的同盟关系一直磕磕绊绊，2011年的事态（美国未经知照巴基斯坦越境击毙本·拉登，美国高官指责巴三军情报机构与“哈卡尼”网络关系密切，以及最近的北约部队对巴哨所的袭击导致24名巴士兵死亡）使美巴关系跌入低谷，如果美巴同盟关系崩溃，奥巴马的阿—巴新战略实在前途难卜，此挑战一；西亚北非的变局尘埃未定，但它对美国战略的挑战已经明显：在过去三十年中穆巴拉克是美国在中东地区最忠诚的盟友，现在这个盟友一去不返了；变局可能导致温和的伊斯兰势力在许多国家掌权或成为主要的政治势力，这将改变西亚北非的政治版图，美国如何与之打交道，此挑战二；巴勒斯坦申请加入联合国凸显奥巴马与伊斯兰世界和解的政策的失败，而这曾经是奥巴马的一项大政策，此挑战三；伊朗核问题再次突出，以色列可能实施的对伊朗的突然袭击会不会发生，此挑战四。所有这些问题都是十分棘手的问题，也都是美国战略重心东移的牵制性因素。正如《华盛顿邮报》一篇社论所说，美国把重心转向亚洲不会令美国在近东受到的安全威胁——或解决它们的迫切性消失。

由于以上种种因素，笔者以为美国的战略重心东移来势汹汹，但底气不足；调子唱得很高，但干货不多。在受到上述因素约束的情况下，奥巴马政府仍然执意要实行“东移”战略，一方面，说明美国确实要通过“东移”来牵制中国，平衡中国的发展；另一方面是为了在明年选举中向选民表功。选举的因素是现在奥巴马政府政策中的一个重要的考量。

如何应对?

第一，冷静观察，坦然应对。美国的“东移”到底能走多远，到底能在多大程度上改变这一地区的地缘战略和地缘经济格局，我们还要冷静观察。我们要关注，要警惕，但也没有必要过于紧张，以为这样一来，亚洲版的北约就要成功了，中国就要被“包围”了。希拉里·克林顿用了“21世纪是美国的太平洋世纪”的说法，但在这个时代，美国要一家独大是很难的。中国的邻国都要搭中国经济发展这班车，他们不会一头扎到美国怀里来反对中国。东盟对于美国主导地区一体化进程也心存疑虑。在APEC问题上东盟失去了主导权，这对东盟是一个教训，在东亚峰会问题上他们不会再重复这个错误。况且中国支持东盟主导地区一体化进程。在此次中国与东盟联合声明中又重申，由东盟主导的东盟与中日韩合作将继续作为建立东亚共同体这一长期目标的主渠道。在东盟峰会上又决定，在2013年后成立一个由东盟和日中韩印澳新六国共同参与的广域自由贸易区。所以事情会怎样发展还有许多不确定因素。

第二，继续坚定不移地贯彻睦邻政策。在过去三十二年中，我们坚定不移地实行安邻、睦邻、富邻的政策，以邻为伴、与邻为善的政策，保障了我们周边和平、稳定的环境。实践已经证明，这个政策是正确的，我们不要因为一些领土纠纷对这个政策产生怀疑。关于南中国海的争端仅仅是中国与几个东南亚国家间的问题，但它不是中国与这些国家关系的全部，更不是中国与东南亚关系的全部，更不是中国周边外交的全部。在该宣示主权的时候我们要毫不犹豫，但该发展双边关系的时候我们也要努力去做，这两者之间关系要处理好。这需要政治智慧，需要创造性思维。

第三，继续寻求稳定对美关系，争取在稳定中有所前进。中美关系的基本格局并没有因为美国"重返亚太"而发生重大改变：中美两国仍然是既有广泛的共同利益，又有分歧、有竞争，但合作是两国关系的主流。2011年1月胡主席在对美国进行国事访问时与奥巴马共同确定了建设基于互相尊重和互利双赢的合作伙伴关系的方针，我们要坚定不移动地实行这个方针，努力排除干扰。奥巴马第一任期的成就乏善可陈，他现在匆匆"重返亚洲"，带有明显的竞选目的。明年，在他需要向美国公众开列第一任期成绩单的时候，这些都可以列到上头。在2000年、2004年美国大选中，对华政策不是一个争议。但明年大选的情况不一样了。我们要准备共和、民主两党都会拿对华政策说事，准备有更多的麻烦。但对中美关系总体的稳定笔者还是有信心的。

第四，继续寻求推进地区一体化进程。过去十几年中，中国作为地区一体化的一个重要推动力量，成绩是很明显的。中国支持东盟的一体化，中国率先与之建立自由贸易区。这些年来的实践已经证明，这个自贸区给双方人民带来了切切实实的好处。中国还在努力推进10+3，10+6，中日韩等机制的建设。在这一方面，用得着一句老话：你打你的，我打我的。这些机制与TPP不是互相排斥的，而是重叠的，一个国家可以参加多种机制，而不是在这些机制中选取一种。

看看现在欧洲的情况，21世纪可能是太平洋世纪，但这个世纪不可能是属于某个国家的，或者由某个国家主宰的。它必定是属于所有太平洋国家的，属于全世界的。这是世界的潮流，时代的潮流，谁也改变不了的。

美国对外战略重点东移纵横谈

中国国际问题研究基金会特约研究员　**裴远颖**

一、“东移”的定义

美国作为世界唯一超级大国，其对外战略重点置于何处，对国际格局和世界地缘政治具有巨大影响。不久前美国宣称，其对外战略作了重要调整，重点向东转移，引起世人密切关注。

关于这次调整，有各种不同的提法，如“美国战略调整”、“美国亚太战略调整”、“美国战略东移”、“美国战略重心东移”、“美国战略重点东移”等等。如何才能确切地表达呢？为此需要对几个概念进行分析。

是“国家战略”还是“对外战略”？现在讨论的“美国战略”，显然是指美国的对外战略，而不是指美国的国家战略。一个国家的国家战略，是包括对内、对外两个方面的总体战略。因此，此处以提“美国对外战略”为妥。当然，在明确了这个区别之后，简称“美国战略”也未尝不可。

是“重心”还是“重点”？重心和重点是两个不同的概念，不能相互替换。重心，一般是指事物客观存在的特性，是不以人们的主观意志为转移的；而战略是一种谋划，和计划、设想、方案、思想等一样，是精神领域的产物，属于主观范畴，因此，战略只有重点，而无所谓重心。从词义的角度看，在这里用“战略重点”较为确切。

是“亚太”还是“亚洲”？战略重点东移，移至何处？美国人说的是亚太，但实际上主要是指亚洲地区，确切地说，指的是濒临西太平洋的东亚地区（东北亚和东南亚）、邻近西太平洋的印度洋南亚地区以及地理上与东南亚邻近的澳大利亚等国家和地区。而亚太的范围则包括太平洋的东岸，与亚洲地区并不重合。美国强调亚太，是为了强化它的区域归属感，因为美国不属于亚洲，但属于太平洋沿岸地区。其实，明眼人心里都明白，无论是亚太还是亚洲，“东移”的矛头所指，主要还是正在崛起的位于亚洲的中国。

是“调整”还是“东移”？“调整”的提法当然可用，但“调整”一词过于宽泛，“东移”则显示了具体方向。

是“已经东移”还是“正在东移”？从目前情况看，“东移”的过程还没有完全完成，还有一系列措施有待推出，但是，可以肯定的是，这个过程的方向已定，量变到质变的临界点也已经显现。

以上各点，是本文命名的依据。

二、“东移”的动因和过程

“二战”以后，美国的战略重点一直在欧洲。越南战争高潮时期，美军在越南高达50万，当时有人认为，美国战略重点已经东移至亚洲。当中东冲突频仍、战火绵延之际，又有人认为重点已转移至中东。但事实证明，这些论断都是不符合实际的，因为战略的重点并不取决于动用兵力的多寡、战事疏密，而是要看政治、经济、军事综合投入的规模和力度。冷战时期，欧洲是美国和另一个超级大国苏联争夺的焦点，是世界财富最集中、美国对外贸易额和投资量最大的地区，是美国根本利益所系的地区，当时美国战略重点在欧洲应是没有疑义的。即使在冷战后的一段时期，欧洲仍是美国关注的重点。

冷战后，特别是进入新世纪以来，亚洲在各个领域中进步迅速，东盟国家、中国、印度等先后崛起，经济实力、政治影响力、地缘政治地位大大提升。在经济方面，包括中日韩、东盟10国和印度在内的大东亚地区已成为主要商品市场和投资场所之一，其经济总量、外贸总量、市场容量、外汇储备总量均超过美国和欧盟；在地缘政治方面，随着经济实力的增强，亚洲国家的国际地位和话语权日益提高，在解决国际问题方面的作用也日益加强。而与此同时，美欧受金融、债务危机的困扰，经济持续低迷，在国际力量对比中的分量相对下降，从而使亚洲的地位更为突出。其结果是，世界重心逐步从欧洲向亚洲转移。这是苏联解体以来世界格局的一个重大变化。

美国为了维系其世界霸权和全球战略利益，需要适应这一重大变化，因而逐步加大对亚洲地区的投入，最终将战略重点转移至这一地区，这是势所必然的。

世界重心的变化是美国战略重点东移的决定性因素之一（其他还有：抢占亚洲市场，开拓产品出口，为经济纾困；制造外交亮点，转移国内视线，为选战服务等）。而惟一超级大国美国战略重点东移，也加强了亚洲作为世界重心的地位。

需要指出的是，美国战略重点东移，并非一蹴而就，而是一个过程。如果说，美国拼凑东南亚同盟条约组织、卷入朝战和越战是“东移”的先声，那么，冷战结束后就进入实质性的运作了。新世纪开始以来，美国明显加大对亚洲地区的投入，在中国周边投棋布子，强化同日韩澳的同盟，大力卷入朝鲜半岛事务，积极渗透蒙古和中亚，极力拉拢印度越南。随着世界重心的变化，美国加速了战略重点东移的进程。

但是，这一过程并不是线性的，而是因国际形势的变化而有起伏、有波折的。“9·11”事件即为一例。“9·11”其实并没有给美国造成多大伤害，相反，这一事件当时还加强了美国内部的凝聚力，博得了世界的同情。美国政府看准这个机会，把战略注意力再次移到中东。在反恐旗帜的掩护下，先后发动阿富汗战争和伊拉克战争。其实这两场战争，特别是伊拉克战争同反恐并没有多大关系，发动战争的目的，完全是为了全面控制和改造中东这个战略要地和世界最大的石油产地。伊拉克战事得手后，美即提出了大中东计划，其真实目的至此已经昭然若揭。事实证明，“9·11”后的反恐，不过是冠冕堂皇的借口、争取人心的手段而已。当这两场战争事实上已经失败，美国不得不黯然撤军时，“东移”的进程又悄然加速了。

三、“东移”的实施

2011年10月，美国国务卿希拉里在《美国的太平洋世纪》一文中称，美国将“把外交、经济、战略和其他方面大幅增加的投入锁定在亚太地区”，正式吹响了“东移”的号角。

美国实施“东移”，主要是从经贸、军事、外交、多边四个方面展开的。

经贸方面：大东亚地区是美国外贸及出口和投资增长最快、发展潜力最大的地区，现在，美国在这个地区的贸易额和投资量（包括直接投资及各种金融、债务投资）已超过美国对欧洲的贸易额和投资量。在这个基础上，美国进一步扩大对亚洲的出口、加强同亚洲的经济联系和经济合作，其重点是：控制能源产地和能源运输通道，以此作为对付经济竞争对手的重要手段（美国在中亚和缅甸的工作似可从这个角度解读）；大力推动产品出口，以振兴美国国内产业；以经济纽带绑定亚洲国家，使其在经济及其他方面听命于美国。

军事方面：目前美在亚太前沿的驻军数量已超过驻欧部队。美国现阶段的主要军事目标，是加强对西太平洋的掌控，以构成对中国的围堵之势。（1）美国前沿兵力以前集中在中国东面，现拟以保护所谓南海通航自由和保护盟国名义，扩展到中国南面，酝酿在南海常驻航母舰群或常规舰群；（2）强化关岛的军事地位，使其成为亚太地区军事部署、调度、投放中心，同时加大对太平洋三个岛链的军事基地和兵力投入;（3）将在澳大利亚达尔文驻军，准备在菲律宾、印度尼西亚、马来西亚、泰国甚至越南等国建立永久性的“联络办公室”，定期派部队到这些国家的军事基地进行训练。

外交方面：美国尽力拉拢越南、印度，使它们向美国的战略意图靠拢；利用南海问题，挑拨中国与东盟国家的关系；希拉里掀起访问东南亚的旋风，并引人注目地对美国长期制裁的缅甸进行“历史性访问”；举行美、日、印度首次三边对话；多次企图将美日澳联盟扩大到印度；继续渗透中亚和蒙古，试图分化上合组织；加紧编织所谓的亚太联盟网、新的安全伙伴关系网，或明或暗地为“亚洲版北约”招魂。

多边方面：重视亚洲地区的多边合作机制，大力经营亚太多边事务。2011年11月，奥巴马总统首次出席东亚峰会，美方表示，这是“落实美国全球战略重大的重新定向”，强调美国此次与会是要“确立议程与将其变成解决外交安全问题的主要机构”，意欲改造并主导这个机制。更引人瞩目的是，会上美国力推TPP（跨太平洋伙伴关系协议），意在建立以美国主导的新机制，重塑亚太经济秩序，削弱现有东亚合作机制的作用。美国国家安全事务助理多尼隆意有所指地声称，“其他国家若想参与TPP，则须符合同样的高标准，包括知识产权、劳动力及国有企业等”，排斥中国的意图十分明显。

四、“东移”的牵制因素

当前美国在国内和外部都面临诸多困难，推行“东移”，难以得心应手。

国内经济陷入困境，是牵制因素之一。经济上，金融危机非短期所能摆脱。这次危机，是制度性的危机，是长期寅吃卯粮、监管失灵的恶果集中爆发，不进行深刻的改革，经济是难以复苏的。社会矛盾加剧，“占领华尔街”行动的影响将长期显现。政治上正值大选之年，两党斗争激烈，不易形成共识。

中东危局，是牵制因素之二。一波未平，一波又起，从伊拉克、阿富汗的撤退尚未完成，在中东又有燃眉之急。伊朗坐大，已成美国的心腹之患，叙利亚顽强反抗，美也苦无良策。在中东长期的苦心经营，却酿成了苦果。美要脱身中东，谈何容易。

俄美矛盾深化，是牵制因素之三。普京的回归宣告两国关系“重启”无疾而终。美俄矛盾虽然不意味着两国将走向正面对抗，但带来的烦恼之多，是不能轻易摆脱的。

欧洲债务危机像是一条长长的隧道，还看不到尽头，指望盟国的战略支援，注定只是奢望。这是牵制因素之四。

在中国和东南亚国家之间施行离间计，终究会被识破。这是牵制因素之五。中国和东南亚国家的关系有着利益共同性的牢固基础，挑拨离间可以起作用于一时，但不能长久。何况美国现在“重返亚洲”，明明是要挤占市场，损害有关国家利益。

五、“东移”的应对

“东移”是美国对外战略的重大转变，在相当大的程度上是针对中国的。对于“东移”应详加研究，妥善应对。

首先要认识到中美关系的两重性。一方面，中美之间存在一个难以调和的矛盾，即中国的和平发展与美国霸权的矛盾。无论从中国的实力还是从中国的政策看，中国不可能威胁美国，这一点美国自已也很清楚；但是，在美国看来，中国实力的迅速提升势必会对美国的霸权（现阶段主要是在西太平洋区域的霸权）构成挑战。“东移”表明，美国认为，中国是主要对手，必须遏制中国的崛起，降低霸权受到挑战的风险。这是美国“遏制”政策的来由。另一方面，与冷战时期的美苏关系不同，中国与美国之间，相互依存度很高，而且不仅限于经济领域，在其他领域（如政治外交领域）也是如此。如果听任矛盾的发展，摩擦升级，甚至发生冲突，那么双方不但不能从相互依存中得利，而且会导致大家都不愿见到的两败俱伤的后果。因此，美国也呼吁加强合作，“同舟共济”。这是“接触”政策的来由。面对这一两重性，双方只有控制矛盾的发展，加大合作的力度，以期达到互利共赢的目的。毕竟“太平洋足够大”，回旋的空间还是有的。

基于以上认识，我们应该进一步完善对外战略，这个战略不仅是面对美国的，也是面对全世界的。放眼全局、立足长远，目光不要仅仅限于“东移”，而是要放眼世界，不要仅仅估量现状如何如何，而是要立足于长期的目标，着眼于发展壮大自己（包括经济、军事、政治影响力等）。根据中国的实际情况，确立外交战略重点，分清轻重缓急的次序，精心构建对我更有利的外交格局，独立自主地处理现实问题。在已有的基础上，发展同周边国家、大国、发展中国家的关系，积极参与多边外交。当前，要特别注意巩固周边，强化同金砖国家的合作，在G20机制、上合组织、10+1、10+3、中日韩自贸区等方面多下工夫。

对于国际形势中的变化，要注意保持良好心态，戒浮躁、戒冲动，冷静沉着，淡定从容，后发制人，“后其身而身先，外其身而身存”。老子曰，“上善若水”。要像水那样，“居善地”（正确地估计自己的力量和处境）、“心善渊”（广阔的心胸和恢弘的气度）、“与善仁”（与人为善，有亲和力）、“言善信”（言论讲究信义，占领道德制高点）“政善治”（办事有章法，避免无意义的反复）、“事善能”（储备足够的能力以完成自己的事业）、“动善时”（善择时机，既不轻举妄动，也不麻木不仁）。古人的智慧值得我们借鉴。

美国全球战略调整：战略重心更多向亚太倾斜

中国人民外交学会研究部主任　**沈　强**

在二战结束后的美苏争霸中，欧洲大西洋是战略竞争的主战场及全球战略重心所在。在冷战后美国的四场战争（即海湾战争、科索沃战争、阿富汗战争和伊拉克战争）中，只有科索沃战争发生在欧洲，而其余三场都在亚洲。这标志着美地缘军事重心已向亚洲明显倾斜。美不惜代价冒战争风险所追求的战略目标在于：力图以其绝对军事优势威慑各国，征服世界，奠定由美主宰世界单极格局的基础。然而，事与愿违，过度的侵略性军事扩张终于令美心余力绌，陷入难以自拔的战略困局。冷战结束以来，世界格局的演进也并未按美的意志趋向单极化，而是在曲折中逐步趋向相对平衡化和多元化，形成了当前世界主要力量间利益交融、竞合互制、相互依存的世界新格局。奥巴马政府上任以来，为因应世界地缘政治、经济、军事形势发生的新的重大变化，对美全球战略进行了广泛而深入的重大调整。其所采取的主要战略举措是，全面加大对亚太地缘政治、经济、军事的投入和介入，将美全球战略重心更多地由欧洲大西洋向亚洲太平洋倾斜。这势必对当前和未来欧亚地缘政治、经济、军事格局的演变产生复杂而深远的影响。

一、调整的主要方向

冷战结束以来，美国各届政府都对其全球战略进行了不同程度的调整，虽侧重和举措各有不同，但谋求美对世界的主导权以确立美对世界的主宰地位是其既定不变且共同追求的最高战略目标。奥巴马政府也万变不离其宗，但其上任以来对美全球战略调整的范围之广、力度之大是其前任都难以相比的。尤其令人瞩目的是，将美全球战略的地缘政治、经济、军事重心都明显地由欧洲大西洋向亚洲太平洋更多倾斜。希拉里国务卿在2011年10月11日出版的美国《外交政策》杂志发表题为《美国的太平洋世纪》的引人瞩目的文章，明确指出："未来的政治取决于亚洲，而不取决于阿富汗或伊拉克，而美国自然将是此举的中心。随着伊拉克战争接近尾声和美国开始从阿富汗撤军，美国正处于一个转折点。在过去10年，我们为这两个战区投入了巨大的资源。在未来10年，我们对在何处投入时间和精力需要做到既有灵活性又有系统性，从而使自己置身最佳地位，以保持我们的领导作用，确保我们的利益并推进我们的价值观。因此，美国未来10年外交方略最重要的一项使命就是锁定于大幅增加对亚太地区外交、经济、战略及其他方面的投入。"①

（一）将地缘政治重心由欧洲大西洋向亚洲太平洋更多倾斜

奥巴马政府上任以来对欧亚地缘政治的战略取向表明，美已对这一领域做出了前所未有的重大调整，已从美历来对欧洲的地缘政治投入和介入多于亚洲朝着对亚洲的地缘政治投入和介入多于欧洲的方向转变。其采取的主要战略举措是：

---

① 美国国务卿希拉里·克林顿：《美国的太平洋世纪》，《外交政策》，2011年10月11日，第1页。

1. 刻意强化美在欧亚地缘政治中的亚洲太平洋属性以弱化美传统的欧洲大西洋属性。奥巴马总统上任后不久就在其对外政策演讲中以首任美国“太平洋总统”自诩。而其得力配角希拉里国务卿则在2011年APEC预备会上明确指出，美国是“太平洋国家”。美总统与国务卿一唱一和的默契配合就如一场政治双簧，引人瞩目，发人深思，终于让人悟出了其中寓意深刻的战略意图。这暴露出美既要在亚太保持永久性存在，又要对该地区进行统治的长远战略目标。而从奥巴马政府对欧亚地缘政治战略调整的角度看，此举完全打破了美长期以来“重欧轻亚”的传统。通过强化美的亚太属性，弱化美的欧洲大西洋属性，美既可因应当前欧亚力量间的此消彼长，尤其是亚洲力量增强对美形成的现实挑战，又可通过强化美与亚洲国家的协调合作对欧洲形成战略牵制和压力，使欧洲继续屈从于美，进而形成由美主导的新的欧亚地缘政治格局。

2. 刻意增加和升格美与亚洲国家的高层交往而减少和降格美与欧洲国家的高层交往。奥巴马政府在上任后的短短一年多时间里，不仅总统、副总统和国务卿成为亚洲国家的常客，而且其他政要也接踵而至、络绎不绝，多达30余次。这在美亚关系史上实属罕见。与此形成鲜明反差的是，奥巴马政府上任以来，美欧之间的双边高层交往冷冷清清、死气沉沉。尤其让人不可思议的是，奥巴马总统居然不顾欧洲不满，拒绝出席原定于2010年5月在欧盟总部召开的象征美欧关系冷热的双边峰会。此事在美欧都引起强烈反响。欧盟外交和安全事务高级代表阿什顿深为感叹地表示，“欧洲已经不再占据美国战略重心的主要位置”。而美国外交学会会长理查德·哈斯则一针见血地指出，“欧洲已丧失了中心地位”，“欧洲对美国的重要性已经下降”。[1]

3. 刻意增加美对亚洲地缘政治的投入和介入而减少美对欧洲地缘

① 钱文荣：《奥巴马政府的全球战略重心东移初探》，中国人民外交学会编《外交》季刊，2011年第2期，第108页。

政治的投入和介入。奥巴马政府上任以来，对亚洲地缘政治的投入和介入大幅增加，以强化美应对亚洲地缘政治形势近年来所发生的新变化的主导权。在东北亚，美利用韩国“天安号”沉没事件，强化了对朝鲜半岛局势发展变化的宏观调控和主导权；利用日本与中、俄、韩在领土问题上的争端，不仅强化了与日韩的军事同盟关系，还借此对朝、中、俄强化了地缘战略遏制，从而既强化了美对东北亚地缘政治发展变化的操控又巩固了美对该地区的主导地位。在中亚和南亚，奥巴马政府通过向阿富汗发动新攻势，不仅强化了美在中亚和南亚的存在，而且强化了美对该地区地缘政治发展变化的主导权，尤其是对上海合作组织的发展形成了战略制约。在东南亚，奥巴马政府一改其前任疏远东盟的地缘政治战略，不断增加对东盟政治的投入和介入，不仅高调介入东盟牵头的东亚峰会，而且对东盟与中日韩关系的快速发展进行干预，尤其是利用东盟少数国家与中国在南海问题上的争端，意图离间东盟与中国的合作关系，并强化美在该地区的存在和对地缘政治的主导权。反观欧洲，奥巴马政府上任以来对欧洲地缘政治的发展变化兴趣淡化，不仅对欧盟一体化建设的发展进程漠不关心，放任自流，而且对整个欧洲地缘政治形势的发展变化兴趣淡化，关注下降，既少投入，又少介入。这从又一个侧面反映出奥巴马政府在欧亚地缘政治中将战略重心更多向亚洲倾斜。

（二）将地缘经济重心由欧洲大西洋向亚洲太平洋更多倾斜

近年来，亚洲经济保持高速增长的强劲势头，而欧洲经济则呈低迷疲软态势。在此背景下，美对欧亚地缘经济的战略取向做出重大调整，从美传统的对欧洲经济借重大于亚洲朝着对亚洲经济借重大于欧洲的方向调整。其采取的主要战略举措是：

1. 美在继续加强与日、韩、东盟这三个传统经济合作伙伴的关系的同时，快速发展和深化与中、印这两大具有后发优势的新兴经济体的合作伙伴关系，以逐步形成由美主导的亚太地缘经济新格局。此举旨在加强美对亚洲经济快速发展及其巨大潜力的开发利用，使美对亚洲经济的战略借重大幅增加，而对欧洲经济的战略借重则逐步减少。

2. 大力发展美与亚洲的贸易关系且已从贸易总量上远超美与欧洲贸易关系。按美商务部提供的数据统计，2009年美亚贸易量就已是美欧贸易量的两倍多。但美依然与欧洲保持在贸易质量上的优势。[①] 这种美亚贸易关系占据数量优势而美欧贸易关系占据质量优势的美与欧亚贸易关系格局，使欧亚之间形成相互制衡效应，而美不仅可以左右逢源，更有利于进行宏观调控以掌控主导权。

3. 利用亚洲外储远超欧洲外储的巨大优势，更多借重亚洲对美国债的巨额投资，扭转美欧间相互投资依赖性过重的传统倾向，从而使美变被动为主动，掌控美对欧亚贸易的主导权。

4. 大力推进跨太平洋伙伴关系（TPP）以制约东亚经济区域化的建设进程。奥巴马政府上任以来不断加大力度，加紧推进由美主导的跨太平洋伙伴关系。此举对近年来东亚经济区域化建设进程将形成重大障碍，也暴露出美处心积虑要在亚洲经济区域化的发展进程中谋取主导权的长远战略目标。

（三）将地缘军事重心由欧洲大西洋向亚洲太平洋更多倾斜

综观近年来欧亚地缘军事形势的发展变化，与亚洲相比，美在欧洲大西洋地缘军事中总体保持相对战略收缩态势，而在亚洲太平洋地缘军事中则总体保持相对战略扩张态势。尤其是奥巴马政府上台以来，这种欧收亚扩的战略态势更加明显。其主要表现是：

1. 美对北约这个由其主导的最大军事集团的使命进行了根本性的变革和转型，完全改变了北约原来专防欧洲的地缘军事传统，将其军事触角伸展到了中亚乃至中东，不仅接替了美在阿富汗的单边主义军事行动，还强化了其对该地区的军事渗透和扩张。更需要指出的是，

① 美国商务部网站，http://www.esa.doc.gov/about-economic-indicators.

在当前为推翻利比亚现政权而发动的军事打击中，美欧都试图利用北约这个双方共同的历史遗产，来为各自的地缘政治利益服务，为维护西方对世界现有秩序的主导权服务。这也表明，美将其全球战略重心向亚太更多倾斜也使欧洲对亚太的战略取向作出了相应调整。

2. 美在亚洲太平洋地缘军事中加紧构建新型多边军事合作体系，其投入和介入远超对欧洲地缘军事的投入和介入。奥巴马政府上任以来，在不断强化美与日、韩双边军事联盟的基础上加紧推进美、日、韩三边军事联盟关系的发展和深化。不仅如此，美还将构建这一军事合作体系扩展到与东盟国家的双边和多边军事合作，力图最终形成由美主导的日、韩、东盟、印、澳等共同组成的涵盖整个亚太地区的双边与多边互补交织的新型多边军事合作体系。相比之下，奥巴马政府上任以来，对欧洲大西洋的地缘军事的投入和介入无所举措。相反，美在欧洲大陆大幅削减军备之举倒是颇为引人瞩目与思考。据有关资料统计，1990年1月1日美国在欧洲仍有5904辆坦克、5747辆装甲车、2601套火炮装置、626架战机和243架武装直升机，但到了2010年1月1日却只剩下100辆坦克、606辆装甲车、206套火炮装置、209架战机和48架武装直升机。[①] 另外，美国人对东欧国家迫切希望能得到其安全保护的要求亦反应消极，不仅放弃了原来要在波兰和捷克部署反导系统的方案，而且至今尚未在任何东欧国家建立新的军事基地。

3. 美对亚洲太平洋的军力部署已远超对欧洲大西洋的军力部署。从当前美在亚洲太平洋地区的驻军数量看，尽管美已表示要从阿富汗和伊拉克撤军，但当前在该地区仍然保持着15万驻军。在东北亚地区，美也保持着10万驻军。而美在冷战结束以来在欧洲大西洋的驻军都一直维持在10万人的规模。从军备情况看，美对亚洲太平洋的部署也在数量和质量上远超对欧洲大西洋的部署。据相关资料统计，美已

---

① 俄罗斯政治军事分析研究所副所长亚历山大·赫拉姆奇欣:《对北约不要看意图而要看能力》，[俄]《独立军事评论》周报，7月8日。

将其部署在太平洋和大西洋的五支舰队中的三支调集到太平洋地区，且已将其总共11艘航母中的6艘调集到以关岛为中心的亚太地区。[①]美还将其最先进的“弗吉尼亚”级和“俄亥俄”级战略核潜艇以及B1、B2战略轰炸机和F–22隐形战机的部署都以亚太为主要目标。[②]从军演规模和频率看，美近年来对亚太地区的投入之多也让人刮目相看，堪比其冷战时期对欧洲大西洋的投入。然而，近年来，美在欧洲大西洋举行的军演无论在规模还是在频率上都与亚太地区相去甚远。

二、调整的主要原因

冷战结束以来，欧亚地缘政治、经济和军事都已发生了复杂深刻的重大变化。相对而言，欧亚之间的力量对比格局发生了由原先的“失衡的欧洲与平衡的亚洲”到现在的“平衡的欧洲与失衡的亚洲”的历史性转变。而保持欧亚之间力量对比格局的相对平衡且形成互制则有利于美掌控欧亚主导权以确立美对世界的主宰地位。因此美将其全球战略重心由欧洲大西洋向亚洲太平洋倾斜是其客观需要，也是其采取这一战略举措的最根本的原因所在。当前已形成的力量对比格局相对平衡的欧洲，对美在该地区维持其主导地位和既得利益所构成的现实挑战已相对下降。而当前已形成力量对比格局相对失衡的亚洲，对美在该地区维持主导地位和既得利益构成的现实挑战则相对上升。对欧洲而言，苏联解体后，欧盟与北约都对原苏联的势力范围进行了空前的战略扩张，最大限度地压缩了苏联的继承者俄罗斯的战略空间。

① 钱文荣：《奥巴马政府的全球战略重心东移初探》，中国人民外交学会编《外交》季刊，2011年第2期，第106页。

② 国际在线：《美日围堵中国海上力量　南北夹击中国潜艇出海通道》，http://gb.cri.cn/27824/2010/07/30/110s2938709.htm.

俄则竭力进行反扩张。经过此轮扩张与反扩张的激烈较量，当前的欧洲力量对比格局已相对客观地反映出美、欧、俄三边关系格局的现状和一个实力对比相对平衡的欧洲。但对亚洲而言，冷战结束以来，尤其是近年来，不仅本地区主要力量的消长已发生历史性重大变化，而且这些力量与美国的关系亦已发生历史性的重大变化。而这种重大变化正是导致亚洲力量对比格局失衡的根本原因所在。因此，当前力量对比格局失衡的亚洲正处在趋向相对平衡的亚洲的过渡期。由于这一过渡期中各种力量之间的关系都在经历错综复杂的战略互动、调整和重组，所以当前亚洲形势中的不稳定、不确定因素都会多于欧洲。这对美要在亚洲地区维持其主导地位和既得利益所构成的现实挑战也显然要大于欧洲。

（一）欧亚地缘政治形势复杂深刻的重大变化

近年来，欧洲在欧亚地缘政治中的作用和影响呈相对降势，而与之形成鲜明反差的是亚洲则呈显著升势。欧亚之间力量对比此消彼长的重大变化，不仅正在逐渐扭转长期以来欧强亚弱的传统力量对比格局，也导致了两者在美全球战略中各自作用和影响的相应变化。欧洲昔日在美全球战略中为美所起的主要战略借重作用和对美不可替代的战略价值已经下降。世界两极格局解体后，欧盟趁势大举扩张，成果辉煌，不仅成员数量成倍增长，而且一体化进程已迈出了举世瞩目的重大步伐，因而在国际地缘政治中的作用和影响也曾一度呈现强劲的升势。但激剧的地缘战略扩张也导致欧盟陷入了严重“滞胀”的战略困境，尤其是遭受本次全球性金融经济危机重击后，欧盟内在的多重危机集中爆发，一蹶难振，大大削弱了欧盟的总体实力，尤其是统一对外的行动能力。在此背景下，欧洲在国际和欧亚地缘政治中的作用和影响相对下降势在必然。

与欧洲相比，由于中、印两个新兴大国近年来保持快速发展的强劲升势及其强大的“辐射效应”对亚洲产生的整体提升作用，亚洲在国际和欧亚地缘政治中的作用和影响快速上升和扩大，因此亚洲在美全球战略中的作用和战略价值也相应提高。亚洲虽然在一体化进程方面与欧洲相比处在不同的历史阶段，因而不可同日而语，但也不能不看到，亚洲在经济区域化的进程中已迈出了实质性的重大步伐，尤其是中、日、韩经济的日益交融及其与东盟经济的日益交融。而正在发展中的东亚经济区域化趋势更是令美国和世界瞩目。亚洲国家经济关系日益密切，利益交融，依存度不断提高，势必导致其地缘政治关系的发展和深化，其自主性和独立性亦将随之提高，使亚洲国家不能不思考未来亚洲的共同愿景。

（二）欧亚地缘经济形势复杂深刻的重大变化

从地缘经济力量对比的角度看，欧强亚弱的传统地缘经济格局正在朝着欧亚经济力量相对平衡的方向演进。尤其是近年来，亚洲经济保持着稳定而强劲的高增长势头，增速约为欧洲的2—3倍，这不仅大大缩小了亚洲与欧洲长期以来形成的历史性差距，而且从长远看，大有超越欧洲的潜能。从美与欧亚经济关系的相互依存度看，美欧经济关系的相互依存度经过长期的发展已近极限因而正趋向相对下降，而美亚经济关系的相互依存度因存在巨大的发展空间而正趋向相对上升。其主要表现如下：

1. 美经济当前的复苏和未来的繁荣对亚洲的依存度已超过对欧洲的依存度。从近年来欧亚经济增长对比看，亚洲经济保持年均约7%的增长率，而欧洲的年均增长率仅为2%—3%，前者约为后者的2—3倍。因此，进一步发展和深化美与亚洲经济的合作与交融对刺激美经济复苏和保持其未来繁荣，具有欧洲经济难以替代的独特作用。

2. 美与亚洲的贸易总量已远超与欧洲的贸易总量。据美国商务部数据统计，2010年美与中、日、韩、东盟的进出口贸易额为：进口额6778亿美元，出口额2876亿美元，进出口总额为9654亿美元；而美与欧盟进出口贸易额为：进口额2813亿美元，出口额2208亿美元，进出口总额为5021亿美元。前者进出口总额为后者的近2倍。[①] 这说明，长期以来美欧进出口贸易额高于美亚进出口贸易额的传统格局已被完全逆转。

3. 对美而言，亚洲市场的潜力远大于欧洲。从开发情况看，欧洲市场经过长期开发已趋于相对饱和，而亚洲市场因拥有诸多增长型经济体，尤其是中、印两个世界级的增长型经济体潜力巨大。这对美经济的未来增长和繁荣具有不可替代的战略借重作用。

4. 亚洲对美国债的持有量已远超欧洲。据美国财政部公布的数据统计，2010年亚洲对美国债的持有量约为欧洲的3.6倍。这意味着对美国债持有量欧洲大于亚洲的传统格局已被彻底打破，更意味着美对亚洲投资美国债的依赖性空前增大。据美布鲁克林研究所预测，美政府债务占国内生产总值的比例将由现在的66%上升至2020年的87%。[②] 因此，确保亚洲对美国债的巨额投资对美经济的稳定与增长已不可替代。

5. 对美而言，欧洲不具备像亚洲那样可长期提供传统能源的战略价值。欧洲与美相同，对能源消费进口的依赖性都很高，而亚洲则是全球最大的能源产地和输出地。因此，掌控亚洲能源流向不仅对美确保能源供应，而且对美掌控地缘经济形势发展变化至关重要。

（三）欧亚地缘军事安全形势复杂深刻的重大变化

从欧亚地缘军事形势看，欧洲总体地缘军事安全形势已由原来的紧张动荡转入相对稳定期。当前，欧俄军事安全关系中紧张因素呈相对减少态势。这导致欧洲对美在军事安全上的依赖性相对下降，从而也导致美在欧面临的军事安全上的现实挑战相对减少。在此背景下，

---

① 美国商务部网站，http://www.esa.doc.gov/about-economic-indicators.

② 中新网:《外媒评美国国情咨文称奥巴马誓与中印一决高下》，http://www.chinanews.com/gj/2011/01-28/2818033.shtml.

美对欧洲地缘军事中的作用和地位都呈相对下降态势。与欧洲形成鲜明反差的是，亚洲总体地缘军事安全形势正处于相对不稳定期。在当前和未来相当长的时期，亚洲地缘军事安全关系中的不稳定和不确定因素均呈相对增多态势。这既导致亚洲对美军事安全上的依赖性相对上升，又导致美要在亚洲掌控地缘军事安全主导权而面临的现实挑战相对增多。在此背景下，美在亚洲地缘军事安全中的作用和影响都呈相对上升态势。

1. 欧洲地缘军事安全总体形势相对稳定。从历史角度看，由于苏联和华约的解体，欧洲地缘军事中两大军事集团对抗的冷战格局也随之不复存在。无论当前还是可预见的未来，俄罗斯已无力恢复当年苏联的军事实力与美欧抗衡。这就意味着俄对美欧的现实威胁已不复存在，欧俄军事安全关系处于相对缓和期。从当前影响欧洲地缘军事安全形势稳定的地区热点看，科索沃热点已处于可控制中；俄格关系亦由战争紧张期过渡到了相对稳定期；俄与北约也都不希望挑起事端，导致双边关系重新走向紧张。

2. 亚洲地缘军事安全总体形势相对紧张。从东北亚地缘军事安全形势看，主要存在三个历史遗留的军事冲突热点：其一是朝鲜半岛热点。朝鲜半岛局势依然紧张动荡，是冷战结束以来惟一依然难以消除的冷战地区。而这一冷战地区的存在也将中、美、俄、日、朝、韩六方卷入了难以解脱的历史纠葛和错综复杂的双边和多边关系的战略博弈与竞争之中，并成为引发军事冲突乃至战争的根源所在。其二是日本与中、俄、韩的领海岛屿争端热点。日本与中国的领海划界和钓鱼岛归属等争端、日本与俄罗斯的北方四岛归属争端、日本与韩国的独岛归属争端等若处理不当，都有可能成为军事冲突乃至战争的根源，也是美与中、日、俄、韩双边和多边关系中进行战略互动和博弈的重要因素。其三是台湾问题热点。这不仅是制约中美间建立战略互信的最大障碍，也是中美间可能爆发军事冲突乃至战争的导火索。只要美国不放弃利用台湾问题制约和遏制中国的冷战思维，中美关系的发展和深化就无法从根本上摆脱这个最大的战略制约。尤其应该指出的是，时至今日，美国政府依然在对台军售问题上不时做文章，为中国的和平统一制造障碍。美国防部负责东亚政策的高官戴维·赫尔维4月13日在向美国会美中经济与安全评估委员会就对台军售作证时辩称："我们是根据我们对台湾防务需求的评估结果——基于台湾的安全要求和台海军事平衡——做这样的决定的。我们不会与其他任何国家协商，我们不会与中国协商。"美国务院负责东亚和太平洋事务的代理助理国务卿帮办丹尼尔·克里滕布林克也在该听证会上荒谬地表示，美国政府把与中国的关系和对台军售视为两个不相关的问题。① 美方在对台军售问题上的上述立场表明，其一再表示要与中方建立军事和战略互信是虚伪的，因为在中方看来，能否终止对台军售既是检验美方有无诚意的试金石，也是美中建立军事和战略互信的重要前提。

从东南亚地缘军事安全形势看，越、菲、马与中国在南海问题上的争端若不能妥善处理，也会成为热点，尤其是美国的介入和干预会使南海问题复杂化，分歧和矛盾尖锐化。美国主要有两个战略图谋：一是通过介入南海问题保持其对该地区的存在；二是离间中国与该地区国家近年来快速发展的合作关系，并利用东南亚国家对中国快速发展的戒心及借美制华的心态，趁机介入和干预东盟的政治、经济、军事决策取向，从而强化美在东南亚的存在。

从南亚、中亚和西亚地缘军事安全形势看，印巴在克什米尔问题上的争端是个历史遗留的热点。这是造成印巴关系难以取得重大进展的一个主要障碍，两国依然在为此热点兵戎相见，付出流血的代价。当前，中亚的主要热点仍在阿富汗。美国发动对阿富汗的反恐战争不但没有给该地区带来和平与稳定，反而导致阿的恐怖势力向其周边扩大和蔓延，不仅波及印巴，还向中国的新疆、吉尔吉斯斯坦、塔吉克

① 美中经济与安全评估委员会听证会记录，http://www.uscc.gov/hearings/2011hearings/written_testimonies/hr11_04_13.php.

斯坦、乌兹别克斯坦等地区和国家蔓延，从而对中亚整体地缘军事安全形势增添了诸多复杂的变数和紧张动荡因素。伊拉克和伊朗依然是西亚当前的最大热点。美国对伊拉克发动的战争不但没有使伊拉克变得和平安宁，反而使之迄今依然处于水深火热的战乱之中。而美处心积虑要推翻伊朗现政府，不仅造成美伊关系紧张，还给该地区军事安全形势的发展变化增添了新的紧张动荡因素和诸多变数。

以上分析表明，欧洲地缘军事安全形势中的热点已基本处于可控之中，而亚洲地缘军事安全形势中却存在诸多可能引发国家间或地区性冲突乃至战争的热点。它们既是触发当前和未来亚洲地缘军事安全形势紧张动荡的根源所在，也是美借此在各方力量间纵横捭阖，进行战略互动与博弈的软硬实力的优势所在。掌控欧亚地缘政治、经济、军事的主导权以确立美对世界的主宰地位，这已成为冷战结束以来美历届政府既定不变的最高战略目标。而美在欧亚之间对其战略重心如何调整则完全取决于欧亚地缘政治、经济、军事形势的发展变化，以便为实现其既定战略目标服务。

三、调整的主要影响

美全球战略的关键就在于掌控世界地缘政治、经济、军事的主导权以确立美对世界的主宰地位。而美能否掌控对欧亚的主导权则决定着美全球战略的成败。自冷战结束以来，美历届政府对此都不惜孤注一掷，志在必得。然而，当今美要掌控对欧亚的主导权决非轻而易举，其成败目前尚难准确评估，更难预测。从目前看，美对欧亚软硬实力对比的相对优势依然存在，美可凭借这种优势因应当前欧亚形势复杂深刻的重大变化，并运筹欧亚战略，进行宏观调控，以保持美的主导地位。但从长远看，随着欧亚软硬实力逐步提升，美现有的相对优势将逐步减弱，其掌控对欧亚的主导权和保持主导地位将面临更多更大的困难和挑战。奥巴马政府上任以来，空前增加对亚太地缘政治、经济、军事的投入和介入，更多将美全球战略重心由欧洲大西洋向亚洲太平洋倾斜，其幅度之大堪称冷战结束以来美历届政府之最，成为美与欧亚关系史上的一个重要里程碑。这一重大战略举措对当前和未来美与欧亚地缘政治、经济、军事关系的发展变化都具有十分广泛而深远的影响。

（一）对美与欧亚地缘政治关系的主要影响

奥巴马政府将美全球战略重心由欧洲大西洋向亚洲太平洋更多倾斜，对当前和未来美与欧洲地缘政治关系发展变化的主要影响在于三个方面：首先是导致美对欧洲地缘政治的投入和介入相对减少，因此美欧间在欧洲地缘政治中的合作关系将被相对弱化；其次是导致欧洲在欧亚地缘政治中的作用和影响被相对削弱，因此美在欧亚地缘政治中的作用和影响被相对增强；其三是导致欧洲地缘政治中的内部矛盾相对突出，尤其是使欧盟面临“新老欧洲”和欧俄关系中战略利益的矛盾相对突出，因此欧洲对美的战略需求和借重都将相对上升。

对当前和未来美与亚洲地缘政治关系发展变化的主要影响也在于三个方面：一是导致美对亚洲地缘政治的投入和介入相对增加，因此美利用自身软硬实力优势对亚洲地缘政治的宏观调控能力将相对增强；二是导致亚洲在欧亚地缘政治中的作用和影响相对上升，因此美总体上在欧亚地缘政治中的主导作用和影响将相对上升；三是导致亚洲地缘政治中各种关系更趋错综复杂，各种竞争因素相对上升，各种现有合作关系和机制都面临诸多新挑战，因此亚洲对美的总体战略需求和借重将相对上升。

在上述美欧亚三边地缘政治新格局的变化中，美国处于最有利的主导地位，在欧亚地缘政治中的战略回旋空间相对扩大，而欧亚则都处于相对不利和被动地位。因此，如何加强欧亚之间的战略互动与合作，变被动为主动，从而形成相对平衡的美欧亚三边地缘政治新格局，是欧亚双方应予深入思考的战略性课题。

（二）对美与欧亚地缘经济关系的主要影响

奥巴马政府将美全球战略重心由欧洲大西洋向亚洲太平洋更多倾斜，对当前和未来美与欧洲地缘经济关系发展变化的主要影响在于：

1. 导致美对欧洲地缘经济的投入和介入相对减少，因此美欧间传统的经济上的相互依赖关系将会相对弱化，而相互竞争关系将会相对上升；

2. 导致欧洲在欧亚地缘经济中的作用和影响相对下降，因此美在欧亚地缘经济中的作用和地位则因与亚洲经济合作关系的增强而相对上升；

3. 导致美元对欧元的竞争优势相对增强，尤其是由于亚洲对美元的依赖性相对上升而导致欧元对美元的竞争力被相对削弱；

4. 导致欧盟经济规模大于美国的优势（据国际货币基金组织统计，2010年欧盟GDP总量约为16.11万亿美元，美国约为14.62万亿美元）① 将因美经济与亚洲经济的更多融合而被削弱，而美经济对欧经济的质量优势将因此而得到强化。

对当前和未来美与亚洲地缘经济关系发展变化的主要影响在于：

1. 导致美对亚洲地缘经济的投入和介入相对增加，因此美亚间经济上的互利合作和相互依赖关系在总体上将更趋扩大和深化；

2. 导致亚洲在欧亚地缘经济中的作用和地位因美亚经济合作关系的加强而相对上升，而长期以来欧亚地缘经济关系中欧洲对亚洲的规模与质量优势将进一步缩小，且趋向相对平衡。因为近年来亚洲经济的增速和质量的提高均快于欧洲，而美与亚洲经济关系的进一步加强则起到了重要的催化作用；

3. 导致美经济在欧亚地缘经济中的竞争力进一步增强，因此欧亚经济对美的竞争力将被相对削弱，因为美经济的质量优势和应变能力

---

① 国际货币基金组织数据库：http://www.imf.org/external/pubs/ft/weo/2011/01/weodata/index.aspx.

均高于欧亚经济，而且美对欧亚地缘经济的宏观调控能力令欧亚都难以企及；

4. 导致亚洲地缘经济中现有的合作机制面临变革和重组的挑战，因此亚洲经济区域化的进程会更趋曲折和复杂。

在上述美、欧、亚三边地缘经济格局中，欧亚经济中各自原有的有利因素均被相对弱化，而美对欧亚地缘经济中的有利因素则得到相对强化，因此美在欧亚地缘经济中的竞争力将进一步增强，而欧亚经济的竞争力则被相对削弱。面对这一新挑战，欧亚应利用现有双边经济合作机制，共同探讨如何进一步加强双边经济的协调与合作，从而使欧洲的经济规模优势和质量优势与亚洲经济的活力优势与潜力优势有机结合，发挥双方的互补优势和有利因素，以形成美欧亚三边关系中合竞互制且相对平衡的经济新格局。

（三）对美与欧亚地缘军事安全关系的主要影响

奥巴马政府将美全球战略重心由欧洲大西洋向亚洲太平洋更多倾斜，对当前和未来美与欧洲地缘军事安全关系发展变化的主要影响在于：

1. 导致美对欧洲地缘军事安全的投入和介入相对减少，因此美欧间在欧洲地缘军事安全中的合作关系被相对弱化；

2. 导致欧洲在欧亚地缘军事安全中的作用和影响相对下降，因此美的作用和影响会因其对亚洲地缘军事安全的投入和介入增加而相对上升，尤其是因美与亚洲地缘军事安全关系的不断加强，而相对上升；

3. 导致北约在欧亚地缘军事安全中的作用和影响相对上升。因为北约是凝聚美欧地缘军事安全关系的不可或缺的机制，因此只有通过这一机制方可弥补美将全球战略重心由欧洲大西洋向亚洲太平洋倾斜而对美欧地缘军事安全关系相对弱化新产生的负面影响；

4. 导致欧俄间在欧洲地缘军事安全中加强双边协调与合作的战略需求相对上升，因此双方在欧洲地缘军事安全中的竞争因素将受到一定制约。

对当前和未来美与亚洲地缘军事安全关系发展变化的主要影响在于：

1. 导致美对亚洲地缘军事安全的投入和介入相对增加，因此美与亚洲的总体地缘军事安全关系将得到进一步强化，尤其是美与日、韩、澳的军事联盟关系，以及美与印度和东盟的军事上的战略合作关系都将进一步发展深化，并且在双边军事关系不断深化的基础上向构建由美主导的全亚洲新型多边军事合作体系方向发展；

2. 导致由美主导的未来的全亚洲新型多边军事合作体系在欧亚地缘军事安全中的作用和影响相对上升，尤其对当前和未来欧亚地缘军事安全格局的演变将产生十分重大而深远的影响；

3. 导致亚洲地缘军事安全关系中的竞争因素和不稳定因素相对上升，尤其是东北亚地缘军事安全格局中的冷战因素相对上升，从而增高美、日、韩与中、俄、朝军事对立的风险。而美、日、韩不断扩大军演规模和提高军演频率，则会使军事摩擦和冲突的风险进一步增高。在东南亚地缘军事安全格局中新的竞争和冲突因素也将相对上升，尤其是增高了越南、菲律宾和马来西亚因与中国在南海问题上的争端而产生军事摩擦或冲突的风险。而美强化与东盟国家军事合作关系，更增添了该地区新的军事摩擦和冲突因素。在南亚地缘军事安全格局中，新的竞争和冲突因素也相对上升，尤其是增高了印度与中国在领土争端问题上产生军事摩擦或冲突的风险，而美印强化在印度洋等海域的军事合作且强化军演则使中国面临新的军事安全挑战。

在上述美欧亚三边地缘军事安全格局中，美国凭借其军事实力优势及其传统的军事联盟关系和构建中的亚洲新型多边军事合作体系，掌控着对欧亚地缘军事安全的主导权。而奥巴马政府将美地缘军事重心由欧洲大西洋向亚洲太平洋更多倾斜，则使美更加强化了对这种主导权的掌控，因此也巩固了美在欧亚地缘军事安全格局中的主导地位。在此背景下，如何加强美与欧亚在地缘军事安全领域中的战略对话和正面的战略互动，避免各方因战略误判而引起军事摩擦或冲突已成为当前美欧亚三方共同面临的新挑战和需要共同探讨的战略性课题。

美国的新亚太战略与日本的对外战略思考

中国政法大学政治与公共管理学院教授　孙　承

美国“重返亚太”从安全和贸易两方面加大对亚太地区的战略投入，维持其影响力和主导地位，但这一新亚太战略离不开盟国支持。日本在美国的战略转换中有特殊的重要地位，其作用和应对举措值得关注。

一、日本在美国新亚太战略中的地位

2011年11月，奥巴马总统在夏威夷召开的亚太经合组织领导人年会和在澳大利亚议会上的讲话，阐述了美国把亚太地区作为外交战略重点的新亚太政策。他说，亚太地区，对于美国经济增长绝对重要，美国将把这一地区视为首要重点。[①]美国是太平洋强国，21世纪要保持在这一地区的存在。[②]美国务卿希拉里·克林顿在《外交政策》杂志撰文宣称“今后10年美国外交方略最重要的使命之一是大幅增加对

① “Opening Remarks by President Obama at APEC Session One”, *The White House Office of the Press Secretary*, November 13, 2011.

② “Remarks By President Obama to the Australian Parliament”, *The White House Office of the Press Secretary*, November 17, 2011.

亚太地区外交、经济、战略和其他方面的投入”，美国要在亚太地区建设“更成熟的安全和经济架构”进程中发挥领导作用。为实现这一目标制定的“区域战略”首先是实行“前沿部署”外交，执行六个行动方针：加强双边安全联盟，深化与新兴大国的关系，参与区域多边机构，广泛的军事存在，扩大贸易、投资和促进民主、人权。[①]美国防部长帕内塔访问日本之前在《读卖新闻》上撰文称：“美国的方针没有变化，即美国是太平洋国家，仍将在亚洲维持前线部署，保持坚固的态势。”[②]2012年1月，美国公布新军事战略，即使大规模缩减军费预算，但亚太地区仍是美国关注的重点，不会影响增强在这一“关键地区”的军事存在。[③]

美国对外战略转变的趋势和内容在此前已有迹可寻，举其大端如：

1.公开介入南海争端。美国务卿希拉里·克林顿2010年7月在越南召开的第17届东盟地区论坛外长会议上表示，南海的航行自由关系美国国家利益，并有意主持解决南海问题的国际会议。美政要不断发表有关南海问题的讲话，推动南海争端国际化。美还加强与东盟国家的军事合作，与菲律宾等国组织有针对性的军事演习。

2.公开表示《日美安全条约》适用于钓鱼岛。美国政府曾以三段论式表述对钓鱼岛的立场：

（1）尖阁诸岛（我钓鱼岛）在日本的施政权下；

（2）《日美安全条约》适用于日本施政权下的区域；

（3）因此《日美安全条约》适用于尖阁诸岛。奥巴马政府成立后采取只表明内容（1）、（2），不公开表明内容（3）的方针。中日钓鱼

---

① Hillary Clinton: “America’s Pacific Century”, *Foreign Policy*, November 2011.

② レオン・パネッタ 「21世紀に向けた揺るぎない日米同盟」、『読売新聞』、2011年10月24日。

③ “Obama announces new, leaner military approach”, http://www.washingtonpost.com/world/national-security/obama-announces-new-military-approach/2012/01/05/gIQAFWcmcP_story.html.

岛撞船事件后，美国务卿公开表示内容（3）。[①]

3.构建新的战略联盟，加强亚太地区前沿军事部署。美国除加强美日、美韩军事同盟和与菲律宾、新加坡等国的军事联系，还与澳大利亚达成驻军2500人的协议，与印度等国建立战略安全合作关系。

4.主导跨太平洋地区经济合作。美国在由新加坡、智利四国发起的多边自由贸易协定基础上，筹组跨太平洋战略经济伙伴关系协定（TPP），通过制定新的贸易规则和建立新的贸易合作机制，主导亚太地区经济贸易新秩序的形成，削弱东亚国家开展多边贸易合作和建立地区共同体的努力。

简单说来，美国新的亚太战略是设想建立一个类似跨大西洋网络的、与美国的利益和价值观一致的“跨太平洋的伙伴关系和机构网”。这与以前美国和日韩等国通过双边同盟建立起来的“扇形结构”不同。美国将亚太国家分为两个层次：一个是盟国，是其转向亚太战略的支点；一个是新伙伴关系，即盟国以外的国家，也包括中国，希望这些国家参与构建区域和全球秩序，解决共同面临的问题，从而形成一个“网状结构”。实现这一设想的具体途径是加强双边安全同盟，扩大军事存在和参与地区多边机制特别是建立由美国主导的多边经济、贸易机制。也就是说，美国不仅要在亚太地区建立美国主导的安全框架，也要建立美国主导的经济框架。

值得注意的是，美国这一战略设想无论是在安全方面还是在经济方面都离不开盟国的支持，特别是东亚地区的主要盟国日本的支持。希拉里·克林顿称“与日本的联盟是该地区和平与稳定的基石”。帕内塔说：“新太平洋世纪，日美同盟是地区和世界安全不可或缺的支柱之一。”在新亚太战略中，美国虽然加强了与澳大利亚、印度、越南的安全合作，但日本的地缘战略地位仍然无可取代。日本安全专家森本敏

① 《美国决定公开宣称尖阁诸岛适用日美安保条约》，共同社，2010年11月10日，http://China.kyodo.co.jp/modules/fsStory/index.php?sel_lang=schinese&storyid=87242.

说："美国能否有效地发挥遏制作用，要靠同盟国和友邦的合作，特别是美中之间的海上力量平衡（海上均势）将是亚洲稳定的关键。而在盟国中，日本的作用是决定性的，因为日本处于中国前往外洋出口的战略位置。"①

除安全外，美国新亚太战略还要求参与和主导地区经济、贸易合作，这是前所未有的。美国虽然参与亚太经合组织，但那不过是个论坛性质的松散合作，其形式意义远大于实质意义。跨太平洋战略经济伙伴关系协定则是要在这一地区建立实质性的多边贸易机制，表明美国要全面参与亚太经贸合作，并按照美国的要求为这一世界上最具活力的地区制定一套游戏规则，继安全领域之后在经济领域确立美国的优势主导地位。目前参与跨太平洋战略经济伙伴关系协定的国家有9个，多数是规模较小的经济体，因此日本的加入与否或以什么条件加入对于跨太平洋战略经济伙伴关系协定以致美国主导的亚太经贸格局具有重大的影响。日本在美国新亚太战略中的重要地位勿庸置疑。

二、日本的对外安全战略思考

日本对地区安全有两个担心：一是长期以来警惕地区体系发生极端变化，② 二是钓鱼岛撞船事件后，中国被看成是影响日本安全和地区安全的主要因素，而日美同盟被看作是能为日本和地区安全提供保证的最后依靠。日本无疑支持美国"重返亚太"的新战略。

最近日方的两个研究报告反映了日本安全观的变化。2011年11月世界和平研究所的报告认为：日中双边关系所处的环境因中国迅速崛

① 森本敏「米新国防戦略　日本は安保戦略たて直し、国家再生を」、『産経新聞』、2012年1月7日。

② 白石隆「白石隆さんに聞く　東アジアは壊れるか」、『朝日新聞』、2012年1月5日。

起和日本国力下降而发生急剧变化，因东海、贸易规则、稀土矿产出口等深刻问题，国民感情也极度恶化。今后半个世纪，东北亚地图可能重绘，中国对这一变化具有重大影响。中日关系虽在战略互惠关系定位下继续深化，但存在主权和安保问题、国民感情问题，特别是东海问题，不能排除爆发有限军事冲突的可能。而一次小规模的军事冲突和突发事件，对缺乏互信、脆弱的两国国民感情造成的恶劣影响无可估量，在21世纪也很难排除重复上世纪历史的可能。因此，日本要加强对华外交和坚持日美安保合作的外交原则，对来自中国的军事威胁和海洋问题，要在日美同盟的基础上与周边国家合作应对。① 2012年1月日本国际论坛的研究报告也认为，必须对中国转向强硬路线包括运用军事手段的最坏选择的对策预先进行研究，而日美同盟下的包括核保护伞的美国对日安全承诺是日本安全的最后依靠，因此平时要尽最大努力保证日美同盟的可靠性。②

这两个报告是集合日本政、财、学界著名人士研究的成果，反映了当前的主流意见。野田首相在阐述其施政构想时，也一面讲中国经济发展是日本的机遇，一面认为中国迅速增强军事力量和扩大活动范围，战略意图不透明，是日本和地区最大的担心。中国以军事力量为背景的强硬对外姿态可能改变地区国际秩序；而日美同盟是日本安全和外交的最大资产，也是日本安全和外交的基础，必须深化同盟关系。③

野田政府成立后，外相玄叶即首途访美，双方确认了日美同盟的重要性，随后又历访韩国和东南亚。共同社的评论说："玄叶一系列的会谈都以日美同盟为背景，并致力于'在亚太地区结交拥有共同价值观的战略合作伙伴'；同时，还与对中国影响力增大保持警惕的美国

① 世界平和研究所『新局面における日本の中国政策』、2011年11月、14－21ページ。

② 日本国際フォーラム政策委員会『膨張の中国と日本の対応』、2012年1月、3、7ページ。

③ 野田佳彦「わが政権構想」、『文芸春秋』、2011年9月号、100－101ページ。

统一步调，隐约可见欲重建日美关系意图”。共同社将“玄叶外交”定性为:“以日美关系为基轴，加强同亚洲民主国家的合作，以此制衡正在崛起的中国”。[①] 野田首相在东亚峰会后答记者问中对美国扩大对亚太地区的参与表示欢迎，表示要通过日美同盟对亚太地区的和平与稳定做贡献。[②] 美国新国防战略发表后，日本防卫相公开表示欢迎，愿与美通过各层次的磋商讨论今后的安保体制。[③] 日本舆论也出现要求配合美国新亚太战略的论调。如《产经新闻》社论认为，依靠日美安保体制实现地区稳定，对日本来说意义重大。新战略以现有的同盟关系和印度等新伙伴关系构成的网络为前提，要想让削减军费和承受财政困难的美国集中应对亚太地区，盟国的分担和贡献不可或缺，特别是日本的合作十分重要。日美必须对美国的新战略和日本的防卫态势进行密切的调整，才能保证有效的联合行动。[④]《日本经济新闻》甚至建议为了不让美国因削减军费而减少对亚太地区的参与，要做好对美工作，并以行动支持美国的参与。日本可在不少方面分担美国的负担，如扩大美军和自卫队基地共用、加强对华战略要冲的西南诸岛的防卫。[⑤] 前防卫大学校长、和平与安全保障研究所理事长西原正认为要研究配合美国新战略的具体办法，建议尽快解决冲绳美军基地问题，“日本能切实在东海牵制中国海军，才是与奥巴马新战略相呼应，为西太平洋的安全做出贡献之道”。[⑥] 具体地说，日本在安全方面配合美国的新战略就是要在日美同盟框架下分担更多责任，这包括加强日美防

① “日美基轴制衡中国的‘玄叶外交’面临考验”，共同社，2011年10月15日，http://china.kyodonews.jp/news/2011/10/18139.html.

② 『ASEAN関連首脳会議内外記者会見』、2011年11月19日，http://www.kantei.go.jp/jp/noda/statement/201111/19asean_naigai.html.

③ “日本防卫相对美国新国防战略表示欢迎”，共同社，2012年1月6日，http://china.kyodonews.jp/news/2012/01/22798.html.

④ 「米新国防戦略　日本は率先して協力せよ」、『産経新聞』、2012年1月8日。

⑤ 「米軍削減で増す日本の役割」、『日本経済新聞』、2012年1月30日。

⑥ 西原正 「オバマ対中牽制策を支える時だ」、『産経新聞』、2011年11月28日。

卫、外交（2+2）战略磋商，提高安全合作的水平和实效性；尽快解决冲绳基地搬迁问题；加强西南诸岛防卫，监测和警戒中国的军事行动。

美国新亚太战略除了加强前沿军事部署，扩大对地区安全的介入，更重要的是要保持地区影响力，主导地区秩序的形成。在对华政策上，既有制约，也要保持对话与合作，使中国成为地区网络中“遵守国际规则的负责任的大国”，对美国的对华“接触”政策日本也积极配合。因为第一，日本对美国新亚太战略的本质是有清醒认识的。以美国介入南海争端为例，日方的研究认为，奥巴马政府的目标是一方面牵制中国，另一方面是为了保持和扩大美国在这一地区的影响力；不仅重视同东南亚国家的关系，也重视同中国的关系，特别是重视同中国的对话，美国的政策是在两者之间保持平衡。[①] 第二，对华“接触”政策不仅是配合美国的战略，也是日本自己的选择。如日本国际论坛的报告建议，在各领域加强与中国的“接触”关系。研究者认为，当前美国的对华外交是对话与协调路线，日本也应该走协调路线，促进对话，并认为日美在“2+2”会谈中已就“促使中国遵守国际行为规范”达成一致意见。报告主持人高木诚一郎认为，在今天“遏制中国”的选项已不存在，对华外交的基本方式除了“接触”，别无他途。日中之间业已构筑紧密的经济相互依存关系，这种关系今后也要继续发展，因此同中国的关系基本上是进行“接触”和实行“风险控制”。[②] 这表明日本实行对华“接触”政策，既是配合美国的战略，也是中日关系的现实使然。日本虽然加强对中国的军事防范，但也必须维护中日关系稳定的大局。这是基于对亚太地区政治、经济力量变化的现实认识，特别是中国在地区经济中的地位和对地区经济的牵引作用不断上升，

① 新垣拓「南シナ海問題を巡るオバマ政権の対応と今後の課題」、『防衛研究所ニュース』、2012年1月号。

② 日本国際フォーラム『膨張の中国と日本の対応』第3回政策委員会メモ、2011年9月7日；『膨張の中国と日本の対応』第1回政策委員会メモ、2011年2月18日。

成为日本等国家对外政策必须考虑的因素。《朝日新闻》编辑委员加藤洋一认为，日本和亚太地区各国正在面临“双重依存的挑战”，在安全方面继续依靠美国，在经贸方面却在发生质的变化，逐渐从对美依存转向对华依存。这也使各国在外交、安全政策的把握上变得越来越困难。加藤认为，日美同盟要为构建地区新秩序提供新的设想和措施，在已经确定的共同战略目标基础上提高军事应对能力，同时还要进一步扩大“接触”政策的效果，只强调军事同盟的作用有局限性。① 玄叶外相最近呼吁举行日美中三方对话。他说：“在亚太地区开放的、多重的网络合作框架中，中国的全面参与不可或缺。”② 这可以说是日本配合美国的新战略，展开对华“接触”政策的新步骤。

三、日本的对外经济战略思考

对于美国在经济上的“重返亚太”，日本必须做出新的对外经济战略选择。

跨太平洋战略经济伙伴关系协定对加入者规定了较高“门槛”，日本加入后会对农业等行业产生不利影响，国内一直存在两种不同意见。2011年11月野田首相决定参加谈判后，日本国内经济界、学术界和舆论界普遍支持这一决定。根据世界和平研究所的报告，日本加入跨太平洋战略经济伙伴关系协定在经济上可以期望获得的好处有：

1.从长期看，取消关税可提高日本的出口竞争力，降低进口商品价格；

2.协定可加强知识产权保护，促进贸易和投资，扩大海外生产；

① 加藤洋一「国際環境の変化のなかの日米同盟」、『国際問題』、2012年1－2月合併号。

② 『第180回国会における玄葉外務大臣の外交演説』、2012年1月24日，http://www.mofa.go.jp/mofaj/press/enzetsu/24/egnb_0124.html.

3. 根据国际规则完善国内投资环境，吸引海外投资；

4. 扩大贸易和海外直接投资，促进企业创新和提高生产率；

5. 日本参加协定的谈判将促进日中韩自由贸易协定和日欧经济合作协定谈判进程。[①]

日本经济团体联合会的报告也支持政府参加谈判的决定，认为参加协定谈判可在涉及的21个领域反映日本的主张，为制定高度自由化、高质量的国际贸易规则做贡献，为日本在日中韩自贸协定、日韩经济合作协定和日欧经济合作协定谈判的战略主张提供支持；在所有实质领域取消或降低关税，能保证出口竞争力和防止国内产业“空洞化”；加强同参加协定的亚洲国家的合作。[②]有的学者也从经济学的角度支持日本加入该协定。东京大学教授、日本综合研究机构理事长伊藤元重认为，多边自贸协定是对世贸组织机制的补充，目前在亚太地区正在形成几个多边机制，“日本的贸易战略必须以这一动向为前提进行思考”。日本参加跨太平洋战略经济伙伴关系协定谈判，将促进已经延宕十年之久的日中韩自贸协定的谈判，推动亚太自贸区的构筑；也将“改变跨太平洋战略经济伙伴关系协定的性质，并使其可能成为扩展至整个亚太地区的经济合作”。“跨太平洋战略经济伙伴关系协定能否成功还不确定，但其产生的背景是构筑全亚太地区经济合作框架的巨大潮流，日本没有理由置身这个潮流之外，而应积极参与，没有其他选择”。[③]庆应大学教授竹中平藏认为，日本参加该协定谈判，别无选择。“对于以美国为中心的跨太平洋战略经济伙伴关系协定和中国易于施加影响的东盟加3（或加6）两个渠道，日本都不能否定其可能性，

---

① 世界平和研究所 「TPP(環太平洋経済連携協定)に関する提言」、『IIPS Quarterly』、第3巻第1号、2－4ページ。

② 日本経済団体連合会 『アジア太平洋地域における経済統合の推進を求める』、2011年12月13日、4ページ。

③ 伊藤元重 「なぜTPPなのか」、『NIRAオピニオンペーパー』、2012年1月。

而要灵活利用，相互牵制，目的是实现符合日本利益的贸易体制”。[①]京都大学教授中西宽支持参加谈判。他说：“多边规则的形成能给日本带来商业机会”。加强同太平洋国家的关系，有利于保证资源、食品的稳定，为将来同中国、印度等亚洲国家交往奠定基础。[②]

除了经济原因外，日本参加跨太平洋战略经济伙伴关系协定谈判也有政治和安全方面的考虑。对于美国新亚太战略一环的这一贸易机制，尽管国内反对之声不绝，而在短时间内野田力排众议作出参加谈判的决断，要说不考虑与美国的关系显然是不符合实际的。为平息反对派担心在谈判中会接受损害日本利益的条件，内阁官房长官藤村修在与社民党党首福岛瑞穗会谈时说，即使参加谈判也可中途退出，同时也无奈地表示“但日美关系非常重要，需谨慎对待”。[③]

事实上，美国推动跨太平洋战略经济伙伴关系协定本身就不完全是经济问题，这并非秘密。美国贸易副代表马兰提斯公开表示，推动该协定的背景是由于中国的存在。[④]所以伊藤元重在前引建议中也说：“对于日本的外交战略来说，如何应对跨太平洋战略经济伙伴关系协定可以说是极为重要的问题。”从日本媒体的报道和评论中可以看出，在经济原因外还有以下几种考虑：

1.把参加跨太平洋战略经济伙伴关系协定作为外交工具，既是加强与美同盟关系的契机，也是对华外交的一张牌。《朝日新闻》社论说：协定可以作为加强与美外交的起点，也有“对华外交牌”的侧面。日本还可以在“TPP经济圈”和中国之间发挥联系作用，改变被动的外交局面。[⑤]

① 竹中平蔵「“TPP皆保険崩す”のまやかし」、『産経新聞』、2011年12月1日。

② 中西寛「TPP超え現代経済の本質思う」、『産経新聞』、2011年11月11日。

③ “官房长官认为TPP谈判需考虑日美关系”，共同社2011年10月25日，http://china.kyodonews.jp/news/2011/10/18688.html.

④「2011：TPP　せめぎ合う米中アジア太平洋狙い」、『毎日新聞』、2011年11月13日。

⑤「TPP外交—受け身では道は開けぬ」、『朝日新聞』、2011年11月14日。

2.把参加跨太平洋战略经济伙伴关系协定作为主导亚太经济和地区秩序的机会。《日本经济新闻》的社论认为，日本的参加将提升由美国和小国联合组成的跨太平洋战略经济伙伴关系协定的作用。日本掌握着推动亚太经济增长的关键，要战略地运用这一有利条件，通过构建经济秩序来发挥主导作用。而亚太地区未来将主要依靠技术革新、绿色增长来促进经济发展，日本在这些方面具有优势，“亚太地区要在日本的主导下形成强有力的纽带”。[①] 野田首相也表示:“以日美同盟为基轴，利用广泛国家和地区参加的框架，在地区秩序和规则制定上发挥主体的作用，是我国外交的基本。”要率先提出共同原则和具体规则，与志同道合的国家携手，为实现地区的安定与繁荣，战略性地加以应对。[②]

如上所述，日本决定参加跨太平洋战略经济伙伴关系协定是意识到中国的存在。这一方面是抗衡中国的影响，另一方面也不希望冷落中国，特别是同中国的贸易已超过了同美国的贸易，今后能扩大对日贸易的不是美国，而是中国等亚洲邻国。因此在讨论加入跨太平洋战略经济伙伴关系协定谈判的同时，日本国内各种意见都一致表示要扩大同中国的经济关系，对推动日中韩自贸协定谈判也表明了积极的态度。前引日本经团联的报告明确提出，希望在2012年早期启动日中韩自贸协定谈判，认为为实现东亚合作，首先要在占地区经济70%的日中韩之间缔结自贸协定，特别是扩大进入中国市场对日本来说十分重要。野田首相在首次施政演说中也表示要尽早开始日中韩和以东盟为核心的区域经济合作谈判。

日本在决定参加跨太平洋战略经济伙伴关系协定谈判的同时，对启动中日韩自贸协定谈判也表示积极态度，反映日本在美国企图主导

① 「日本主導でアジア太平洋に強い絆を」、『日本経済新聞』、2011年11月15日。

② 『第百八十回国会における野田内閣総理大臣施政方針演説』、2012年1月24日，http://www.kantei.go.jp/jp/noda/statement/201201/24siseihousin.html.

亚太经济新秩序和贸易规则的新动向下，对外经济战略的新调整。如果说日本决定参加跨太平洋战略经济伙伴关系协定谈判从近期看是配合美国新亚太战略的政治因素起了决定作用，那么对中日韩自贸协定谈判的态度转向积极，则是着眼于扩大同中韩贸易的经济因素的成分更多一些。当然，日本同时开始这两个协定的谈判也是试图在太平洋两边保持平衡，相互牵制，使自己处于一个相对有利的地位。日本设想，这两个协定形成的多边贸易机制将为未来亚太自贸区的形成奠定基础。在此基础上，野田首相正酝酿提出“太平洋宪章”，建议制定适用于亚太地区的经济和安全原则，形成由日美主导，有中、俄参加的多边框架，从经济和安全两个方面加强地区国家之间的联系。在经济上，到2020年由亚太经合组织成员国形成统一的亚太自贸区。[①] 这个设想声称是配合美国“重返亚太”战略，但实质上是要借重美国，提升日本的作用，试图与美国共同主导地区秩序重组。

① 「野田首相、太平洋憲章提唱へ、鳩山政権の東アジア共同体構想から脱却」、MSN産経ニュース、2012年1月18日，http://sankei.jp.msn.com/politics/news/110906/plc11090620140022-n1.htm.

扩边与扩容：美日、美韩同盟的新变化

吉林大学东北亚研究中心研究员　王胜今　张景全

2010年至2011年，美日、美韩同盟出现了新的变化，继努力扩边之后，开始积极扩容。扩边，指的是在强化双边同盟的同时，推进美日韩三边同盟的构建。扩容，指的是在强化同盟传统军事内涵的同时，为同盟注入新的、非传统安全内容。

一、强化双边，谋划三边

2010年至2011年，美日、美韩在不断加强双边同盟的同时，同盟的三边化趋势逐渐显现。

在2010年至2011年，美日、美韩同盟最为明显的强化表现是，日本民主党政府承诺遵守自民党政府时期签订的驻日美军普天间机场的搬迁协议，日本宣布加入美国主导的TPP谈判；美军战时作战指挥权移交韩国的期限推后，美韩国内均通过了美韩FTA协定。

经过日美协商，日本前首相菅直人承诺，日本在冲绳选举后将推进2010年3月28日达成的普天间搬迁协议。随后，日美两国政府就"东道国支持计划"（Host Nation Support）达成原则性理解，即在金融危机的背景下，尽管日本政府财政状况不容乐观，日本仍然向美国保证在五年期内维持对日美同盟现有的财政支持水平。"东道国支持计划”是美日同盟的一根经济支柱，多年来为美日同盟提供大量的财政支撑。2011年6月，日美安全磋商委员会（2+2）重新确定了相互的安全承诺以及制定了同盟未来发展的计划。鉴于以往民主党政府在美日同盟调整中极为被动的态势，日本野田佳彦政府逐渐开始对美日同盟采取较为主动的态度。2011年9月，日本野田政权新上任的外相玄叶光一郎首先与美国国务卿希拉里举行了会谈，确认日美同盟的重要性。同月，日本首相与美国国务卿在纽约会见。11月，日本宣布加入由美国主导的TPP谈判。

随着美国重返亚洲战略的推进，美国更加重视美日同盟。奥巴马总统出访亚洲的第一站是日本，奥巴马在总统办公室接见的第一个外国领导人是日本首相，国务卿希拉里·克林顿出访的第一个国家是日本，副国务卿威廉·伯恩斯（William J. Burns）出访亚洲的第一个国家是日本。2011年8月，美国副总统拜登访问日本。2011年10月，美国国防部长访问日本。

围绕核博弈引发朝鲜半岛危机接连发生，美韩在军事上也密切了双边关系。除了连续进行大规模的美韩军事演习，美韩同盟正在被双方赋予更高的战略定位。美国奥巴马总统和希拉里·克林顿国务卿将美韩同盟定位为“东北亚安全和稳定的关键”。2010年7月，第一次美韩防长与外长（2+2）会议在韩国首尔召开，[①] 提出“战略同盟2015”计划。10月，在美韩第42次年度安保会议上，双方正式签署了《战略同盟2015》、《国防合作方针》以及《战略计划方针》，决定设立“延伸威慑政策委员会”，构建美韩“21世纪全面战略同盟”。2011年10月，美国国防部长利昂·帕内塔与韩国国防部长金宽镇在韩国首尔的国防部共同主持了第43次韩美安保协商会议，双方表示要加强联合军事演习，在维和行动、人道主义援助、救灾等领域展开更加紧密的联合行动，并决定在2013年制定针对朝鲜的作战计划——“联合应对局部挑

① 美韩同意，2012年在方便的时候双方将于美国华盛顿举行第二次美韩2+2会议。

鲜计划”。

美日韩在强化双边同盟的同时，同盟的三边化趋势也日渐显现。其表现是，一方面美国积极加强美日韩三边互动。2010年8月12日，美国麦克阿瑟基金会（MacArthur Foundation）资助了美国与东北亚同盟伙伴展开合作的对话会议，在东京举办了主题为“美日韩三边对话”（US–Japan–ROK Trilateral Dialogue）的学术性论坛。随着朝鲜半岛危机的持续升级，12月6日，美日韩举行了三国外长会议。会议发表三方联合声明，确认三方就朝鲜问题进行密切磋商，谴责朝鲜制造铀浓缩设备，重申朝鲜的弃核努力是重启六方会谈的前提条件，强调加强在政治、经济、安全以及各种全球挑战等问题上进行三边合作的重要性。2010年12月9日，美国参谋长联席会议主席、海军上将迈克·马伦（Mike Mullen）在东京与日本防卫相北泽俊美会谈，强调三国参与联合军事训练的重要性。韩国在2010年第一次派观察员参加了12月美日举行的利剑军事演习（Keen Sword exercises）。2010年7月，日本自卫队官员首次参观了美韩军事演习。“紧随美国每四年一次的外交与发展回顾（Quadrennial Diplomacy and Development Review）提出的计划：‘构建一个与亚洲盟友更加系统的三边程序，包括美、日、澳以及美、日、韩三边’，日本新防卫态势的一个核心要素就是，日本要强化与美、韩、澳的军事合作”。[①]

另一方面，美国有意识拉近并提升日韩关系。在美日韩三边关系中，日韩关系较之美日、美韩关系一直较为薄弱。然而，伴随朝美核博弈的升级，从2010年末至2011年初，日韩关系表现活跃。正如日本官员所说，“考虑到历史，韩国方面可能不情愿（与日本展开安全合作），但由于朝鲜的情况，这种对话的氛围正在形成”。在日本吞并韩国100周年到来之际，日本前首相菅直人向韩国道歉并承诺归还被日

① David Kang, Ji-Young Lee, Japan-Korea Relations: The New Cold War in Asia? http://csis.org/publication/comparative-connections-v12-n4-japan-korea.

本夺走的韩国王室手稿。2010年11月4日，双方签订了确保归还1205件王室书籍的条约。菅直人称2010年是日韩关系的转折点。韩国总统李明博表示，归还书籍表明日本政府改善韩日关系的意愿。2010年12月20日，韩日达成民用核协定，双方表示要通过防止核扩散和确保核安全来建立促进和平使用核力量的好伙伴。双方还同意在第三国联合开采矿产资源中的稀土元素（rare earth elements）。[①] 2010年12月8日，韩日双方的法律界人士就赔偿韩国劳工问题交换意见。2011年1月10日，日本防卫相北泽俊美与韩国国防部长金宽镇在韩国举行会谈，寻求在军事及情报领域的合作。2011年8月6至7日，日本外相玄叶光一郎访问韩国，他在与韩国外交部长会谈时表示，日韩分享共同的利益，韩国是日本最重要的邻国，双方表示共同努力加强以未来为导向的双边关系。双方既讨论了包括朝鲜在内的地区及全球挑战，也就恢复日韩经济伙伴关系协定（Japan–ROK Economic Partnership Agreement）的谈判交换了意见。[②] 2011年10月18至19日，日本首相野田佳彦访问韩国，日本选择韩国作为新首相的第一次双边访问国。

日韩互动，离不开美国不断为拉近同盟体系中较弱的日韩关系的搭台鼓噪。美国的智库人士分析，"尽管已经嵌入日韩关系之中的历史性的不信任和仇恨不会消亡，并且可能在任何时候爆发，但是，因朝鲜和中国引发的共同安全利益和挑战将促使美、日、韩继续强化并复兴它们的同盟"。[③] 2011年10月末，美国国防部长利昂·帕内塔分别访问日本、韩国，以巩固双边，谋划三边。

---

① David Kang, Ji-Young Lee, Japan-Korea Relations: The New Cold War in Asia?

② http://www.mofa.go.jp/announce/press/2011/10/1013_01.html.

③ Victor Cha, China's Rise, the Changing Northeast Asian Security Environment, and the U.S.-ROK Strategic Response, http://csis.org/publication/chinas-rise-changing-northeast-asian-security-environment-and-us-rok-strategic-response.

二、推进FTA，打造TPP

一直以来，美日、美韩同盟以其鲜明的军事色彩诞生并成长在东北亚区域，以其强烈的军事辐射力向亚太甚至全球拓展。然而，2010年至2011年，同盟在强化军事色彩的同时，开始着力夯实经济底蕴，其表现是，以自由贸易协定（FTA）以及跨太平洋伙伴关系（TPP）丰富同盟的经济合作机制。

2010年10月27日，美日外长在夏威夷进行会谈，美国国务卿希拉里·克林顿对日本有兴趣于跨太平洋伙伴关系（TPP）表示欢迎。11月13日，美日首脑在横滨APEC领导峰会上见面，日本前首相菅直人重申日本对加入TPP谈判存有兴趣，美国总统奥巴马对日本的TPP态度表示欢迎。其间，菅直人作为观察员参加了TPP会议。美日两国政府在纪念美日同盟缔结50周年之际，发表了加强核安全合作，在清洁能源与贸易领域加强经济对话的情况说明书。

野田佳彦上台后，美国方面也表达了催促野田政府掌控下的日本尽早加入TPP的意愿。美国副国务卿伯恩斯表示："我们应加强两国的经济关系，利用亚太地区经济增长的动力以服务于我们的人民。这包括打破贸易壁垒。APEC现在提供了这样的机会。我们还可以做得更多。现在，美国正在与其他8个国家进行高端、高水平、多边自由贸易协定谈判，即跨太平洋伙伴关系（Trans-Pacific Partnership or TPP）。该协定不仅要降低贸易壁垒，并且要提高经济竞争的水平，不仅为经济增长铺路，更是为经济更好增长铺路。我们欢迎日本对TPP所持有的兴趣，我们意识到日本决定寻求加入TPP的原因是基于自己利益的深思熟虑"。此外，"我们需要继续支持建设两国经济增长的经济集团，这些集团包括在科学、技术、能源领域的联合创新和研发”。[1]2011年11月11日，野田佳彦宣布日本加入TPP谈判。至此，TPP将包含美国、日本、澳大利亚、新西兰、新加坡、马来西亚、越南、秘鲁、智利和文莱十个国家，世界第一大经济体与世界第三大经济体与其他8个国家将组建世界最大的自由贸易区。其中，日美的GDP占参加TPP谈判各国GDP的90%以上，美日同盟的重要性以及美日同盟的经济内涵均得以彰显。

2011年10月，美韩FTA正式签署。同月，韩国总统李明博访问美国，与美国总统奥巴马会谈。10月13日，李明博与美国总统奥巴马在华盛顿举行会谈，表示将扩展同盟的范围，认为韩美自由贸易协定的批准将把美韩同盟从过去及现在的军事、安全关切推进至经济领域。李明博说："韩美自由贸易协定的批准开启了双边同盟的新时代。”协定“通过拓展同盟的范围提升了同盟。”[2]

可见，通过推进FTA，打造TPP，美日、美韩同盟的经济机制得以丰富，同盟的经济内涵得以扩大。

三、拓展人道主义领域协调，启动网络安全合作

在诸多方面，2010年至2011年将是国际关系中较为值得特殊书写的转折时期。同盟作为国际关系理论与实践的核心命题与现象之一，与以往的同盟内涵相比，其内涵正在向更加广阔的领域延伸。其表现是，美日、美韩同盟在强化同盟军事色彩、增添同盟经济底蕴的同时，同盟亦在人道主义以及网络安全领域展开合作。

“二战”结束以来，日本外交在安全方面一直沿着以日美同盟为基

① http://www.state.gov/s/d/2011/176266.htm.

② http://www.mofat.go.kr/english/press/MinistryNews/20111024/1_28160.jsp.

轴的轨迹运转。然而，民主党执政后，日美同盟因驻日美军调整，芥蒂频生。东日本大地震的发生，日美展开了人道主义救灾合作。日本在本次救灾中，投入了大约10.6万名自卫队士兵，而其自卫队总数约为24万人，即自卫队42%的军力参与了行动。以往，日本对使用自卫队完成国内外使命一直存在争议，不同的声音都会在日本及周边国家的政坛及民间此起彼伏。但是，面对重大的国内灾难，日本动员了近半数的军事人员，日本民众以及周边国家并未提出不同的意见。这对日本军队角色以及军事动员能力都是一次重要的评估，甚至可能是一次重大转变的契机。与此同时，美国投入大约2万名士兵进行灾后救援。这就意味着大约10万名日本自卫队与大约2万名美军在灾区展开联合救援，堪称是日美同盟历史中最大的联合行动。此前，尽管日美两国军队进行了大量的联合训练，但这是两国军队第一次进行的真正联合行动。美国将这次行动命名为“朋友行动”，将美军视为“联合支援部队”而不是“联合特遣部队”，得到日本民众的部分认可。因此，日本国内逐渐出现这样的论调：借东日本大地震，进一步拓展日本自卫队的角色与责任，增加对自卫队的预算投入，强化与美国的同盟关系。另外，日本媒体普遍认为，通过这次灾害考验，日美同盟关系得到了加强。

2011年10月末，美国国防部长利昂·帕内塔访问东南亚，参加东盟防长会议。随后，10月24日抵达日本。10月24日，日本《读卖新闻》发表了帕内塔的文章——《面向21世纪毫不动摇的日美同盟》。他在文章中写道：“两国合作关系的基础不仅是安全和经济层面的共同利益，正真的强大之处在于备受两国国民重视的共同价值观、对民主理想的信念以及法治。因此，我确信随着美国加强干预亚太地区的力度，两国关系将得到扩充和深化。在2011年3月的东日本大地震中，日本国民的一举一动展现了他们顽强的国民性。在这场严重的灾难中，美军不遗余力地支援自卫队，力争实现及时救援，又一次证明了日美同盟的强大。[①]

以东日本大地震美日军队在人道主义救灾方面合作为契机，美日开始扩大在日本本土之外展开的人道主义行动合作。在美国高度重视的阿富汗，日本是仅次于美国的第二大双边捐助国。在美国布有重兵的中东，日本积极参与伊拉克重建，在诸如能源、供水以及灌溉等领域扮演着重要的角色。美国副国务卿威廉·伯恩斯表示：日本在叙利亚以及利比亚的转变中做出了重要的贡献。在伊朗，我们赞成日本对伊朗的个人及组织进行制裁。在苏丹，我们赞成最近野田佳彦首相承诺向（南）苏丹派出自卫队工程部队。在缅甸，我们欢迎日本在缅甸向更加民主的政府和社会转变中作出的关键贡献。[②]

在美国国会通过韩美自由贸易协定实施案（KORUS FTA Implementation Bill）后，李明博总统与奥巴马总统会谈后提出，正在发展中的双边同盟进入了21世纪的战略同盟。两国总统表示，两国将不仅在与同盟相关的领域及其他军事安全领域进一步加强合作，而且要在更加宽广的领域加强合作。在首脑会谈中，两国就援助利比亚基础设施建设达成共识。2011年11月30日，美国国务卿希拉里·克林顿访问韩国并出席在韩国举行的第四次援助效能高层论坛（Fourth High-Level Forum on Aid Effectiveness）。

随着网络安全的重要性日渐凸显，美日、美韩同盟开始涉足网络安全的合作。

美日同盟日益关注网络安全。最近，美日不断渲染来自网络的威胁，并且把网络安全的威胁来源指向中国，开始有意打造美日同盟的网络安全合作。美国总统奥巴马宣布，2011年10月为美国国家网络安全意识月。2011年10月27日，美国网络部队司令基思·亚历山大（Keith B. Alexander）号召增加政府、企业以及美国盟友之间的合作以

① "面向21世纪毫不动摇的日美同盟"，[日本]《读卖新闻》，2011年10月24日。

② http://www.state.gov/s/d/2011/176266.htm.

发展更具有防御功能的网络以应对日益增加的全球网络威胁。[1]

2011年9月16日，美日两国政府举行了首次加强网络攻击对策的外务和防卫当局政策协商会议。美国方面在会上提出了“监视汉字信息”的提法，要求日本政府加强对中国的警戒。美国在2011年7月制定了网络战略，“并加强了与盟国的政策协商”。“日美双方在协商中不点名地将中国作为唯一的‘假想敌’，暴露出美国方面视中国为威胁的姿态。美国国防部把网络空间定义为与海陆空和宇宙空间相提并论的‘第五战场’，把遏制中国作为日美同盟的课题，并要求日本发挥更大作用。”[2]

2011年10月，美韩防长会谈时表达了两国要加强联合军事演习，在维和行动、人道主义援助、救灾等领域展开更加紧密的联合行动。两国也表示要加强在太空及网络领域的合作。帕内塔与金宽镇都表示，网络攻击是未来的战场，他们将扩展在网络领域的合作以有效应对新的威胁，[3] 双方还决定就网络安全问题举行双边战略性政策对话。

种种迹象表明，同盟在2010年与2011年间正在驶向一个全新的领域，美日、美韩同盟表现出鲜明的扩边与扩容特色。

四、同盟扩边及扩容原因

2010年至2011年，美日、美韩同盟呈现出的扩边与扩容态势，尽管原因复杂，但居主要者有四，即金融危机、内政需求、美国重返亚太战略以及中国因素。

其一，金融危机是美日、美韩同盟内涵变化的大的历史背景。在

---

① http://www.defense.gov/news/newsarticle.aspx?id=65846.

② “美国强化对华警戒”，[日本]《产经新闻》，2011年10月25日。

③ http://www.defense.gov/news/newsarticle.aspx?id=65856.

金融危机的冲击下，同盟参与方美、日、韩的经济财政都受到打击，而同盟的维系需要巨大的资源支撑。例如，驻韩、驻日美军都面临基地搬迁问题，巨额的财政消耗困扰着各国政府。恰逢金融危机的冲击，各国政府的军事预算面临窘境。因此，美国为了促使韩、日继续为美国驻军买单，美国需要在危机中强化并提升同盟。据美国众议院军事委员会估计，如果国防预算减少1万亿美元，陆军及海军陆战队将裁减20万士兵，航母也将减少2艘。这样，美国国家防御必然遭到毁灭性打击。出于这种危机意识，美国积极加强与日韩等盟国和友好国家的关系，以维持与增强美军力量。[①] 与此同时，同盟从军事层面进一步向经济层面拓展，可以拉动同盟参与国的经济活力与经济合作，既有利于夯实并拓展同盟的基础，又利于同盟参与国克服金融危机的影响，重燃经济复苏和发展的希望。

其二，内政原因。美、日、韩在金融危机打击后，执政党都面临经济复苏乏力、2012年大选选情不利等双重危机。既然内政无声，则谋外交有色。例如，日美同盟这一传统安全机制之所以在金融危机以及大地震等一系列非传统安全危机冲击后出现强化现象，一方面在于日本政府在国内遭受了金融、灾害危机的冲击，执政党地位堪忧。一般而言，日本政府在国内越是受到质疑，日本对美国的依赖就会越强烈。日本的内部危机、灾害以及执政党的内弱，驱使日本寻找外强。另一方面，美国鉴于民主党政府承诺在金融危机与大地震后，继续维持对驻日美军的财政支持，遵守日美达成的普天间机场搬迁协议，有利于缓解美国财政紧张和民众税收压力，进而有益于美国执政党的总统选举。

其三，美国重返亚太战略。美国重返亚太战略最主要的支柱便是军事同盟网络。为了有效实现在亚太地区治理，维护美国的霸权，美国以同盟为载体将其庞大的军力重新配置，并在依靠同盟的同时重新

① “美军高度重视亚洲”，［日本］《朝日新闻》，2011年10月31日。

调整同盟。美国国务卿希拉里·克林顿对此作了最好的注解。她认为，21世纪将是美国的太平洋世纪，在过去的岁月里，美国构建的同盟提供了安全，以使全亚洲国家走向繁荣成为可能。希拉里·克林顿提出有六项关键的行动路线，其中第一条便是强化双边同盟。美国高度重视与该地区日本、韩国、澳大利亚、菲律宾和泰国等国的军事同盟。她强调，这五个同盟是美国在亚太的支点，它们影响美国的地区存在并增加美国的地区领导力。为了应对变动的世界，美国将按照三个指针更新同盟。“首先，我们正在努力确保同盟的核心目标获得人民的政治支持。其次，我们想使同盟灵活并具有适应性以使同盟继续产出成效。第三，我们正在确保同盟的集体防御能力和通讯设施在阻止来自任何国家和非国家行为体的挑衅时是可操作的和充分的”。①

其四，中国因素。根据同盟的理论，同盟内涵的扩展源于同盟威胁的拓展，即威胁的多元化导致了同盟内涵的多元化。但是，美日、韩美同盟内涵拓展的现实告诉我们，美国主导的东北亚同盟内涵的新拓展，其原因究竟是威胁多元化还是中国威胁多元化?

我们必须清楚，在美日、韩美同盟扩边与扩容的背后，总能看到中国的影子。例如，日本对日本是否加入TPP与对华遏制战略进行挂钩。有日本人士直言：“政府的人士说法一致：‘尽管不便公开说出来，TPP确实是对华战略的一个环节。’TPP的目的之一是，通过在日美主导下制定亚太地区的自由贸易框架，牵制中国并逼其就范。”②另外，美韩已经达成FTA，美日均表示有意加快FTA谈判，而美韩、美日FTA一旦形成，将弱化日、韩与中国的经济关系，巩固美日韩同盟。另外，美国借机兜售TPP，将美日韩经济关系置于更加广泛的跨太平洋合作之中，既可强化美、日、韩三边经济关系，亦可对抗并削弱中

① Hillary Rodham Clinton, Honolulu, November 10, 2011, America’s Pacific Century, http://www.state.gov/secretary/rm/2011/11/176999.htm.

② “向日美同盟倾斜以牵制中国”，[日本]《每日新闻》，2011年10月31日。

日韩经济关系与东亚区域合作。

中国的发展正在改变全球地缘政治格局，金融危机之下中国经济未跌反增，成为世界第二大经济体，世界第二效应出现，[①] 东亚区域合作也一度被热议。一旦中国继续维持其发展势头，东亚一体化破茧而出，美国遏制欧亚大陆出现挑战其霸权的传统战略将会岌岌可危。尤其是随着金融危机重创美国经济，中国经济一枝独秀，美国依靠传统的双边同盟体系遏制中国已经越来越力不从心，它迫切需要重组同盟战车的结构。因此，在危机期间及危机之后，美国对其盟友给予了异乎寻常的支持，进行扩边和扩容，在强化双边同盟的同时，大力推进美日韩三边同盟的构建；在强化同盟传统军事内涵的同时，为同盟注入新的、非传统安全内容。通过同盟的扩边与扩容，使同盟强的内容更强，使同盟弱的内容增强。

① 笔者认为，在国际关系中，存在“世界第二效应”。国际关系的制衡（balance）与追随（bandwagon），即双B，两者是较为普遍的国家行为模式。如果国家处于第一的位置，被追随而非被制衡的几率更大，如果国家处于世界第二的位置，被制衡而非被追随的几率更大。世界第一会采取一切手段来遏制世界第二；世界第三及其后者会部分认同世界第一，采取尾随世界第一，制衡世界第二。这解释了为什么中国现在面临如此多的困境。

战后东亚同盟体系与安全合作机制浅析

中国政法大学政治与公共管理学院国际政治系　刘　星

引　言

如果假定国家间冲突的可能性不会完全消除，且在发生冲突时国际社会没有强制性解决冲突的国际组织和国际规则，那么国家为了自身的安全，就可能选择增强国防，或选择与外国结盟，或同时推进这两种选择，其目的都是促使敌国或潜在敌国放弃有损于本国利益的意图并在冲突或战争中获得战略优势。所不同的只是同盟是两个或多个主权国家进行正式或非正式安全合作的某种安排，[①] 即使没有正式条约，在出现共同利益、共同敌人时也可以进行实质性的或针对性很强的战略合作。[②] 换句话说，同盟是一个国家在处理安全问题上可能选择的运作更复杂、但不确定性也更大的方式。

东亚地区的同盟大多出现在第二次世界大战后，随着冷战在欧洲的开始与向其他地区的扩散，东亚逐渐成为东西方阵营军事对峙的

---

① Stephenm.Walt(1987): *The Origins of Alliances*, Cornell University Press:New York, p.12.

② 80年代的中美关系含有某种实质性同盟关系的因素，双方为了对抗苏联，在国际组织、军事合作上都进行着合作。现在的中国与巴基斯坦的战略关系甚至超出了很多同盟的双边关系。本文所指的同盟将只限于有正式条约关系的国家间安全关系，并更侧重同盟的安全和军事性质。

前线。这也促生了东亚复杂的同盟体系，中苏同盟、中朝、苏朝同盟、中越同盟等双边同盟构筑了社会主义阵营在东亚的安全关系。而以美国为轴心的日美同盟、美韩同盟、美菲同盟、美澳新条约组织（ANZUS）等轴辐（hub and spoke）同盟体系，进入60年代后，还出现了介于军事同盟与政治联合之间的国家集团——东盟。

尽管如此，亚洲的同盟体系比起欧洲却要松散得多。在亚洲，无论是苏联还是美国，都没能够将各自的同盟国组合为一个多边同盟体系。社会主义阵营的同盟随着中苏关系的破裂在战略层面上很快就名存实亡；美国在某些阶段甚至需要调解各同盟国之间的矛盾，其在亚洲最重要的同盟关系——美日同盟在20世纪80年代前很少发挥军事作用，80年代后更经历了几乎影响到同盟自身存在的经济贸易摩擦。冷战结束后，社会主义阵营名亦不存，美国的同盟体系一时出现了动摇，但随后日美同盟却走向了强化和实质性合作，美韩同盟、美菲同盟等也开始得以提升。同时，东盟地区论坛（ARF）、东盟10+3等新形式安全对话机制也以合作为目的出现。中国则倾向于反对现存的同盟体系，主张以新的安全机制取而代之。

在此我们拟探讨以下问题：东亚的同盟体系为何与欧洲的同盟体系有所不同？传统的同盟体系是否有足够的能力进行自我调整来适应时代的变化，特别是安全需求的变化？同盟体系与安全合作机制能否并存，二者应是何种关系？

一、同盟为何产生

国家决定结盟或分手取决于对威胁的认识。[①] 在东亚，军事威胁和战争是导致同盟产生的最重要甚至是直接原因。中朝同盟、美韩同

① Walt(1987), p.1.

盟就是朝鲜战争的直接结果。中苏同盟则是中苏两国，特别是中国对美国的认识所致的战略选择。日美同盟源于美国在冷战开始、特别是中国革命胜利后为了在亚洲遏制共产主义，需要尽快恢复日本的国力以巩固美国在亚洲的战略地位。而日本除了希望借助同盟加强对共产主义的“抵御”，更是将同盟作为重新进入国际社会，摆脱战败国地位的“准入证”。

同盟的结构可以分为双边和多边，从权利结构上可以分为等级型和平等型，前者成员之间的能力非常不平衡，后者在大多数成员中权利分配多少是平等的。等级型同盟又可进一步分为盟主型和帝国型联盟。他们之间的区别是最强的成员国行使领导权的方式不同。强国在较小的国家的同意下行使领导，那么他们之间的关系是盟主型（例如北约），如果最强国与其他成员国之间的关系建立在强制的基础上，就是帝国型联盟（例如华约）。[①] 在东亚的同盟体系中，多数是盟主型同盟，特别是美国的同盟体系。惟一难以判断的可能就是中苏同盟，如果说同盟之初中国尚认可苏联的盟主地位，至少从50年代中期以后，中国寻求平等的意识和决心越来越强，而这对同盟稳定的影响程度是一个值得研究的课题。

形成同盟的动机和目的主要可分为三种：第一，追求实力均衡。当国家意识到某些国家将成为威胁时，考虑或选择同盟来对其进行制衡以抵消这种威胁。[②] 第二，追求对威胁的均衡。当国家意识到周边环境对本国的威胁时，就可能选择同盟的形式来缓解紧张局势或应对可能出现的不利局面。第三，追随（bandwagon）。与追求均势不同，一个国家可以通过依附强者来抵抗威胁，减少对防务的投入，甚至避免对安全局势的更多介入。无论哪种动机，国家选择同盟，或是希望

① Weber,M.(1997)Gesammelte *Aufsatze zur Wissenschaftslehre*, Tubingen:Mohr, 转引自 Myriam Dunn Cavelty edit(2010). *The Routledge Handbook of Security Studies*, p.382, Routledge: New York.

② Walt(1987), p.18.

在其过于强大前遏制潜在的威胁本国生存的霸权，或是试图加入弱势一方以增加同盟中本国的影响力。①

上述三种因素，特别是威胁的存在和由此带来的追随，在今天的东亚局势中或多或少仍然存在。在中美日之间的相互关系尚不稳定的情况下，同盟仍然是一些国家依靠的主要安全选择之一，有些国家甚至通过强化同盟来抵消新兴大国的影响。而对于一些相对势力较弱的国家，单独追求与大国的均势比较困难，那么结合使用各种同盟方式也是一个可能的选择。最近南海问题上越南、菲律宾、日本等国的联合行动、越南将印度引入南海地区的石油开发也体现出这些国家寻求对中国的均势的因素。

二、同盟如何运作与管理

即使有了共同的目标，与任何组织一样，没有有效管理和运作，同盟也未必就会持续。同盟的管理主要取决于三个因素：盟主的稳定、同盟内部的安全困境以及同盟的凝聚力。如果盟主可以提供同盟中较小国家无法产生的公共财物（public good），那么同盟中较弱的一方会倾向于承认盟主的领导。美国的同盟体系中，美国不仅提供着军事上的安全，也提供着市场和金融的稳定。相比而言，苏联却难以持续向它的同盟体系提供类似的“服务”。

但对于盟主而言，提供的公共财物越多，促使其盟国“免费搭车”的可能性就越大，承担的风险也随之上升。如果这种局面得以持续，就可能造成同盟内部的紧张，从而削弱同盟的有效性和凝聚力。80年代日美同盟遇到贸易摩擦时，美国最大的不满就是日本享受着美国提

① Kenneth N.Waltz(1979,Reissued 2010), *Theory of International Politics*, Waveland Press:Long Grove, pp.126-127.

供的安全保证却不愿分担美国遏制苏联在亚洲势力扩张的责任。

同盟内部同样会产生安全困境。是追求更为自主的政策，还是更重视同盟的内部协调，这是同盟一定会面对但却难以根本解决的难题，特别是在同盟中各方实力接近或一方对既有的主导权产生怀疑甚至试图改变现状时，往往不满于现状的一方会出现寻求自主的倾向。另一方面，同盟中强势的一方也存在因为怕被弱势一方的行为“拖后腿”，而选择减轻弱势一方参与程度的可能。中苏同盟之所以破裂，一部分原因就在于苏联对中国采取较之苏联更激进的外交政策的不满与不安，以及中国对苏联在国际重大事务上缺乏与中国协商的不满，导致双方都采取了更为自主的政策。[①]

同盟内部面临的另一种困境，是担心被抛弃（abandonment）或被卷入（entrapment）的意识。[②] 前者是指如果A国在与一个本同盟外的国家发生冲突时，不能肯定会得到盟国B国的支持（例如在中印边境冲突上中国对苏联暧昧态度的不满）。而后者则是相反，在一个A国认为并不符合自己利益、盟国B国却采取的行动上，担心因支持B国而被动地卷入本不想参与或不愿发生的事态之中（例如金门岛炮战中苏联对中国的不满，以及日美同盟中日本长期不愿明确将苏联设定为假想敌导致的美国对日本的不满）。这两种困境都起源于盟国之间对国家利益界定的必然不同，却只有通过同盟的管理才能得到减缓。直到今天，这两种困境仍然困扰着美国的同盟体系，特别是美韩同盟和美日同盟。

上述的困境如果得不到有效的管理，必然会影响到同盟的凝聚力。特别是在缺乏明确的外部敌对国家和威胁时，如何增加凝聚力是

---

① 参见Lorenz M.Luthi(2008), *The Sino-Soviet Split Cold War in the Communist World*, Priceton University Press:New Jersey. 该书分析了中苏结盟后如何迅速走向实质性解体的过程，认为中苏同盟的破裂经历了社会主义阵营的分裂、中国的挑战、中苏经济关系的破裂、对美国的不同认识、政党关系的破裂以及最终的军事同盟破裂的进程。

② G.H. Snyder(1997) *Alliance Politics*, Cornell University Press: New York, pp.180-183.

管理同盟成功与否的关键因素之一。其方法众多，除了增加甚至“创造”出外部威胁，盟主国家还可以提供更多的好处，或控制其盟国的能力，增加盟国脱离同盟的成本（例如美国在80年代日本试图自行研制新一代战斗机时的对策以及苏联中止对中国的经济援助项目等）。而盟国中相对弱势的成员国也可以通过增加对同盟的贡献（例如日本20世纪80年代增加防务开支以及新世纪以来加强日美军事合作机制的各种举措）来增强凝聚力。

美国的同盟体系至今不仅继续维持，在战略协调性方面还更进了一步，日美同盟的合作广度和深度都较之冷战期间有了不同程度的提升，[①] 从而提升了对美国亚太战略的支持程度。这表明在现阶段同盟体系的运作和管理非但没有退化，甚至是在进一步地成熟。因此，美国及其他盟国主动放弃同盟的可能性并不大。

三、同盟的终止与延续

如果威胁是同盟存在和延续的惟一理由，那么当威胁消失后，随着存在意义与价值的减弱同盟应会走向衰落直至终止或瓦解。这种观点尽管在国家体系中存在合理性，但却难以解释北约东扩，也不能说明日美同盟冷战后为何经历了十余年的低迷又开始复苏和发展，更无法说明为何在有共同威胁（美国）的情况下中苏同盟却很快决裂。因此，有必要对同盟的消解与延续进行研究。

同盟之所以可能或可以终止，主要包括以下几方面原因。首先，国际体系发生了变化（例如第一次世界大战前日英同盟的结成及一战后日英同盟的破裂）；其次，同盟的对象实力下降或不再成为威胁；

① 有关美日战略对话的决策、交涉过程参见秋山昌广（2002）《日米の戦略対話が始まった》，亜紀書房：东京。美日战略对话的具体内容参见各年度版的日本防卫省《防衛白書》。

第三，同盟内部的信赖出现危机（例如中苏同盟后期双方的相互不信任）；第四，国内对同盟的支持基础瓦解（例如冷战结束后菲律宾国内对美菲同盟继续存在的质疑和反对美国继续使用在菲律宾的基地）；第五，同盟国对同盟自身、同盟的对象以及这两者间相互作用的认识（比如中苏两国对中苏同盟和美国的认识差异）；第六，同盟中一国国内政策的变化（比如新西兰因时任政府的反核政策退出美澳新条约组织）等。任何一种原因或几种原因的组合都可能导致同盟延续的必要性、可能性的下降，风险或维持成本的增加，从而使同盟出现裂痕甚至破裂的危机。

即使如此，东亚同盟解体的并不多，并且解体的多为东西方阵营中的东方国家。同盟本身不仅效果有限，甚至还出现兵戎相见的现象。这就需要从同盟何以存续的角度来进行考察了。制度主义认为，同盟之所以在威胁消失的情况下继续发展，很大的原因在于同盟本身已形成了制度，稳定有序的制度使得同盟可以超越环境的变化继续存在，并在存续的过程中增加共同利益，形成利益共同体。①

美国学者基欧汉更进一步主张，冷战后其他的安全问题（被称之为风险）反而在扩散，因此同盟转化成“安全管理制度”，这种制度的有效性由三个因素决定：制度化的程度、同盟的组织形态是包容性的还是排斥性的、是被设计用来对付威胁的还是风险的。对此，他认为高度制度化的同盟更易被维持（管理）。②制度对于同盟的重要性在东亚的同盟体系中也有很强的说服力，美韩同盟和美日同盟的制度化设计都在发展。与此相比，中苏同盟却鲜有制度化的特色，在美韩同盟中形成制度的联合司令部、指挥权的归属乃至联合作战计划的制定等即使在中苏同盟最良好的时期也不存在。而制度化的好处除了使同盟的效率提高，还可以增进双方的信赖关系和同盟内部的相互制约。

---

① 猪口孝（1990）：《交渉・同盟・戦争　東アジアの国際政治》，東京大学出版会：东京，第6页。

② Robert O.Keohane, *Power and Governance in a Partially Globalized World*, Routledge,2002. p.89.

在这方面，美日同盟提供了很好的案例。进入新世纪以来，日美同盟在内部的制度化和寻求外部动机（威胁或风险）两个方面都得到了加强。冷战后，苏联威胁的消失使日本被美国牵连的忧虑大大减轻，取而代之的是担心会被美国“抛弃”。为了制衡中国潜在的军事影响力，日本在美军事战略调整之初就强烈要求美第五空军司令部继续留驻日本。某种意义上，日本的种种举措除是对其安全利益进行再定位的表现，通过“挽留”美国继续维持在亚洲的军事优势以避免不利于日本之地区安全格局的出现。

在承认美国霸权继续有效的前提下，在制衡或追随中日本无疑选择了追随美国在一极独霸的世界格局中“分享”美国的成果。从日本结盟的历史上看，日本结盟的目的更强调“获得利益和扩大势力”的追随，[①] 这与美国借助日美同盟制衡前苏联和今天的中国的同盟策略之间存在着微妙的差异。日本仍然把配合美国作为外交安全政策最重要的目标，日本的“自主”某种意义上就是自主地、更为积极地呼应美军战略的转型。因此在地区安全中，在日美同盟的体系内更应考量日本的安全动向，也应看到日本防卫政策的发展必定具有受制于美国和服务于美国的两重性。

“9·11”事件后美国重新对威胁进行了定义，并调整了军事战略以便先发制人地应对各种事态。为此，美国的同盟体系也应具备更加灵活和多样的功能。作为美国盟国体系中最重要的战略据点之一的日本加快了防务政策外向型的进程，而阿富汗战争、伊拉克战争则使这一进程得到了实质性的充实。

但制度是同盟发展的结果，还是同盟发展的原因，两者的因果关系未必十分明确，或许兼而有之。以冷战后美国在东亚维持甚至强化着同盟体系为例，也可以作出其他解释，比如，美国的国际地位和霸权尽管仍可维持，但却需要同盟体系更多的支持；而同盟的作用也随

---

① 土山實男（2004）：《安全保障の国際政治学　焦りと傲り》，有斐閣：东京，第307—308页。

着局势的变化在发生改变，由针对特定国家转为针对不特定的威胁等。因此，解析同盟的延续或消解仍需要更多的研究，东亚的同盟体系无疑可以提供很多的分析案例。

正如日美同盟的强化导致了中国的不满，并导致了更强烈的警惕和对抗手段所显现的，以应对威胁为指向的同盟体系最难以解决的问题之一就是安全困境。国家将本国安全置于最优先地位的同时，却的确可能因为本国安全防务上的努力而带来其他国家的不安，从而导致其他国家也强化防务，结果，双方或多方的加强本国的防务努力反而造成两国关系的更不安定，形成“不安”的连锁反应和恶性循环。由此也会提出一个新的课题：是否存在或应该发展减轻或稳定因安全困境所造成的国家间的紧张关系。除了国际组织和集体安全机制外，建立一种准入门槛更低的安全机制就成为维护地区安定的目标之一。

四、安全合作机制是否可与同盟共存?

冷战后，同盟在应对诸如恐怖主义等全球性问题时力不从心，而领土争端等传统安全问题也因国家间相互利益的增加和战争成本、风险的增加而减少了使用军事手段的可能性。在东亚，一些主张认为美国应放弃已明显过时的轴幅同盟体系，而代之以包括中国在内的类似于欧安会（OSCE）与不包括中国的民主主义国家联盟双头并进的新型地区机制，前者推进经济一体化并承认中国扩大中的影响，后者则推进安全防务合作以阻止中国因强大而出现进攻性对外倾向的可能性。[①]

显然，这种安排是不会被中国接受的。由于历史和现实的原因，中国对安全合作机制有着自己的主张。在2002年的《中国新安全观文

① Francis Fukuyama(2006): *After the Neocons*, Profile Books: London, pp.174-175.

件》中，中国提出应放弃“冷战思维”、“军事同盟”等“旧观念”，[①]建立“新安全观”。新安全观包括多边安全机制、多边安全对话、多边安全磋商、非官方安全对话、军事交流等内容。[②]由此可以看出，安全合作机制更多强调如何寻求和维护甚至创造共同利益，以及灵活、不带强制性和规则性的解决方式。对于在东亚地区没有同盟关系（与朝鲜除外）且面临很大安全压力的中国而言，能进能退、缺少限制、注重共同利益的安全合作机制对于抵消美国同盟体系的影响是很有帮助的。这也是中国作为地区大国愿意为维护地区的安全与稳定做出贡献的具体体现。

但是，如果从秩序的参与者、特别是决定者的视角观察或许会发现，安全合作机制的侧重之处却也可能正是其问题所在。首先，是否有对违反者的强制性政策和手段，特别是在安全机制中处于相对较弱的一方，一旦遇到强势可能的霸权政策或行为，如何确保自身的利益？即是否能解决安全困境问题，是否可以形成对外部潜在威胁的组织机制？因互相不了解对方的意图而造成误解的安全困境，可以通过安全机制的合作来缓解或解决。但如果安全困境是因敌意带来的，“合作”能否取代对抗就值得怀疑了。应该看到，冷战思维固然过时，但是这并不意味着构成冷战思维的所有因素都已过时，至少从安全角度看，安全困境以及造成安全困境的心理因素在东亚国家中仍然发挥着作用。

其次，如何调解、平衡安全合作机制中各方存在的不同利益。同盟可以通过机制化或主次关系进行调整，但强调平等的合作机制则会遇到更多的问题。例如，对话解决是安全合作机制的主要手段之一，[③]

① 新华社：“中国关于新安全观的立场文件”，《人民日报》，2002年8月2日。

② 熊光楷（2003）：《国际战略与新军事变革》，清华大学出版社：北京，第53页。

③ 例如中越最近达成共识，两国同意海上争议解决前不使争端扩大化就是一例。http://news.sina.com.cn/c/2011-10-15/153823308931.shtml.

但是，在领土问题等重大双边安全问题上，如果任何一方不同意将此问题置于多边框架（安全合作机制成功与否的重要条件就是是否具有成员、议题和利益的广泛性）中讨论，[①] 那么安全合作机制就很难奏效。此外，在构建地区安全机制中，如何对应地区外的国家或组织。有学者认为，“所有的国际冲突都有其地区背景，并且都在某种程度上与地区外的国家或其他重要行为体相关”，[②] 地区安全机制中是否应该、能否排除地区外国家的参加或介入，这也是必须解决的课题。换而言之，在同盟中不会成为问题的“身份”问题却很可能成为影响地区安全合作机制构建的重要障碍。

总之，安全合作机制更侧重在危机爆发前对危机的预防，或者在危机初期缓解敌意，增加沟通。但是，一旦发生了危机，或危机加剧，安全机制能否进行干预、如何进行干预就会因为没有运作的实体（军事同盟，联合作战等）而束手无策。安全合作机制能否在制度上解决安全困境，也就是替代同盟的对应威胁的功能，还值得进一步研究。和平与繁荣符合东亚地区所有国家的利益，因此安全合作机制的作用和影响仍应扩大，但这种扩大对于很多国家而言很可能是作为缓解同盟强化带来的不安而存在的，并不一定意味着认同安全合作机制对同盟的取代。只要存在安全困境和可能的军事冲突，无论从风险、成本还是可被接受的范围而言，同盟的这部分功能恐怕难以被迅速取代。在东亚，在各方都愿维持和平和基本尊重秩序现状的前提下，同盟与安全合作机制还将长期共存。正如同“‘国际责任’而非‘和平发

① 例如中国反对第三方介入南海问题。“外交部：不劳烦美国为中国周边带话 南海不是问题”。http://roll.sohu.com/20111011/n321830257.shtml.

② Louis Kriesberg(1994): ‘Regional Conflicts in the Post-Cold War Era: Causes, Dynamics, and Modes of Resolution’, in Klare, M.T. and Thomas, D.C. (eds), *World Security: Challenges for a New Century*, St Martin’s: New York, p.155.

展’正趋于成为中国对外政策问题的首要关键词”[①] 所主张的那样，中国对地区安全合作机制和地区安全中所承担责任的态度、政策和被认知、被接受的程度将成为影响东亚地区同盟体系发展走向最关键的因素。

① 时殷弘:《中国的和平发展和中美关系的战略形势及挑战》，黄大慧主编(2010)《变化中的东亚与美国》，社会科学文献出版社：北京，第70页。

联合国的作用与各国利用联合国维护利益的实践

中国国际问题研究所国际战略研究部主任、副研究员　**陈须隆**

一、联合国的作用在于维护利益

联合国的作用可以从不同视角进行解读，但归根结底在于维护利益。联合国的作用并非一成不变，而是与时俱进地发生着变化，但万变不离其宗——维护利益。

关键问题随之而来，利益究竟指什么？是谁的利益？这是我们在深入讨论问题之前，必须弄清的基本问题。

（一）联合国要维护三大利益

概而言之，一是安全利益，即维护国际和平与安全。二是发展利益，这里的发展包括经济、社会、文化等的发展。三是人权利益，主要是维护人权和基本自由。

维护三大利益的办法主要是：采取有效的集体行动（包括安理会授权的强制行动）；发展国际友好关系；促进国际合作；加强国际协调等，其中包括“区域办法”。

为维护三大利益，应遵守主权平等、和平解决争端、不使用武力或以武力相威胁、不干涉内政等原则。

为维护并促进三大利益，联合国设有相应的机构，其中包括：安理会、经社理事会、人权理事会，等等。还发展了若干行动机制，如维和机制、裁军与军控机制、促进可持续发展机制、应对气候变化机制、人道主义救援机制和人权国别审议机制，等等。其中，许多机制都是以条约立身，有相应的法律法规为行动依据。如:《禁止化学武器公约》(1993年开始签署、1997年生效)、《联合国海洋法公约》(1982年通过、1994年生效)、《经济、社会及文化权利国际公约》与《公民权利和政治权利国际公约》(1966年通过、1976年生效)。

(二)联合国要维护公共利益、国家利益和人的利益

联合国当然要维护国际社会的公共利益，这在《联合国宪章》中有明确规定。而且，按照《宪章》精神，只有为维护公共利益，才可使用武力，使用武力需要安理会授权。

联合国通过提供公共产品来维护全人类的公共利益。公共产品包括：国际关系准则与规约，多边主义理念，集体行动机制，国际对话、交流、协调机制，国际合作项目，国际讲坛，国际信息与数据，以及服务于联合国事业的国际公务员，等等。

联合国通过把广大会员国(现为193个)凝聚在一起，并赢得它们的支持，来维护各国的公共利益。赢得大国的支持，对联合国在维护公共利益方面充分发挥作用尤其重要。

联合国通过加强全球治理职能，来维护“地球村”的公共利益。这包括应对气候变化、粮食危机、能源危机、领土与领海争端、跨国有组织犯罪、传染病、自然灾害等。联合国在全球治理中的地位与作用在不断增强，并将继续增强。

为了增强全球治理，联合国需处理好与区域组织的关系。在一个群G(Group)并起的时代，还需妥善处理好与G20等的关系。

联合国当然还要维护各成员国的国家利益，主要是主权利益、安全利益、发展利益。但由于全球化浪潮对传统主权观念带来较大冲击，加上霸权主义与强权政治的兴风作浪，发展中国家在联合国的代表权

与发言权不足，联合国在维护成员国国家利益方面，难以做到一视同仁，甚至会沦为霸权主义与强权政治的工具。

联合国还要维护人的利益。联合国推进人权观念与人权保护机制，并通过不断实施人道主义援助，使人们都能享有免于恐惧、匮乏并有尊严地生活的“大自由”。虽然国家在维护其公民个人利益方面仍然应承担首要责任，但是联合国的作用显然在增强，并将继续增强。而如何处理好主权与人权、国家利益与人的利益的关系，是联合国所面临的重大挑战。未来联合国作用的发挥，将与其如何应对这一重大挑战息息相关。目前，西方国家与社会组织正在大力推进“保护的责任”理念，并在西亚北非（尤其是利比亚）变局中加以实践，应引起我们足够的重视。

（三）成员国对联合国的利用注定有所不同

成员国有大小、强弱、贫富之分，有天时、地利、人和之别，决定了它们对联合国的利用有意愿、能力和程度上的不同。大国倾向于利用联合国来拓展自己的利益（尤其是海外利益），获取更多的国际发言权和主导权。小国则倾向于利用联合国来寻求自保和国际认可，寻求对国际事务的平等发言权。超级大国则利用联合国来维护并拓展其全球霸权利益，获取对国际事务的主导权和对别国事务的“合法干预”权，形成并巩固其“制度霸权”。

美国作为联合国的创始国和东道国、以及世界超级大国，对联合国采取“能用则用，不能用则甩开”的态度。一方面，美国会让联合国尽其所用，充分利用、有时甚至是滥用联合国来维护和拓展其全球霸权利益，在这种情况下，联合国难免沦为美国推行霸权主义和强权政治的工具。另一方面，美国搞霸权主义和强权政治是不得人心的，联合国必然对美国单极独霸企图与做法形成制约，这时，美国就会绕开或甩开联合国而自行其是。但是，时至21世纪，全球性挑战日趋增多，美国的单边主义愈发行不通，加大了对联合国的借重和利用。

特别值得指出的是，上世纪六十年代，新兴的第三世界国家发起“不结盟运动”（成立于1961年9月），在一定程度上缓和了联合国内的两极对立，它们在增强联合国的作用的同时，寻求通过联合国来维护其利益。第三世界国家的主要兴趣集中在非殖民化和经济发展，因此它们拓宽了联合国议程的内容，将诸如环境、人口、食物和水资源等全球性问题也纳入其中。到七十年代中期，第三世界国家争取民族独立运动的斗争接近取得全面胜利，多数国家面临的主要任务是维护独立和发展经济。为了维护自身利益，第三世界不同地区的国家相继成立了一些地区性和专业性的国际组织，如“77国集团”（成立于1964年）、“非洲统一组织”（成立于1963年5月）等。

第三世界国家利用联合国来实现如下利益：（1）为发展中国家旗帜鲜明地表述自己的正义主张，促进发展中国家集体的经济权益；（2）在联合国体制内部，在有关国际经济一切重大问题的南北谈判中，增强发展中国家的“集体谈判能力”，从而推动建立国际经济新秩序；（3）加强南南合作，反对和抵制霸权主义与强权政治，推进国际公平公正与国际关系民主化。1960年中期至1970年末，“77国集团”的联合奋斗是卓有成效的。它运用了第三世界在联合国内平等表决制形成的多数优势，促使联合国的各种机构通过了比较公平合理和有利于发展中国家的决议，其中包括若干具有法律约束力的决定；推动联合国创设了一些新的机构或机制，实施各种有助于贫弱国家经济增长的各种方案；并且通过联合国各种讲坛的论战或有关的决议，对国际社会中的政治霸权和经济霸权，加以批判、抵制和约束；敦促联合国各有关机构就全球性经济发展严重失衡、世界财富的国际分配严重不公、南北国家贫富悬殊的鸿沟不断扩大等重大问题，加强研究评析，采取相应的有效措施，逐步加以解决。

至于小国，它们相当务实地认为，联合国是其在世界上发表言论的唯一论坛；联合国是对其国际地位认可的一种重要确认，甚至是国家完整的一种保障。

二、各国如何利用联合国来维护利益

各国利用联合国来维护利益的方式，主要包括：一是让联合国接受有利于己的议程，并加以推进；二是让联合国接受有利于己的决议，并加以落实；三是让联合国接受有利于己的理念与主张，并加以贯彻；四是让联合国实施有利于己的国际行动，并确保其成功；五是让自己的国际行为获得联合国授权或认可，从而合法化；六是让联合国作出有利于己的改革；七是借助联合国平台提高自身国际地位、声誉与形象；八是获取联合国对自己内政与外交政策的道义支持；九是让联合国对自己的经济、社会、人文发展给予实质性帮助；十是让联合国拒绝所有于己不利的议程、决议案、主张。

一国是否善用联合国来维护利益，既取决于自身的实力、地位及其国际影响力，也取决于其对以联合国为核心的多边外交的重视程度和驾驭能力。

（一）超级大国或霸权国——美国对联合国的利用和操纵

一方面，美国利用联合国来维护公共利益，促进世界的和平、发展与自由。另一方面，美国利用甚至操纵联合国来推行帝国主义、霸权主义政策，维护其全球霸权利益。后者必然造成对联合国的滥用。具体的例子包括：1950年，在安理会基本处于瘫痪状态的情况下，美国利用联合国大会取得了组建联合国军的旗号，从而名正言顺地在朝鲜进行战争；在美国制裁古巴问题上，尽管在联大表决时支持古巴、反对美国实施禁运的国家逐年增多，但是一些国家尤其是拉美国家不敢轻易冒险得罪美国，它们或投弃权票，或者干脆借故缺席不参加投票；最能反映美国霸权的是中东问题，美国对以色列的偏袒路人皆知；最近的例子是，美国等迫使联合国通过了干涉利比亚的第1970和1973

号决议案并加以滥用。

同时，还应看到，美国从其狭隘的利益出发，使布雷顿森林会议成立的国际经济机构超然于联合国，这其中就包括了世界银行、国际货币基金组织和关贸总协定。这些布雷顿森林组织只听命于少数几个大国。美国通过这些组织来控制亚非拉当地的市场。

但是，美国曾非常怀疑联合国对本国利益的价值。例如，在里根政府时期，联合国成为美国批判和蔑视的对象。当时，宣扬右翼意识形态分子的“美国至上主义”言论和对以色列支持者的狂热，都表明了美国对联合国的公然藐视在持续升温。美国舆论日益认为：联合国是反美的恶毒言论的来源，特别是在阿拉伯——以色列语境中；是使问题复杂化而不是简单化的地方；是克里姆林宫的传教工具；是认真的谈判者回避的无效机构。另外，美国还需为享有充当替罪羊的特权缴纳25%的会费，同时又不能阻止通过它所不喜欢的新计划，而为这美国又得支付最大部分的费用。由于对联合国心怀不满，美国于1984年退出联合国教科文组织。

冷战后，美国企图利用联合国来构建其所主导的“世界新秩序”，试图在联合国内推行其“民主国家联盟”战略，更是不断高举人权大棒，挥向中国等国家。“9·11”后，美国绕开联合国发动了非法的伊拉克战争，继而又不遗余力地利用联合国推行其反恐议程。最近，则是利用联合国来对所谓“阿拉伯起义”进行“合法干预”。

（二）苏联/俄罗斯

苏俄在利用联合国维护自身权益时，向来不含糊。它是在安理会使用否决权最多的国家。截至于2008年1月，“五常”共使用否决权261次，具体情况为：苏俄123次、美国82次、英国32次、法国18次、中国6次（其中一次为威胁使用）。上述统计中不包括安理会秘密投票选举联合国秘书长时的反对票。

在安理会改革问题上，俄罗斯明确表示其否决权碰不得，反对旨在限制、削弱其否决权的任何方案。

（三）其他西方国家

一方面，其他西方国家追随和配合美国，利用联合国确立西方所主导的国际体系与秩序；另一方面，利用联合国反对和限制美国单边主义。它们在利用联合国维护利益方面有以下特点：一是提倡有效的多边主义，重视加强全球治理，不断推进全球性议程（如气候变化）；二是推崇人权，看重人道主义干预和“保护的责任”；三是相信制裁和其他强制措施的作用，推动国际法治并成为国际刑事法院的主要推手。值得注意的是，英法等在安理会改革中以攻为守，通过积极推动改革来确保自身的常任席位。

（四）南方国家

南方国家通过团结合作，利用联合国来反对霸权主义和强权政治，抗拒和制衡北方国家对国际规制的主宰和主导，寻求建立国际政治经济新秩序，争取在联合国系统内有更大代表权和发言权。

进入21世纪以来，尤其是国际金融危机之后，新兴大国正在通过G20框架和金砖合作框架，不断推动联合国对国际经济与金融体系进行革新，以增大发展中国家、尤其是新兴大国的代表权和发言权。

（五）群G并起的时代与各种力量组合

随着群G并起时代的到来，国际关系已不能简单地用东西南北来划分了。事实上，各种力量会围绕不同的问题而发生分化组合，出现了各种G，例如：在政治安全领域，有“争常”四国构成的G4，在经济领域有G20和在其影响下产生的3G（Group of Global Governance），在气候变化领域有另一个G4——基础四国（BASIC），在文明对话领域有“文明联盟”；还有综合性的新兴大国组合“金砖五国”，传统西方大国组合G7和G8，南方国家组合G77；等等。各国往往需要借助各种力量组合来对联合国施加影响，以更好地维护公共利益和自身利益。

三、中国如何更好地利用联合国来维护利益

40年前，中国恢复在联合国的合法席位，标志着中国彻底打破了美国等西方国家对中国的国际封锁，有力地维护了国家主权和领土完整，并大大改变了联合国内的力量对比，使联合国成为一个名副其实的全球性国际组织，增强了其代表性、权威性和普遍性。

40年来，中国利用联合国维护国家利益和公共利益，主要是：维护了国家主权和领土完整，并为国家统一创造了有利的国际环境；体现了安理会常任理事国的地位与作用，维护了公共的和国家的安全利益；维护了自身和广大发展中国家的经济利益；维护了中国和发展中国家的人权利益；维护了中国和发展中国家的社会与文化利益；借助联合国舞台，加深了对世界的认知，密切了与国际社会的互动的关系，愈来愈深入地融入了现行国际体系，并在其中发挥着愈来愈大的建设性作用，树立负责任的大国形象；维护了联合国的地位与作用以及联合国所倡导的多边主义，推进世界多极化、国际关系民主化进程；通过“多边搭台，双边唱戏”和对多双边的统筹，有效推进了中国对外关系，取得良好的外交收益。

展望未来，中国可更好地利用联合国来维护利益——公共利益、国家利益和人的利益。

可喜之处在于，2011年9月发布的《中国的和平发展》[①] 白皮书作出了如下一些重要表示：

一是，中国坚持走和平发展道路，寻求与各国互利共赢和共同发

① 详见“《中国的和平发展》白皮书（全文）”，http://www.fmprc.gov.cn/chn/gxh/tyb/zyxw/t855789.htm.

展，同国际社会一道努力，推动建设持久和平、共同繁荣的和谐世界。

二是，中国坚持从中国人民的根本利益和世界人民的共同利益出发，根据事情本身的是非曲直确定立场和政策，秉持公道，伸张正义，在国际事务中积极发挥建设性作用。

三是，中国坚决维护国家核心利益，包括国家主权、国家安全、领土完整、国家统一、中国宪法确立的国家政治制度和社会大局稳定、经济社会可持续发展的基本保障。

四是，中国把中国人民的利益同世界各国人民的共同利益结合起来，扩大同各方利益的汇合点，同各国各地区建立并发展不同领域不同层次的利益共同体，推动实现全人类共同利益，共享人类文明进步成果。

五是，中国倡导互信、互利、平等、协作的新安全观，寻求实现综合安全、共同安全、合作安全。

六是，中国秉持积极有为的国际责任观：作为国际社会负责任的国家，遵循国际法和公认的国际关系准则，认真履行应尽的国际责任；以积极姿态参与国际体系变革和国际规则制定，参与全球性问题治理，支持发展中国家发展，维护世界和平稳定；随着综合国力的不断增强，将力所能及地承担更多国际责任。

七是，奉行睦邻友好的地区合作观，同周边各国积极开展睦邻友好合作，共同推动建设和谐亚洲。

此外，中国的国家利益观的内涵大大丰富了，更加重视海外利益的拓展和保护，并且认为国家形象也是利益；中国对国家主权观念与不干涉内政原则的理解更加深刻，在实践层面更具灵活性；中国将继续奉行并推进“走出去”战略；等等。

审视中国所处的国际环境与历史方位，我们会发现：世界又扁又平、又挤又热，处于大发展、大变革与大调整之中，全球性挑战不断增多，呼唤新的更加有效的多边主义；需要联合国在其中发挥核心作用。与此同时，虽然新兴大国正在集体崛起，正冲击和改变着当今世界，但这个世界仍然是向西方倾斜的：西方势力依然占优，西方国家在联合国等国际体制中仍处于主导地位。2011年正值中国战略机遇期新十年的开启之年，未来十年对中华民族的伟大复兴至关重要，我们正在深刻思考如何利用和把握好这新的十年。在这种情况下，中国与联合国的相互需要都在增加，中国可以也应该更好地利用联合国来维护公共利益和自身利益。为此，中国应做到：

一是，更加积极、全面、深入地参与联合国事务，更主动地提出自己的议程、决议案和方案，在此过程中培养更多的联合国问题专家，使更多中国人成为联合国系统的雇员。

二是，进一步解决好自身定位问题。在联合国体系中，中国虽然不能放弃发展中国家的立场，但“第三世界”国家的身份已成历史，已具备“第一世界”的某些属性，要敢于行使权力，敢于负责。

三是，进一步解放思想。尤其是在不干涉内政问题上，只要有利于公共利益与国家利益，有利于加强联合国的地位与作用，有利于历史的进步，就应采取更加积极的态度。在此方面，利比亚问题提供了教训和启示。对待“制裁”的态度，也应进一步提高。制裁的效力已被科学研究和实践经验反复证明，中国也应善加利用。

四是，更加坚决地利用联合国来捍卫国家的核心利益，包括审慎、缜密地处理台湾的“国际空间”问题。

五是，利用联合国体系，更好地宣示中国的和平发展理念，更好地推动建设和谐世界，进一步树立和平、发展、合作的负责任大国形象。

六是，利用联合国平台，继续推进国际体系变革，使其向对中国和发展中国家有利的方向演变。

七是，借助联合国平台进一步“走出去”，其中包括军队走出去。

八是，利用联合国维护文明多样性与文明间和谐相处，推动文明对话，并将此努力视为推动建设和谐世界的重要组成部分。

九是，加强对主权与人权关系的研究，进一步把握其对立统一关系，联合发展中国家加强对“保护的责任”的研讨，寻求共识，通过宣传“以人为本”、反对人权上的国际歧视等，来进一步提升中国在人权领域的发言权与国际形象。

十是，在一个群G并起的时代，针对不同问题，灵活地借重各种力量组合来对联合国议程施加影响，更好地维护自身利益。

参考文献：

秦华孙:《出使联合国》，新华出版社，2010年。

赵磊:《建构和平：中国对联合国外交行为的演进》，九州出版社，2007年。

李铁城:《世纪之交的联合国》，人民出版社，2002年。

[英]亚当·罗伯茨、[新西兰]本尼迪克特·金斯伯里主编:《全球治理——分裂世界中的联合国》，中央编译出版社，2010年。

[美]弗雷德里克·埃克哈德:《冷战后的联合国》，浙江大学出版社，2010年。

[美]弗雷德里克·埃克哈德:《为联合国发言》，浙江大学出版社，2010年。

[美]菲利斯·本尼斯:《发号施令——美国是如何控制联合国的》，新华出版社，1999年。

世界经济增速趋缓
合力应对风险挑战

新华社世界问题研究中心研究员　李长久

2011年世界经济增长明显趋缓，主要发达经济体经济增速下滑，一些国家主权债务问题严重，国际金融市场动荡不已，各种形式的保护主义愈演愈烈，新兴市场国家通胀压力仍然较大，世界经济正处在何去何从的十字路口。国际货币基金组织（IMF）总裁拉加德2011年11月9日在北京国际金融论坛讲话时警告说，除非各国采取行动抵御发展所遭遇的风险，否则全球经济有出现“失去的10年”的风险。

世界经济处在何去何从的十字路口

2011年以来，世界经济复苏的不稳定性、不确定性突出，风险挑战增多。IMF总裁拉加德2011年9月15日在华盛顿伍德罗·威尔逊中心发表演讲指出：“随着全球经济活动不断减速，下行风险不断增加，我们的经济环境似乎困难重重，动荡不断，我们已进入一个新的危机时期。如果不同心协力，我们就无从恢复这个世界所迫切需要的信心。”她提出的四大对策是：修复、改革、恢复平衡以及重建。

据国际货币基金组织预测，2011年和2012年世界经济增长率将从2010年的5.1%降至4%，2016年为4.9%，仍低于2007年5.4%的经济增长水平。世界银行行长佐利克2011年8月13日在谈到世界经济形势和走势时认为，世界经济刚从一场“杂乱无章的”复苏中走出，眼下正迈入“全新且更危险的”新阶段。

我国著名经济学家李杨2011年10月9日接受《上海证券报》记者采访时判断，全球经济恢复大概需要10年甚至更长时期，现在三年已经过去了，还有七年甚至更长时间，我们还要在痛苦中煎熬。

世界经济增速放慢，主要原因是发达经济体经济普遍不景气。据英国《观察家报》2011年8月28日介绍，20世纪60年代，包括主要发达国家在内的经济合作与发展组织成员国经济年均增长率为5.3%，70年代为3.7%，80年代为2.8%，90年代为2.5%，21世纪头10年为2.6%。2008年经历了20世纪30年代大危机以来最大的金融危机，2009年又经历了1945年第二次世界大战结束以来最严重的经济衰退。自2010年起发达经济体似乎都在勉强复苏，但仍将面临艰难10年。

世界经济增长趋缓，特别是主要发达经济体经济增速持续下滑，是多种因素造成的。中国国家主席胡锦涛2011年11月3日在法国戛纳举行的20国集团领导人第6次峰会上发表题为《合力推动增长 合作谋求共赢》的讲话：“2008年国际金融危机发生以来的种种情况表明，我们面对的不是一场单纯的经济金融危机，这场危机暴露出若干体制机制、政策理念、发展方式的弊端。世界经济发展正处在何去何从的十字路口，全球经济治理正面临十分艰难的任务，需要我们登高望远，超越具体分歧，超越一时得失，共同探索走出危机，实现发展的正确途径。”

20世纪80年代初以来，美国金融衍生产品没有监管地泛滥，虚拟经济恶性膨胀。据统计，从2000年到2007年，美国国内生产总值（GDP）从98170亿美元增加到138075亿美元，同期金融资产由895280亿美元增加到1419210亿美元，两者都在增长，但金融资产增幅明显高于实体经济，金融资产对GDP的倍数从9.12倍上升为10.27倍。自2001年起美联储连续13次下调利率，到2003年美国联邦基金利率已从6.5%降至1%，并且维持了一年时间。大幅度降低利率，刺激金融经济持续高速增长，为2007年和2008年相继爆发次贷危机和金融危机积累了条件。由亚洲协会美中关系中心和伍德罗·威尔逊国际学者中心基辛格中美关系研究所合作完成、2011年5月4日出版的名为《美国门户开放吗？充分利用中国对美国直接投资》的报告中表示，在未来10年内，中国对外直接投资将高达1万亿至2万亿美元，可能为美国增加众多的就业机会。中国银河证券首席总裁顾问左晓蕾2011年8月2日在《上海证券报》发表题为《美国债务博弈向世界提示了什么》的文章认为："美国、欧洲各国敞开大门，接纳新兴市场国家的直接投资发展实体经济，可能是跳出债务陷阱，从根本上走出危机，恢复全球经济平衡增长的根本途径。"但是，从虚拟经济回归实体经济使二者相辅相成、协调发展，并非易事，因为垄断企业追求的是超额利润。据统计，从1975年到2005年，美国制造业部门所创造的利润占国内总利润的比例已从约50%降至不足15%，而同期金融部门所创造的利润占比却从15%增加到40%。因此，美国政府虽然采取刺激政策，但收效不大。美联储2011年11月2日宣布，将联邦基金利率维持在零至0.25%的水平不变，以刺激就业增加和经济复苏。但IMF预测，2011年美国经济增长率将从2010年的3.0%降至1.5%。奥巴马总统原经济顾问萨默斯2011年6月13日在《华盛顿邮报》上发表文章指出，从2006年第一季度到2011年第一季度，美国经济年均增长不足1%，这与日本经济在泡沫破灭后的时期相类似。他呼吁美国政府采取一系列果断行动，推动经济增长，避免出现"失去的10年"。

欧盟拥有5亿人口，2010年GDP超过17万亿美元，成为世界最大经济体。但是，欧盟从15国扩大为27国，"老欧洲"与"新欧洲"、大国与小国特别是富国与穷国之间的利益诉求各异，欧元区17个成员国实现了统一货币，但财政政策仍各行其是。欧盟实际上有能力解决一些成员国的债务危机，但各国仍是本国利益高于一切。IMF预测，2011年和2012年，欧洲经济增长率分别为2.3%和1.8%，其中欧元区分别为1.6%和1.1%，不能排除欧洲经济2012年重陷衰退的可能性。

IMF认为，当前欧洲经济下行风险显著，欧元区主权债务危机不断恶化，不仅会影响西欧发达国家，而且也会拖累中东欧的新兴国家。法国经济局观察所研究员让-保罗·菲图西2011年11月21日接受法国《论坛报》记者伊万·贝斯特专访时预测，欧元区经济衰退将不可避免而且会长期持续。“最有可能出现的情况是：未来10年间，欧元区国内生产总值的增长率将在-1%和1%之间徘徊。”

经历失去的20年之后，日本经济仍在谷底徘徊。2011年“3.11”大地震引发的海啸和核事故，对不景气的日本经济无疑是雪上加霜。IMF统计和预测，2009年日本经济曾出现6.3%的负增长，2010年增长4%，2011年又将出现0.5%的负增长。“3.11”大地震后，日本政府设立的东日本大地震复兴构想会议代理主席、东京大学教授御厨贵在《中央公论》5月号撰文认为，这次地震给民众带来的精神伤害完全是负面的，悲观论与犬儒主义有可能流行，从而导致全新宗教出现。新的“宗教强势时代”可能到来。有学者预测，日本经济是否经历第三个“失去的10年”，特别是日本对外政策将发生什么变化，值得各国关注。

发展中国家整体经济增长率将从2010年的7.3%降至6.1%，但各个地区经济发展仍不平衡。IMF预测，独联体国家经济增长率仍为4.6%，拉丁美洲和加勒比地区经济增长率将从4.5%降至4%，中东与北非经济增长率将从4%降至3.6%，撒哈拉以南非洲经济增长率将从5.4%降至5.2%。

亚洲（不包括日本）经济增长率将从9.5%降至8.2%，仍是经济增速最快地区。但是，亚洲经济在高速增长过程中也积累了诸多深层次问题和矛盾，特别是严重依赖发达国家投资和市场，也存在一些不稳定性和不确定性。2011年10月13日，IMF在亚洲和太平洋《地区经济展望》报告中警告，因受欧洲债务灾难和美国经济增速放缓影响，亚洲经济近期面临的风险“明显”上升，这需要决策者保持灵敏，并做好迅速扭转局面的准备。亚洲开发银行行长黑田东彦2011年11月9日接受《日本经济新闻》采访时指出:“随着欧洲金融危机的演变,亚洲经济存在下行风险”。亚行预测,2011年和2012年亚洲经济增长率将从2010年的9.5%降至7.5%,其中,中国经济增长率将从9.1%降至8.4%,2011年第三季度,印度经济增速回落到6.9%,引发人们对印度能否实现政府制定的2011—2012财年经济增长8.5%目标的疑问。

妥善解决三大问题

全球经济已经进入一个长期波动和低速增长时期,国际社会和各国都应抓住主要矛盾,处理好政府和市场、劳动和资本、生产和消费、公平和效率等重要关系,共同提振市场信心,努力促进世界经济增长和金融稳定。

(一)妥善解决贸易争端

世界贸易组织(WTO)2011年11月21日将2011年出口增长率调低至5.8%。WTO总干事帕斯卡尔·拉米在年度报告中说:“近几个月来,全球经济前景大为恶化。”他呼吁继续为打破贸易壁垒作出努力。世界贸易从大体平衡到失衡再到经济不平衡,主要是发达国家转移产业特别是美国大量印发美元造成的。美欧一些国家虽有贸易逆差,但仍是世界投资和贸易受益最多的经济体。

《经济参考报》2011年10月24日援引全国人大财经委副主任吴晓灵介绍:从世界贸易格局来看,1949年、1959年和1969年世界贸易的顺差逆差差别不大,引起世界贸易不平衡日趋加剧这一质变的是1971年美元与黄金脱钩。在此之前,任何一个国家如果有了大量贸易顺差,就会用美元去兑换黄金。随着美国财政赤字越来越大,到1971年美国已经无力承担巨额的美元兑换黄金的要求,美国宣布停止美元兑换黄金,美元与黄金脱钩,这样就使得世界贸易失去了实物的制约,全球进入了信用货币时代，出现再大的贸易逆差都可以通过印制货币来解决。世界贸易结构失衡引发了各国经济结构和世界经济结构失衡。吴晓灵指出，因为贸易失衡不受制约，发达国家在全球布局制造业，将其制造业转移到劳动力低廉的新兴市场国家，于是就形成了新兴市场国家制造产品、发达国家消费这些产品的世界经济格局。2008年金融危机正是自1971年全球进入信用货币时代后，矛盾积累的总爆发。

从世界贸易不平衡到世界经济结构失衡，受益最多的仍是发达经济体。中国社保基金理事长戴相龙提供的数据显示，发展中国家向发达国家供应商品换得的大部分货币购买发达国家债券或存入西方银行，所得回报率为3%至4%，发达国家集中本国资本和流入资金又以直接投资投入发展中国家，获得收益率高达10%至20%。即使相互投资，双方收益也存在巨大差别。据统计，在2002年至2009年期间，美国对华直接投资从105.7亿美元增加到494.03亿美元，在1999年至2009年期间，美国对华直接投资的经营性收益率为15%，加上资产价格上涨和人民币升值因素，实际收益率高达18%；同期中国对美国直接投资从3.85亿美元增加到7.91亿美元，中国对美国直接投资的实际收益率仅为2.3%。

中国对外贸易的80%至90%为贴牌产品，加工贸易占半数左右，外资企业出口占中国出口总额的55%左右，外资企业贸易顺差占中国外贸顺差总额的60%以上。2011年前三个季度，中国外贸进出口总额26774.4亿美元，其中，出口13922.7亿美元，进口12851.7亿美元，增幅呈现高位回落态势。由于中国进口增速高于出口增速4个百分点，中国贸易顺差与外贸总值的比值为4%，同比降低1.6个百分点。中国加入世界贸易组织（WTO）10年来，中国平均关税水平从15.3%降至9.8%，达到并超过WTO对发展中国家的要求。10年来，中国总计从海外进口达8.5万亿美元。中国力争到2015年，社会消费品零售总额达到32万亿元，年均增长15%，最终消费35万亿元左右，年均增长约13%，最终消费率达到50%，中国将成为世界最大市场之一。今后5

年中国进口总规模有望超过8万亿美元，为各国发展提供更广阔市场，将对世界经济和贸易发展做出更大贡献。

IMF预测,2011年世界贸易量增速将从2010年的12.8%降至7.5%。中国国家主席胡锦涛在戛纳G20领导人峰会讲话中提出:“我们应该继续高举自由贸易旗帜，反对贸易和投资保护主义，坚定推动多哈回合谈判，重申不采取新的贸易保护主义措施的承诺，致力于建立公平、合理、非歧视的国际贸易体系。”戛纳峰会的成果之一是，G20将致力于推动贸易自由化，反对保护主义，承诺采取新举措推动世界贸易组织多哈回合谈判取得进展。WTO总干事拉米在2011年世界贸易报告中指出:“在经济不确定性增加且全球风险上升的情况下，让全球贸易开放进程保持下去显得尤为重要。”

（二）确保资金流向实体经济部门

全球资本流动的特点，一边是在全球流动性充裕下的热钱涌动，一边是外国直接投资（FDI）的增速放缓，全球资本错配的风险正在累积。有专家提出，如何使海外投资者以新的方式运作资本，这是一个全世界都要思索的新课题。

2010年，国际金融协会（IIF）和IMF相继发表报告，分析资本流入新兴经济体的规模、原因、影响及应对措施。IIF预测，从2009年到2011年，30个新兴经济体私人资本净流入将从5810亿美元、8250亿美元增加到8330亿美元。原因是发达国家为应对金融危机，实施宽松的货币政策，对低利率前景的预期降低了资本回报率，导致资本流向回报率较高的地区。私人资本大量流入且力度不减的主要影响是，新兴经济体货币面临升值压力和可能形成新的资产泡沫。IIF提出的主要应对措施之一是加强资本管制。

《中国金融》杂志2011年第19期刊登该刊记者对IMF副总裁朱民的采访。朱民指出：钱是跟着增长、利润、市场走的，在低利率和资本大幅度流动的情况下，资本对新兴经济体和发展中国家的冲击会很大。美国流入新兴市场经济体的资金总额从2006—2007年的3000亿美元，增加到2010年的5500亿美元，而流入发达经济体的资金则从2006—2007年的9000亿美元，下降到2010年的6000亿美元。强劲的资本流入正对新兴经济体的消费和资产价格施加压力，催生金融部门风险。孙韶华2011年7月25日在《经济参考报》发表题为《资本错配的风险正在加剧》的文章中援引美国财政部最新的数据显示，美国几十年来首次出现资本的净流出，美国投资者正将他们的美元投向海外，其流动速度比外国投资者将资本投入美国境内的速度要快得多。美国外交政策的学术权威、历史学家弗朗西斯·加文在《黄金、美元与权力》中指出："在全球化的进程中，美国获得了最大的利益，美元对世界市场的控制力不仅没有减弱，反而加强了。由于摆脱了黄金的束缚，它得以自由地吹胀，几十年来，世界纸面财富总量增加速度高于实际财富增长的数十倍，而两者的落差，基本被美国所收获。"

所谓全球资本错配，主要是外国直接投资增速放缓，越来越多的外资投向房地产、非制造业，特别是大量热钱涌动，有吹起更大泡沫经济的风险。我们应该出台新的有力措施，把财政和货币政策落到实处，确保资金流向实体经济部门，加快经济结构调整和转变经济发展方式，实现世界经济相对平衡发展。2011年11月19日在人民大会堂举行的2011中国经济发展论坛——"全球变局下的中国经济"研讨会上，全国政协经济委员会副主席李毅中在发言中指出，总体上，我国目前还处在工业化中期，处在工业化的加速期。他强调，实体经济是生存发展的基础，过度发展虚拟经济潜在风险很大。发达国家提出"再工业化"，正是意识到了这一点。

（三）把扩大就业放在优先位置

中国国家主席胡锦涛2011年11月4日在G20领导人峰会上作专题发言中表示，就业事关国民生计，各国应该把稳定和扩大就业尤其是青年群体和弱势人群就业放在经济社会发展优先位置。要以增长促就业、以就业稳增长。中国坚持把促进充分就业作为保障和改善民生的首要任务，也是扩大内需的一个重要举措。实施就业优先战略和积极的就业政策，保持了就业局势总体稳定。这也是对世界经济复苏和减少失业的重要贡献。

IMF研究部经济学家洛嘉尼在《金融与发展》2010年12月号发表题为《失业的悲剧》的文章中指出："当前，世界正面临失业危机。估计目前全球失业人口达到2.1亿，自2007年以来增加了3000多万人。在所增加的失业人口中，有四分之三来自发达经济体。"2011年9月欧盟27国和欧元区17国失业率分别达到9.7%和10.2%。美国2011年10月份失业率为9%，美国尚未走出"无就业复苏"泥潭。联合国一家机构预测，2011年全球年轻人失业率将从2010年的13.1%回落到12.7%。国际劳工组织称，全球就业恢复到2007年水平还需5年。大规模失业正在威胁世界经济。

《G20戛纳峰会公报》指出，失业率处于不可接受的水平。会议通过《增长与就业行动计划》，决心采取措施，促进增长，创造就业，保持稳定，积极改革，推动社会包容发展。

合力应对风险挑战

雷曼兄弟公司前高级经济顾问约翰·卢埃林2011年8月28日在英国《观察家报》发表题为《我们的未来已经由过去决定》的文章总结道："二战后的每个10年都有各自的特点，并都为下一个10年打下基础。"但是，"到了21世纪前10年，情况终于达到白热化程度。"文章预测："未来继续由过去决定，从这个意义上说，西方面临艰难的10年。"

（一）债务问题长期化

德国总理默克尔预计，缓解欧洲债务问题还需10年时间。希腊国债占GDP之比到2020年才能从2011年的150%降至120%。有专家预计，到2030年欧洲债务问题才能峰回路转。

据统计，发达国家公共债务占GDP之比：1880年为45%，1913年为29%，1914年为23%，1932年为80%，1945年达到150%，2000年回落到70%，2010年达到109%。据穆迪公司统计，从2007年到2010年，全球公共债务增加约15.3万亿美元，其中西方七国集团占80%。该公司预测，2014年发达国家公共债务占GDP之比将达到118%。我们从这个波动曲线可以了解，债务增减主要受三大因素影响：

第一，政治因素主要是战争影响。小布什担任美国总统八年期间，美国财政赤字达22719亿美元，创历史最高纪录。据布朗大学一项研究报告估计，美国反恐战争开支达3.7万亿至4.4万亿美元，大部分用于伊拉克和阿富汗战争。

第二，反周期财政支出。据估计，2008年以来，发达国家反周期的财政支出几乎占财政赤字增加量的三分之一，发行4.5万亿美元债务，几乎等于此前5年年均债务发行量的3倍。西班牙《起义报》2011年10月2日介绍，仅最近两年，美联储就动用了2.5万亿美元救助银行（占GDP的15%），欧盟动用了1.4万亿美元（占GDP的11%）。新兴经济体也是通过增加贷款和政府刺激政策来推动经济发展的。IMF副总裁朱民提供的数据显示，以2010年新增贷款比GDP为例，就是新增产1元钱的GDP，要用多少贷款比例来衡量。危机以前基本上是100%，中国2010年是200%，印度是320%，秘鲁是280%，土耳其是420%。

第三，政策理念不同。20世纪80年代，里根担任美国总统8年期间，实施为富人和大企业大幅度减税以及美苏扩大军备竞赛，8年累计财政赤字达到13387亿美元，超过从美国建国到1980年206年财政赤字之和。

随着世界政治和经济形势变化，特别是调整政策，财政收支状况可以改善，债务问题可以解决，但是，堆积如山的债务不是短期能够化解的。截至2011年11月15日，美国联邦债务已经攀升至创纪录的

15万亿美元，其中自奥巴马2009年入主白宫3年来就增加了4.407万亿美元。《华尔街日报》2011年11月16日发表题为《动荡在欧洲蔓延》的文章指出，欧洲债务危机15日波及到了此前基本未受影响的奥地利、荷兰、芬兰和法国，欧债危机正向“最坏设想”发展，“一直难以找到可靠的途径”。值得关注的是，在发达国家债务问题尚未解决，债务灾难是否又回归发展中国家。1986年发展中国家积欠外债突破1万亿美元，其中拉美地区占三分之一。20世纪80年代，拉美地区年均经济增长率仅为1%，拉美重债国为此付出的代价是80年代成为“停滞的10年”或“失去的10年”。近几年来，很多发展中国家债务也在增加。一些专家认为，中国显性财政债务占GDP的40%，在国际安全线以下，但隐性债务风险增长不容忽视。所谓隐性债务，一是地方债务，到2010年底，地方债务已从2万亿元增加到10.7万亿元，已有78个市级和99个县级政府负有偿还责任债务的债务率高于100%；二是房地产贷款。截至2011年8月末，包括土地储备贷款、开发贷款和个人住房按揭贷款的银行业金融市场机构房地产贷款余额为10.4万亿元，占各项贷款的比重为19.8%。但是，包括企业以房屋抵押获得的贷款，房地产贷款已占信贷总额53万亿元的50%以上，其中企业以房屋抵押获得的贷款占40%左右。

发展中国家在合力推进国际金融机构和金融监管深化改革的同时，要加强国内金融监管，吸取历史经验教训，严防落入“债务陷阱”。

（二）灾害影响全球化

科学家普遍认为，迄今为止全球限制温室气体排放量的承诺还不足以阻止“危险”的气候变化。全球气温升高和生态环境破坏引发的诸多灾害，正在影响所有国家和地区。

据英国著名经济史专家麦迪森在《世界经济千年史》一书中提供的数据，全球人口在公元零年为2.3亿，1000年达到2.68亿，1820年达到10.41亿，1998年达到59.08亿，2011年10月31日达到70亿。联合国有关机构预测，到2100年全球人口将突破100亿。陆地资源已难以满足人类需求，人类正在加速开发海洋资源。联合国教科文组织等机构2011年11月1日发布的《海洋及沿海地区可持续发展蓝图》报告指出，虽然海洋面积占地球表面的70%，但只有1%的海洋得到保护。

世界主要海洋生态系统的60%已经退化或正在被以不可持续的方式使用，造成了巨大的经济和社会损失。在过去50年里，红树林覆盖面积减少了30%至50%，珊瑚减少了20%，二氧化碳过度排放造成海洋酸化，并危及整个海洋食物链以及有赖于此的社会经济活动。路透社2011年10月23日援引英国《自然》周刊上刊登的两份研究报告预测，到2060年，世界上大部分陆地很可能都会经历一个平均气温比工业化时代以前高出2摄氏度的五年期。联合国粮农组织警告，如果全球平均气温提高2摄氏度，非洲、亚洲和拉美地区的潜在农业产出将下滑20%到40%。由于旱涝灾害频发和粮价上涨，全球已有近10亿人缺少粮食，即世界上每7个人中就有1个人在挨饿，全球粮食供应和安全正面临严重风险和挑战。中国不仅以占世界7%的耕地养活着占世界22%的人口，而且向其他受灾国家提供援助，在粮食安全领域，截至2010年底，中国通过双边渠道累计提供粮食援助共计43亿元。但是，展望未来，中国和各国都面临土地和水资源退化威胁着粮食保障的严峻挑战。联合国粮农组织2011年11月28日在题为《世界粮食和农业领域土地及水资源状况》的报告中指出，地球上四分之一的土地高度退化，另有8%中度退化，36%的土地情况稳定或轻度退化，10%在逐步改善。报告估计，到2050年，世界必须将谷物产量提高10亿吨并增产2亿吨畜产品才能养活届时将达到90亿的总人口。

随着人口增加，全球人均耕地和资源都在减少，各国都要十分珍惜和有效利用每寸土地，要合理开发和有效利用海洋资源，实现人类社会和经济可持续发展。与此同时，各国应该合力推动形成更加合理透明的大宗商品定价和调控机制，扩大产能，稳定供求，实现和保持大宗商品价格合理稳定，着力保障全球能源和粮食安全。

（三）财富占有两极化

撒切尔夫人1979年担任英国首相和里根1981年担任美国总统后，两人协力推行的私有化和自由化席卷全球，导致财富越来越集中在少数富豪和巨型跨国公司手中，贫富差距越来越大。俄罗斯报纸网2011年10月20日援引瑞士苏黎世联邦技术学校专家在对4.3万家公司数据进行缜密分析后得出如下结论：全球近半数的财富掌握在147家彼此间存在千丝万缕联系的跨国公司手中。美国《福布斯》杂志网站2011年9月21日介绍，美国前400位富豪的总资产达1.53万亿美元，超过印度、巴基斯坦和孟加拉三国14.66亿人口2008年GDP之和1.46万亿美元。

富豪形成原因不同，有些是靠科技创新或经营有道积累起巨额财富，也有些是通过官商勾结获得大量不义之财，但主要是政府实施什么样的分配政策、税收政策和福利政策。热拉尔·罗兰主编的《私有化：成功与失败》一书中指出："20世纪90年代的私有化实践表明，仅仅将所有权从政府转移到私人所有者手中是不够的。建立起一种竞争机制将企业资产转移到贤能者手中从而实现收益最大化是十分重要的；拒绝腐败，勿使其染指私有化过程也是十分重要的。"苏联领导人戈尔巴乔夫2011年8月17日接受英国《卫报》专访时说，苏联解体后，俄罗斯引入了不加管制的经济混乱，致使少数人变身亿万富翁，而千百万人民却因此陷入贫困。从"阿拉伯之春"到"占领华尔街之秋"群众游行示威充分说明，当权者腐败、税收政策和分配不公是导致贫富差距拉大的主要原因。本·阿里担任突尼斯总统32年期间，疯狂侵吞国有资产，第一夫人利用特权大办家族企业，几乎垄断全国经济命脉。穆巴拉克担任埃及总统30年间，与各部部长通过介入房地产等领域大肆敛财。占埃及人口20%的权贵们控制着全国55%财富，而60%的贫穷大众仅拥有全国财产的18%。

据美国《彭博市场》杂志透露，从2007年到2009年3月，美国大型银行共计从美联储获得7.7万亿美元救援款，超过当年美国国内生产总值的一半。美国联邦监管机构2011年11月22日介绍，美国银行业2011年第三季度盈利353亿美元，盈利能力达到四年来的最高水平。IMF《金融与发展》杂志公布的一项报告指出，美国最富有的1%群体享有全国社会财富之比：20世纪70年代为10%，2008年金融危机前为23.5%，到2009年升至约40%，而80%的社会中下阶层人群仅享有社会总财富的7%。美国富豪之一巴菲特透露，他2010年的纳税税率为17.4%，而他办公室工作人员缴纳的税率却高达33%至41%。原世界银行副总裁兼首席经济师斯蒂格利茨2011年5月在美国《名利扬》杂志上发表文章，猛烈抨击金融寡头对经济、政治和社会生活的全方位控制，他无不担忧地认为，美国具备社会动荡的客观因素。

很多国家的经验教训提示，官员廉洁，执政为民，在推动经济发展和积累财富过程中，公正公平分配财富，缩小贫富差距，从而实现社会稳定与经济持续健康发展。

金砖国家合作机制快速发展

中国国际问题研究所研究员 **赵鸣文**

自2009年6月巴西、俄罗斯、印度和中国在叶卡捷琳堡举行首次金砖四国领导人峰会，并决定成立四国对话机制以来，金砖国家合作机制发展迅速，2011年4月吸收南非为正式成员。在不足两年的短暂时间里，金砖四国就从“对话机制”发展为“合作机制”并已开始扩容，凸显其强大的生命力和影响力，愈加引起国际社会的普遍关注。

一

扩容前的金砖国家国土面积占世界陆地面积26%，人口占世界总人口42%，耕地面积约占全球35.6%，GDP约占世界18%，贸易额占世界15%左右。近年来，金砖国家对世界经济增长的贡献超过50%，已成为全球经济复兴的火车头，改变了世界经济增长长期主要依靠欧美，特别是美国经济拉动的格局。

（一）各级别合作机制初步形成

继2009年6月叶卡捷琳堡“金砖四国”领导人首次会晤后，领导人会晤机制已成制度化。2010年4月“金砖四国”领导人第二次正式会晤在巴西利亚成功举行，2011年4月扩大后的“金砖国家”领导人第三次会晤在中国海南省召开。与此同时，金砖国家的外交、安全、金融和农业等部长磋商和会议机制也相继形成。四国外长在多边场合频繁会晤，安全事务高级代表连续两年齐聚讨论地区和国际安全问题，财长和央行行长密集磋商，农业部长就共同应对全球粮食安全、减缓气候变化对农业的影响等问题举行首次会晤，深入交换意见。

（二）国际事务相互配合

金砖国家在构建世界多极化和国际关系民主化进程方面立场一致，在国际组织和多边机构中密切合作与配合。成员国都认为现行的国际构架需要接纳新兴国家特别是“金砖国家”，支持世界文明多样化，国际争端应在互信、互利与合作原则基础上通过对话和平解决，反对无视联合国的单边主义和“武力强权”行为，主张根据相互利益和同等安全原则建立全球和地区安全体系；“都不接受华盛顿把世界变成按美国方式存在、受美国统治的单极世界企图”，认为“抵制美国霸权主义，推动以联合国为主导的多极世界理念是‘金砖国家’重要的努力方向”。金砖四国领导人在巴西利亚峰会联合声明中强调，希望看到国际金融机构和联合国的改革能带来“多极、平等和民主的世界秩序”，能更好地反映新兴经济体的要求。

（三）重大利益相互支持

中、印、巴在哥本哈根气候峰会上积极协调立场，联手反对富国减轻自身减排责任，有力地维护了包括中、印、巴在内的广大发展中国家的利益。金砖四国在推动构建稳定、可预测、多元化的国际货币体系进程中彼此呼应、通力合作，一致认为“应尽快摆脱对美元的过分依赖”，不认为人民币币值是当今国际金融体系中的主要问题。时任巴西总统卢拉指责美国和其他富国制造了全球金融危机却没有做出足够的努力来制止这场危机。俄罗斯总统梅德韦杰夫强调，鉴于中国经济的发展规模，已无法回避人民币作为“新的储备货币”问题，认为多货币体系业已存在，且建立多货币体系，世界会稳固得多。四国领导人在巴西利亚第二次正式会晤时共同提出，国际货币基金组织和世界银行应尽快解决其在“合理性方面的不足”，呼吁在投票权方面“做出有利于新兴市场经济体和发展中国家的大幅调整”，使四国“参与决策的程度与其在世界经济中的相对比重相符”。正是在四国的共同努力下，2010年世界银行将发达国家投票权的3.13个百分点转移给了发展中国家，使后者获得了47.19%的投票权。国际货币基金组织在份额和投票权上也做出重大调整，使金砖四国全部进入前10名，获得了更大的话语权。金砖国家合作机制已成为成员国维护自身发展，和发展中国家利益协调立场、采取共同行动、实现共赢的重要平台。

（四）务实合作深入开展

2009年巴西同金砖四国其他三国之间的贸易额已占其外贸总额的18%，达到701.8亿美元，俄、印、中同其他三国的贸易额也分别占到各自外贸总额的11%、11%和6%。2010年中俄重拾经贸合作升势，双边贸易额同比增长43.1%，达到554.5亿美元；两国双向投资大幅增长，中国对俄罗斯直接投资5.94亿美元，同比增长43.8%。俄罗斯对华投资3497万美元，同比增长9.3%。中印利益不断融合，两国贸易呈快速增长态势，2009年双向投资增长10倍，中国成为印度第二大贸易伙伴；2010年双方签署160亿美元商务合同与协议；两国贸易额达到620亿美元，超过前10年贸易额的20倍。中巴经贸合作规模不断扩大，2010年两国贸易额同比增长52%，达到562亿美元；中国国家开发银行与巴西石油公司签署100亿美元贷款协议，巴西从2010年起至2019年，每年向中国出口1000万吨原油；中国超越美国成为巴西最大投资者和贸易伙伴。俄印传统合作优势犹在，2010年两国经贸止跌回升，双边贸易额达到近98亿美元。俄巴贸易2002年至2008年增长5倍，2010年双边贸易额涨幅超过50%，达到近100亿美元。与此同时，四国多边合作取得长足进展，2010年4月，四国签署俄罗斯对外经济银行、中国国家开发银行、巴西国家社会经济开发银行和印度进出口银行“四方”

合作备忘录，指定上述银行在四国共同感兴趣的合作项目上投资，包括在高新技术、创新产业和节能等领域开展金融互助，组建四国“银联体”，为“金砖四国”多边合作助力。2010年四国在俄罗斯成功召开首届国际竞争大会，并积极酝酿举办首届“金砖国家”企业家论坛。四国在农业、制造业、油气、核能、航天和科技等领域，以及应对恐怖主义和核安全在内的全球威胁方面的合作也在稳步推进。

二

尽管金砖四国合作机制快速发展，成员国也有不断深化合作的愿望，但其发展仍然面临诸多挑战。

（一）政治互信不足

成员国在国体、政体、宗教文明和社会发展水平上的差异，导致相互的对外政策不完全吻合。中俄关系虽达到前所未有发展水平，但依然难以摆脱相互猜忌的困扰。俄罗斯希望借中国之力发展其远东和东西伯利亚经济，又担心过分依赖中国会沦为中国经济附庸。中印关系虽然有发展，但两国的历史旧怨难以弥合，彼此互信基础依然薄弱。印度国防部长安东尼和前任陆军司令公开宣称中国是印度的潜在威胁，提出印度应同时做好针对中国和巴基斯坦的两场战争准备。近年来，印度不惜斥资数百亿美元采购武器装备，2010年军费上升4%，2011年激增11.6%，其中超过40%用于扩大军队的军事装备，特别是军购上。近5年，印度外购武器装备已占国际军火进口总量的9%，成为名副其实的全球头号军火进口国。印度还以中国建设印度洋港口——孟加拉国的吉达港、缅甸的皎漂港和巴基斯坦的瓜达尔港为由，不断强化对越南、印尼和韩国的关系，与日本签署全面经济伙伴关系协定，并不顾中方反对多次邀请日本自卫队参加印美联合军演，以此牵制中国不断上升的影响力。而中国在印度和巴西争取联合国安理会常任理事国席位问题上也一直十分谨慎。

（二）各方利益不完全吻合

中俄在国际军火市场上争相推销本国产品，两国能源企业的石油价格纠纷时有发生，对华天然气出口价格谈判10余年未能取得多大进展。在中国与土库曼斯坦、乌兹别克斯坦和哈萨克斯坦建成中土天然气管道后，印度也极力说服有关各方积极筹建土库曼斯坦通向印度的天然气管道。中国和巴西在向非洲大陆投资方面也有所竞争。俄印对长期保持对华巨额贸易赤字不满，印度也不接受巴西提出的有关大幅削减农产品关税要求。在多哈回合谈判中，巴西关注出口原材料，俄罗斯关注的是石油和天然气，印度考虑的是信息服务和技术，中国则看中的是重工业和金融，“每个国家谈论全球化的模式完全不同”，难以形成紧密的“联盟或卡特尔”。尤其是在印巴本币兑美元和人民币大幅升值情况下，两国先前支持人民币汇率相对稳定的立场随即动摇，转而支持美国让人民币升值的要求，批评中国的汇率政策。印度央行行长苏巴拉奥称，“如果某些国家影响其汇率，并人为压低汇率，那么调整的负担就会落在其他国家身上”，并认为印度对华贸易失衡“显然”是两国不同汇率管理制度造成的。巴西财长曼特加认为，“中国廉价进口商品像扼杀美国制造商一样，正在扼杀巴西的制造商”。巴西央行行长梅雷莱斯更是强调，人民币升值“对世界经济达到均衡是绝对关键的”。罗塞夫总统认为，被低估的人民币是巴西经济繁荣的最大威胁，正是来自中国的低价进口产品影响了巴西的贸易平衡，造成了巴西制造业损失大量工作岗位。也正因为如此，巴西的众多企业也在纷纷要求政府对中国产品实施保护性贸易壁垒措施。

（三）投资环境多受西方歧视

2005年，在一份西方有关机构对各国政府工作效率和清廉度的调查中，中国、印度和巴西分别被排在第15位、27位和50位，俄罗斯则在三国之后。在2009年对全球103个国家“经济政策自由度”评估的《世界经济自由》报告中，中国排在第82位，俄罗斯位居第83位，印度从第56位下降到第86位，巴西名列倒数第三，位居第111位。在141个国家的“商业监管和信贷市场监管程度”评估中，印度被排在第123位和第124位。在美国传统基金会和《华尔街日报》对世界197个国家的（商业自由、贸易自由、财政自由、政府开支规模、货币自由、投资自由、金融自由、财产保障、廉洁程度以及劳工自由）十项“投资环境”指标评估基础上撰写的《2010年经济自由度指数》报告中，四国也被打入“不合格”行列。按100分标准，巴西排名第113位（55.6分）、印度第124位（53.8）、中国第140位（51.0分），俄罗斯第143位（50.3分）。在2009年反腐败组织“透明国际”公布的全球清廉指数排名中，中国排名第79，而俄罗斯位列第146位，与东帝汶、塞拉利昂、津巴布韦和乌克兰并列。由于印度未能继续实行自由化改革，商业和信贷市场监管不善，公共服务水平低下，劳工法执行不力，加之高通胀等因素，其经济吸引力已开始下降，近年来外国投资数额已减少近三分之一，仅2011年1月境外投资者就从印度股市撤走9亿美元。巴西的社会贫富差距问题较为突出，城市基础设施严重不足，税收环境“令人窒息”，其“经济仍存在非法经营和不够开放等棘手问题”。世界银行也曾表示，尽管前总统卡多佐和卢拉使巴西经济开放取得了显著成果，但“巴西仍是世界上最封闭的经济体之一”。

（四）面临其他新兴经济体的挑战

高盛公司首席经济师奥尼尔首推“金砖四国”概念成功后，又打出“金钻十一国”新兴经济体（墨西哥、印尼、尼日利亚、韩国、越南、土耳其、菲律宾、埃及、巴基斯坦、伊朗和孟加拉）。紧随其后，汇丰银行也抛出“灵猫六国”（哥伦比亚、印尼、越南、埃及、土耳其和南非）（CIVETS）概念吸引世人眼球。舆论大多认为上述新兴经济体在人口结构、投资环境、经济多样化和政局相对稳定等方面都有"金砖国家"同样的优势，尤其是"金钻十一国"的GDP到2050年也将与美国并驾齐驱，成为全球又一投资热点区域。随着这些新生经济体的快速发展和对全球经济增长贡献的增长，"金砖国家"的地位开始受到极大挑战。2010年"金砖四国"的股市大多出现较大波动，巴西BOVESPA指数和中国上证指数分别累计下跌1.93%和12.94%，俄罗斯的Micex（莫斯科银行间货币交易所）的指数比2007年同期下跌22%。鉴于俄罗斯市场财富急剧缩水，一些投资者已开始重新考虑对俄罗斯的投资。2011年，由于金砖国家通胀形势较为严重，并采取货币紧缩政策，其股市仍不被看好，上半年除俄罗斯保持在8.1%的上升外，其他国家均处在下行之列。中国沪深指数相对较好，跌幅收缩至1.78%，但从全球来看，依然排到倒数10名左右；印度孟买Sensex30指数累计下跌12.45%，位列全球主要股市倒数第二；巴西圣保罗IBOVESPA指数下跌11.7%，全球排名倒数第四；南非的股市也平均下跌5.75%。高盛推出"金砖四国"营销概念旨在用四国经济增速快、投资回报率高吸引投资商的目光，如果"金砖国家"整体经济不能保持持续稳定发展，其影响力也将随之下降。

三

尽管金砖国家合作机制的发展存在诸多制约因素，西方政客也怀疑连"八国集团"这样共同点和利益比"金砖国家"多得多的组织都难以取得什么成果，这个在政治制度大相径庭，且还大多存在商业利益竞争的新生组织能有什么作为。然而，由于金砖国家成员国自身发展潜力巨大，且联合自强、互利合作意识普遍提高，相互的共同利益仍远远大于彼此的差异和纷争，金砖国家合作机制的发展机遇依然大于挑战。

首先，金砖国家互利合作潜力巨大。中国经济长期保持两位数增长，对外投资潜力明显增强，2010年经济总量跃居世界第二，制造业产出超过美国（19.4%）占到世界制造业产出的19.8%，成为世界头号生产大国，打破了美国连续110年占据世界头号商品生产国的历史。俄罗斯自然资源丰富，是钯、铂、钛等稀有矿藏第一生产大国，也是传统能源生产大国。印度是仅次于美国、中国和日本的世界第四大经济体，经济一直以年均7%—9%的速度稳步发展，也是全球经增长最快的经济体之一。巴西是拉美第一大经济体，拥有丰富的铁、铜、镍、锰、铝等重要矿产资源，自然资源优势明显。10年来，巴西的GDP始终以年均3.6%的速度增长，其整体发展水平和国民生产总值均居拉美之首。在欧美陷入金融困境的情况下，金砖国家外汇储备普遍充盈，中国、俄罗斯、巴西和印度分别达到3.2万亿美元、5140亿美元、3500亿美元和3200亿美元。截至2011年7月，中国持有的美国国债已经达1.17万亿美元，其他金砖国家所持有的美国国债合计也超过3560亿美元。金砖国家还积极商讨购买欧洲债券，帮助其摆脱金融困境。

其次，金砖国家成为拉动世界经济复苏和持续发展的引擎。经济合作与发展组织发表的世界发展前景报告显示，世界经济力量正从发达国家向发展中国家和新兴国家转移。国际货币基金组织发布的《国际经济展望》评估报告也指出，仅金砖四国的经济增长已占全球的46.3%，2014年对世界经济增长的贡献可能达到61.3%，2015年四国的GDP总量有望超过美国占到世界的22%。与1999年相比，2009年巴西所占全球制造业产值份额已从1.4%上升到2.4%，印度从1.1%上升到2%，中国从7.5%上升到18.6%。美国和日本却分别从25.8%下降到19.9%和从16.7%下降到8.4%。10年间，以金砖国家为代表的新兴经济体已重新夺回了19世纪初先是退让给欧洲、后又退让给美国的制造业全球第一的地位。与此同时，四国对外投资能力也大为提升。自2009年以来，仅中国向发展中国家提供的贷款就已超过1100亿美元，超过世界银行3年间发放贷款的总额。2010年“金砖四国”的海外并购金额达到4020亿美元，比2009年增加74%。四国共有61家企业进入世界500强，“金砖国家”已成为世界经济发展的主要动力。2010年6月，联合国粮农组织（UNFAO）与经济合作与发展组织（OECD）联合发表的《农业展望2010—2019年》报告指出，随着西欧地区农业生产陷于停滞，以巴西、俄罗斯、印度和中国为代表的“金砖四国”的农业在未来10年将大幅增长，还有望取代法国和美国成为新的“世界粮仓”。

第三，国际投资商依然看好金砖国家发展潜力。2010年6月，美国《华尔街日报》署名文章称，国际投资银行家们已看好又一个可开展新业务的经济体——“金砖国家”，许多战略投资家正积极采取行动，确保在这一“新大陆”占有一席之地。此前，瑞银财富管理研究部的报告预测，由于大量资金的涌入和对路的政策，“金砖四国”市场股票有望在当年获得两位数的回报。有“新兴市场教父”之称的邓普顿资产管理有限公司基金经理墨比乌斯甚至宣称，金砖国家的股市在未来3到4年可能有上涨30%—40%的高额回报率，这几个国家是他最为青睐的投资对象。2010年底，执掌价值480亿美元的安硕MSCI新兴市场指数基金（EEM）的投资者已把手中近半数的资金投入“金砖四国”的股市。如今，就连奥巴马领导下的美国也在试图尽可能地拉拢金砖国家，因为福布斯2011年3月公布的全球新增214名亿万富翁中已有108人来自这四个国家，“金砖国家”的整体发展效应不能不继续吸引国际投资商的目光。

第四，“联合自强”已是“金砖国家”共同的战略选择。金砖国家同处重要历史发展阶段，都面临优化外部环境、发展国内经济、改善民生的艰巨任务，都希望借助金砖国家平台的“整体合力”和影响推动国际社会改变现有不公正的世界政治经济体系，为本国发展营造良好的外部环境。金砖国家从“聚首”之日起，就始终坚持将维护本组织和广大发展中国家利益作为宗旨，提出各国应共同努力，降低国际金融危机对全球尤其是对发展中国家的冲击，呼吁发达国家切实履行用其GDP的0.7%帮助发展中国家的义务，努力实现联合国千年发展目标。随着金砖国家合作机制的快速发展，彼此共识和互信的不断增进，成员国联合自强的理念渐入人心。不同文明的属性和国情不但没有成为相互合作的隔阂和障碍，成员国对本组织的热情和倚重反而与日俱增。中国积极承办“金砖国家”领导人第三次会晤，推动金砖国家合作机制不断向前发展。俄罗斯从一开始就积极推动四国对话机制的建立。梅德韦杰夫总统认为，尽管金砖国家存在一定程度的竞争现象，但仍可以“在许多领域实现共赢”。为此，俄罗斯大力推动金砖国家在包括农业、核能、航空、太空探测和纳米技术等领域的合作。印度总理辛格强调“金砖四国”对“促进世界经济增长和繁荣”起着关键作用。巴西在金融危机中愈加感到与金砖国家合作的重要，在中国国家开发银行向其提供100亿美元贷款后，巴方代表感慨万千，称危难中“美国政府没有任何人能像中国政府那样与我们坐下来讨论问题”。南非从2009年就开始寻求加盟“金砖四国”，其外交部发言人坦言，金砖国家代表着最大的市场，如果不能成为该俱乐部的一部分，南非就无法在贸易谈判中拥有类似的地位。南非驻华大使兰加也称，加入金砖四国合作机制将给南非带来巨大的经济、贸易和投资机会，并能更有效地代表发展中国家在国际事务上发声。如今，金砖国家合作机制不仅是“多极世界中主要的非西方中心利益协调核心”，而且也成为成员国促进各自经济发展的助推器，相互都在合作中受益。

第五，各方已不断显示化解分歧的诚意和积极姿态。虽然俄方一直抱怨中俄经贸结构不合理，担心一味出口资源性产品会成为中国的经济附庸，但俄方对其一些产品缺乏国际竞争力，在两国贸易中不占优势的现实也开始有了较为客观的认识。梅德韦杰夫总统已表示，俄罗斯可能在数十年继续作为石油天然气主要供应国而存在。普京也强调，中俄在经贸领域各有所长，不存在竞争问题。中国可以继续发展自己的廉价日用品生产，俄方不打算也“没必要在日用品生产方面超过中国”。因为“俄罗斯的竞争优势在高科技领域”，可以“向中国销售几百万、甚至几十亿特殊技术设备和武器”，同时“购买更多的（中国）日用品”。中印分歧虽较突出，但彼此友好依然是两国关系的主流。辛格总理表示，两国合作潜力很大，“这个世界足够大，可以容纳印中两国的增长和雄心。我们应该基于这个层面发展两国关系”。针对两国因发展模式和经济结构上的差异所造成的贸易逆差，中方已承诺将为印方具有优势的信息技术、药品和农产品进入中国市场提供便利，不断扩大在基础设施、环保、电信、投资和财经等印方感兴趣领域的合作。中巴也在积极解决双边贸易结构问题，中方继续扩大来自巴西的汽车零部件和飞机配件等高附加值产品，巴西67%的企业也着手改进产品设计、加大对产品质量方面的投入，使两国产品进入良性互动机制。

第六，南非加盟给金砖四国合作机制增添活力。2011年4月，南非正式加入金砖四国合作机制，自此，“金砖四国”对话机制改为“金砖国家”合作机制。南非的加入是双赢的选择。对南非而言，加盟“金砖四国”更加巩固了其重要的新兴经济体地位，并获得了一个在多边对话框架内发表意见、包括政治见解的机会。同时，作为“整个非洲大陆利益的代言人”，借助“跻身新兴市场领袖之列”，南非还进一步提升了在联合国等其他国际机构中的作用。对“金砖四国”来讲，由于南非是20国集团中唯一的非洲国家，又是“八国集团”扩大会议成员，其加盟无疑会大大“提升‘金砖四国’在世界政治中的代表性”，增添更大的地缘政治分量。尽管南非经济规模不大，但近年来已成为撒哈拉以南非洲最大的经济体和最具影响力的国家，国内生产总值约占这一地区经济总量的三分之一，其相关企业在非洲金融、电力、电信、建筑、农业等行业都具有举足轻重的地位。吸收南非加入既能进一步增强四国同南部非洲各国的经贸关系，又能把“金砖四国”合作机制从欧洲、亚洲、拉丁美洲扩大到非洲，促进新兴市场国家间的团结合作，使其更具全球性，凸显“金砖四国”合作机制的强大生命力和广阔的发展前景。

第七，金砖国家合作机制快速发展。2011年7月11日，首届金砖国家卫生部长会议在北京举行。会议就如何加强公共卫生等问题进行了深入商讨，并发表了《首届金砖国家卫生部长会议北京宣言》。9月21日，第二届金砖国家国际竞争大会在北京举行。此外，由中国评级公司大公国际牵头的以金砖国家为基础成立新的国际评级机构的谈判倡议也得到俄罗斯和其他成员国的积极响应。10月12日，金砖国家交易所联盟在南非约翰内斯堡宣布成立。俄罗斯《商业资讯日报》报道援引俄罗斯市场参与者称，这可以为俄罗斯吸收流动资金提供一个良好的平台。

金砖国家合作机制的形成和发展合乎“金砖国家”本身发展的客观需求，顺应了时代的潮流，符合未来多极化世界的发展趋势，也体现了合作共赢的时代理念。金砖四国将以一个更具广泛代表性的“金砖国家”合作机制姿态登上国际舞台，成为发展中国家与发达国家沟通与交流的桥梁。事实证明，各国的不同社会制度和意识形态完全可以相互包容，不同的发展模式和经济水平也完全可以互利合作，不同的历史和文明照样可以相互借鉴，不同的文化和传统依旧可以彼此交流。正如梅德韦杰夫总统早前所说，“金砖国家”合作机制具有美好的前景。虽然我们刚刚上路，但合作机制已经具备可靠的基础。彼此“互利的伙伴关系已是这个具有发展前景论坛取得成功”保障。金砖国家的崛起将加速世界经济格局的重塑进程，开启国际经济秩序的新篇章。

跨越西方意识形态话语的遏阻之坎

浙江师范大学非洲研究院院长　**刘鸿武**

一、思想之坎：非西方世界现代复兴必须跨越的无形之坎

虽然非西方世界今日在国民生产总值、制造业、基础建设、物质成果方面正在崛起，但还有许多障碍要克服。在某种意义上看，西方构筑的意识形态般的思想大幕，那些从西方自身历史与过往经验中积累起来的欧美知识与欧美智慧，今日已经蒙上太多的“普世主义”的光环而流行于全球观念与语语领域，并有力地维持着西方对世界和全球事务支配与干涉的“合法性”。这些明显带着西方偏见与特征的思想与观念，织成一堵无形而巨大的话语高墙，将是种种阻碍非西方世界崛起的最后一幅大幕。如何突破它，跨越它，非西方世界迄今似乎还没有足够的精神准备、知识创造与思想积累。

亚非世界当代复兴的软硬实力严重不均衡，或在思想、学术、知识、话语体系方面的自主性地位、民族性特征、合法性权力的缺失，短期内难以根本改变。一方面，在经过百多年努力后，非西方世界虽然取得了不同程度的现代发展，逐渐开始拥有现代发展经验与自信；但另一方面，非西方世界的发展经验与智慧的价值尚未得到内部认真的自我总结和外部的普遍认可，非西方世界的思想原创能力与话语掌持能力，尚远不能保证其发展进程的独立性与可持续推进。在有关现代性或现代文明的各种基本原则、基本理念的诠释方面，在有关现代

性或普世性原则的解说方面，亚非世界总体上处于被动境地。虽然亚非世界今天也有了自己的大学、科研机构、学术团体，有了自己的知识群体，但以近代和现代的标准衡量，与国家民族的生存发展环境以及全球的时代变迁相比，亚非世界的知识创造与思想建构总体上还处于落后水平，与西方发达国家相比劣势十分明显。

今天，学术研究与思想创新日益成为国家与民族之间展开竞争与合作的巨大舞台，而在国际学术竞争与合作的背后，其实包含着巨大的国家发展与安全利益。从冷战开始以来半个多世纪的东西方世界、西方与非西方世界关系交织起伏的复杂进程看，思想力量的竞争与话语体系的掌握，生存与发展模式道德正当性的获得，对国家或国际关系行为体的竞争能力具有长期的战略性影响。特别是对后起的、在发展模式与道路选择上可能或必须选择有别于西方道路的非西方国家、发展中国家来说，其自我发展道路与模式的话语解释与正当性阐释，可能对其成败得失有根本性的影响。

中国古人曾说："名不正则言不顺，言不顺则事不成"。[①] 总体上看，今日的亚非世界，包括中国在内，还没能使自己悠久的历史与丰富的现实经验相衔接，进而指导亚非世界各国人民有效参与全球变革，参与国际思想与制度建构，从而有效促进与西方进行平等对话和有效沟通。这将是一个长期抑制亚非世界实现现代复兴的基础性障碍，也是西方长久保持对国际体系主导与支配地位的重要根源所在。

在这一点上，当代中国的发展现状及它可能面临的挑战需给予特别关注。今日的中国，在国民生产总值方面已经位居世界第二。2010年底，中国的制造业总量首次超过美国，成为世界第一大制造业国家，有人将其称作是"世界史的另一个五百年的到来"。但是，说到中国在全球范围内的知识与思想的影响力，说到中国的发展经验与发展道路的世界认同度，则与国家的经济硬实力尚有巨大落差。在许多方面，

① 《论语·子路》。

我们还在依附于他人的话语、概念、思想，自觉或不自觉地以自居于“思想之洼地”的心态来处理西方知识与本土知识的关系。

但是，在今日全球体系变革与非西方世界逐渐崛起的历史大潮中，人类知识与思想的重新创造终将是一个不可阻遏的进程。从全球角度看，在经历了西方引领人类发展潮流二三百年后，世界正在进入全球发展的“后西方时代”。这将是一个世界体系与全球文明发生重大变革的时代，基于时代大变革而发生的思想转换、知识创新与学术变革的趋势与空间，变得越来越清晰明显，中国和亚非国家在这些方面的机会、空间与平台也在显明的扩大。

随着亚非世界的发展，亚非国家更多地参与国际事务和全球思想交流，逐步突破近代以西方为主的社会科学主流话语的限制束缚，在亚非世界产生属于自己的原创理论和全球性思想的条件也在日益成熟。伴随着全球发展的“后西方时代”的到来，亚非知识与亚非智慧将会逐渐获得足够的尊重，那长期以来占据主导地位的西方知识体系终究需要做出反思与校正。标榜文明、自由、民主与人权的人类普世性观念结构，与来自亚非世界古老智慧与当代发展经验的系统总结相融汇，可在此基础上做出新的人类知识与思想的“全球新综合”。

今天的中国，正处在这一全球变革的核心位置上，正成为各种世界新旧力量交织与角力的关键场所。这将是中国学术界应该主动予以把握的机会。事实上，随着中国改革开放进程的推进与外交实践经验的不断累积，中国与外部世界的关系发生重大变革。在过去三十年中，中国国际问题研究，或整个人文社会科学领域，基本的学术形态与思想框架也发生复杂而广泛的变迁转型，但是这一过程还远没有结束，在诸多关键而重大的学术、知识与思想领域，尚待发生根本性的突破与变革。

相对于过去数百年西方主导世界学术思想与知识创新进程而形成的“西方知识”或“西方思想”的强势地位，中国的学术理论界仍需要做出自己的巨大努力，敏锐而及时地对当代世界变革进程与中国发展实践及挑战做出全面的理论回应，通过理论创新与知识变革，使“中国知识”或“中国思想”能在未来的全球知识与思想体系中重新确立自己的核心位置，获得世人的尊重与认可。而当代中非发展合作的实践过程与理论总结，则极有可能成为一个重要的思想源头与理论温床，有助于“亚非知识”话语权的提升及人类现代性的重新诠释与二次建构。

从这个意义上说，有特色的中国亚非学科的建构，有中国特色的南南发展理论与国际合作理论的建构，应当上升到中国国家的文化发展、知识创新的战略高度来理解与把握，并由此探寻自己的学术路径、理论形态与知识工具。

二、西方现代性话语优势及其战略利益

从农业文明转向工业文明大变革的最初突破发生在西欧。数百年来，率先兴起的西方主导并支配了近代世界的发展。毫无疑义，西方首先释放的创造力对现代文明做出了重大贡献，反映了当时西方文明的创新品质。但是，一个以西方为中心的现代世界发展格局，也使包括中国与非洲在内的整个亚非拉世界，在现代发展的早期阶段，经历了自身文明瓦解沉沦、社会被动解体、国家民族发展被边缘化的痛苦过程。人类及全球现代性的发展也因此表现出特殊的扭曲、动荡与冲突。

现代性带来了全球历史的大转折，在这个过程中西方世界扮演了十分关键的角色。近代以来的世界历史，并未如沃勒斯坦在其“世界体系”理论中所指称的那样，是一个完全以西方为中心的存在。沃氏那种西方视角下的“世界体系理论”并不足以完整解释近代以来直至当代的人类文明各体系间之复杂关系，因为它忽视了即便是在西方支配世界达到顶点的19世纪后期与20世纪早期，非西方世界也从来不曾

成为一个完全被动接受西方主导支配的无足轻重角色这一基本事实。近代以来的西方知识系统虽然达到了很高的层面，但却并没有完成对人类知识的全面整合而成为真正具有普世性意义的知识与思想，它在相当程度上依然还只是基于西方经验的欧美“地方性知识”，只不过它挟西方近代以来的强势政治经济力量传播于全球，而蒙上了几分普世主义的光环。沃勒斯坦将其研究的视野从西方拓展到非洲和其他非西方世界后才建构起理论框架，在这一点上，沃氏的眼光要略胜那些固执的西方中心论者一筹。

事实上，在西方开始的现代性成长进程只是整个人类现代性成长大历史的一个部分、一个阶段。近代以来，在西方保持领先优势的情况下，世界其他地区的人民和民族仍然在捍卫自己的历史与文化，承受着现代性引发的种种变革，在交往中寻求独立，顽强地探求着与自身相适应的现代发展道路，并以此加入全球现代文明的塑造过程。今天，非西方世界的努力已经取得了重大的进展，开始拥有了自己的现代发展经验与自信。不过，相对于西方世界积累了数百年的现代性经历，非西方国家成功的发展只有最近数十年时间，其经验和价值还没有得到普遍的理解和承认，西方中心的格局仍未根本消除。

思想观念与知识形态的重要意义是不言而喻的。如果说在20世纪或过往的殖民主义时代，西方国家对非西方国家发展的支配与影响主要通过技术、行为与制度等手段，在当代，西方对非西方世界的支配与影响，还更多地试图通过思想、知识与观念意识等方式来维持。①过去两三百年中，通过人文与社会科学体系的制度性构建，西方确立了自己的现代性话语体系，其中，既有科学的有着普世价值的思想与理论成分，也夹杂着太多的西方特殊的文化与价值观，及大量的西方知识界对于东方社会的知识盲区与偏见。因为缺少来自非西方国家的

---

① 关于西方知识思想界对于东方知识与社会的知识盲区及自踞道德高地而产生的偏见与傲慢，在近年来饱受争议的诺贝尔和平奖评奖过程中，可以说得到了充分的体现。

经验作为必要的对比、补充与修正，也出于主观意识形态的原因，直至上世纪80年代冷战结束后西方优势达到顶点，西方知识在相当大程度上并未完成对关系人类整体命运的现代性的完整解释。迄今为止形成和累积起来的西方知识，并不足以解释和应对在今天已经开始出现，而在未来还可能获得更重大发展的“后西方时代”人类新的现代性成长过程，包括新的发展道路选择，新的发展经验累积与新的发展难题的挑战。这是今天人类面临新的知识创新挑战的重要原因，也是西方与非西方世界种种观念冲突与思想碰撞的根源所在。

自西方知识界确立绝对优势地位以来，一两百年间，全球范围内人类思想与知识的流行图景，是将西方文明解释为普世文明，将西方的经验扩展为普遍的理论原则，并且有意无意地忽略甚至贬低亚非文明，或将农业文明与工业文明相对立，或将传统文明与现代文明相对立，诸如此类的思想知识表现，使西方思想在很大程度上扭曲着现代性的本质，误导着人们的观念。这种状态及它引起的关于现代性观念冲突与发展理念对抗，已经妨碍着人类现代文明在更广大范畴上的健康发展。在人类的发展进程与发展模式正在多元化推进，人类的现代性蕴涵正在快速拓展的时代，如果依然还只用西方有限的知识与经验作为解释工具，依然还是将西方智慧作为现代性的惟一尺度的话，人类是远不足以应对今日的复杂挑战和迈向新的世界历史高地的。

正是在这个意义上，以今日和今后一个更为长久的人类发展需要上看，长期支配世界的西方知识体系与经验累积必须做出新的清理、较正与扬弃。在关于现代文明、发展、正义与自由、民主与人权的普世性观念结构中，应该有来自亚非世界古老历史所累积之丰富智慧与当代发展经验的系统总结和融汇，应该加入更加多元的“亚非知识”（诸如“中国知识”、“非洲知识”、“印度知识”、“阿拉伯知识”等）或任何其他可以丰富完善人类知识与经验体系的智慧成果，并在此基础上做出人类知识、思想、经验与情感的全球新综合。惟有这样，人类或许才能真正面对今日与未来的巨大生存与发展挑战。

三、西方现代性话语体系的两大基石

近代以来，率先兴起的西方在逐渐获得观念与意识形态上的世界支配地位的过程中，也制造了一些被认为是不言自明的定理或结论。这些不言自明的核心观念，这些意识形态式的观念，可以归纳为两个互为支持的方面，一个是简单地将现代性理解成一个只是在西方开始的过程，西方文明被解释成了世界史上的一个特殊例子，一个惟一孕育了现代文明的地区。在这种观念的推演下，世界其他文明，无论怎样古老悠久，无论在以往时代怎样的辉煌灿烂，都不具备向现代文明过渡的能力与意识。在许多近代以来的西方思想者看来，现代文明在西方的出现，纯粹是世界史上的一个例外，是一个在任何其他非西方社会中都不可能发生的事情，世界其他文明与社会若要向现代文明过渡，除非学习西方文明、移植西方制度、模仿西方体制，否则别无他途。19世纪以后，这种西方中心主义的理念作为一种权力与意识形态日益强势，在冷战结束之后的一段时间更达到登峰造极甚至偏执独断的顶点。它给西方世界罗织了一道道耀眼的文明与道德合法性的光环，大大有助于西方维持其对世界的持久支配地位。

与这一观念相联系的另一个同样偏执的观念，是将现代文明与传统文明截然对立起来，将工业文明与农业文明截然对立起来，并进而将现代文明解释成全新的突然出现的新事物，人为地在观念上切断传统农业文明与现代工业文明之间的内在继承关系。在此理念影响下，人类在数千年间的文明创造与知识积累，在漫长岁月中成长起来的传统知识、制度、思想、技术，都被视为不足一论的考古学意义上的遗存。在这种观念的推演下，亚非世界或整个非西方世界在被归入传统文明范畴的同时，其知识与思想也被视为对现代发展无所助益而倍受摒弃，也因此而失去了在现代世界存在的合法性与权利。

以这样的历史观察视野，包括中非合作在内的整个发展中国家，今日在新的历史起点上的国际交往与发展合作，其意义除了加强发展中国家的集体发展力量，促进发展中国家的发展与文明的复兴，还包含了格外的要求，格外的时代使命，那就是从源头上参与对现代性起源与演进的重新理解与再度诠释，以自身的发展与知识经验，参与全球现代性话语的建构塑造，以此打破以西方为中心的现代性偏狭话语体系。通过全人类的共同努力，在现代政治制度、经济形态、思想文化、观念道德的标准与原则方面，在种种有关理性、民主、自由、人权等普世性的人类价值体系建构中，相应地加入亚非人民或非西方世界的传统的与当代的知识形态与实践智慧，从而拓展和扩大现代性的内含与外延，丰富现代文明的结构与基础，惟有这样，人类才能更好地应对现代性引起的种种问题与挑战，促进现代文明在全球的健康发展。

四、对西方话语体系的理论反思与现实校正

近代以来，西方一些思想家一直试图超越西方社会有限的知识与经验范畴而对东方社会做出更深入的理解，马恩经典作家也在此领域做过特殊的探索。马克思在形成他完整的关于人类社会经济形态发展阶段的理论过程中，就已经感到不能把基于西方社会与历史经验提出的理论简单地用于解释像中国、印度这样的东方社会。他曾经考虑在原始的、奴隶的、封建的、资本主义的几种生产方式之外，是否还应该提出一种“亚细亚的”社会经济形态或生产方式理论。[①] 马克思试图用这个“亚细亚的”经济形态与生产方式的概念，来表达对于东方社会古老国家和文明之特性所做思考的结果。虽然对于这个“亚细亚

① 《马克思恩格斯选集》第2卷，人民出版社，1972年版，第38页。

的”经济形态理论的具体内容，马克思并没有完全清晰的解释，而后人也一直做出不同的解读，尽管如此，我们还是可以从中感受到马克思思想的开放性。他当时已经意识到东西方社会确实存在多方面差异，需要有更多的理论与知识工具来解释不同于西方的东方历史与文明。到了晚年，马克思更意识到这个问题的重要意义。他曾花了不少时间去研读人类学民族学的著作，并写下了许多人类学笔记，以期获得对亚非落后民族与社会问题的更具体了解。唯其如此，后人一直对马克思经典作家的科学探索精神心存敬意。①

在西方知识界，对东方与非洲大陆的研究与认知努力一直是一个持续的文化现象，这反映了西方思想的开放精神与传统，西方知识界应该让这一传统发扬光大。然而，由于文化上的差异与西方的先行发展，自近代以来，西方世界对东方或亚非国家的历史文明与现实状况的认知一直存在某种缺失与偏差，再加上时彰时隐的道德优越感与自我中心主义，更影响了对亚非世界的客观认识与深入了解。近代史上包括马克思在内的先进思想家和学者们所做的关于亚非与东方社会的研究及成果，并没有真正成为西方知识与思想界的主流，其影响范围一直相对有限。特别是冷战结束以来，在西方占主导地位的是日益呈现封闭状态的纯粹基于西方历史经验而产生的理论与观念。在这期间，无论称之为自由主义的理论还是保守主义的理论，或是在其前面冠之于“新”或“后”之字眼以表示其对传统理论有所修正或改造，总体上都是西方经验与语境下的思想产物。近些年，面对非西方世界的发展，西方对亚非世界的知识盲区不断扩大。出于一种踞道德高地的傲慢与对东方国家的历史偏见，西方一些政客与思想精英们将当代世界多元文明与制度都贴上了一些极简单的标签式“魔咒符号”，诸如“民主国家”、“极权国家”、“无赖国家”等，并通过对这些标签与概念解

① 劳伦斯·克雷德编辑:《马克思的人类学笔记》，参见和少英著:《社会文化人类学初探》，云南大学出版社，2007年出版，第一章。

释权的把持而随意对他者进行归并、裁定与宣判。于是，大千世界丰富多彩的各种事宜都被简单化地归并到非此即彼的意识形态箩筐中来定性和认知。

在21世纪人类日益丰富的发展与文明创造面前，西方一些政治与知识精英似乎丧失了往日引领现代发展潮流的理性、宽容与革新精神。这种时代的失落与傲慢中的沉沦，在旁人看来实是一个不幸的过程。须知历史本身并不会因为某些人的断然宣布而“终结”，但西方知识界曾有的理性认知外部世界的优秀传统、西方民众曾有的开放拥抱外部世界的智慧成长过程，却可能因这种傲慢、漠视和偏见而“终结”。随着亚非世界变革过程的不断推进，西方世界也应该认真考虑自身思想与知识体系的变革问题。

虽然目前亚非国家发展水平并不平衡，崛起的前景依然艰难，甚至不排除还会有反复与挫折，但从长远角度看，当代亚非世界正在复兴过程中，这将是世界现代化发展史上的另一个“第三次浪潮”，一个真正意义的、激动人心的“世界波”。随着这一进程的推进，世界结构与面貌必将在未来发生越来越大的改变，中非关系在近年的快速发展与提升，正可以由此得到某种合理的解释。从未来更长远的战略发展前景看，这种新型的中非关系历史进程现在才刚刚启动，它所具有的全新的性质，它对双方现实和未来可能产生的复杂影响，目前尚只是冰山一角，随着21世纪发展中经济体的增长浪潮波及于非洲大陆的时候，将更充分地显现出来。

这些变化正预示着一种结构性的世界历史变革正在到来，它会引起世界历史总体格局与全球政治与国际关系体系的深刻变化。而世界历史结构的这一变化，正是亚非国家向上提升的希望所在，也是亚非通过自身的发展对世界的贡献。

从世界史的角度上看，国家和民族的发展总是有先有后、起起落落，历史上的东方国家或亚非国家也曾走在历史的前列，它近代以后落后了并不意味着就永远失去了再次崛起的可能。虽然许多人对当代非洲国家的现状与未来多持悲观的看法，往往用“失去的10年”之类的概念评介非洲。然而理解非洲的现状与未来需有一个大的历史跨度，一个开阔的历史视野。通览过去百年非洲历史的艰难进程可以发现，非洲国家的发展进程及阶段性推进的特征正在变得明朗，一些对非洲各国之现代发展至关重要的基础性力量或前提条件正在成长起来，非洲大陆的现代历史进程已经可以比较清晰的把握与体认。长期以来，人们对于非洲的现实与未来多持悲观的态度，但事实上，我们现在需要更全面且更具历史眼光地来理解和评价非洲大陆现代发展进程之成效及得失问题。我们应该对非洲大陆的现实与未来多一份历史眼光下的期待与信心。80年代和90年代都不是非洲“失去的10年”，而是非洲艰难的现代发展史上的一个痛苦却又必经的“过程”，因为历史就是这样一步步演进的。

五、“亚非知识”与“亚非智慧”话语权之重建

“亚非知识”或“亚非智慧”这样的概念及其现代意义的提出，基于我们对人类文明历史结构的基本理解，及对人类现代性内在结构的重新诠释。

从一个开阔的人类文明史角度上看，现代性的孕育无论在时间上还是在空间上，都是一个远远超出西欧一隅过去几百年经验范畴的时空上更为悠远漫长的过程。现代性的起源与核心内容并不仅仅只是黑格尔、马克斯·韦伯、布罗代尔、福山等西方近现代思想家视野所及或兴趣所在的那一部分。从历史的层面上看，人类的现代化进程与现代性品质，虽然在西方率先获得突破和成长，但这种突破及其随后无数关键的推进，在本质上却依赖于在以往漫长的全球农业社会演进中蕴藏累积起来的一些核心要素，而这些核心要素作为人类一切文明持久根基的作用与意义，在过去两三百年西方主导的世界知识体系中，

是大大地被低估和边缘化了。

人类文明是一个漫长的演进过程，其间包含着无数的继承与创新的交替推演。历史本身的内在延续性与传播性要求人们对历史的认知必须有一个整体与联系的眼光，一种通古今而观之的开阔视野。无论是在中国古代文明还是亚非世界各古代文明中，都早已经形成了形态各异的文明体系和复杂积累，在历史上的不同时期深刻地影响过西方文明的成长进程。即便是在西方近代兴起的早期阶段，中国承袭数千年的制度、文化、国家形态、行政治理与官僚体制，知识与理性，货币与商品，都对西方走出中世纪黑暗、步上现代轨道有直接间接的重要推进作用。而如果没有对非洲大陆黑人和美洲大陆印第安人的丰富物质与精神财富的获取与掠夺，西方要在近代早期崛起也是几乎不可想象的。仅美洲印第安人那些世代种植的食品作物，诸如马铃薯、玉米、番薯在欧洲的引入种植所引起的农业革命，就对近代欧洲人口的增长及工业革命的发生起到过关键的作用。

从这个意义上说，由西方开始获得突破的人类现代性成长过程，应该是过去数千年整个人类文明积累和发展的一种结果，也只是整个人类现代性发展的一个阶段、一个组成部分。无论西方开始和主导的这个阶段、这个部分怎样的重要，它并没有也不可能替代现代性成长的全部内容和过程，也不可能是现代性成长的最高、最后形态，更不必说由西方的标准和观念来宣布世界历史的“起始与终结”。这是从开阔的世界史时空范畴上理解今日的中非发展合作必然具有广阔前景和世界性意义的依据所在。

当代非西方世界的复兴与发展，当代中非发展合作的时代意义，正是在此开阔的世界舞台上呈现和展开，也需要从这样的世界史大视野上来理解和把握。

总体上说，中非发展合作既是中国与非洲各个国家的合作，更是中国作为一个世界性大国与一个世界性大陆的合作，因而这种大国与大陆间的以发展为核心命题的合作，具有大型文明体系或大型国际关系结构要素间的合作，可能牵动的其他重要国际力量的介入、干预与互动，其所可能拓展的战略纵深和在时空上的巨大潜力，决定了在当代中国外交的多维向度中，必然会成为一个具有宏大历史性格的实践领域与思想领域。

思想的创造与知识优势的获得对于今日亚非世界的复兴越来越具有特殊的战略意义。然而以近代和现代的标准衡量，与国家民族生存发展环境以及全球的时代变迁相比，现实亚非世界的知识创造与思想建构总体上还处于落后水平，与西方发达国家的优势相比，亚非世界差距和劣势更十分明显。今日的亚非世界，包括中国在内，还没有能与自己悠久历史与丰富现实经验相衔接的、能指导世界各国各族人民有效从容地参与全球变革及其挑战，参与国际思想与制度建构，从而有效促进亚非世界与西方进行平等对话和有效沟通的系统全面的现代人文科学与社会科学理论的产生与传播。

然而，随着亚非世界的发展，亚非国家更多地参与国际事务和全球思想交流，特别是随着亚非各国逐步突破近代以西方为主的社会科学主流话语的限制束缚，在亚非世界产生自己的原创理论和全球性思想的条件在日益成熟。亚非国家的知识界、学术界、思想界打破西方在整个人文社会科学领域中保持已久的根深蒂固的知识与话语垄断决心与信念也在持续增强。当今世界，亚非世界或发展中国家若在学术、知识与思想的话语体系建构中缺乏实质性的竞争与参与能力，就不可能在国际社会与国际交往中实现真正意义上的平等。

在今天这个快速变革的时代，各种观念与思想展开全球碰撞的，学术研究与思想创造背后实际上已经存在着巨大的国家与民族的利益。思想与知识的竞争直接关乎国家与民族生存发展的基础力量与核心竞争力。在这个意义而言，“亚非知识”或“亚非智慧”及其话语权建构对未来亚非世界的发展十分重要。“亚非知识”或“亚非智慧”并不是空穴来风的杜撰或浪漫主义的想象，它其实是亚非世界源自上古以来的文明成果与精神创造的结晶体，一个体现亚非文明传统的知识与思想体系，它正与当代亚非世界的复兴与发展实践进行创造性融汇而推陈出新。正如同“西方知识”、“西方智慧”这类概念一样，“亚非知识”或“亚非智慧”本身也是一个历史的真实存在，它的古老传统使亚非世界在当代的内政外交、生存与发展努力得以呈现出亚非文明自身的个性精神与创新品质。

对当代中非发展合作丰富实践的经验总结与理论研究，则有希望成为一个特别的思想温床，一个提供亚非世界知识与思想活力源头的特殊领域，以至为具有时代精神同时又深刻包含着东方古老传统的当代“亚非知识”、“亚非智慧”的形成及其话语权力的获得，奠定开阔的基础。这需要中非双方的学术界思想界加强联合与合作，共同努力建构面向新世纪的亚非世界知识与思想交流平台。

在人类文明漫长演进过程中，中华文明与非洲文明曾长期走在世界的前列。无论是蜿蜒于非洲大陆的尼罗河谷两岸，在非洲内陆广袤无边的西苏丹与埃塞俄比亚高原，还是在自东而西横贯东亚大陆的大江南北黄河两岸，非洲各民族与中华各民族，皆以自己的方式创造过形态各异的灿烂文明，形成过各自的知识体系与思想形态，并在许多时候与许多领域，引领过人类文明的发展进程与演进走向。中非人民所积淀下来的丰富遗产、独特知识与精神形态，从来不曾变成毫无意义的过往云烟，相反，如果放宽历史的视域，深入去探究现代性的本质，重估过往时代人类文明的价值及人类现代性起源的更加复杂多元的久远背景与动力，在今日亚非世界的发展复兴进程中，在当代中非双方的发展合作努力中，古老而又现代的中华文明与非洲文明将共同释放出前所未有的新的文明创造力，并因此而拓展与重塑人类文明现代性的本质与未来方向。由此来看，亚非世界的当代复兴与发展和非西方世界的逐渐成长虽然可能十分漫长而艰难，但终将是一个不可阻遏的历史进程。

中东格局新变化分析

中共中央党校国际战略研究所研究员、博士生导师　**高祖贵**

从2010年底开始的中东大变局，经过一年有余的快速发展，已经把整个地区拖入新的动荡、转型和重塑时期。主要国家内政外交框架重新界定，地区政治版图被逐步涂改，力量聚散重组日趋明显，区域外力量调整政策。从地区全局看，一些重要趋势逐步形成并日显突出。

一、多国政局持续变动，地区动荡呈长期化趋势

这轮大变局至今已经冲击整个地区，在20多个国家引发不同程度的动荡和变革。突尼斯本·阿里、埃及穆巴拉克政府、利比亚卡扎菲政府和也门萨利赫政府等四个国家已经被更替，并开始通过选举或寻求通过选举产生新的议会和政府，重建国家和社会秩序。沙特、约旦、摩洛哥、科威特、阿尔及利亚等国家相继开始推进不同程度的改革，包括以扩大民主和分享权力为主要特点的政治改革、以改善民生和增加就业为主要目标的经济改革等，以此来缓解矛盾和稳定政局。叙利亚巴沙尔政府与反对派冲突愈演愈烈，局势持续紧张。阿盟坚持按自己的意愿解决叙利亚问题；美欧对叙继续保持强大的制裁压力，力图以压促变。伊朗改革派代表人物穆萨维和卡鲁比被软禁，保守派与改革派之争继续，酝酿把总统直选制度改为议会选举总统制度，与美欧等西方国家关系因冲击英国驻伊使馆、击落美国无人飞机和继续推进

核开发进程而持续紧张。在此前已经发生政府更替的突尼斯、埃及、利比亚和也门等国，各派围绕未来政治权力分割和国家政治框架继续角逐，街头抗议和流血冲突不断发生。在以改革保稳定的科威特和摩洛哥等国多次发生内阁更替。美国作战部队撤离伊拉克后，伊各派之间的权力争斗有所发展。可以预见，在此轮大变局的冲击下，中东各国已经开启了对符合伊斯兰文明和自身国情的发展道路的新探求，各种矛盾和力量在全面释放之后要重新构建某种秩序势必经历诸多曲折，特别是认为“革命”不够彻底或“革命”成果被打折扣的力量可能不断走上街头继续“革命”，引发动荡。此外，如果局势持续紧张的叙利亚和伊朗局势发生重大变化，那将给整个地区局势造成更加严重的冲击。

二、伊斯兰主义力量在多国上台执政，政治影响不断扩大

所谓“伊斯兰主义”，也被称为“政治伊斯兰”，是伊斯兰国家最具代表性、社会基础最为广阔的一种政治思潮、政治运动或政治力量，在思想上主张把伊斯兰作为一种信仰体系，指导当今伊斯兰世界的权利分配、政治和社会秩序及其运作方式；在实践上主张把宗教作为解决政治、经济和社会问题的部分办法，通过取得政权进而改革国家的政治、经济、文化及其他制度。持这种主张的政治力量，最有代表性的有埃及的“穆斯林兄弟会”、黎巴嫩的“真主党”和巴勒斯坦“哈马斯”等。在历史上，它们作为中东绝大多数国家政府的反对派，是政府压制、排斥甚至镇压的对象，有的长期处于非法状态，有的领导人被迫流亡国外。

与前述中东各国开启探求符合伊斯兰文明和自身国情的发展道路的趋势相一致，随着多数国家都不同程度地推行或扩大选举来实现政治重建，伊斯兰主义力量由此获得了扩大政治影响力甚至上台执政的

比较有利的外部条件。它们纷纷加快政党化步伐，加紧调整内外政策，寻求以政党的身份和形象参与政治重建和变革进程，谋取政治权力，实现长期被压制的政治理想。2011年10月23日，突尼斯由加努西领导的“伊斯兰复兴党”在本·阿里政府垮台之后举行的首次制宪会议选举中，赢得超过41%的选票，成为第一大党，有望出面组建联合政府。2011年4月30日，埃及的“穆斯林兄弟会”宣布组建“完全的世俗政党”，即“自由和正义党”，并在12月5日举行的“革命”后首次人民议会选举的首轮投票中获得36.6%的选票，成为埃及第一大政治力量。由于在随后举行第二和第三轮投票的地区，“穆斯林兄弟会”的社会基础更加雄厚，2012年1月21日，埃及人民议会选举揭晓，自由与正义党赢得总席位近一半，成为下院第一大党。摩洛哥伊斯兰政党“正义与发展党”在2011年11月25日提前举行的立法选举中，获得新一届议会395个议席中的107个，大大超过其他政党。该党总书记阿卜杜拉·本·基兰已被国王穆罕默德六世正式任命为首相。利比亚“全国过渡委员会”主席贾利勒也在宣布全国解放的庆典上表示，“将伊斯兰教法作为立法的源头，任何与伊斯兰教规相矛盾的法律都将是无效的”，并宣布计划引入伊斯兰银行的做法，遵从禁止利息的原则。阿尔及利亚的伊斯兰主义力量利用取消紧急状态法带来的活动空间加紧扩展实力。这些发生政权更替的国家，加上早在2006年1月就赢得巴勒斯坦立法委员会选举绝对多数席位的“哈马斯”，以及在在2011年6月由黎巴嫩“真主党”支持出任总理并成功组阁的米卡提政府，已经充分表明伊斯兰主义的力量正在上升为中东政坛上主导性力量。除温和伊斯兰主义力量之外，“伊斯兰马格里布基地组织”、“阿拉伯半岛基地组织”和利比亚“伊斯兰战斗团”等激进力量也在利用这轮变局带来的混乱和动荡壮大力量。正由于此，“基地”组织领导人公开表示支持中东这场大变局。随着这场变局的发展和越来越多国家政局的进一步变化，将为伊斯兰主义力量扩大影响提供更为广阔的空间，进而深刻影响区域内各国国内政治生态和对外关系。

三、阿拉伯国家联盟和海湾合作委员会此消彼长但都力图发挥更大作用

在这场大变局的冲击下和应对变局的过程中，阿盟和海合会在各自重要成员的引领下，对地区局势的关注点和影响力发生明显变化。

阿拉伯国家联盟（简称“阿盟”）成立于1945年3月，是第二次世界大战后成立时间最早的地区性国际组织，最初成员只有埃及、伊拉克、约旦、黎巴嫩、沙特阿拉伯、叙利亚和也门7国，如今已扩大为22国，宗旨是加强阿拉伯国家联合与合作。在阿盟的发展过程中，尽管有过埃及、沙特和伊拉克等国围绕主导权的争夺，但总体而言一直是埃及占据主导地位。这与阿盟总部设在开罗，秘书长除了1979年至1990年间由突尼斯人担任外，其余时间均由埃及人担任有较大关系。2011年的新任秘书长阿拉比和之前的秘书长穆萨均为埃及外长转换而来。由于埃及在此轮变局中率先发生政府更替，过渡政府忙于重建本国政治框架，国内政治、经济和社会难题堆积，自顾不暇，难以对阿盟的工作发挥主导作用。经过利比亚危机的冲击，阿盟力图在叙利亚问题的解决上发挥更大作用，通过中止成员国资格和实施制裁等措施，迫使巴沙尔政府接受阿盟提出的调解协议，推动在阿盟框架内解决叙危机，以避免西方军事干预，同时确保和提升阿盟在地区事务中的地位。但由于阿盟并未要求巴沙尔总统下台，这与美欧在叙利亚问题上的目标存在明显差异，将给阿盟调解作用的发挥构成严重挑战。

海湾合作委员会（简称“海合会”）于1985年5月在阿联酋阿布扎比成立，成员国包括阿拉伯联合酋长国、阿曼、巴林、卡塔尔、科威特、沙特阿拉伯六个国家，总部设在沙特首都利雅得，宗旨是加强成员国之间的协调、合作和一体化建设。进入21世纪以来，海合会在加强经济合作的同时，加强了外交协调和安全合作，努力提升在海湾

地区的影响。2001年12月，也门被批准加入海合会卫生、教育、劳工和社会事务部长理事会等机构，参与海合会部分工作。在此轮变局中，海湾国家尽管也发生了不同程度的动荡，但没有像突尼斯和埃及那样发生政权更替。特别是在海合会中占据主导地位的沙特，不仅比较及时地采取推进改革、发放就业和民生补贴等措施稳定了国内局势，而且同阿联酋和卡塔尔等国一起，支持海合会积极应对地区乱局，包括帮助巴林平定局势，推动也门萨利赫政府根据海合会提出的调解方案实现权力和平过渡等。海合会的另一个重要成员卡塔尔更显活跃，利用半岛电视台为中东各国民众提供舆论支持，甚至为利比亚反对派提供军事、经济和舆论帮助。与此同时，海合会还于2011年5月在沙特首都利雅得召开的首脑会议上做出扩员决定，宣布将吸纳约旦和摩洛哥为新成员，加强与这两个国家的合作互助。由此，海合会从海湾伸展到地中海东岸和北非地区，从次区域性机制向区域性机制转变，成为中东君主制国家和逊尼派国家加强合作、应对地区变局的重要平台。2011年12月19日，沙特国王阿卜杜拉在海合会首脑会议上呼吁，成员国建立更紧密的统一联盟关系，以应对不断增长的外在威胁。如果由此取得进展，那将进一步提升海合会的地位和影响力。

四、区域内大国加快调整政策，积极扩展地区影响

中东地区的大国除了前述埃及和沙特等阿拉伯国家深陷变局之外，还有土耳其、伊朗和以色列（就综合实力而言堪称大国）等三个非阿拉伯国家也深受变局影响。面对外部环境的复杂变化，这三个国家加紧调整政策，提升地区地位。

首先，土耳其外部环境改善，更加注重凸显其伊斯兰国家身份，推进与阿拉伯国家关系。土耳其的国际角色独特，作为北约组织中的伊斯兰国家，它是北约与伊斯兰国家发展关系的桥梁；也正是伊斯兰

国家这个身份成为长期妨碍它加入欧盟的重要因素。鉴于此，土耳其在埃尔多安政府的带领下实施“东向”和“南下”战略，推进与伊斯兰国家特别是阿拉伯国家的关系，谋求提升作为中东地区大国的地位。此轮中东变局为土耳其提供了两方面的有力条件，一是导致伊斯兰主义力量上升，它们与埃尔多安所属的伊斯兰主义色彩较浓的“正义与发展党”在意识形态上有一定的共同点；二是大变局导致突尼斯、埃及和利比亚等国政权发生更替，未来的政治制度设计都力图融合伊斯兰、民主、现代化等元素，而土耳其的现行政治模式正好为这些国家的政治建设提供了效仿的榜样。突尼斯“伊斯兰复兴党”就主张允许伊斯兰教进入公共生活，但反对激进伊斯兰主义，并承诺要推动突尼斯成为现代化、世俗化多党制的民主国家。该党领导人加努西曾公开表示把土耳其视为现代化与伊斯兰结合的成功典范。在这样的有利形势下，土耳其进一步开展地区外交，增强对阿拉伯国家的影响，包括总统居尔访问伊朗谋求扩大合作；在利比亚问题上突出其作为北约成员国对北约行动的牵制力，作为重要伊斯兰国家和非阿拉伯国家对利比亚未来政局发展的影响力；对以色列采取强硬政策，呼应阿拉伯国家民众的反以情绪；在叙利亚问题上转而支持反对派，与美欧采取一致路线，呼吁巴沙尔总统下台；对埃及实现15年以来的首次领导人访问，谋求土埃共同建设中东“民主轴心”，等等。由此，土耳其在中东地区的外交日趋活跃，影响力明显提升。

其次，伊朗面临的地区环境趋于复杂，变数增多。在伊朗看来，西亚北非的变局是“反对世俗的亲西方政权的伊斯兰起义”，就连昔日的改革派领袖前总统哈塔米也声称“一个基于伊斯兰原则的新中东正在崛起”。客观上，埃及的“穆斯林兄弟会”、黎巴嫩的“真主党”、巴勒斯坦地区的“哈马斯”等伊斯兰主义力量以及利比亚反对世俗政权的军事力量，在变局应对中的政治影响力都明显上升，为伊朗利用其在什叶派穆斯林网络和伊斯兰主义网络的特殊资源和渠道，进一步提升地位及扩大影响创造了比较有利的条件。但与此同时，政治影响上升的伊斯兰主义力量却更多地显示出借鉴土耳其政治模式而非伊朗政教合一的政治模式。沙特及其主导的海合会帮助巴林平定乱局和积极影响也门政局发展，防止什叶派在这两个国家上台执政，同时在摩洛哥、阿尔及利亚、埃及等国暗中支持逊尼派与伊朗支持的什叶派展开争夺，这在相当大程度上都是为了防止以伊朗为核心的“什叶派新月带”扩展，对伊朗地区影响力的软拓展造成牵制。美国和欧盟力图通过制裁等手段逼迫叙利亚阿萨德政府下台以及土耳其等国跟进呼应，如果最终达到目标，那将使伊朗失去一个重要的中东盟友。此外，美欧在埃及等国也开始和“穆斯林兄弟会”等伊斯兰主义力量进行接触，并讨论是否要调整对这些力量的基本政策。一旦美欧转变有关政策，那也将削弱伊朗对这些力量的影响力。在此背景下，伊朗在成功摆脱因冲击英国驻伊使馆的外交困境之后，继续在西方不断强化的制裁压力下，坚持推进核计划，同时加强军备，与美欧的紧张关系持续绷紧。

再次，以色列的安全环境显著恶化，与阿拉伯国家关系紧张引发冲突的风险增大。埃及穆巴拉克政府作为美国中东政策的支持者和配合以色列封锁巴勒斯坦“哈马斯”所在加沙地带的阿拉伯国家当局已经垮台；反以情绪较高的伊斯兰主义力量影响上升，特别是黎巴嫩“真主党”支持的候选人出任总理组阁；与以色列尚有戈兰高地争端的叙利亚局势更趋动荡；土耳其因2010年人道主义救援船等一系列事件与以的隔阂不断加深，在对以关系上继续坚持强硬路线；巴勒斯坦积极寻求通过联合国大会投票表决争取国际社会支持其独立建国，表达对巴以和谈难有进展的不满，增大对以色列的政治压力……所有这些因素使得整个地区格局正朝着不利于以色列的方向发展，致使黎以、巴以、叙以、埃以等阿以关系的多个侧面不同程度地陷入紧张，爆发冲突的可能性增大。埃及爆发冲击以色列使馆的事件就是典型例子。这显然是以色列难以接受的现实，迫使内塔尼亚胡政府在保持克制的同时，积极寻求加强军备以应对局势变化，并酝酿进行更多的政策调整。特别是随着伊朗核计划不断取得进展，以色列采取行动加以阻止的紧迫性相应上升，因误判引发重大危机的危险增大。

以上三个重要国家的政策调整与其他国家的诸多变局交织互动，将进一步推动地区格局演变，使整个地区局势变得更加复杂敏感，而且难以确定和充满风险。

五、美国针对不同国家采取不同政策，竭力避免再度深陷中东

面对中东愈演愈烈的大变局，国内政治社会矛盾因金融经济危机影响深化而加剧、国际影响力相对下降的美国，力图既保持在该地区的主导地位又避免再度深陷其中，以便将其对外战略的重心顺利转向亚太。为此，美国在按既定政策结束伊拉克战争和从阿富汗撤军的同时，对中东大变局采取高举支持民主的旗帜，站在反对现政府的政治力量和民众一边，通过各种手段推动中东各国向民主过渡的基本政策。但在政策实施过程中，美国则根据不同国家的不同情况采取多种不同的对策，以确保美国在不同国家的利益不受损害。例如，对政府很快垮台的突尼斯和埃及，支持其军方发挥主导作用，同时与这两个国家的各派力量保持密切接触，通过提供政治和经济援助，对其民主政治的未来进程施加影响。对巴林，则支持哈马德国王在外力帮助下弹压抗议示威民众，快速平定乱局，确保亲美和亲沙特的逊尼派政府继续执政，确保美国在巴林的第五航母舰队的军事基地不变。对也门，为萨利赫提供放弃总统职位之后的安全保障，支持政府权力实现和平过渡，防止“基地”组织阿拉伯半岛分支机构乘势过度坐大。

在此过程中，美国无论是使用外交手段，实施经济制裁，还是使用武力，都更加注重通过多边机制借助国际力量，推动西方盟友和地区伙伴走上前台发挥更大作用。对突尼斯和埃及，推动七国集团和国际货币基金组织等提供更多政治和经济援助；对利比亚的军事干预及

推动法、英在北约框架内和联合国安理会决议“授权”下发挥更大作用，并争取得到了阿盟的支持，只花费20亿美元和6个月时间就推翻了卡扎菲政权；对叙利亚，美国在联合欧盟和加拿大等盟国加强制裁的同时，让阿盟、土耳其和法国站在前排发挥更大作用，在争取联合国安理会决议未果的情况下，推动联合国人权理事会通过谴责叙利亚巴沙尔政府反人类罪的决议；对伊朗，在协调西方盟友加大政治、外交和军事压力的同时，推动联合国安理会通过新的制裁决议；对巴林和也门等国，则支持和推动沙特与卡塔尔及其主导的海湾合作委员会或动用武力、或斡旋调停，以平定局势或化解僵局。美国如此作为，意在避免再度深陷中东，用尽可能小的代价把美国利益所受损害降到最低限度，同时又继续保持美国的领导地位。正如美国副总统拜登在利比亚卡扎菲被击毙之后所说，这是美国在新形势下干预全球事务的新“药方”。

到目前为止，美国的中东政策仍沿着上述路径向前推进，但其意图能否最终顺利实现，仍存在两个重要变数。其一是变局之后在中东相继获得主导地位的伊斯兰主义力量，它们与美国能否相互磨合适应。其二是伊朗继续坚定地推进核开发计划，并对叙利亚、黎巴嫩和伊拉克等国局势发展施加影响，以色列是否会对伊朗的核设施实施军事打击进而将美国拖入冲突。如果伊斯兰主义力量主导下的中东多国与美国爆发更多冲突，如果以色列对伊朗的核设施进行打击或者伊朗与美国的紧张关系激起严重冲突，那么美国对外政策的调整将再度受到制约，地区局势也将受到强烈冲击。

阿拉伯国家政治和社会动荡的前因及后果

中国国际问题研究基金会理事　**安惠侯**

2010年底开始于突尼斯的政治和社会动荡一度几乎席卷整个阿拉伯世界。动荡迫使突尼斯总统出逃国外，埃及总统宣布辞职；在西方列强的军事干预下，卡扎菲政府被推翻；巴林群众抗议活动在沙特和阿联酋出兵镇压后，暂时平静下来；也门总统“让权”换取“豁免”，但也门局势仍然复杂莫测；美国等西方列强力挺叙利亚反对派，不断加大对叙制裁，要求巴沙尔下台，巴沙尔处境十分困难。

一、动荡原因十分复杂，各国情况不尽相同

阿拉伯国家发生的动荡原因十分复杂。首先是国内矛盾大激化。（1）物价上涨，就业困难，民生艰难是引发社会动荡的根本原因。突尼斯15—29岁的人群失业率高达52%，埃及近一半人口生活在贫困线以下，也门被列为最不发达国家。（2）领导人长期执政，高度集权，贪污腐败，不思改革，缺乏民主，激起民众强烈不满。本·阿里、穆巴拉克、萨利赫和卡扎菲分别执政23年、30年、33年和42年。（3）美国的中东政策损害了阿拉伯民族利益，而有些阿拉伯当权者反而对美国的中东政策予以配合，使得阿拉伯民众有着强烈的失落感和屈辱感。最先出事的恰恰是与西方关系良好的突尼斯和埃及，令人深思。

（4）一些国家内部固有的部落、教派、民族矛盾激化。（5）伊斯兰原教旨主义思潮和西方国家极力推行的“民主”、“自由”思潮从相反两个方面对阿拉伯世界形成冲击。多种因素造成了阿拉伯世界的激烈动荡。发生动荡的阿拉伯国家有着许多共同的原因，但情况也不尽相同。

上述种种因素长期存在，此时集中爆发，国际因素起了推动作用。一是全球经济和金融危机的冲击，加剧了阿拉伯国家的经济困难，导致物价上涨，失业率居高不下，致使民生问题点燃长年积累的民众愤懑的干柴，形成燎原之火。二是美国因伊拉克战争和阿富汗战争以及经济危机等因素，开始从其霸权的顶峰坠落，对国际事务主导能力减弱。奥巴马总统调整政策，将美全球战略重点向亚太地区转移，在中东地区实行战略收缩，投入减少，主导能力也相应减弱。三是新兴经济体国家群体性崛起，对阿拉伯国家产生强大的示范和激励效应。四是互联网络的普及，给抗议民众的串联提供了便利，也为一些别有用心的集团发布不实消息，甚至制造谎言、挑动民众、火上浇油成为可能。

此外，西方大国的插手介入加剧和扩大了中东乱局。阿拉伯世界动荡发生后，美国首先是要防止动荡危及美国在中东的主导地位和战略利益，同时，从推行“民主”、“自由”西方核心价值观出发，也出于要防止出现反美和反以色列倾向，极力将动荡引向“反独裁”的“民主运动”，并趁机推翻对其不驯服政府。美国开始力保埃及总统穆巴拉克，但随着埃及民众抗议活动越演越烈，美国担心局势失控，转而压穆巴拉克辞职，将权力交给美国信赖的埃及军方，以确保美对埃及的控制。在巴林掌权的逊尼派穆斯林只占人口的30%，70%无权的民众为什叶派穆斯林并与伊朗和黎巴嫩真主党有着密切联系。巴林什叶派民众的抗议活动引起沙特等海湾阿拉伯国家的担心，也令美国不安，于是美国默许沙特、阿联酋联手出兵，对巴林抗议民众实行军事镇压。在利比亚主要是长期积累的部落矛盾激化形成动乱。美、欧夸大卡扎菲对反对派的镇压，予以制裁，随后又利用联合国安理会1973号决议，对利比亚发动空袭战，支持利比亚反政府武装扩大内战，最后北约国家提供武器并派出地面部队，直接指挥反政府武装力量推翻了卡扎菲政权。美国要求也门总统下台，但担心也门演变成各派势力割据，四分五裂，群龙无首的又一个索马里；更担心基地组织趁乱发展，难以收拾，因此对萨利赫总统留有余地。美国煽动叙利亚反对派扩大事态，继而宣布叙利亚总统丧失了执政的合法性，并不断加强对叙利亚的制裁措施，公开要求巴沙尔总统下台。美国打压叙利亚有着明显的制衡伊朗的意图。

二、阿拉伯国家的变局宜定性为社会和政治动荡

阿拉伯世界的动荡引起各方关注。美国抢先通过它控制的舆论工具，广为炒作"阿拉伯之春"、"阿拉伯革命"，目的是将动荡引向"反独裁、争民主"，希望亲西方的民主自由派在动荡中发展壮大，进而建立新的亲西方的政府，并趁机推翻它早就不满意的一些政权。伊朗对这场动荡兴高采烈，认为是伊朗式伊斯兰革命的再现。基地组织也欢呼这场动荡，呼吁伊斯兰极端势力推翻世俗政体，建立伊斯兰政权。参与抗议的民众也自认为是在进行革命，如埃及民众打出"大饼革命"的口号，旨在突出他们行动的合法性和正义性。不同的国家和势力根据各自的立场、利益和政策取向对这场动荡进行解读和定性。我国媒体经过短暂的混乱后，趋同于将其定位于政治和社会动荡，但也有一些人接受"阿拉伯之春"和"阿拉伯革命"的概念。笔者认为，(1)这场动荡充分暴露了阿拉伯国家面临的众多矛盾，显示了阿拉伯民众求新、求变，寻求合适的发展道路的强烈愿望，有可能开创阿拉伯民众寻求经济快速发展，社会公正民主，外交独立自主的新的发展道路的历史时期。这将是一个充满矛盾和斗争，必然要经历多次曲折和反复的漫长的历史过程。在未来相当长的时期里，大动荡与大变革有可能成为阿拉伯世界的主旋律。这次动荡主要冲击了一些共和制国家，

下一轮动荡也可能会冲击君主制国家。在这历史过程中有可能在一些国家发生真正意义上的革命。人们期待在经历大动荡和大变革之后，一个繁荣、强大、文明、进步、独立自主、充满活力的新阿拉伯世界挺立于世界民族之林。这个目标不可能短期实现。现在就认为出现了“阿拉伯之春”、“阿拉伯革命”似为时过早。政治和社会动荡是一个中性的开放性的概念，事态可能向革命的方向发展，也会演变成动乱或引发外国的军事干涉和入侵。（2）当前事态原因复杂，目标多元，发展方向尚不确定，其爆发具有明显的“突发性”和“草根性”，没有统一而明确的纲领，也不是由某个政党或团体发起，只是在动荡爆发成势之后，伊斯兰势力、民主派势力、精英阶层以及西方大国，尤其是美国才先后积极介入，施加影响，力图推动动荡向各自需要的方向发展。（3）在突尼斯和埃及，民众因不满举行抗议，最终导致最高领导人下台，政权更迭，确有一些“革命”的特点。然而，在巴林主要是教派矛盾；在利比亚主要是部落冲突；在也门既有部落矛盾，又有南部分裂势力与中央政府的博弈，还有基地组织的介入；叙利亚除了社会和政治矛盾外，还存在着教派矛盾和民族矛盾。各国情况很不一样。（4）阿拉伯世界共有22个国家，两国未发生动荡，多数国家发生动荡后较快平息，有5个国家遭到动荡的严重冲击，占阿拉伯国家总数不到四分之一。在发生严重动荡的国家中，都有大国先后插手，甚至操纵。它们的插手和操纵改变了事态的性质，如利比亚。将动荡冠之为“革命”最符合西方国家的利益，至少在客观上配合了西方别有用心的舆论导向和实际运作。

三、动荡已经并将继续产生不可忽视的影响

（一）伊斯兰势力崛起

在突尼斯、埃及等已改变政权的国家，已经出现的第一波变化，

一是政治多元化。为数众多的政党通过选举争夺执政权。二是阿拉伯民族情绪高涨。民众鲜明地要求独立自主，反对外国干涉；反对以色列占领阿拉伯领土，支持巴勒斯坦人民的斗争。三是伊斯兰势力崛起。突尼斯伊斯兰复兴党已成为突第一大党，并出面组阁。埃及穆斯林兄弟会属下的自由和正义党在第一轮议会选举中获胜。摩洛哥议会提前选举，伊斯兰政党——正义与发展党成为第一大党，授权组阁。这些伊斯兰政党目前都是以温和派的面目出现。利比亚将在数月后举行大选。过渡委员会主席表示，伊斯兰教法将是今后制定法律的基础。在推翻卡扎菲的战争中，伊斯兰武装力量发挥了主要作用，在今后的政治舞台上，也将具有举足轻重的影响。伊斯兰势力在动荡中崛起已是不争的事实。但也应该看到，伊斯兰组织在突尼斯和埃及都没有拥有超过半数的选票，阿拉伯国家内世俗政党还有相当的影响，多数民众也不接受极端思潮，伊斯兰势力要想发展，必须采取温和路线并与世俗政党联合执政。因此，即使伊斯兰势力控制了议会，甚至主导组阁，也不会出现伊朗式的政教合一的体制。同时，世俗民主派势力也在发展。这股势力又分民族主义派和极端亲西方派。阿拉伯民众具有强烈的反美情绪，极端亲西方派不可能博得广大民众支持。世俗势力与伊斯兰势力在选择何种发展道路、制定何种政策、谁发挥主导作用等方面的争斗将会全面展开。至于基地组织等极端势力，得不到广大民众的支持，也不为西方大国容忍，不可能成为一支重要的参政力量，但其破坏能量不容忽视。

（二）恢复稳定，重建经济困难重重

经济和社会重建需要和平、稳定的社会环境和执政的权威。而派系林立争斗，教派、部落矛盾难解，民众无政府主义倾向严重，以及西方大国的插手干预，使得局势难以稳定，政府权威难以建立，经济重建也就步履维艰。突尼斯现有合法政党114个；利比亚过渡委员会内部派系多多，而部落矛盾因内战而加剧；埃及除了派系斗争外，信仰基

督教的科普特人与穆斯林之间的矛盾也在激化。而民众举行游行示威抗议已习以为常。强人统治被推翻，而重建所需要的稳定和权威短期内难以实现。在埃及已爆发新一轮抗议活动；在利比亚，爆发新的武装冲突的可能性不能排除；也门局势并不因为萨利赫总统“交权”而稳定；叙利亚政府更是内外交困，陷入危机。可以预计已经和即将成立的新政府，由于党派斗争和“民意”的牵制，很可能都是弱势政府。

（三）地区格局发生变化

埃及仍处在动荡之中，已无法发挥阿拉伯世界的领袖作用，以沙特为首的海湾阿拉伯国家在阿拉伯世界的影响力在提升。阿盟决定对叙利亚实行制裁，就是海湾阿拉伯国家在发挥主导作用。但一旦缓过气来，埃及仍将是阿拉伯世界最重要的大国。阿拉伯世界经过这场动荡，元气大伤，内聚力和在中东地区以及在世界上的影响力减弱。地区非阿拉伯国家，土耳其、伊朗在地区的影响力则相应增强。土耳其与以色列关系恶化，极力介入阿拉伯国家事务，以扩大在中东地区的影响。土极力向阿拉伯国家推行它的发展模式。土对叙利亚态度强硬，在土叙边境举行军事演习。但是，土的雄心如过度膨胀，会引起阿拉伯国家的反感。伊朗则致力于建立伊拉克、伊朗、叙利亚和黎巴嫩真主党什叶派联盟。这不仅遭到美国的遏制，也不会为阿拉伯国家接受。阿拉伯世界尽管内部矛盾、分歧很多，难以真正团结一致，但毕竟是22个国家联合体，不会听凭土耳其和伊朗在中东发挥主导作用。

（四）美国的主导作用继续削弱

自冷战结束以来，美国长期在中东发挥着主导作用。在这场动荡中，美国压穆巴拉克交权，使得其它国家的当权者寒心；美国主导对利比亚发动空袭战，公然干涉叙利亚和也门内政，只会激发多数阿拉伯民众的反感。阿拉伯民众长久以来蓄积的反美情绪，没有因这场动荡而减弱，而是在加强。通过这场动荡，在不少国家，伊斯兰势力崛起。即使是伊斯兰温和派，它们的意识形态和执政理念与美国的中东政策也格格不入。伊斯兰势力和民众的不满情绪高涨对政府决策的影响力将加强。可以预计，动荡后的阿拉伯国家不可能像以往那样配合美国的中东政策。埃及过渡政府的外交政策调整就是一例。美国在中东的主导能力会继续减弱，但美国仍然是唯一的超级大国，其在中东的主导地位并未动摇。

基于同样原因，以色列的处境更加困难。

（五）阿拉伯国家向东看的倾向将继续发展

近几年来，在美国的霸权主义对中东造成巨大破坏，美国主导国际事务能力下降，发展中国家整体崛起，中国国力和国际地位明显上升，中东国家正在寻求适合自身国情的发展道路的大背景下，阿拉伯国家向东看倾向加强。经过动荡后，阿拉伯国家仍将重视对美关系，它们在政治、军事和安全等许多方面还会有求于美，但寻求适合自身情况的发展道路和借鉴新兴经济体国家的发展经验的愿望更加迫切，阿拉伯国家向东看的倾向将会继续发展。

四、叙利亚危机前景充满变数

2011年3月叙利亚民众开始举行反政府的抗议游行，参入的人数越来越多，声势越来越大，波及的地域越来越广泛。政府一方面宣布了一系列改革措施，一方面对发动暴乱的势力进行镇压，但不仅不能平息动乱，反而激起更强烈的抗议。

反政府组织有“地方协调委员会”，由年轻抗议者组成，成员人数虽然不多，但是组织抗议活动的主要力量；“叙利亚全国民主变革力量民族协调机构”，由国内15个政党组成，主张通过和平的方式进行民主变革；“叙利亚全国委员会”，由侨居境外的叙利亚反对派人士在土耳其宣布成立，目标是要推翻叙利亚现政权，并呼吁国际社会介入。该组织得到美国等西方国家的支持。此外，还有一支由哗变的逊尼派军官和士兵组成的反政府武装力量“自由叙利亚军”，以土耳其和叙其他邻国为基地，号称有1万多人，一般估计约上千人，目标是推翻现政权。据悉，这股力量得到外国的支持和援助，并受到土耳其、法国等国教官训练。

叙利亚抗议活动愈演愈烈在很大程度上是因为美国等西方国家对叙利亚反对派的支持和挑动。美国要利用阿拉伯世界政治和社会动荡之机推翻巴沙尔政权，已是既定决策。长期以来，美国视伊朗为最大威胁，而叙利亚与伊朗关系密切，是伊朗、伊拉克、叙利亚和黎巴嫩真主党组成的伊斯兰什叶派新月阵线的重要成员。推翻巴沙尔政权就等于砍掉伊朗一只胳膊。叙利亚还是巴勒斯坦哈马斯的主要支持国。美、欧等西方国家对叙实施严厉的制裁，并公开要求巴沙尔下台。

海湾阿拉伯国家对伊朗发展核计划心怀疑惧，也不满巴沙尔政府与伊朗结盟，与美国等西方国家在这点上有共同利益。它们策动阿盟对叙利亚施压，提出要向叙派出观察员，随后又对叙实施制裁。鉴于阿盟要求西方国家武力干预利比亚内部矛盾，扩大利内战并推翻卡扎菲政权，并不得人心，阿盟迄今还努力在阿盟内部解决叙利亚危机。伊拉克、黎巴嫩拒不参加对叙制裁，阿尔及利亚也不主张对叙过度施压，埃及强调要政治解决叙利亚问题，反对使用武力。

俄罗斯反对制裁叙利亚，反对对叙动武。土耳其则对叙态度十分强硬。

西方国家是否会对叙利亚发动军事打击？这种可能性不能排除。但动武的前提条件是：（1）叙主要反对派一致主张推翻现政权并要求外国军事干预，反对派拥有一支有能力发动内战的武装力量。（2）阿盟正式要求西方大国出兵干预。（3）联合国通过一项可被西方列强视作授权动武的决议。这三项条件目前均不存在。此外，西方要对叙动武，还必须考虑如下因素：（1）伊朗、真主党、哈马斯会作何种反应？

如果它们军事支援叙利亚，西方国家势将面临一场地区性战争。西方列强是否做好了打这样规模战争的准备？（2）卡扎菲垮台后，西方媒体讥笑西方取得了“悲惨的胜利”，在美、欧经济不景气，欧洲债务危机严重，明年美国、法国均是大选年之际，美、欧是否有发动一场这等规模战争的能力和决心？（3）俄罗斯、中国都反对对叙动武，反对干涉叙内政，主张通过对话和平解决危机，不会同意联合国安理会通过一项类似针对利比亚的1973号决议那样可能被西方利用的决议。

西方即使一时难以下决心对叙动武，也不会善罢甘休，还会不断加大制裁措施，大力扶植反对派，并挑动阿盟和土耳其等对叙施压，以压促变。看来，巴沙尔政权只有极力争取尽可能多的阿拉伯国家的同情，并在阿盟的范围内逐步缓解危机，否则难逃被推翻的下场。

五、中国的应对之策可圈可点

中国主张通过对话和谈判政治解决分歧和矛盾，不赞成暴力、内战，更反对外国军事干预和入侵。

中国坚持不干涉内政原则，外国无权认定别国领导人具备或丧失执政权利，更不应该以军事手段推翻别国的合法政权。

中国对发生动荡的阿拉伯国家及时提供援助以缓解人道主义灾难，并适时与各派接触，推动它们通过对话达成政治解决。

中国尊重各国人民自主选择政治制度、发展道路和确定国家领导人的权利，并以积极的态度帮助遭受动荡的国家进行重建。

中国的上述立场完全是从有关国家人民的根本利益出发，不谋求任何私利，符合联合国宪章精神和国际法准则，得到阿拉伯国家广泛的欢迎，经得起历史的检验。

中国与阿拉伯国家有着传统的友好合作关系，没有根本的利害冲突。经过动荡导致政权更迭的国家仍将与我国发展友好合作关系。

有人认为:“中国在利比亚问题上站错了队”,“不干涉内政的原则已经过时”。西方媒体正就此进行恶意宣传,国人不应该追随其后,对自己的政府进行不负责任的指责。

西方列强利用安理会1973号决议对利比亚发动空袭战,支持反对派扩大内战,大大超出该决议有关设置禁飞区的范围,造成更多的平民伤亡。西方列强还违反联合国规定,向反对派提供大批武器装备并暗地里派出地面部队,一手策划、指挥并参与攻占的黎波里,进而推翻卡扎菲政府。中国本着不干涉内政的原则,不可能站在西方列强一边,支持它们对利比亚发动这场战争,也不可能过早地承认利比亚过渡委员会。

中国一贯主张大小国家一律平等,并尊重各国人民自主选择的政治制度和发展道路,理所当然地要坚持不干涉内政的原则。在当今世界,西方列强在国际事务中仍处于主导地位,国际秩序对广大发展中国家来说存在着许多不公正、不合理的地方。坚持不干涉内政的原则,是发展中国家捍卫国家独立和主权的重要屏障。有一位北非国家的领导人曾说,“主权是发展中国家的最后一道防线”。西方大国为了自身的利益和推行它们的价值观,散布“不干涉内政原则过时论”,“人权高于主权论”,主张实行“人道主义干预”,目的是为它们肆意干涉发展中国家的内政提供理论依据。出于力量对比的悬殊,人们只看到西方大国不断地干涉发展中国家的内政,从未出现发展中国家干涉西方发达国家内政的案例。不干涉内政原则过时论,到底对谁有利,对谁不利,难道不是显而易见吗?

阿拉伯动荡及其对中亚局势的影响

——兼论美国的“可控制混沌理论”

新疆大学中亚研究院教授 **潘志平**

2011年，北非中东阿拉伯世界动乱如火如荼，世界地缘政治局势和国际政治运作的范式发生重大变化，中亚局势的走向值得关注。

一、阿拉伯动乱：街头政治和结构性脆弱

“街头政治”是此次大动乱主要表现形式。它还被西方媒体称颂为“茉莉花革命”，这不禁让人联想到五六年前在某些独联体国家发生的那场所谓“颜色革命”。它虽貌似“颜色革命”，但实际上是政治动乱，动乱之骤起恐怕也不是伊斯兰主义、圣战分子煽动和策划的。如突尼斯作家穆斯塔法·特利利指出：“示威者们举着突尼斯国旗和画着各种符号的标语牌，这些标语的内容都是反对本·阿里和他晚年的独裁统治。在这些标语中，我也找不到一处提到真主、伊斯兰教，或乌玛。”① 当然，伊斯兰主义，甚至基地组织后来欲从中浑水摸鱼，那是另一个问题。

① Mustapha Tlili: *.Fiction Blossoms into Tunisia's Jasmine Revolution.* www.ips-dc.org/.../ fiction_blossoms_into_tunisias_jasmine_revolution -.

从现象看，阿拉伯动乱应是这些国家长期积累的社会矛盾总爆发。也就是说，动乱主要源之于内因，即失业、贫困、腐败、专制以及执政当局掌控能力的虚弱等内部因素。归纳起来，引发这种“街头政治”的条件至少有三个：

一是“干柴”，即能激起广泛动员的不满情绪的蓄积。

二是“导火索”，如突尼斯失业青年布瓦吉吉（Mohammad Bouazizi）的自焚身亡；如埃及青年哈立德·萨伊德（Khaled Said）被警察殴打致惨死。

三是“众矢之的”，即广大民众反对的共同目标，如突尼斯举国斥责总统本·阿里；如埃及万人跪求穆巴拉克下台。

失业、贫困可能是表面上的问题，也是相对而言，如突尼斯人均国民收入大约9500美元。从深层次上说，这是一个结构性问题，这些国家的脆弱是结构性的。如沃勒斯坦所言：“像突尼斯边远小镇的街头小贩穆罕默德·布瓦吉吉试图以自焚抗议当局粗暴执法的象征性行动可能会激励其他人起来抗议，但要想使这样的行动导致政权垮台，这个政权本身必须存在裂痕。”①

阿拉伯国家（除埃及）都是最近几十年独立建国，其政体大体上有三类：君主王国（如沙特、巴林等）、伊斯兰神权国（如伊朗和塔利班执政时的阿富汗）、共和国（如埃及、利比亚、阿尔及利亚等），大体还停滞于前现代的部族社会、家族统治。国王为“世袭罔替”，而“总统们”十几年甚至几十年“总统”一切，他们还处心积虑地要将“总统”职位如帝位那样传宗接代。开罗大学教授说：“穆巴拉克政权面临深层次的合法性削弱问题，阿拉伯世界很多国家同样如此。”②这是一

---

① Immanuel Wallerstein: *The Second Arab Revolt: Winners and Losers* subprole.blogspot.de/.../immanuel- wallerstein-the-second-arab-revolt-winners-and-losers/ - 2. Februar 2011.

② Moataz A. Fattah .*Five reasons why Arab regimes are falling*/ February 8, 2011 www.csmonitor.com/... /Five-reasons-why-Arab-regimes-are-falling -.

种结构性的脆弱，这对于理解北非中东的动荡至关重要。

二、中亚地区安全局势

阿拉伯动乱之蔓延，已不再局限于阿拉伯国家，伊朗、土耳其这些非阿拉伯国家也开始出现一些动乱的迹象。从长远看，毗邻中东的中亚地区各国恐难以独善其身。中亚国家只是以苏联解体为契机不战而获得的独立，迄今为止也仅二十年，其民族国家的构建几乎是白手起家。中亚国家拥有大量的穆斯林民众，在伊斯兰还是世俗政体上选择了后者，但随着伊斯兰作为民族文化的影响与日俱增，受到中东政治的影响也看涨。

吉尔吉斯斯坦向来就有“街头政治”的传统，阿卡耶夫、巴基耶夫两届总统都倒在“街头政治”的浪潮之中。吉尔吉斯斯坦学者称，吉尔吉斯斯坦人认为“街头政治”发明权不是突尼斯人，而是吉尔吉斯斯坦人。就发生“街头政治”的三条件而言，吉尔吉斯斯坦的“干柴”不缺，民众不满的东西太多了；“导火索”也随时可现；问题只是失去了“众矢之的”。短短五年内，吉尔吉斯斯坦的“街头革命”已驱赶了两届总统，台上的是一些走马灯似的政客，都是有人喜欢有人厌恶。吉尔吉斯斯坦事实上已陷入无政府状态，中亚专家认为：“很难推测，什么诱因会引发像吉尔吉斯斯坦或现在的突尼斯、埃及及其他一系列国家所发生的那种全国性的社会浪潮。任何事，哪怕乍看不大的事都可能成为理由，比如提高电费、粮食涨价、春耕期间燃油提价、地方政府对某一阶层的居民采取的行动不合理，财产的分配……这些事都不算大，但加上其他生活领域日积月累的问题，就有可能导致温和的社会潮流变成全国性的抗议浪潮，能否达到这种规模，取决于暗藏的反对派是否有能力引领这一进程，使其具有新的组织形式。”[1] 2011年10月30日，吉尔吉斯斯坦举行2010年4月政变后的总统大选，临时政府总理阿坦巴耶夫以超过63%的选票当选，他能否稳住吉国局势还难说，其执政之路不会平坦。总之，吉尔吉斯斯坦的局势难以蠡测，特别是北非中东陷入大动乱的今天。

乌兹别克斯坦安全形势堪忧。那里“干柴”不缺，“导火索”也不难找，这是一个十分封闭的社会，卡里莫夫总统执政也二十年了，有可能被锁定为“众矢之的”。不同于被赶下台的阿卡耶夫、巴基耶夫，卡里莫夫掌控能力强，但已74岁高龄，健康状况不好，政权过渡只是早晚之间。古老的世袭罔替是东方前现代国家的传统，卡里莫夫没有儿子可传，其后的接班顺序不明，后卡里莫夫的乌兹别克斯坦有可能会出乱子。

哈萨克斯坦社会状况要比乌兹别克斯坦好得多。这些年哈萨克斯坦经济发展较好，民生问题并不严重，反对派力量很弱。与乌兹别克斯坦相同的是，纳扎尔巴耶夫总统执政有力，也干了二十年，只有女儿没儿子，还不想交权，民众的不满情绪在酝酿，但还不致于到“众矢之的”的程度。哈萨克斯坦宪法规定：总统任期两届，但纳扎尔巴耶夫不受此限制，也就是说，他只要愿意，活着就可以一直干下去。纳扎尔巴耶夫已三次连任，本届任期至2012年。然而2011年2月初，纳扎尔巴耶夫决定提前举行总统大选，在此阿拉伯动乱之际，此举似有先下手为强之嫌。2011年4月3日，大选结果以95.5%的绝对优势胜出。现年70岁的纳扎尔巴耶夫的身体状况还好，但毕竟年事已高。同乌兹别克斯坦一样，后纳扎尔巴耶夫的哈萨克斯坦也有可能会出点乱子。

总之，即便没有阿拉伯动乱，中亚地区也已步入新的动荡期，重要的是，中亚国家建国仅仅近二十年，名义上是现代民族国家，但同北非中东国家一样，也是建立在东方式的部族家族社会基础之上，其

---

① *Экспертная оценка :Тунис, Египет, Йемен*...www.ia-centr.ru/expert/9897/ - 13-2-2011.

结构脆弱性有类似之处。中亚国家的军方和强力部门的防暴能力和政府的控制能力都有不同程度的问题，吉尔吉斯斯坦两次政变就是例证。最坏的情况是：吉尔吉斯斯坦、塔吉克斯坦和乌兹别克斯坦相继出现新的大动乱，而新疆西部邻近地带面临整体阿富汗化的危险。目前看来，中亚地区发生大规模动乱的危险还只是潜在的。

三、美国的可控制混沌理论

阿拉伯动乱主要源于内因，但外部因素也不可忽视。十多年来，美国一直致力于大中东“民主化”改造，此次阿拉伯世界的“街头政治”的主题是“民主”，决非偶然，它与美国人提出的“可控混沌理论”（Can control the chaos theory）有关。

“混沌”（chaos）本意为古代传说中宇宙开辟伊始、元气未分、模糊一团的状态。物理、数学家首先创立了研究预测分析非线性系统在一定条件下表现出的混沌现象的“混沌理论”（chaos theory）。在社会科学与自然科学日益交融中，社会科学家也在考虑：“如果说混沌代表了自然科学研究对象的特征，那么在社会科学中混沌则更是普遍存在。”[①] 道格拉斯（L. Douglas Kiel）和欧叶尔（Euel Elliott）合著的《混沌理论在社会科学》一书总结了运用混沌理论探讨的方法技巧，为社会科学提供最新的思维范式，认为混沌理论特别适用于政治学，经济学和社会学。[②]

混沌理论应用于社会科学的初衷是借助于自然科学的方法建立起对纷繁复杂的社会发展的预测，然而应用却朝两个方向发展：一是将

---

① 詹姆斯·多尔蒂等，阎学通等译：《争论中的国际关系理论》（第五版）第696页，北京：世界知识出版社，2003年。

② L. Douglas Kiel, Euel W. Elliott. *Chaos theory in the Social Sciences*. University of Michigan. 1996.

它作为一种战略思维方式，如斯蒂文（Mann，Steven R.）提出：科技进步推动我们引入了理解科学改变现实的科学范式混沌理论，从而寻找弄懂一个错综复杂的、无序社会的框架，或战略思维。[①] 二是将它作为操纵社会发展的某种工具，如马萨诸塞州达特茅斯大学政治学名誉教授吉恩（Gene Sharp）1992年出版的《从独裁到民主》（From Dictatorship to democracy），基本观点是：如果人民决定不服从，领导者没有权力。要点是：

△制定一项战略，赢得社会对自由的憧憬；

△使用颜色和符号来展示抵抗的团结；

△学习历史上非暴力运动成功的例子；

△使用非暴力“武器”；

△招纳受政府压迫、施暴的人；

△从运动中隔离或删除使用或鼓吹暴力的人。[②]

将预测性的“混沌理论”发展成鼓动“非暴力革命”的“可控制混沌理论”，由此影响了世界各地众多的反政府的抵抗运动。他为五六年前发生的“颜色革命”提供了现实的理论基础，在西方赢得巨大声誉，包括获得诺贝尔和平奖提名。

事实上，阿拉伯世界的动乱正在验证这种理论。俄罗斯学者谢尔盖·沙什科夫（Сергей ШАШКОВ）关注到这一点，并将这种理论归纳为如下几点：

△在需要的关头和需要的时期内将反对现有合法政府的零散政治力量团结在一起；

△使国家领导人质疑自己的力量，质疑强力机构的忠诚度；

△直接破坏国家局势的稳定，鼓励抗议情绪，吸引罪犯参与行动，以便散布惊慌情绪和对政府的不信任；

---

① Stiven Mann. *Chaos Theory and strategic thinking*. Army War Coll Carlisle Barrack spa 1992.

② Gene Sharp. *From Dictatorship to democracy* .1993. www.pbs.org/weta/ dictator/ otpor/ sharp.

△通过军队叛乱、民主选举或其他途径来更换政府。[①]

如果说上述的归纳还有些学术化，那“可控混沌理论”最简洁的表述可以是：

搞乱你→“帮助”你→控制你

北约战机狂轰利比亚，美其名曰“人道主义救援”，正生动地证明这一点。从这一点看，眼下的阿拉伯动乱本质上是西式“民主”与“前现代”的东方式帝王情节的碰撞和对决。

值得一提的是，美国的“可控制混沌理论”已为中亚学者注意到。2009年吉尔吉斯斯坦的政治学家克尼亚佐夫（А.А. Князев）就认真地提出了美国人正在中亚地区实施着“可控制混沌理论”。2011年5月9日塔吉克斯坦学者哈利克纳扎罗夫（Х. Холикназаров）也提到了美国人的这个理论，他甚至认为，俄罗斯在塔吉克斯坦也在实施这种理论。看来，在研究国际关系，特别是研究中亚地区安全问题时有必要认真地研究这种理论及其影响。

① Сергей Шашков. *Джинн на верёвочке, или Проверка практикой теории «управляемого хаоса»* www.fondsk.ru/.../proverka-praktikoj-teorii-upravljaemogo-haosa.html26.02.2011 | 21:08.

中国战略机遇期的新阶段

中国和平发展战略与中美关系

中国际问题研究基金会研究员 **尹承德**

中美建交以来，两国关系基本保持了上升势头，取得了丰硕成果，现已成为世界上最重要的双边关系之一。这是双方共同努力的结果。中国始终不渝地走和平发展道路，即坚持实行和平发展战略，是其中一个关键因素。

一

中国和平发展道路是中国实现现代化和民族复兴的历史必由之路，顺乎世界和平发展潮流，符合包括美国在内国际社会的整体利益。中国和平发展战略对中美关系的发展有重大正面效应。

（一）改革方针的深远影响

改革是当代中国的主旋律，也是中国和平发展战略的基本点和支轴之一。30多年来，中国坚持不懈地进行全面深入的经济和政治体制改革，逐步建立和完善了适应经济社会发展要求和符合广大人民群众根本利益的国家体制。在社会人文领域，政府忠实贯彻人本思想和执政为民的理念，在大力改善民生的同时，着力提升人权，构建和谐社会，营造开放、多元、自由、宽松的政治局面。迄今中国成功地使近5

亿人口摆脱了贫困，[1]13亿中国人在解决温饱后正全面迈向小康；中国网民人数达4.5亿，信教人数超过1亿。现在是中国历史上民生幸福指数最高、人权状况最好的时期。

中国的改革无疑会对美国对华政策和中美关系产生积极影响。尽管美国朝野仍有人抱着冷战思维和意识形态偏见不放，不顾客观事实，非议中国的社会制度和人权状况，甚至向中国发难，但美国社会的主流对中国改革多持肯定与赞赏态度。美国前国务卿基辛格认为中国通过改革建立的“中国发展模式无论对中国还是对世界其他国家都具有重要意义”。[2]美国政府也不得不承认中国改革所取得的社会发展与进步，承认中国人权状况有很大改善，并在人权问题上停止同中国对抗，而在互相尊重、平等协商基础上同中国进行人权对话；承诺“以合作方式迅速、全面地承认中国市场经济地位”。[3]美国至今未兑现其承诺，这是美国政府失信于人，但这一“承诺”本身表明它对中国经济体制改革的肯定。

（二）中国和平外交政策的保障作用

中国独立自主和平外交政策是中国和平发展战略的重要组成部分。它不但是中国实现发展目标的保证，也是确保中美关系以良性互动为主的关键。这是由它的下列基本原则决定的：

其一，和平共处原则。互相尊重主权和领土完整、互不侵犯、互不干涉内政、平等互利、和平共处五项原则是中国外交政策的根本指导原则。这五项原则是对联合国宪章的高度概括及其精华的结晶，是当代处理国际关系的理想准则。实践证明，只要遵循这些原则，无论社会制度相同或相异的国家，都能和平共处，和谐共存，否则，无论

---

① 新华社记者：《天下归心》，《北京日报》，2011年6月13日，第4版。

② 新华社北京2011年6月2日电：《中国道路·中国奇迹·中国影响》。

③ 毛颖颖：《“有福同享，有难同当”还要看行动》，《北京日报》，2011年5月13日。

社会制度相同或相异的国家都不能和平共处，更不能和谐共存，而会陷入关系紧张，甚至发生对抗。中国是和平共处五项原则的倡导者之一,一贯严格遵守、忠诚实践这些原则，从不侵犯别国主权，从不干涉别国内政，从不对别国内部事务说三道四,一贯以平等态度同其他国家进行互利合作、和平友好相处。中国对弱国、小国都是如此，对世界第一强国美国及其西方盟国自然也会如此。这无疑有利于中美关系的正常稳定发展。

其二，和平解决争端原则。中国主张通过和平方式解决一切国际争端，认为争端各方根据公认的国际法，通过谈判，平等协商，和平解决争端，是避免对抗，实现互利共赢的唯一正确选择，这也是有关国家加强互信、友好相处与维护地区和国际和平的必要途径。中国身体力行这一主张，本着相互尊重、互让互谅、公平合理的原则处理同有关国家的争端，从不片面追求单边私利，从不强加于人。中国作为联合国安理会常任理事国，积极参与和平解决国际热点与争端问题的多边合作和努力，并在其中与美国进行了良好的沟通和合作。这些减少了美国对中国的误解，增加了对中国的信任，有利于中美关系的积极发展。

其三，不称霸原则。在任何情况下都绝不称霸，永远不称霸，是中国和平外交政策的本质特点，也是中国对世界的庄严承诺。称霸意味着居高临下，仗势欺人，控制、压迫其他民族。这与中国的信念、社会制度性质和中华民族文化传统背道而驰。中国绝不会走上称霸道路，过去如此，现在如此，将来即使更加强大了，也是如此。邓小平同志在1974年联大特别会议上郑重宣告:“中国现在不称霸，将来也不做超级大国”，“如果中国有朝一日变了颜色，变成一个超级大国，也在世界上称王称霸到处欺侮人家，侵略人家，剥削人家，那么，世界人民就应当给中国戴上一顶社会帝国主义的帽子，就应当揭露它，反对它，并同中国人民一道，打倒它。”1992年他再次明确指出，“社会主义的中国应当用实践向全世界表明，中国反对霸权主义、强权政治，永不称霸。”[①] 中国言必信，行必果，用坚持平等待人原则，坚持不对外扩张方针，坚持实行防御性国防政策的实际行动兑现了“永不称霸“的承诺。

中国不称霸的政策和行动得到国际社会的普遍欢迎与赞赏。美国有人担心中国走前苏联老路，同美国争夺世界霸权。但中国用行动和事实证明，中国绝不会走前苏联的老路，而是从理论到实践都同前苏联的霸权主义扩张政策、战争政策、扩军备战政策彻底划清了界限。这有利于美国减少对华战略疑虑和推动中美关系的良性发展。

其四，不结盟原则。不结盟是中国独立自主和平外交政策的一项基本原则。结盟政策（不同于一些国家为联合自强而组建的地区一体化组织）是冷战产物和遗迹，其基本特点是或明或暗地以特定对象国作为目标对手，对有关国家形成有形无形的威胁，是国际关系中一种潜在或现实的对抗因素。它还意味着结盟国家须得把本国对一些重要问题的决定权以至主权移交给联盟实体，其外交、安全和对外战略在很大程度上受联盟盟主支配。这些同中国独立自主和平外交政策是格格不入的。中国的不结盟政策，即不同任何国家结成联盟关系，不组建、不参加任何政治、军事集团，不与任何国家或国家集团建立针对第三方的战略关系，实行全方位外交，谋求在和平共处五项原则基础上，同世界各国建立和发展正常国家关系。这既出于维护本国独立自主地位的根本需要，也是中国致力于排除国际对抗因素、构建积极健康的国际关系、促进世界和平与稳定的战略举措。国际社会特别是美国等西方大国无疑会更愿意同一个不结盟的中国打交道。

其五，正确的对美政策。鉴于中美关系对两国的极端重要性及其全球性影响，中国高度重视对美关系，将其置于本国外交政策的重点位置，并不遗余力地推动其健康稳定发展。自两国建交以来，中国始终从战略高度和以长远、全局眼光，从两国根本利益与促进世界和平

---

① 《邓小平外交思想学习纲要》，世界知识出版社，2000年1月第1版，第76页。

与发展事业出发，认真对待和妥善处理中美关系。中方根据“增加信任、减少麻烦、加强合作、不搞对抗”的对美方针，努力加强双方的战略互信，大力发展全方位合作，着力拓宽双方共同利益范围；在有歧见的问题上，则大力加强与对方的沟通协商，消除误会、误解、误判，尽力求同存异，缓解与减少矛盾和分歧。中国尊重美国的核心利益与诉求，从未做有损美国利益之事，即使对美国的全球战略与亚太战略有所异议，也无意挑战它在地区和全球的利益与地位。对美国损害中国主权及核心利益之事，中国理所当然要予以反对，要坚持原则进行必要的斗争，但注意斗争方式与分寸，努力做到有理、有节，竭力维护中美关系的大局。中国正确的对美方针政策，明智、理性、求真务实的行动，维护和发展对美关系的诚意与努力，是促进中美关系长期稳定发展的有决定性意义的恒定因素。

（三）发展成就的“外溢效应”

促进国家社会发展是中国和平发展战略的根本出发点和核心目标。围绕这一目标，中国实行以经济建设为中心和改革开放战略，取得了举世瞩目的非凡成就。32年来，中国国民经济每年平均以近10%的高速度增长。这么长的时间保持这么高的发展速度，在世界各国中是绝无仅有的。2010年，中国的经济总量达5.879万亿美元，人均GDP约达4300美元，分别比改革开放前一年1978年增长了20多倍，中国经济总量在世界各国的排位提升了十多位，跃升全球第二大经济体；外贸总额达29727.6亿美元，从外贸小国跃身为世界第二大外贸国；外汇储备达2.85万亿美元，是1978年的100多倍，高居世界第一位。中国吸收外资和对外投资几乎从零起步，到2010年分别达1万多亿美元和2200亿美元，成为全球主要吸收外资国和对外投资国之一。自改革开放以来，中国的经济面貌发生了翻天覆地的变化，创造了世界历史上的一大奇迹。

中国发展取得伟大成就同推行对外开放政策分不开。中国对外开放战略是与世界各国达到互利共赢，中国的发展必然会产生巨大的"外溢效应"，为推动世界经济发展做出重要贡献。这主要表现在三个方面。一是中国成为世界上仅次于美国的第二大商品市场和投资场所，为相关国家提供了大量的就业机会和大量资金支持。过去10年，中国每年平均进口价值多达6780亿美元的商品，为有关国家和地区创造了1400多万个就业机会。随着中国经济规模的不断扩大和外贸额的迅速增加，中国进口商品值和为外国创造的就业岗位未来几年将进一步快速增长。中国还是外商投资回报率最高的国家，每年为他们带来1万多亿美元的收益。二是中国的发展对世界经济增长贡献大。从2007年起，中国经济对世界经济增长的贡献就已超过美国，成为世界第一。此后迄今，中国每年的贡献率平均在20%以上，在金融危机肆虐的2009年，中国经济对世界经济增长的贡献率更达50%。[①] 现在，中国已成为世界经济增长的火车头和全球经济复苏的起搏器。三是中国的对外援助增多。中国本身是一个发展中国家，人均GDP居于世界后列，但中国仍自觉地承担了对经济困难的发展中国家提供力所能及援助的义务。到2009年底，中国向发展中国家提供的援助累计达2563亿元人民币，还免去了50个国家共计255.8亿元人民币的债务。随着经济实力的壮大，中国加大了外援力度。进入新世纪特别是自2004年以来，中国外援资金呈现快速增长势头，2004年至2009年，中国外援资金年均增长率达29.4%。

美国经济同世界经济密切相关。中国在世界经济增长与复苏中所起的重大作用本身就是对美国经济的间接贡献，美国从中获益良多。更重要的是，美国是中国对外开放的主要对象国，也是中国发展"外溢效应"的主要受益者。中美建交以来，两国经贸关系迅猛发展，迄今已成为世界上规模最大的双边经贸关系。2010年，据中方统计，两

① 甄炳禧:《当前世界经济新特点、新格局、新趋向》,《国际问题研究》, 2010年第1期，第42页。

国贸易额达3853.4亿美元，是建交前一年1978年两国贸易额9.9亿美元的385倍，中方顺差1812亿美元；按美方统计，两国贸易额达4580亿美元，是1978年两国贸易额11.78亿美元的390倍，美方逆差2400亿美元。美国对华投资迄今约达700亿美元。中国在2010年持有美国国债达1.15万亿美元，是美国最大的债权国。美国是中国最大的贸易伙伴国和最大的顺差来源国及主要的外资来源国之一，对中国经济持续强劲增长有着不可估量的作用和影响。同样，中国作为美国最大的经贸伙伴，是其经济发展深度依赖的对象。美国对华贸易虽然是逆差，但中国仍是它出口的主要对象国之一，2010年对华出口达1041亿美元，为其创造了约100万个就业岗位，且其对华出口增速远高于对其他国家，在到2008年的最近10年中，美国对中国出口增速比其总出口增速高出5倍；[①] 中国出口到美国的质优价廉的商品每年为美国消费者节省1000亿美元的支出，对美国稳定市场、降低通胀起了主要作用。[②] 美国对华的大量投资回报丰厚，其在华投资的利润率高达两位数，远高于其对其他国家和地区的投资，如2007年，美国国内企业利润同比下降3%，而它在中国的企业利润增长17%。[③] 又如2006年，美资在华企业销售额达1200亿美元，向中国周边地区出口800亿美元，这两项相加可以弥补其当年对华贸易逆差2326亿美元（按美方计算）的86%。[④] 中国购买美国的巨额国债对其平衡预算、稳定金融市场至关重要。上述表明，中国对外开放战略使中美真正成为互利双赢的经济合作伙伴，两国在经济上你中有我，我中有你。双方这种紧密和深度依存的经济关系是把两国紧紧连在一起的坚韧纽带和两国关系的稳压器。

① 甄炳禧：《合作共赢的中美经贸关系》，《国际问题研究》，2009第1期，第22页。

② 同上。

③ 同上。

④ 周世俭：《中美经贸合作十年》，见《大变动　大调整——2009年国际形势综览》，世界知识出版社2010年出版，第416页。

二

中国走和平发展道路，使国家发生沧桑巨变，综合国力大幅度提升，国际地位空前提高。中国随着力量的壮大，对人类的贡献也不断增大，愈益成为维护世界和平、促进世界发展的中坚力量。

国际社会包括美国明智、有识之士，对走和平发展道路的中国的发展都持欢迎态度。然而，西方特别是美国一些政学界和媒体人士却怀着嫉妒或敌意，宣扬各式各样的“中国威胁论”，诸如“中国经济威胁论”、“中国政治威胁论”、“中国军事威胁论”、“中国环境威胁论”、“中国能源威胁论”、“中国网络威胁论”、“中国太空威胁论”，等等。总之，他们容不得中国发展强大，只要中国在哪一方面哪一领域取得重要发展与进步，就说中国在哪一方面哪一领域构成了威胁。所有这些“中国威胁论”，都没有任何根据和道理，是完全站不住脚的。但它们有很大的迷惑性，容易误导美国和西方公众，对中美关系有很大的干扰与腐蚀作用。其中“中国经济威胁论”、“政治威胁论”、“军事威胁论”蒙蔽性和危害性尤大，必须予以澄清。

（一）“中国经济威胁论”

经济是一个国家综合国力的基础。中国全面跨越式发展首先表现为经济的快速增长并主要以经济实力的增长为前提条件。美国有些人士因此首先大肆宣扬“中国经济威胁论”。他们从“中国强大就是威胁”的奇怪逻辑出发，刻意过度夸大中国的经济实力。如美国一智库的学者用购买力平价法计算出中国2010年的GDP达14.8万亿美元，同年美国仅为14.6万亿美元，中国已取代美国成为世界第一大经济体。[①] 实

① 萧达等:《中美世纪对话全球瞩目》,《中国经济时报》，2011年1月8日，第16版。

际上，该年中国的GDP为5.879万亿美元，仅为美国的14.6万亿美元的40%，人均GDP中国只有美国的1/12。明明美国的GDP是中国的2.5倍，人均是中国的12倍，在以前年份，中美这两项指标的差距更大得多，他们却说中国的经济力量对美国构成威胁。在若干年后，即使中国的经济总量超过美国，也不会对美国构成经济威胁，这是由中国和平发展道路的性质所决定的。

他们断言中国经济对美构成威胁的主要论据是中美贸易严重失衡，中方顺差、美方逆差年年攀升，是造成美国高外贸赤字、高失业率的主因，说中国“抢走了美国人的就业机会”，这是毫无根据的。美国外贸高逆差主要由美元世界金融霸主地位导致美国人高消费与超前消费造成的，高失业率是其产业结构调整，即专注发展服务业和金融业、高新科技产业等资本、技术密集型产业，将劳动力密集型产业或淘汰或转移到发展中国家的结果，同中国无关。美方还严重夸大其对华贸易逆差。由于美方将中国转道香港等地出口到美国的产品计算到中国对美出口中，而不将美国同类对华出口产品计算到美国对华出口中等原因，其统计的美国对华贸易逆差远高于中方统计的数额，如2010年美方计算的其对华逆差比中方统计的多出约600亿美元，即比中方统计的要多出三分之一。同时，中国对美出口商品的大约一半是由在华投资的美国跨国公司生产的，[①] 如果排除这一项，美国对华贸易逆差要少得多。美国对华贸易逆差还同美国自身政策即禁止对华出口高科技产品密切相关。美国断言美中贸易严重失衡并将其归咎于中国的说法严重扭曲了两国贸易关系。美国一些政客甚至连中国大量购买美国国债这种对美国十分利好之事也说成是对美国的威胁，危言耸听地说如对此不加限制，美国将“被来自中国的威胁淹没”。[②]

实际上，美国从中美经贸关系中得益良多。根据美中贸委会的

① 詹姆斯·彼得拉斯:《美利坚帝国五个神话与现实》，西班牙《起义报》,2005年4月21日。

② 《美国政客打出反华竞选广告》，2011年6月22日，环球网。

研究，从2007年至2010年，同中国贸易可以使美国GDP增长年均提高0.7个百分点，物价水平年均下降0.8个百分点，每个家庭可支配收入年均增加1000美元。[①] 在这种情况下，美国一些人鼓吹“中国经济威胁论”，既有悖于事实，也有悖于良知和道德，是不可理喻的无稽之谈。

（二）“中国政治威胁论”

中国30余年来的大发展是当代世界最具影响力的重大事件，是中国探索并找到适合中国国情的发展道路的结果。这雄辩地证明有中国特色社会主义的强大生命力，使美国那些“冷战斗士”在冷战结束后宣扬的“历史终结论”、“社会主义完结论”和“中国崩溃论”不攻自破。他们在失落之余转而鼓吹“中国政治威胁论”，认为中国的社会主义制度和意识形态同美国代表的西方资本主义制度和意识形态势同水火、根本对立，必然会发生冲突和斗争；中国在强大后势必要将其社会制度与意识形态向外传播与推广，从而对主宰世界几百年的西方的社会制度和意识形态造成严重威胁，甚至会危及其本身的存在；中国国际影响的扩大势必会挑战以至打破基本上由美国和西方主导的现行国际秩序。这些冷战式言辞和思想观念背离了时代潮流和当今世界政治现实，也同中国的政治理念与行为实践相悖。

中国在改革开放的历史新时期，调整了有关制度之争的观点，即改变了社会主义与资本主义两种社会制度必然是势不两立的敌对关系，即“不是东风压倒西风，就是西风压倒东风”的传统观念。现在，中国虽仍坚持社会主义信念，认为中国有本国特色的社会主义制度是优越的，但主张世界文明多样性，尊重各类国家不同的文明样式、社会制度、价值观念；认为当今世界上不存在放之四海而皆准的文明类型

---

① 周天勇：《中美经济关系的客观认识和对策建议》，《中国经济时报》，2011年5月17日，第4版。

和社会制度，不同的文明和社会制度包括社会主义与资本主义制度可以长期和平共处，良性竞争共存，而不会必然发生碰撞而导致“谁战胜谁”的结果。它们究竟谁优谁劣，谁高谁低，谁能最终经得起时间和历史的考验，成为世界“终极模式”的问题，不能通过冲突与战争的手段来解决，而应由世界人民在不断鉴别与比较中做出取舍。因此，中国致力于促进文明对话，防止文明冲突，在坚决维护自己选择本国社会制度和发展道路权利的同时，充分尊重别国选择自己社会制度和发展道路的权利。中国不搞文明和社会模式输出，不以社会制度和意识形态的异同来决定国家关系的亲疏远近，而从中国人民和世界人民的根本利益出发，根据事物和问题本身的是非曲直，决定自己的立场与行动。

中国坚持独立自主的和平外交政策、“不称霸”和“绝不当头”原则决定了中国不会谋求地区和世界霸权及在地区与世界事务中的主导地位。中国承认并尊重联合国和世界银行、国际货币基金组织等全球政治、经济治理机制并积极参与其活动，支持联合国在国际事务中发挥主导和中心作用。中国主张建立国际政治、经济新秩序，不是要用新的国际机制去取代现有的国际机制，而是要求对现有的国际机制进行必要改革，使之不断趋于完善与高效，更能体现公平合理的原则。可见，中国的主张和行动对现行的国际治理机制和国际秩序是补台而不是拆台，是合作而不是对抗，是支持而不是挑战。

中国尊重并维护世界文明多样性，大力促进不同的社会制度和平共存，以合作精神推动改革与完善现行国际治理体系，为维护世界和平与稳定做出了重要贡献。所有这些为国际社会所公认。倒是有的国家大搞“民主”输出，不择手段地向别国强加本国的政治制度和价值观，坚持推行以独霸世界为终极诉求的全球战略，对世界和平与安全，对各国的独立与主权构成了威胁。美国某些人不顾这些铁的事实，反而喋喋不休地鼓吹“中国政治威胁论”，只能暴露自己的蛮横与偏见。

（三）"中国军事威胁论"

一个国家对其他国家构成"军事威胁"，意味着它直接挑战他国的国家安全，触动其最敏感的战略神经，是任何国家所不能容忍的。有鉴于此，美国一些人大力宣扬"中国军事威胁论"，以为其推行遏制中国政策并图谋在国际上孤立以至围堵中国制造"最佳"借口。

美国军方人士是"中国军事威胁论"的主要炮制者。他们给出的"论据"是中国"大幅度增加军费"，且军费"不透明"；中国军力水平超出了防御需要，具有进攻性；中国对与邻国的领土、岛屿争端态度强硬，对邻国以至对南海国际航道构成威胁等。这些都是不实之词，所谓"中国军事威胁"，是他们人为杜撰出来的。

其一，中国军费支出控制在合理范围，而且是透明的。

中国近些年来随着经济的发展增加了军费支出，平均增幅约为15%。美国有些人对此大做文章，得出中国"大扩军力"，"威胁"他国的结论。这严重歪曲了事实真相。中国军费这种增速在很大程度上是对前些年军费增幅过低的补偿，如1978年至1987年年均增幅仅为3.5%，且其中1/3是用于改善官兵生活。中国国防支出所占国内生产总值的比重远远低于所有西方大国，更不用说美国。如2007年，中国军费仅占中国GDP的1.38%，美国则占其GDP的4.3%，美国的军费开支是中国的12倍，其人均国防开支是中国的50多倍。直至2010年，中国的国防费也只有5321.15亿元人民币，约合800亿美元，年增7.5%，而美国的国防费达6800亿美元，[①] 仍是中国的8.5倍，人均支出是中国的38倍多。他们所说中国军费不透明，存在大量"隐性军费"则是一种主观臆断。事实是中国军费是透明的，不存在"隐性军费"。中国自2007年起，参加了联合国军费透明制度，向联合国递交上一财政年度的军事开支基本数据，每年还向其提供七大常规武器的进出口情况。

① 《历史学家：美国保持强大的军队是为预防战争》，2011年6月29日，人民网。

中国还在提高军事透明度及增进与有关国家军事互信方面做出了不懈努力，并取得重要成果。

其二，中国不搞军备竞赛，适当加强军备是出于防御需要。

中国虽然总体安全环境向好，但在国际上仍面临着传统与非传统安全因素的挑战。国内存在着“台独”，“藏独”，“疆独”分裂势力，且有着几万公里的边境线和三百万平方公里的海疆，适当增加国防开支和发展一定强大的国防力量，包括发展适量的现代化战略与常规武器，对维护国家的主权、安全和领土完整是完全必要的和正当的。中国加强国防力量遵循两个原则，一是同国力相适应；二是同国土防卫需要相适应，不超出国力水平和防御需要去过度发展军力。中国不搞军备竞赛，更不搞穷兵黩武。美国军方人士硬说中国“大力扩军”，中国军力超出了防御需要，完全罔顾事实。其误有二，一是过分夸大中国军力。由于中国经济和科技水平仍落后于发达国家，军工技术、武器质量和军备总体水平同西方大国特别是同美国差距很大。他们对此熟视无睹，硬说中国军力强大到威胁美国的地步。二是搞双重标准。如他们对美国开发与部署大量太空武器认为理所当然，而对中国刚刚进行的反卫星试验则大肆渲染为威胁；对世界上已有9个国家拥有航母，其中美国拥有的核动力航母达11艘之多一事视为正常，而对中国刚刚拥有一艘改进型的航母大肆渲染为威胁。其用意是要削弱以至消解中国的自卫防御能力，使之在别国的威胁与挑战面前无能为力，这当然是行不通的。

其三，中国坚持用和平手段解决同有关邻国的争端，从未挑战他国的主权与安全。

中国同印度达成了和平解决边界问题的共识，并建立了边境安全与信任措施，对确保边境安宁和两国关系的良性发展有重要意义。中国严格遵守同东盟国家签署的《南海各方行为宣言》，维护了南海地区的和平与稳定。中国尊重别国的主权和领土完整，也坚定地维护本国的主权和领土完整，对有些国家占据中国固有的岛屿和岛礁，任意在中国领海勘采油气资源的行为，中国当然不能坐视不顾。但即使对这种严重侵犯中国主权的行为，中国的反应也是克制的，没有采取恶化局势的任何行动。他们无视这些，硬说中国对与邻国有争议的问题采取强硬立场，威胁了邻国的主权与安全。这不但昧于事实，而且混淆了是非。

至于说中国“妨碍”以至“威胁”了南海国际航道的航行自由，更是凭空编造之事。中国维护在南海的主权和海洋权益，根本不影响各国在南海的航行自由。作为世界最繁忙的黄金航道之一，每年多达4万多艘船只平安无事，畅通无阻地通过南海，并没有发生一起正常航行被中国妨碍的事件。虚构中国威胁南海航行自由不过是某些人为美国强化其在这一地区的军事存在和活动制造借口，并以此作为离间东南亚国家与中国关系的一种手段。

美国有些军方人士甚至说中国加强军力打破了台海地区的军事平衡，对台湾构成威胁。这是对中国内政的公然干涉。台湾是中国不可分割的神圣领土，解决台湾问题完全是中国的内部事务。坚持“一中”原则，反对台湾独立，实现两岸和平统一，是中国坚定不移的既定国策。中国通过《反分裂国家法》，不放弃武力解决选项及作出必要部署，不是针对台湾和台湾人民，而是针对仍然猖獗的台独分裂势力及其背后的支持者——企图染指中国神圣领土台湾的外国势力。中国这样做不是威胁台湾，而是震慑台独势力及其外国支持者，使之不敢轻举妄动，这是有利于最终实现两岸和平统一的必要举措和有力保障，也是台湾人民的根本利益所在。

综上可知，根本不存在中国对任何国家造成任何威胁的问题。中国的和平发展战略从理论到实践都打破了以往大国通过战争进行对外扩张掠夺而崛起的模式，避免了“强国必霸”的历史宿命，走上了和平发展的历史正道。这表明中国从根本上消除了对外国构成威胁的可能性。美国和西方某些人士散布的各种“中国威胁论”都是虚构的，在事实面前谎言终将被戳破。尽管它会给中美关系造成负面影响，但改变不了中美关系总体向前发展的趋势和以协调、合作为主的基本面，更阻挡不了中国和平发展的强健步伐。

三

中国和平发展战略及其所包含的独立自主和平外交政策及对美政策，对中美关系有重大正面效应，是推动中美关系正常稳定发展的重要条件。但两国关系是双边相互作用的结果，即是由双方的政策与行为决定的。中美关系状况取决于双方政策是否协调配合。从总体看，美国在国际事务与对华关系中，同中国的利益交汇多于摩擦碰撞，协调合作大于矛盾分歧，这是中美关系始终能基本保持正常良性发展的主要原因。但毋庸讳言，美国仍弥漫着冷战思维气息，不但其朝野频生“中国威胁论”，而且其对华政策和整个对外政策仍带有浓重的冷战色彩，对两国关系产生严重的负面影响，是两国矛盾纠葛难息，相互关系曲折多变的根子。

在双边关系层面，美国对华实行两面政策，在将中国视为合作伙伴的同时，把中国作为现实和潜在的主要战略对手予以遏制打压。政治上，坚持干涉中国内政，每年都要发布官方报告，在“民主”、人权、宗教等问题上对中国横加指责，企图将其意识形态和价值观强加给中国。更有甚者，美国固执《与台湾关系法》，公然打出“协防台湾”的旗号，一再向台湾出售武器，严重损害中国主权和领土完整，阻挠中国统一大业，这是中国所不能容忍的。美国对台湾的错误政策是妨碍中美关系正常稳定发展的最大问题。在战略上，美国在亚太地区保持并强化冷战时期形成的双边军事同盟及在亚太前沿的军事存在，常年在中国近海举行双边与多边军事演习，明显有针对中国的考量；经常派飞机、舰艇深入中国专属经济区对中国进行抵近战略侦察活动；介入中国同有关邻国对有关岛屿、岛礁和海洋权益的争端，加强同它们的军事合作关系，使其有恃无恐地对中国进行侵权活动。经济上，经常利用所谓的“贸易失衡”、人民币汇率、反倾销等问题对华施压，人为地制造贸易争端和摩擦；不承认中国市场经济地位，对华搞贸易和投资保护主义，阻挠中国企业并购美国企业，禁止对华出口高科技及军工产品。这些都严重制约了中美经贸合作潜力的发挥。

在国际层面，美国推行旨在构建由它主宰的单极世界秩序的全球战略，同中国的外交政策大相径庭。在国际政治领域，它竭力操纵世界事务，处理国际问题实行单边主义或由它主导的“多边主义”；对待联合国采取实用主义立场，能利用则利用，不能利用则弃置，甚至凌驾于其上另搞一套；把向发展中国家和转型国家输出美式民主作为其国家使命和外交政策核心目标之一，用威吓利诱手段逼其就范，对不听命的非西方国家横加罪名，施行强力制裁，在其国内煽动社会动乱，策动“颜色革命”，甚至诉诸武力强制实行“改朝换代”。在国际战略领域，在相当程度上沿袭了冷战时期的军事战略。固化和强化多边军事集团和双边军事联盟；扩大北约并改变其性质，将其功能从防御性扩大到进攻性，越出其防区范围，推行北约全球化；在南亚、北非实施进攻性军事行动；继续扩充军备，谋求陆、海、空、太空军力和战略常规攻防武器的全面绝对优势，以别国的不安全为代价，确保其一家的绝对安全。在国际经济领域，维护不公正不合理的国际经济旧秩序和美元霸权地位，损害广大发展中国家的经济权益。这些对世界和平与发展事业和有关国家的独立、主权和安全构成现实与潜在的威胁和挑战。

美国的对华政策和外交政策带有强权政治性质，在很大程度上出于一己私利而罔顾他国利益，时常做出有损中国核心利益之事，不能不受到中国的抵制与反对。美国的错误政策因素是两国关系不时出现波折和困难的深层根源。

尽管如此，美国和中国分别作为世界上最大的发达国家和发展中国家，世界第一和第二大经济体，又都是联合国安理会常任理事国和核大国，都深明两国关系攸关两国根本利益，深知两家“合则共赢，斗则皆输”，都高度重视并致力于促进相互关系的正常稳定发展。每当两国关系出现大的波折和问题之际，双方都能保持冷静和克制，妥善处理矛盾和分歧，不使其扩大失控，共同维护中美关系发展的大局。因此，相互协调、合作一直是两国关系的主要方面。现在，中美关系已经积累了巨大的能量，培植了坚实的基础。随着两国实力的持续增强，特别是中国的继续强劲发展和坚持走和平发展道路，两国关系发展的潜力和张力将越来越大。只要两国切实遵循三个“联合公报”，本着互相尊重，互利共赢的精神，照顾彼此核心利益，中美就能不断克服困难和阻力，将两国合作伙伴关系不断提高到新水平。

关于影响中美合作关系一些问题的探讨

中国国际问题研究基金会战略研究中心执行主任　**王嵎生**

弹指一挥间，尼克松访华转眼已40年了。40年，中美关系既有和煦春风与阳光照耀，也有烈日炎炎和风雪冰霜。有人说，中美关系好也好不到哪里去，坏也坏不到哪里去。这似乎道出了一些基本事实和一定的客观规律。但历史在前进，时代在变迁。中美关系总不能继续停留在这个轨迹上。现在该是两国分别和共同总结经验、展望和开辟美好未来的时候了：不是要让两国关系“好也好不到哪里去”，而是要让它逐渐“可持续地好起来”；不是要让它“坏也坏不到哪里去”，而是要让它“不至于坏下去”。这是一个很难回答、更难做到的诉求。但为了两国各自和共同的利益，也为了适应世界和平与发展的需要，这是必须回答和应该解决的大问题。

美国有不少有识之士，他们虽然难免受美国“唯一超级大国”地位的影响，有时情不自禁地流露出一些“傲慢与偏见”，但一般来说，比较明智而务实，发表过不少有利于中美合作关系的言论。笔者印象比较深刻的相当多，试举几例。

1. 1999年，美国知名资深外交官乔治·凯南在接受普林斯敦大学教授理查·厄尔曼采访时，谈到“美国应如何对待中国”。他说，他“希望美国政府逐步从公开倡导民主和人权的立场撤退”，“对别国的内部事务采取更加超脱的态度”。他特别强调说，“我们尤其不应该让这类事情影响我们同中国的关系。中国人是亚洲的法国人……他们都是自豪的人民，都意识到他们有着伟大的文化传统”，“他们不会变成像我们一样”。因此，美国“要以极其高雅的礼貌和尊重对待他们”，而不应“带着优越感对他们说：‘应该学会像我们一样治理你们的国家’。这简直太不体面了。老天爷，我们能不能不要那样胡闹？”

当时凯南已95岁，他是从冷战的漫长道路上撤退下来的，是用一生的感悟在对美国领导人说话。笔者十分欣赏他的清醒和直言不讳的勇气，同时认为，他说的是怎样对待中国，实际上牵涉到美国正确对待世界各个国家和人民的问题。在这个星球上，难道只有中国人像法国人或法国人像中国人吗？难道只有中国和法国才“意识到有伟大的文化传统”吗？显然不是。

2. 美国政治分析家、哈佛大学肯尼迪学院院长约瑟夫·奈曾再三强调，相信冲突不可避免的想法本身就是冲突的根源，“我们现在若是把中国当成敌人，我们可能就为自己树立了一个敌人”。我很赏识他这一观点，但我觉得这还不够。2000年12月，也即小布什上台前夕，在华盛顿举行的中美日第二轨道对话期间，在一次私下交谈中我对他说，你的观点很好，如果再加一句话也许更好：美国只有把中国“如实地当作伙伴”，至少是潜在的合作伙伴，才能真正避免制造一个敌人而交一个朋友。奈说，他可以同意我的观点。我没有期待他会重复我的观点，但兴许可以加深他对自己观点的“再认识”，了解中国方面的善意。

3. 2009年1月12日，在北京纪念中美建交三十周年活动的一次会议上，美国大选期间曾担任奥巴马外交事务顾问的战略家布热津斯基强调说，中美之间建设性的相互依存是全球政治和经济稳定的重要根源，我们现在需要全力推进一种非正式的“两国集团”。“美中之间的关系必须真正是一种与美欧、美日关系类似的全面的全球伙伴关系”；“美中高层领导人应进行例行的非正式会见，不仅就美中双边关系，还应就整个世界问题进行一种真正个人之间的深入讨论”。他还说，中国所强调的“和谐”可以成为美中峰会一个有益的起始点。

几乎与此同时，基辛格也发表了类似的观点，主张美中两国应该建立一种“命运共同体”（a common destiny）结构，将两国关系提升到类似二战之后大西洋两岸关系的高度。笔者虽然不赞成“两国集团”和“命运共同体”的主张，但认为他们的意见在很多方面都是正面的，具有战略意义，无论是对中国还是美国，以及对世界的和平与发展，都是积极而有益的。

事实上，美国领导人也说过一些对中美合作关系具有积极意义的话。克林顿当政期间就曾主张要同中国“共同致力于建立面向二十一世纪的建设性战略伙伴关系”。近两年来，奥巴马总统多次声称，中美关系是世界上“最重要的双边关系”，“美国和中国的关系将塑造21世纪”。美国一些部长们说得更多，如说我们（美国和中国）要“有福同享，有难同当”；“逢山开路，遇水搭桥”；要“求同存异”，“同舟共济”，等等。这些话本身是积极的，但多少有点言过其实，而且行动往往与之相悖，中国老百姓对此存在很多疑问，也很自然。

对以上这些积极和正面的言论与意见，美国新保守主义理论家们是听不进去的。美国那些主张“霸权永续”、以“霸眼”看世界的领导人也是听不进去的。这方面的表现很多，从宏观角度观察，主要有以下几大问题值得探讨。

一、关于时代性质、各自身份和战略诉求的认识问题

2003年6月，时任美国国务卿的赖斯在英国伦敦“国际战略研究所”发表重要演说。她强调多极世界是一种“竞争理论”，“不能促进和平”；说“多极世界”“导致了第一次世界大战”，“把这个世界折磨得痛苦不堪”；奉劝人们，特别是欧洲国家“放弃对众多新‘极’的追求”，团结在美国自由、和平与正义的“一极”周围。赖斯这席话是在美国发动伊拉克战争并宣布“胜利”后针对欧洲反对派国家说的，

也是说给中国等正在迅速兴起的发展中国家听的。她十分担心欧盟、中国或任何一个大国成为新的一极，挑战美国的霸主地位。

此前此后，美国知名学者约翰·米尔斯海默一再强调，所有大国都是无情的权力追逐者，中国也不例外。如果中国日益强大，也将仿效美国，使用理想主义的辞令来描绘中国的外交政策；也会像美国一样，最大限度地占有世界权力。

更有甚者，美国新保守主义智囊人物罗伯特·卡根等人经常发表文章，散布“中国威胁论”。他们把中国与当年的德意志帝国相提并论，认为历史上“几乎没有哪个国家的崛起没有引发战争”，美中之间“一场战略冲突在所难免”，美国应该早做准备，先发制人，及时琢磨“如何同中国打仗”。

赖斯和米尔斯海默的看法并非没有一点道理。历史上，由于资本主义政治经济发展不平衡规律的影响，当一个占统治地位的帝国衰落而另一个帝国勃然兴起的时候，在一般情况下，后者必然要向前者挑战，要求重新划分势力范围，重新瓜分世界，争夺盟主或霸主地位，从而引起对抗和战争。中国春秋战国时期，这种现象是层出不穷。古罗马帝国以来，这种现象也屡见不鲜。第一次和第二次世界大战，这种现象表现得更加突出。更何况，在那帝国主义和殖民主义时代，有哪个帝国或宗主国不是靠掠夺和战争起家的呢！

“不识庐山真面目，只缘身在此山中”。赖斯和米尔斯海默长期生活和工作在还没有“脱胎”于这个历史环境的国家，而且是“唯一超级大国”精英的身份，他们的上述看法是可以理解的。但这毕竟是陈旧的历史观念，是受“霸权永续”思想的影响。他们并没有看到，现在时代真的变了，大不一样了。

第一，现在早已不是帝国和殖民主义时代。发展中国家的兴起，是不可逆转的时代现象。发展中大国的兴起，性质也不同于历史上帝国的兴起。它们并非是“脱胎”于近代帝国的国家身份，而是原来的殖民地和半殖民地国家身份。它们普遍要求的不是重新划分势力范围和瓜分世界，而是“和平共处”乃至“和谐相处”，是公平和公正的国际政治经济新秩序，是国际关系民主化和发展模式多样化，是“尊重多样文明，谋求共同发展”。这一点已经为大量事实所证明。印度、南非和巴西等大国如此，中国更是如此。亚欧会议的成立和实践也充分证明，很多欧洲发达国家，包括原来是帝国主义和殖民主义的国家，也开始认识到这一点。

第二，从政治关系来看，发展中大国的迅速兴起，对发达国家、特别是对唯一超级大国美国来说，无可否认，确实是一种挑战，但它们并不寻求对抗。它们要求的无非是平等地位，拒绝“主从关系”；是对它们国家独立和主权的尊重，是和平的诉求。环顾全球，当今世界有哪个国家有意同美国过不去呢？有哪个国家在寻求同美国对抗呢？没有。如果有，那也是被“逼上梁山”的。

纵观中美关系史，可谓是一部爱恨交加的历史。新中国没有做过什么对不起美国的事。中国每次对美国强烈的抗争，都是当问题逼到了自己的头上，或战火烧到了家门口，不得已而为之。新中国历届政府都十分重视中美关系，也并不希望和期盼美国衰落。除了维护自身核心利益的必要斗争外，总是设法努力“增进了解，减少麻烦，发展合作，不搞对抗”；希望从战略上看待和发展双边关系，相互尊重，合作共赢。这充分反映和代表了中国人民善良的愿望。这种愿望很多美国朋友也是有的。问题主要出在美国新保守主义理论家们的理念和战略选择上。他们对中国的看法，可谓“霸眼”不识真相。这对中美关系只能起负面作用。

第三，在经济全球化发展的现今时代，中美关系虽然远没有达到“同枯荣，共兴衰”的程度，但不可否认，两国关系显然更加紧密了，相互依存更多了，在诸多领域都出现了“你中有我，我中有你”的局面。在这样的大环境中，两国的专家学者更需要采取务实的态度，更多看到大好机遇和共同繁荣。如其不然，只顾争夺，不顾合作；只搞对抗，不言协调，到头来很可能是两败俱伤，中国固然要吃亏，美国也不可能幸免。

事情就是这样明摆着的。时代不同了，我们不能总是老皇历看问题，更不应长期受冷战思维的影响和约束。近来美国媒体关于中国的客观报道有所增加，认为“迅速兴起的中国”将是国际舞台上“一支积极的力量”；中美关系积极方面多于消极方面；中国应成为美国新的重要合作伙伴等，是值得欢迎的。

二、关于中国是处于“战略十字路口的国家”问题

美国官方文件（包括小布什总统的两次“国情咨文”）和媒体在评估中国形势时，经常强调中国发展前景和道路“不明朗”，具有“不确定性”，目前正处在“战略十字路口”。美国上次的一个《四年防务评估报告》，甚至把中国列为“未来对美国最具军事威胁的国家”。

其实，中国和平发展道路的方向是十分明确的，不仅有大量庄严的政策宣示，而且已为国际实践所证明。可是美国就是不相信，不放心，喜欢说三道四，指点中国江山。为什么？原因很简单，说穿了就是美国手里有一把自制的尺子，上面刻着美国字典里“自由”与“民主”的“价值观”。只要中国政治制度和社会思想一天不“美国化”，中国仍然坚持“社会主义市场经济”等原则，不沿着美国指引的方向走，就是“异类”。把一个“异类”国家说成是“处于战略十字路口”的国家，在美国的字典里，表明它还“看得起你”，对你有所期待，期待你“改弦易辙”，朝着它指引的方向走去。美国对中国的所谓“两面下注”（接触加遏制，或遏制加接触），盖源于此。但这也太“唯我独尊”了。不同的社会制度是不同国家的核心利益，都是要极力维护的。试想，如果中国也说美国是处于“战略十字路口的国家”，一定要指引美国走中国的道路，实行中国的社会制度，美国会怎么想？难道不觉得受到羞辱吗？

中国独享"战略十字路口国家"的荣誉已经好多年了。现在美国在同一个《四年防务评估报告》里，也将俄罗斯和印度同中国一并列为处于"战略十字路口的国家"行列。中国身边忽然多了两个"伙伴"，也不再"光荣孤立"了。这种现象难道不值得美国反思吗！？

三、关于"平衡论"和"抗衡说"问题

这实际上是一个"要平衡"还是"怕平衡"的问题。

2011年年初，时任美国国防部长的罗伯特·盖茨在西点军校发表演说，再次提及中国军事现代化对美国的"威胁"，要求美国陆军准备好从传统大规模地面作战向"更轻更灵敏"转型，以适应今后"更加复杂的安全环境"。美国头头脑脑说中国军事现代化是对美国的"挑战"和"威胁"，几乎是剪不断的N次了。

美国一些主流媒体和政客也不断炒作"中国扩张野心"和"中国威胁论"，而且利用人们渴望和平与安定的心理，混淆"平衡"与"不平衡"的实际情况和概念，掩盖美国的真实意图。他们硬说，中国以"积极防御"为名，"大规模扩充军备"；"中国海军力量的增强、网络战能力的提高、反舰反卫星导弹的研制，以及着手建造航母等动向，都将对亚太地区的安全构成巨大威胁"；"中国正在以超越美国设想的速度和规模迅速扩充军备"，"亚太地区的军事平衡正在向危险的方向倾斜"。

什么是"危险的方向"？什么是"平衡"和"倾斜"？在美国的字典里，他们所谓的"平衡"，实际上就是美国军事力量必须保持"绝对优势"的现状，就是他们有权可以随时威胁制裁、甚至威胁和打击有关国家；谁要发展必要的"积极防卫"力量，就是"打破平衡"，"向危险的方向倾斜"。美国所谓的"平衡"，本质上就是维护美国军事上的"绝对优势"。美国口口声声说"要平衡"，其实是"怕平衡"，怕

失去“绝对优势”而不能为所欲为，怕因为出现“平衡”，其他国家有能力挑战它的主导地位。

其实，中国发展有限和必要的国防力量，努力实现军事现代化，目的就是要保卫国家的主权、独立和安全，没有什么不透明的。这一点美国也并非心中无数。但由于霸权思维的习惯性影响，美国一些人和媒体手里总是握着两把尺子，“另一只眼睛”看中国。美国自己可以不断进行“超军事现代化”，不断发展最先进武器，包括微型核武器，它的军费可以超过全世界各国军费的总和，那都是“为了和平”与“稳定”；美国的飞机、军舰和航母可以不断在中国大门口转悠，美国可以在中国近海区域不断耀武扬威，那都是“正常的”和“合法的”。中国军事现代化一点小小的进展，航母还只是在建造阶段，他们就大肆炒作，好像中国在做什么“大逆不道”的事。美国有那么多航空母舰，中国造一两条，“何罪之有”？难道真的是“只许州官放火，不许百姓点灯”吗？

君子坦荡荡，小人长戚戚。中国没什么不可告人的秘密，倒是美国的某些人需要反思：现在是什么时代了，美国应该如何摆正自己的位置。否则，这个世界对美国“不高兴”的人只会越来越多。国际力量某种“合理的平衡”迟早是要出现的，美国最好直面时代变迁加速发展的现实，认清自身的实际地位，做一个头脑清醒的超级大国。

至于中国周边某些国家担心中国“扩张”，需要美国来发挥某种“制衡”或“平衡”作用，那倒并非是子虚乌有，也并非是不可理解的。但事情正像美国一些媒体所说的，回顾中国周边国家，没有一个愿意“联美制华”。中国同周边某些国家存在一些历史遗留问题，也有一些实际利益上的矛盾，完全可以通过双边平等与和平协商来解决，无须美国多虑，“深度介入”。中国“和谐周边”的政策不会改变，周边国家也会进一步理解。美国一些主流媒体近来又在谈论什么“GAPEC”（环中国国家联盟），说什么“亚洲减一”，即在美国的撮合下，联合起来对付中国。这实际上不过是“亚洲北约”的翻版。在中国处于弱势地位时行不通，现在更是明日黄花了。中国同周边国家关系只会越来越好，特别是中国与东盟国家、上海合作组织国家的关系正在蒸蒸日上。上海合作组织“十年磨一剑”，已形成极具亲和力的“上海精神”：“互信、互利、平等、协商，尊重多样文明，谋求共同发展”。这是“GAPEC”（环中国国家联盟）吹鼓手们的重要“克星”，也是中国和谐周边乃至和谐世界的希望所在。

四、关于“同盟国”和“伙伴国”两个同心圆问题

美国领导人近两年来一再表示，美国现在已不能单独解决当今世界的重大问题；美国不仅需要“同盟国”，也需要新的“伙伴国”（中国、印度、印度尼西亚等）。这是一大进步，表明美国多多少少已开始认识到时代变迁量变进程的加速发展，以及国际力量对比的变化。但从美国在东亚地区的政策取向和行为来看，它真正或主要关心的是中国迅速兴起可能对它的挑战，以及它老“同盟国”的离心倾向。西方一些媒体评论说，“美国真正害怕的大概是从绝对优势地位上跌落”；是担心“被边缘化”，不无道理。2010年，美国在东亚地区的所作所为，特别是多方散布“中国扩张野心”“咄咄逼人”，在中国周边挑起事端，趁机加强美日、美韩军事同盟，以及美国领导人无数次强调美国在这一地区的领导地位和主导权，就是很好的佐证。

由此人们不难看出，美国心目中的“同盟国”和“伙伴国”是有明显区别的，实际上是两个不同性质的“同心圆”，前者是它全球战略的依托和必须控制的盟友；后者是它不得不与之打交道和争取的对象，是有条件的，而且还区别对待。只有一点是相同的，那就是都要围着它转，顺着它走。但残酷的现实已经表明，这是很不现实的，太一厢情愿了。

其实，中国并无意要排斥美国，也无意要拆散美日同盟，事实上

也没有这个能耐。相反，中国欢迎美国继续在这一地区发挥积极的建设性作用，以期实现“合作共赢”。美国一些主流媒体说，中国“误以为美国正在衰落”，民族主义膨胀，妄自尊大，违背了邓小平所说的外交上韬光养晦的智慧之言，对奥巴马总统2009年访华的“和解之举”反应冷淡，没有给予必要的“回报”。这是完全不符合事实的。中国同美国合作的愿望和政策取向，举世公认。难道非要中国在核心利益问题上妥协让步、顺着美国走，才算是“回报”和“合作”吗？这不仅中国做不到，任何一个正常的国家都不可能做到。

中美合作关系存在问题的关键，主要是以下两个方面：

（一）美国担心中国迅速兴起会影响和挑战它的“唯一超级大国地位”。另一方面，中国也担心美国遏制中国的兴起，不断侵犯中国的核心利益。这个问题牵涉到如何正确看待自己，以及如何看待对方和相互关系的清醒认识和正确判断问题。经过四十年的反反复复和周折，双方关系在2011年初胡锦涛访美时已经有了新的定位，即相互尊重，互利共赢的伙伴合作关系。只要双方认真执行两国之间的三个联合公报和这一新的相互关系定位，这个问题会逐步得到解决的。

（二）中美国际战略诉求不同：美国要建立“美国统治下的世界和平”；中国要“建设和谐世界”，主张“和而不同”，实行“国际关系民主化”和“发展模式多样化”。中美两国高级外交官曾有过一次发人深思的对话。时任中国驻美大使李肇星问美国国务卿奥尔布赖特，你如果用一个字来形容美国的外交，那该是什么？她毫不犹豫地回答说：“leadership”（领导）。她反过来问李肇星，那中国呢？李肇星也毫不犹豫地回答说：“partnership”（伙伴关系）。一字之差，生动地表明，两国的外交战略和理念是多么不同。这实际上是结构性、或者说根本性的矛盾，应该承认，在一个相当长的历史时期，是不容易解决的。但是不是因此两国就一定要拼个你死我活呢？笔者以为，中美两国乃至全世界人民，都不愿意看到这种情况出现，那只会使两国关系“越来越坏下去”；不仅中美可能两败俱伤，也有害于世界和平与发展大局。

中美两国是影响世界形势发展和国际关系走向的大国。“中美共治”（G2）我们不赞成，也行不通。但“中美共商”国际和地区大事，协调立场，寻求更多和更广阔的“利益汇合点”，还是可以的，也是必要的。美国朋友现在很喜欢说中国的成语，中国文化传承最有名的两个成语就是：“和而不同”与“和为贵”。如果对这两句话真正领会，而且融会贯通了，付诸实践，中美两国合作关系一定会逐步“可持续地好起来”。反之，就可能仍然是这样的局面：“好也好不到哪里去，坏也坏不到哪里去”，甚至不断坏下去。40年了，我们应该吸取经验教训，谨慎乐观地共同开创两国关系的新局面。

中国与拉美国家关系中的“美国因素”

中国社会科学院研究员　**江时学**

最近几年，中拉关系取得了前所未有的快速发展。但是，在这一过程中，美国对中拉关系快速发展的忧虑和警觉也十分明显。如何正确应对“美国因素”已成为进一步提升中拉关系时必须认真考虑的问题。

一、中拉关系中“美国因素”的由来

美国对中拉关系快速发展的忧虑和警觉主要体现在以下几个方面:（1）美国政府官员高度关注中拉关系。2006年4月，美国国务院甚至派出主管西半球事务的助理国务卿托马斯·香农访华，与中国外交部进行中美拉美事务对口磋商。双方就各自与拉美国家的关系、对拉美国家的政策、拉美地区的形势和中美在拉美的合作等议题举行了会谈。这样的对口磋商已在北京和华盛顿举行多次。（2）美国会多次举行听证会，分析中国“进入拉美”的动机以及对美国的影响。（3）美国学术界对中拉关系展开了深入的研究。除举办各种类型的研讨会以外，还出版了多本探讨中拉关系的专著，发表了大量论文。有些美国学者甚至亲自来华进行调研。（4）美国媒体经常报道中拉关系的动态和进展。尤其在中国领导人访问拉美时，更是将其作为重点报道的重大新闻或头条新闻。（5）美国工商企业界和民众对中拉关系表现出浓厚的兴趣。（6）美国驻华使馆也多次会见中国学者，了解中国与拉美发展关系的动机。

美国之所以对中国与拉美国家发展关系表现出忧虑和警觉，主要是出于以下几个担心：

（一）美国担心在拉美的势力范围会受到影响

例如，美国众议员丹·伯顿在2005年4月6日国会举行的一次关于中拉关系的听证会上说："美国在拉美的传统目标一直是促进政治稳定、推动民主、提供市场准入和遏制霸权的崛起。中国会不会遵守公平贸易的规则？会不会负责任地参与跨国问题的解决？在我们得到肯定的答案以前，我认为我们应该谨慎地把中国的崛起视为与我们在拉美的目标背道而驰，因此我们应该遏制它。可能我们还应该把中国在拉美采取的行为看作是一个霸权在我们西半球的活动。"①

《华尔街日报》高级编辑玛丽·奥格拉迪在2004年9月3日该报发表的一篇文章中说，"中国进入拉美时带去了资金和市场，无怪乎中拉关系发展很快。这一关系（对美国）还没有产生严重的安全挑战，但中国正在成为美国自己后院中的一个政治上的竞争者……中国在拉美的崛起会使美国为控制非法移民、武器走私、毒品贸易和洗钱而作出的努力变得复杂化，因为中国正在与那些对美国上述努力不太友好的国家进行合作。那些拉美国家可能会利用中国来挑战美国的霸权。"②

（二）美国担心中国与拉美的军事交往会损害西半球的安全

中拉军事交往是中拉关系的组成部分之一。美国哈佛大学教授豪

① http://commdocs.house.gov/committees/intlrel/hfa20404.000/hfa20404_0f.htm.

② Mary Anastasia O'Grady, "The Middle Kingdom in Latin America", *Wall Street Journal*, September 3, 2004.

尔赫·多明戈斯在2006年6月完成的一个论述中拉关系的研究报告中说，没有证据能够证明中国在拉美的存在具有军事目的，因此其他国家没有必要感到担忧。他认为，“中国与拉美国家的有限的军事关系是中拉经济关系的发展带来的迟到的结果。唯一的例外可能是中国与巴西联合发射人造卫星。这两颗卫星或许能帮助中国获得一些有用的军事数据。”①

但是，中拉军事交往引起了美国政府的不安。例如，美国国务院主管西半球事务的副助理国务卿查尔斯·夏皮罗在2005年9月国会举行的一次关于中拉关系的听证会上说：“美国把中国参与联合国在海地开展的维和任务视为有利于联合国的维和行动，但美国正在密切关注中拉双方的军事合作关系，包括双方军队之间的教育合作。”他表示：“美国希望中拉军事合作不会损害拉美军人支持民主和拥护文人掌权的决心。由于中国向拉美出口军火，因此美国将奉行其寻求透明度和责任心的政策。美国担心中国出口到拉美的武器会被转移到影响西半球和平与安全的非法武装力量。”他还认为，美国没有掌握中国向拉美提供军事援助的确切数据，但美国鼓励中国采纳美国向拉美提供军事援助时奉行的基本原则，即有利于强化政府的管理能力和提高透明度。②

负责拉美地区安全事务的美国南部军区司令克拉多克在2006年3月国会举行的一次关于中拉关系的听证会上说，一些拉美国家的军事将领曾多次向他表示，拉美的军队需要得到外国的援助。但是，美国的《美军保护法》使美国无法满足拉美国家的要求，这为中国军队进入拉美提供了机遇。他还说：“这十一个拉美国家中有一些对我们来说非常重要，比如秘鲁、厄瓜多尔、巴西和玻利维亚等。美国现在却不

---

① Jorge I. Domínguez, China's Relations with Latin America: Shared Gains, Asymmetric Hopes, June 2006. http://www.thedialogue.org/PublicationFiles/china.pdf.

② Charles Shapiro, “The Role of China in Latin America: Diplomatic, Political, and Economic Consequences,” Testimony before the US Senate Subcommittee on the Western Hemisphere, Peace Corps and Narcotic Affairs, September 20, 2005.

能把这些国家的高级军官请到我们的军事院校来，无法让他们了解美军的特点和观念。”①

（三）美国担心中国支持拉美的左派力量

左派力量“东山再起”是20世纪90年代末以来拉美政治舞台上出现的一种新现象。拉美左派高举反美大旗，实施经济民族主义政策，对外资实行国有化。因此，美国不希望拉美左派在中国的支持下得到更快的发展。2006年4月香农在首次访华时说：“有些美国人对中国在几十年前支持拉美的游击队、共产党或左翼组织记忆犹新。目前拉美的左翼很有影响力，因此有些美国人怀疑中国与拉美左翼政权发展关系的目的不仅仅是经济上的考虑。令人遗憾的是，怀疑中国的人比拥有好奇心的人更多。美国是一个多元化社会，任何人可以有任何想法。美国政府必须面对这一现实。”香农还表示，“美国政府不是反对中国与拉美发展关系，而是担心近几年拉美出现的复杂性。例如，近几年，委内瑞拉总统查韦斯使拉美事务变得越来越复杂。”

美国尤为关注中国与委内瑞拉的关系，既是因为查韦斯总统奉行强硬的反美政策和经济民族主义政策，也是因为美国严重依赖委内瑞拉的石油。美国当然不希望委内瑞拉在中国的支持下会联合其他一些激进的左派国家领导人来反抗美国，更不希望委内瑞拉对美国的石油出口受到影响。

（四）美国担心中拉关系的快速发展会影响中美关系

美国政府同样重视美中关系，认为美中关系是当代国际关系中最重要的双边关系之一。美国国务院中的许多官员认为，拉美形势千变万化，中国的介入可能会使美国与中国在处理拉美事务时发生意外。

---

① http://www.house.gov/hasc/testimony/109thcongress/FY06%20Budget%20Misc/Southcom3-9-05.pdf.

因此，美国希望中拉关系不会成为影响中美关系发展进程的“节外生枝”。2006年4月香农在首次访华时说：“美国不希望拉美的复杂性会因中国的介入而变得更加严重，更不希望美中关系因中拉关系的发展而出现误会。毫无疑问，中国对拉美的兴趣刚刚起步，因此，从一开始美中两国就应该加强沟通，增进了解，避免出现误解。”①

（五）美国担心中国在美国轻视拉美的时刻“趁虚而入”

“9·11”事件后，美国因忙于“反恐”和应对伊拉克战争而忽视了拉美，有人认为是“遗忘”了拉美。《华尔街日报》（2004年9月3日）认为，“除了布什总统于2001年9月向墨西哥总统表示友好以及（美国）国务院在2004年8月祝贺委内瑞拉举行公投以外，拉美从白宫的雷达上消失了。大多数美国人可能没有注意到这一点，但北京注意到了，而且它正在慢慢地进入这个真空。”②可见，美国不希望中国会在美国较少关注拉美事务时“趁虚而入”，削弱美国在拉美的影响力。

（六）美国担心巴拿马运河被中国控制

1997年，李嘉诚拥有的和记黄埔集团（Hutchison Whampoa）下属的和记港口集团（Hutchison Port Holdings）通过国际竞标获得了对巴拿马运河两端的克里斯托瓦尔港（大西洋一端）和巴尔博亚港（太平洋一端）为期25年的特许经营权，并成立了管理这两个港口的巴拿马港口公司（Panama Ports Company）。

巴拿马运河是美国开挖的，1999年之前管理权长期被美国控制。美国对巴拿马运河的依赖性很大，因此美国不希望中国“染指”巴拿

① 2006年4月13日，笔者应邀参加美国驻华使馆公使谢伟森（David Dedney）为欢迎香农来华访问而举行的晚宴。晚宴在公使官邸举行。这是香农在晚宴上说的话。

② Mary Anastasia O’Grady, “The Middle Kingdom in Latin America”, *Wall Street Journal*, September 3, 2004.

马运河。

2005年10月，巴拿马港口公司又与巴拿马政府签署了一项投资10亿美元的协议，用于克里斯托瓦尔港和巴尔博亚港的扩建工程。美国媒体和一些国会议员声称李嘉诚与中国有着密切的联系，因此，和记黄埔集团拥有巴拿马运河的两个港口就意味着中国控制了巴拿马运河，美国对巴拿马运河的主导权将不复存在。

2005年11月7日，美国总统布什在访问巴拿马时，与巴拿马总统讨论了和记黄埔集团投资扩建巴拿马港口的影响等问题。布什在会谈之后的记者招待会上说，巴拿马运河需要现代化改造，但运河是国际性的，经营者必须符合国际利益，以确保运河能被公平地使用。

二、中拉关系中“美国因素”的变化

在所有重大的国际和国内问题上，美国的声音和看法是由不同要素构成的。因此，在分析美国对中拉关系的忧虑和警觉时，我们必须区分构成“美国因素”的不同要素。换言之，美国政府、国会、学术界、媒体和公众的态度、立场和反应并非如出一辙。相比之下，在如何看待中拉关系的发展及其对美国的影响这个问题上，美国国务院和学术界的观点不及国会、五角大楼和媒体那样偏激和片面，民众的观点则受媒体的影响较大。

应该指出的是，近几年，美国对中拉关系的看法发生了一些变化。无论是美国官方还是美国学者，都认为中国在拉美的存在并未对美国的国家利益构成重大的威胁和挑战。例如，香农在2008年10月第二次访华时表示，中国与拉美国家的关系并没有从本质上损害美国的国家安全。他说：“查韦斯总统想把中国拉入其怀抱，一起来反对美国。但我注意到，中国公开表示，中国与委内瑞拉发展关系时，不会针对第三国。也就是说，中国没有被查韦斯利用。”他还说：“据我所知，中国曾向玻利维亚总统莫拉莱斯传递过这样一个信号：玻利维亚应该与美国保持良好的关系。但现在玻利维亚却驱逐美国的大使。当然，莫拉莱斯的做法与中国无关。"①

一些美国官员甚至还认为，中国能与美国联手，帮助拉美应对其发展进程中的问题。如在2009年11月，美国国防部主管西半球事务的副帮办弗兰克·莫拉在美国国防大学召开的一次讨论中拉关系的研讨会上说，美国国防部认为拉美面临着三个严峻的挑战：政府治理不力；经济机会缺乏；跨国界的毒品走私和军火走私活动活跃。他希望中国与美国在帮助拉美国家应对这些挑战时能加强合作。"中国应该与美国在拉美的非传统安全领域加强合作。这一合作不应该是仅仅局限于两国政府，而是应该让公民社会、智库、基金会和私人部门发挥更大的作用。"②

莫拉还说："五角大楼关注中拉军事关系的发展。根据媒体的报道，中国正在向拉美国家转移军事技术，经常性地向拉美派遣军事代表团，并向该地区出售先进的武器，如雷达和飞机。中国与拉美在空间领域的合作也在进行中，如中国与巴西联合发射的地球卫星。中国出售的武器和军事装备（如夜视仪、雷达和军用卡车等）如能使用得当，拉美国家在打击毒品走私、遏制偷渡和对付其他犯罪活动时将取得更大的成效。中国出售给拉美的教练机有助于训练飞行员，因而能使拉美国家的政府用飞机对边远地区进行监控，打击各种犯罪活动。"

莫拉表示，"美国希望与中国就中国在拉美的利益进行对话。令人欣慰的是，2006年以来，美国国家安全委员会、国防部、国务院、国际开发署和商务部与中国外交部以及中国驻美使馆进行了多次对话。这些对话为双方交流意见和增加各自的政策透明度提供了难得的机

① 这是2008年10月17日应邀来华访问的美国国务院主管西半球事务的助理国务卿托马斯·香农在与中国学者座谈时说的话。

② 笔者参加了这一次研讨会。

会。”但他也认为，“美国希望中国在拉美的兴趣和目标更加透明化。因为美国的安全与繁荣与拉美国家息息相关，所以，美国对中拉关系的发展很关切。美国希望中国以实际行动表明，中国在拉美的兴趣不应该仅仅是扩大出口和进口资源，而是要扩大到帮助拉美国家反腐败、推动拉美的社会发展和保护拉美的生态环境等领域。”

美国智库“美洲对话”的高级研究员丹·埃里克森在2008年6月11日国会举行的一次听证会上同样认为中拉关系的发展不会对美国构成威胁。他说：“美国在拉美的影响力在减少，而中国在拉美的活动则确实充满了活力，但中国（在拉美的）这些活动尚未在中美两国之间产生真正的摩擦。中国之所以对美国的看法很敏感，显然是因为中国把它与华盛顿的关系置于最优先考虑的地步。”他认为，美国对中国在拉美的存在感到担心的原因与委内瑞拉和古巴有关，也与中国在管理巴拿马运河中的作用有关。他指出：“全球化趋势在快速发展，因此有必要记住：在与拉美深化关系的非西半球国家中，既有中国，也有美国的盟友，如欧盟、日本、印度和韩国，当然也有美国的潜在对手伊朗和俄罗斯。”①

关于中国与委内瑞拉的关系，埃里克森认为，与其说是美国依赖委内瑞拉的石油，还不如说是委内瑞拉更依赖美国的市场。他说，由于地理和运输等方面的原因，委内瑞拉无法大规模地向中国出口石油。而石油是一种“互换性”很高的商品，如果委内瑞拉不向美国出口石油，美国可以在除委内瑞拉以外的其他市场上买到。他还指出：“除委内瑞拉以外，中国还在安第斯国家（如哥伦比亚、厄瓜多尔和玻利维亚）的能源部门进行了大规模的投资。中国面临的竞争会加剧，因为其他国家也在开发这些国家的能源。”

关于巴拿马运河，埃里克森同样认为美国不必担忧中国。他说：

---

① Daniel P. Erikson, “The New Challenge: China and the Western Hemisphere”, Testimony before the House Committee on Foreign Affairs, Subcommittee on the Western Hemisphere, June 11, 2008.

“在过去的8年中，美国和中国是使用巴拿马运河最多的两个国家。中国和美国的有关企业正在与日本企业合作，以拓宽巴拿马运河。鉴于中国利用巴拿马运河的纪录没有问题，而且不间断的运输对中国同样有利，因此中国在巴拿马运河中的作用不会损害美国的利益。”

关于中国与拉美的军事关系，埃里克森认为，“没有迹象表明中国正在追求一种将常规军事力量输入西半球的目标。中拉军事合作仅仅是防务领域的人员交往、培训以及在使馆中互派武官而已。”

埃里克森还认为，中国与拉美的关系是全球化时代的必然产物，不会对美国构成威胁。他认为，不论美国对中拉关系采取什么样的立场，中国将继续与拉美发展双边关系。他说：“美国的正确的反应应该是强化与拉美的关系，在美国担心的中拉关系问题上与中国保持对话，密切关注中国的动向。美国的目标应该是让中国在拉美成为一个负责任的利益攸关者，使中国为拉美的经济繁荣作出贡献，同时尊重泛美体系中的民主准则。”

2010年8月16日，来华举行中美第四次拉美事务磋商的美国国务院西半球事务助理国务卿巴伦苏埃拉表示，美方乐见中国在促进拉美稳定与繁荣方面发挥积极作用，愿与中方保持和加强就拉美事务的磋商并探讨合作。[①]

但是，相比之下，媒体对中拉关系的立场似乎没有发生显著的变化。换言之，媒体仍然对中拉关系持敌视、警觉和挑拨离间的态度。例如，《迈阿密邮报》记者安德列斯·奥本海默在题为《拉美对中国的盲目的爱即将消失》一文中说，中国进口拉美的初级产品对该地区而言是一种“恩赐”，但也产生了一个问题：中国的进口使拉美无法扩大出口产品的多元化。他还说，南美洲国家应该与中国建立一种有利于

① http://www.fmprc.gov.cn/chn/pds/wjb/zygy/t724769.htm.

它们的更加成熟的贸易关系。①

三、如何应对中拉关系中的“美国因素”

“美国因素”已成为中拉关系中的一个障碍。为了消除这一障碍，我国应采取以下措施：

（一）做好对美宣传和解释工作

当香农在2006年4月访华时得知中国五矿公司在牙买加投资的企业将一部分铝矾土运到美国、从而为美国创造了就业机会后，他曾表示，“美国不是要停止或限制中国与拉美发展关系，而是希望中美两国共同努力，使中拉关系朝着有利于拉美的方向发展。”由此可见，做好对美宣传和解释工作是十分必要的。

对美宣传和解释工作可在下述三个层面上展开：（1）继续进行两国外交部门主管拉美事务的高层外交官之间的“战略对话”。中国应利用这一对话机制，向美方表明中国对拉美的政策以及中美关系的重要性。（2）在国际学术交流的平台上多介绍中国政府的拉美政策。近几年，中美两国召开了多次关于中拉关系学术研讨会，有些研讨会甚至讨论了中国、美国、拉美三边关系。中国学者的积极作用功不可没。（3）积极利用各种媒体，加大对外宣传力度。尤其在中国领导人出访拉美时，各种媒体应有的放矢地宣传中国对拉美的政策以及中拉关系在推动南南合作方面发挥的重要作用。

对美宣传和解释工作的重点应该包括以下几个方面：（1）中拉关系

---

① Andres Oppenheimer, “Latin America’s blind love with China may be over”, *Miami Herald*, September 7, 2011. http://www.miamiherald.com/2011/09/07/2395293/latin-americas-blind-love-with.html.

是南南合作的组成部分，不针对任何一个第三方。（2）中拉经贸关系的发展有利于拉美经济。世界银行、经济合作与发展组织和美洲开发银行等国际机构的研究成果都表明，中国进口拉美的资源以及中国在拉美的投资使拉美经济受益匪浅。拉美经济的发展对维系拉美社会稳定作出了贡献，从而减少了非法进入美国的移民的数量，从事毒品生产和毒品走私活动的人也会减少。（3）自20世纪90年代以来，拉美一直在奉行扩大开放的政策。拉美国家迫切需要同中国发展经贸关系。这种“双赢”的经贸关系不会从根本上损害美国的国家利益。（4）中国高度重视发展对美关系，中美关系是中国外交的重中之重。

（二）在开拓拉美市场和开发拉美资源时力求与美国企业合作

美国与拉美国家的经贸关系由来已久。在开发拉美市场和自然资源的过程中，美国的优势不仅体现在雄厚的资本实力上，而且还反映在美国业已在拉美建立的庞大的市场营销网络和先进的管理经验上。相比之下，作为一个“后来者”，中国对拉美的市场条件和投资环境所知甚少，中国企业的资本实力也是有限的。因此，在开拓拉美市场和开发拉美资源时，中国应该与美国加强合作。合作的方式可以是中美双方建立合资企业，甚至可以由中国、美国、拉美三方建立合资企业。

在以下三个领域，中美企业在拉美的合作最有可能取得成功：（1）基础设施领域。拉美的基础设施欠发达。中美企业如能在这一领域展开合作，不仅能够造福于拉美人民，而且还可更好地开发拉美的资源。（2）能源领域。拉美拥有丰富的石油和天然气资源。此外，拉美可再生能源的开发潜力也很大，因此中国、美国、拉美三方的合作潜力不容低估。（3）农业领域。拉美的农业资源非常丰富，中国和美国拥有较为先进的技术和资金。因此中美在这一领域的合作同样是有潜力的。

（三）尽快澄清“中国要在拉美投资1000亿美元”的不实报道

2004年11月胡锦涛主席在巴西国会发表演讲时指出：中国目前在拉美实业投资统计数字已近16亿美元，加上金融性投资，则超过40亿美元。中拉双方应共同努力，力争在投资方面取得较大进展，实现总量翻番，相互成为更重要的投资对象。

然而，包括美国媒体在内的国际媒体却一直在宣传这样一个不实的数据：至2010年，中国要在拉美投资1000亿美元。许多美国人据此而对中国在拉美的投资规模感到惊讶，认为中国在拉美的投资会损害美国在拉美的投资利益。

事实上，胡锦涛主席在巴西国会演讲时提到的“1000亿美元”，是中国和拉美双方力争在2010年达到的双边贸易额，不是中国在拉美的投资额。换言之，中国并没有作出在拉美投资1000亿美元的承诺。我应重视这一不实报道，消除美国人的忧虑。

美国对中国网络外交策略及其影响

广东外语外贸大学外交学系教授 **唐小松**

一、西方国家网络外交发展的新特点

网络外交，是指在信息时代条件下，国际行为体为了维护和发展自身利益，利用互联网技术和网络平台而开展的对外交往、对外传播和外交参与等活动。网络外交的主体与客体既可以是国家，也可以是国际组织、跨国公司或个人。随着网络媒体传播技术和手段的不断更新，以美国为首的西方国家相继加强了网络外交，以努力使其发展成为推进"民主"、"人权"和西方价值观的强大的"外交新工具"，① 对当今国际政治产生了不可忽视的影响。西方发达国家的网络外交经过数年的积累和进步，已经有了一系列相对成熟的理论构想和操作套路，特点愈加鲜明。其中，作为互联网发展最为先进的国家，美国牢牢占据了网络外交的绝对优势地位，其他主要西方国家也正奋起直追，高度重视网络在国际关系中的作用。总体而言，西方国家网络外交的发展主要体现出以下三大亮点：

① Clay Shirky,"The Political Power of Social Media--Technology, the Public Sphere, and Political Change", *Foreign Affairs*, January/February 2011, http://www.foreignaffairs.com/articles/67038/clay-shirky/the-political-power-of-social-media.

（一）网络外交思想较为清晰，发展规划较为完善

西方国家越来越重视网络在拓展国家形象、传播国家价值理念和干预他国社会发展方面的独特优势。从西方国家网络外交发展来看，以美国为首的西方发达国家都意识到了网络在国际关系中的战略作用，拥有比较清晰的网络外交思想，并且制订了比较完善的网络外交发展规划。

美国是网络外交起步最早的国家。早在2003年，美国就成立了“网络外交办公室”（Office of E-Diplomacy），由美国国务院信息管理局领导，主要任务是“通过网络社区帮助外交官信息沟通，提高美国外交政策的执行能力”。[①]美国国务卿希拉里在一次讲话中强调：“我们要尽可能地去使用一切工具从基层建立新的伙伴关系，这便是巧实力精髓之所在……这种方式的转变要求我们拓展我们的外交理念”，[②]换句话说，美国的网络外交就是通过改变信息流通的方式和信息的受众来改变从前局限于政府之间的外交模式，把美国精神传遍整个世界。从2006年到2010年间，美国国务院不断地完善网络外交战略目标，这些目标主要包括以下五个方面：“1）提供准确的信息；2）随时随地连线外交官；3）协调外部合作伙伴；4）安全有效的危机处理机制；5）引导创新实践，成立一个高度专业化的信息技术团队，有效完成其外交使命。”[③]

2009年11月24日，英国也设立网络外交官小组，并号称是“世界

---

① 陆钢:《“网络外交”，美国占尽便宜》，《社会观察》，2011年第4期，第59页。

② Micah L. Sifry,“Hillary Clinton Launches ‘21st Century Statecraft’ Initiative by State Department,”May 13,2009, http://techpresident.com/blog-entry/hillary-clinton-launches-21st-century-statecraft-initiative-state-department.

③ “Cyber Diplomacy Becomes More Aggressive,” July 10,2009,http://english.people.com.cn/90001/6698096.html.

上最具有活力的电子外交团队”[①] Jimmy Leach被任命为网络外交大臣，该小组隶属于英国外交及联邦事务部，其主要任务是“把新媒体技术的发展与外交结合起来；鼓励政府官员以及驻外大使使用博客；把电子技术应用到政策的制定和地缘运动上来”。[②]

（二）外交形式多样，善于利用网络新技术平台

西方国家网络外交形式多种多样，大致有外交信息公开、网络公共外交、网络外交攻击等形式，并且随着网络新技术平台的不断开发，也呈现出大众化和个性化的发展趋势。

首先，西方国家网络外交越来越倾向于利用互联网公开网络信息，并积极收集网民反馈信息。“传统的外交需要提前确定外交场所，并且需要经过一系列复杂的程序。外交参与者的数量有限，而这些参与者获得准确的、即时的信息也相对比较少。”[③] 为了满足广大网民的知情权，国外政府选择通过互联网公开国家的外交信息，并与网民互动，不仅缩短了外交的决策时间，也加快了公众的外交信息获取速度。“早在2003年1月到5月，加拿大外交部就推出一项涵盖范围极广的“外交政策对话”活动，外交和国际贸易部发表了一份概括当前加拿大政府外交政策和相关问题的对话文件，并创建了一个电子对话的网站，加拿大民众可以从网站上下载相关文件，并把自己对某些问题的看法通过发帖子的形式展开讨论。”[④]

其次，更多西方国家着手发展网络公共外交，网络外交大众化趋

---

① “FCO appoints Head of Digital”, http://www.fco.gov.uk/en/news/latest-news/?view=News&id=2127471.

② 同上。

③ David Bollier, “The Rise of Netpolitik: How the Internet Is Changing International Politics and Diplomacy,” A Report of the Eleventh Annual Aspen Institute Roundtable on Information Technology, Communication and Society Program,The Aspen Insitute,2003.

④ “网络公共外交大有可为”，http://blog.sina.com.cn/s/blog_5025cdbd0100ridx.html.

势加强。最为普遍的是国家领导人通过视频、音频等形式发表对他国人民的讲话，例如2009年奥巴马在埃及开罗大学发表演讲，向伊斯兰民族表明美国插手中东事务的意图；2011年5月拉登被击毙后，奥巴马立刻发表视频演讲宣称人类正义得到维护等，这些视频、音频文件和演讲稿都在网上广泛流传。

再次，网络外交攻击也成为了西方国家的一种重要而独特的外交手段。网络外交攻击主要通过国外媒体、国家领导人讲话等方式进行。例如CNN、BBC等国外主流传媒对中国政府以及中国人民的批评性言论。以及2011年美国国务院发布的《2011年世界人权报告》就直接指责他国人权状况，这些都属于网络外交攻击的形式。

在利用新技术平台方面，国外政府表现得更为活跃。在微博还不盛行的时候，国外不少政要都设立个人网站和个人博客，号称“网络总统”的奥巴马在参选美国总统之初就开设了个人网站（My BarackObama.com）来为自己宣传造势，并取得了关键性的胜利。2009年6月18日，美国国防部长罗伯特·盖茨在一次新闻发布会上称：“因特网、手机和社交网站是美国巨大的战略资产。”① 如今微博风靡全球，据微博创始网站Twitter统计，“目前，全球有六十多位国家政要在Twitter网开通了个人微博。Twitter社交网的现有微博数量排第一，截至2010年年底，已经达到1.75亿。”② 美国总统奥巴马的微博粉丝已超过了六百万，2011年5月份的英国皇室婚礼吸引了全世界的目光，英国外交部网络外交办与中国新浪网合作，给予了新浪网全程播报的权力，当天新浪微博有9万网民看直播，网络外交大臣Jimmy Leach认为这次网络活动给中国网民留下了一个“庄重、自信、尊敬、开放、活

① Michelle Levi, “Gates Calls Twitter ‘A Huge Strategic Asset’”, June 18,2009, http://www.cbsnews.com/8301-503544_162-5096183-503544.html.

② http://www.twitter.org.cn/page/10/?s=%E6%B3%A8%E5%86%8C.

泼、创新的英国国家形象”。[①] 全球联网的优势就是将外交的传播提速、将外交的声音推广、将外交的内容公开。由于全球网民的速度增长较快，网络覆盖面越来越广，所以利用社交网络宣传外交政策不失为一个高性价比的方式。

（三）政府主导，民众积极参与

西方国家在网络外交发展过程中特别注重政府的主导地位，并力图把官方、非政府组织以及个人行为体的网络外交行为组织统一起来，形成统一有力的网络外交体系。

政府的主导作用主要体现为利用政府门户网站和外宣网传播本国外交思想与外交政策、公布外交信息、收集民众反馈。现在世界各主要国家都拥有了自己的政府门户网站。例如，美国的白宫网（www.whitehouse.gov）、美国国务院网站（www.state.gov）、俄罗斯克里姆林宫（www.rol.ru）、英国首相官邸（唐宁街10号）（www.number-10.gov.uk）、日本首相官邸（www.kantei.go.jp）、日本外务省（www.mofa.go.jp）等。这些网站都各具特色，政府门户网站的综合性较强，例如美国白宫的网站主要是公布政府内外政策和总统所参与的活动，英国的首相官邸网站也类似；外宣网主要是公布外交信息、提高外交透明度。在这些政府门户网站和外宣网中，都设置了网友留言簿或者与网友互动的对话框，西方政府一方面利用本国政府门户网站传播国家政策，一方面将其视为与网民互动的活动平台。

此外，西方国家网络外交还善于利用商业网站、传媒集团等非政府组织的潜在外交价值，发挥其在引导大众舆论、维护国家形象等方面的作用。从谷歌退出中国市场而引发的关于中国“网络自由”的政

① Fergus Hanson, “E-diplomacy in action: Interview with the UK's Head of Digital Diplomacy”, May 24,2011, http://www.lowyinterpreter.org/post/2011/05/24/Ediplomacy-in-action-Interview-with-the-UKs-Head-of-Digital-Diplomacy.aspx.

治辩论，就不难发现商业网站在国际政治中的作用。美国国务院向来重视与商业网站的合作，从白宫网站和美国国务院的网站上都可以看到社交网站脸谱（Facebook）、视频网（Youtube）、微博网站推特（Twitter）以及谷歌地图搜索（Google Map）等链接。2010年年初，美国国务卿希拉里·克林顿与包括谷歌董事长埃里克·施密特，推特创始人杰克·多尔西等在内的十位社会传媒的精英们共进晚餐，共同切磋政治与互联网技术的合作。“在晚宴上，希拉里表示，如果美国的外交政策要鼓励民间运动、反抗暴力与压迫，Twitter、Google、Youtube视频网站将是21世纪至关重要的手段。”[①] 由此可见，美国外交将以这些商业网站为依托来引导网络舆论、策划网络运动，西方政府利用传媒集团展开网络公共外交的野心显而易见。西方政府网络外交还有一大特点就是很注重与网民的互动，俄罗斯总统梅德韦杰夫通过Twitter微博与各国网友积极互动；日本政府设置了Twitter主页与网友交流；美国总统奥巴马更是多次亲临Facebook总部与网友现场互动。

二、美国对华网络外交的“组合拳”策略

2011年5月，美国发布《网络空间国际战略》文件，其中反网络攻击能力的提出，[②] 以及同月19日奥巴马总统关于中东北非局势的演讲中关于网络在推动该地区政治变革中的作用等论述，[③] 是近年来美国网络外交战略的集中表达。针对日益强大的中国，美国以新信息技术和网络新媒体为重要工具，采取形式多样的网络外交手段，以努力实现

① 东鸟:《中国输不起的网络战争》，湖南人民出版社，2010年，第93页。

② *US International Strategy for Cyberspace*, The White House, Washington, May 2011.

③ “巴拉克·奥巴马总统就美国对中东和北非政策发表讲话”，《美国参考》，2011年5月19日，http://iipdigital.usembassy.gov/st/chinese/texttrans/2011/05/20110519201824x0.793449.html#ixzz1NwXnixF9.

其对华政策目标。美国对华网络外交的主要特点是：网络公共外交和网络舆论攻击相结合，形成相辅相成的“组合拳”。

（一）美国全方位打造对华价值传输网络平台

1.在构建媒介平台方面，美国大力改造传统主流媒体、打造中文网站、推广网络社交平台等，加强对中国的宣传攻势。美国积极推动传统主流媒体转型的措施之一是停播历史悠久的“美国之音”中文节目，转型打造具有针对性的中文网站。美国政府认为，在信息时代，对华广播的效率和价值已经大打折扣，必须对其进行改革和再造，以期对华价值输出效果最大化。按此思路，隶属于美国国务院的“美国之音”提出的2012年度预算中，将中文普通话节目预算大删800万美元。①这种转型使得受众对信息的选择更加自由和灵活，无疑有助于宣传自己内外政策的合法性与合理性，并影响和形成国际舆论与民意倾向，进而干预其他国家的外交决策，以达成自己的外交目标。②

措施之二是鼓励其他传统媒体建立中文网站。美国一些重要传统媒体如CNN、《华尔街日报》、《纽约时报》等陆续开设了中文网站，扩展对华宣传报道，并针对中国受众特点进行全方位的外交公关，一如既往地树立美国民主、自由、进步的形象，同时批判性地报道中国国内存在的种种问题，如《华尔街日报》刊登《中国人开钱包，美国人勒裤腰》、《中国外逃贪官卷款八千亿最爱美国》,《纽约时报》报道《中国专家论文造假，学术腐败名扬海外》等。同时，美国力推社交网络平台，加强对华信息传播和互动。美国驻华使馆通过在拥有8.6亿个注册账户的全球最大互联网社交网络腾讯QQ空间上开通博客，润物细无

① “VOA radio broadcasts to China signing off, while Beijing boosts propaganda” http://www.washingtontimes.com/news/2011/feb/15/obama-admin-to-cancel-voice-of-america-china-broad/print/.

② Joseph S. Nye JR. “The Information Revolution and American Soft Power”, *Asia-Pacific Review*, Vol. 9, No. 1, 2002, pp.60-76.

声地进行美国政策、经济、政府、社会、文化和价值观方面的宣传，[①] 同时聚焦中国国内的热门话题，有针对性地采取对比手法，树立自己良好的国家形象。如针对中国发生的食品安全事件，美方发布“美国的食品安全——联邦与州政府家禽产品检验法”等系列文章，以引起中国网民对美国做法的羡慕和推崇。美国驻华外交机构还有意识地对中国进行“微博外交”，以更加个性化的方式，向中国网民“晒心情”。如针对中国目前的高房价问题，美国使馆发布了一条关于美国房价的微博。“在随后的两个月内，这条微博被中国网友转发了6922次，有2265条评论”。[②] 据笔者统计，截至2011年5月30日，美国驻华使馆微博的浏览量高达1379974人次。另据统计，自2010年5月下旬美国驻华大使馆开设微博以来，一年发了1355条微博，平均每天3.7条，已拥有163874名“粉丝”，领先于其他各国，这也拓宽了美国信息发布的接受面。

2.在参与主体方面，美国官方和民间共同投身于对华网络外交，形成官民相互配合的多渠道、多层次对华网络外交格局。其措施之一是鼓励美国非政府组织积极发挥“网推”作用。美国前国务卿赖斯曾说：“要通过控制中国精英来影响中国决策。”[③] 在当今信息社会，非政府组织的相对独立性和中立性决定了其与网络媒体的联姻，能“多快好省”地推行“美式民主价值观”。比如，美国智库利用各种互联网新技术和网络新平台吸引网民，尤其是精英的注意力，赢得他们对美国的理解和支持，以期影响公众舆论。如布鲁金斯学会中文网站，不仅提供自己的研究成果，还积极收录中国国内的文章，并对诸如《仅“单独”家庭生二胎远远不够》、《凝聚中国改革新共识》等与中国社

---

① 参见美国驻华大使馆腾讯博客：http://usembassy.qzone.qq.com.

② “驻华使馆开微博：把外交做到中国人指尖”，http://www.infzm.com/content/57090.

③ Joan Johnson-Freese, “Strategic Communication with China: What message about space? ”, http://www.wsichina.org/attach/china_security2.pdf.

会民生密切相关的文章进行评论，① 这为中国学者吸收第一手学术动态资料提供了便捷，也对中国专业学者的研究方法和研究视角产生潜在影响。其措施之二是鼓励美国民众广泛参与网络外交。“网络信息的快速流动和网媒工具的低廉便捷”使得“个人也可以利用网络平台传播自己的主张和观点、表达感情来影响他国公众舆论”。②“无论是国家元首还是平民，网络都可以成为他们发表言论和施加某种影响的工具。”③ 不仅像美国前驻华大使洪博培等官员可以通过在中国网站开设博客、微博进行个人网络公关，美国民众也可以通过社交网站等形式与中国网民进行“一对一”的交流，参与人数越多，产生的潜在影响力就越大。正因如此，美国国务卿希拉里鼓励受过高等教育的美国民众“运用互联网等交流工具做公民大使，以自己的方式为外交工作发挥作用，增进美国利益”。④

（二）美国充分利用网络平台对华进行舆论攻击

在虚拟的网络空间，谁能决定网络权力的分配，谁就能操纵舆论导向。美国作为互联网技术力量最为强大的国家，利用网络对中国开展舆论攻势可谓得心应手，且具有很强的进攻性。

首先，美国善于在客观中立的面具下做倾向性的负面报道。无论是过去的传统媒体，还是当今的网络媒体，美国对于中国的报道向来谙熟此道。美国媒体一直标榜自己的客观性和独立性，并且以此吸引大众对其“无冕之王”称号的支持。实际上，美国媒体的报道往往以

① 参见布鲁金斯学会网站：http://www.brookings.edu/lang/chinese.aspx?page=2.

② Dr. Rikkie L K Yeung, “ Digital Democracy: How the American and HONG KONG Civil Societies Use New Media to Change Politics”, the Brookings Institution Center for Northeast Asian Policy Studies, April 2008, http://www.brookings.edu/papers/2008/04_digital_democracy_yeung.aspx.

③ “Defining Internet Freedom” , U.S. Department of State, June 2010, Volume 15, http://www.america.gov/publications/ejournalusa.html.

④ Hillary Rodham Clinton, Remarks at the New York University Commencement Ceremony, http://www.state.gov/secretary/rm/2009a/05/123431.htm.

自身价值观审视中国，加上受传统的“东方主义”思潮的误导，在对华报道中往往存有某种思维定势。例如，美国主流网络媒体在对西藏事件的系列报道中，往往把问题架上“人权至上”道德高度，而实际上做出“美国个性”报道，片面地突出报道西藏独立的诉求，污蔑中国政府杀害120万藏民，[①] 而对本质问题避而不谈，误导读者。又如，在中国建国60周年，《时代》周刊网络版专门制作封面专题报道《繁荣之路》，细数建国以来中国在各个方面所取得的巨变，却同时也暗示中国存在种种社会矛盾与问题，以及中国不断发展给别国带来威胁。[②]

其次，美国以各种手段支持境外反华势力对中国开展网络舆论攻击，散布谣言或挑拨网民矛盾。例如美国与藏独分子合谋设立策反民众、收集情报的网站“哲瓦在线”。它是“一个由美国官方机构和海外‘藏独’组织合作进行的秘密计划”，“主要职责就是在互联网上对中国网民进行煽动蛊惑和渗透策反，制造谣言引发动乱并搜集中国的情报。”[③] 再者，美国无视中国政府明令取缔“法轮功”非法组织这一事实，向“法轮功”邪教组织提供资助和活动场所，甚至提供150万美元的巨额资金，支持“法轮功”建立“自由网络组织”。[④] 此外，有美国背景的基金会如“亚洲促进会”等提供充足的资金和技术支持，通过网络渠道发送双语邮件招募网民，就妇女歧视、艾滋病人权利保障以及住房、医疗等中国国内敏感问题展开调查，撰写有关中国社会的负面调查报告。[⑤]

---

① 刘超、张永恒著:《尊严：戳穿某些西方媒体与达赖集团的十大谎言》，人民出版社，2008年，第123页。

② David Shambaugh,“China at 60: The Road to Prosperity” http://www.time.com/time/magazine/article/0,9171,1924366,00.html.

③ “受美国和达赖‘赞助’‘藏独’设网络陷阱搞策反”，http://xz.people.com.cn/GB/139199/9046975.html.

④ “US ‘to give $1.5m to Falun Gong internet freedom group’”, http://news.bbc.co.uk/2/hi/8678760.stm.

⑤ 参见“亚洲促进会”网站：http://www.asiacatalyst.org/zhongwen.html.

第三，美国政府试图通过网络平台将传统的“中国威胁论”上升到2.0版本。美国政界就网络安全、网络自由等议题直接公开污蔑中国。美国利用其制网权优势，就网络议题对华采取“先发制人”策略。在美国“网络自由战略”提出后，“美国之音”网站随即刊登了《中国对希拉里·克林顿的网络自由讲话充耳不闻》一文，抨击中国政府严重阻碍互联网信息流动自由，中国为了维护自身的社会稳定，避免自己国家的公民聚众滋事，封锁了一系列如埃及驱逐穆巴拉克下台等敏感信息，同时封锁了包括VOA在内的发布信息的平台。[①] 相隔不到两日，美国《时代》周刊网站也登出信息说，由于希拉里关于网络自由的讲话涉及中国，中国政府删除了美国驻华大使馆在微博上所发布的希拉里关于“网络自由战略”讲话的文本。[②] 接着，《纽约时报》刊登《中国猛烈抨击“网络自由战略”》一文，说中国是现在世界上为数不多的限制国家互联网信息流通自由的几个国家之一，除了屏蔽色情不良信息之外，还封锁了Facebook，YouTube以及Twitter等西方的视频网站、社交网站，并对互联网进行实时监督。[③] 美国在网络议题上对中国抱着矛盾的心态，一方面期待中国成为全球网络治理合作中的一份子，认为“中美面对网络的脆弱性是两国合作的基础”，[④] 另一方面又频频指责“中国对敏感信息的封锁违背了各国构建自由网络空间的条

① “China Likely to Ignore Clinton’s Internet Freedom Speech”, http://www.voanews.com/english/news/asia/China-Likely-to-Ignore-Clintons-Internet-Freedom-Speech-116302004.html.

② “China censors US posts on Internet freedom”, http://www.timeslive.co.za/scitech/article921360.ece/China-censors-US-posts-on-Internet-freedom.

③ “China Assails New U.S. Policy on Internet Freedom”, http://www.nytimes.com/2011/02/18/world/asia/18beijing.html.

④ Shirley A. Kan, “U.S.-China Counterterrorism Cooperation: Issues for U.S. Policy”, CRS Report for Congress, July 15, 2010, http://www.fas.org/sgp/crs/terror/RL33001.pdf.

约和规则，阻碍了国际网络治理合作的进程”。[①] 事实上，伴随网络外交的深入开展，国家间在网络政治空间的相互依存度增加，全球互联网的治理，离不开中国的参与。美国无非是想通过批评中国引发国际舆论关注，为其“中国威胁论”的2.0版本造势。

三、美国对华网络外交的双边影响以及对全球的影响

近代以来，国际地缘政治经历了从海权论、陆权说到空权说的发展阶段。进入21世纪以来，随着人类生活逐步进入虚拟时代，“网缘政治”日益凸显其重要性，制网权无疑是未来国际政治的关键点之一。毫无疑问，美国已经意识到了这一点，并且在对华网络外交中占据了绝对的先发优势。从美国对华网络外交策略的具体实践来看，美国通过政府、跨国公司、传媒、智库、非政府组织等多方面合力作用的网络外交已初见成效，对中国的社会发展、国际形象、美国自身以及全球都产生了深刻影响。

（一）美国对华网络外交的双边影响

首先，对中国社会发展的影响。从负面影响来看：一方面，美国政府通过网络密集地对中国网民进行文化宣传、观念输出、教育体验、影视传播等，美国政府、驻华使领馆的网站甚至量身打造推出“中文频道”，覆盖面扩大到英语能力较弱的网民，从而使其心理受到强烈冲击，对本国文化、观念、政治制度产生强烈质疑，甚至抵触和反对。在特定的社会敏感问题上，美国支持反华势力通过网络造谣污蔑，攻

① Rebecca MacKinnon, “Networked Authoritarianism in China and Beyond: Implications for global Internet freedom”, New America Foundation, October 11-12, 2010, http://iis-db.stanford.edu/evnts/6349/MacKinnon_Libtech.pdf.

击中国的政治制度，使受蛊惑的中国网民产生对党和政府的不满。美国网络支持热比娅分裂活动就是最典型的例子。2009年，热比娅为首的疆独组织就曾在facebook上创建了“全世界范围的抗议支持追求独立的维吾尔人”群组，大搞串联示威，煽动全世界的“疆独分子”联合起来，在中国驻外使领馆示威。[①] 这场以美国网络基地为源头的运动，是美国对中国大众观念洗脑的显著表现，使中国民众和社会舆情在这场无硝烟的网络外交战中随时都可能处于措手不及的被动应付地位。另一方面，美国在网络上传播大量有关中国社会民生问题的信息，放大中国社会“群体极化”现象，使中国民众产生极大的心理落差感。尤其是幕后支持中国国内NGO通过网络传播不良信息，对中国的群体性事件起到推波助澜的作用。此外，美国大力渲染所谓“网络自由战”，鼓动网民群体舆情攻击中国国内政治，使中国经受消极网络政治文化的考验。正如美国学者凯斯·桑斯坦所说的：“网络上正出现群体极化，各种原来无既定想法的人因为网络而各自走向极端，造成社会分裂的结果。”[②] 民生、和谐、政治认同是中国社会稳定的重要根基，如果根基受到西方网络攻击的影响，后果将不堪设想。但反过来，美国的对华网络对于中国的社会发展也有着积极有利的因素。一方面，当前的中国社会改革正处于深水区，很多热点甚至深层次的矛盾问题亟待解决，而美国的对华魅力攻势，则同样为中国的改革提供了可资借鉴的经验，为中国更好地了解和融入世界提供了新的窗口，有助于缩短中国摸索的时间，从而加快现代化发展的步伐；另一方面，美国网络外交中的恶意攻击，反过来也激励着中国人民团结一致，为中华民族的伟大复兴而努力奋斗，从而也为中国“和平发展”的理念凝聚着民间共识。这从中国网民针对美国在西藏问题、新疆问题、南海问

① 王斯：“‘疆独’”借西方社交网站煽动袭击中国使领馆”，http://world.huanqiu.com/roll/2009-07/509203.html.

② “网络群体极化现象简析”，http://media.people.com.cn/GB/22114/49489/163748/9738566.html.

题以及奥运火炬事件种种行为的自发抗议浪潮中可以看出。

其次，对中国的国际形象产生双重影响。一方面，美国通过网络平台将中国传播给全世界，也向全世界表达了希望与中国合作的意愿，这对于提升中国的国际形象和国际地位有一定的积极作用。比如在经济方面，中国日益发展的经济实力是美国最看重的因素，而美国通过网络对中国经济形象的正面宣传不但表露出了其与中国合作的心迹，也提升了中国的经济影响力。美国福布斯中文网发表的题为《中国政府：全球最具竞争力》的文章就是很好的例子。该文赞美中国政府自改革开放以来，尤其是在应对金融危机中表现出了极强的能力，是别的国家所不能比拟的。[①] 另一方面，美国传统的“胡萝卜加大棒”政策在其对华网络外交中也表现得淋漓尽致，充分体现了其“利用网络空间对本国产生有利影响的同时操纵他国达成更多附加效益”的宗旨。[②] 其对中国经济实力貌似正面的宣传，却有着独善本国的背后目的。如强调中美进出口贸易逆差，将中国塑造成一个经济大国，某种程度上也是希望中国在解决全球问题上承担更多的责任，以减轻美国的责任与负担，同时强调中国倚仗经济实力发展军事，给亚太地区乃至世界带来威胁，有倾向性地引导周边国家走向恐慌，在某种程度上起到制衡中国的作用；美国还将中国列入阻碍互联网自由国家之列，屡次针对中国发起网络舆论攻击，宣称中国为互联网黑客大国，通过网络间谍窃取美国军事政治保密性信息，[③] 以引致其他国家对中国的纷纷指责。此外，美国通过网络铺天盖地报道中国国内群体性事件等做法，无疑对中国的国际形象产生了极大的负面影响，减低了国际社会

① “中国政府：全球最具竞争力”, http://www.forbeschina.com/review/201011/0005075.shtml.

② “US presses Brussels on terror data swaps”, *Financial Times*, 3 February , 2010.

③ 参见 Kelly O'Connell, “INTERNET LAW-- U.S. Congress: Chinese Internet Espionage Biggest Net Threat”, http://www.ibls.com/internet_law_news_portal_view.aspx?s=latestnews&id=1921; “Chinese Government Expands Hacker Activity Overseas, Chinese Government Steps Up Cyber Attacks on U.S. Targets”, http://factsanddetails.com/china.php?itemid=1636&catid=7&subcatid=43.

对中国的积极认同感。

第三，美国对华网络外交亦对美国自身造成重要影响。除了让从来没有去过美国的中国网民们，对美国这一世界最强大的发达资本主义国家某些方面的先进性有了更直接的感觉印象，从而为美国在中国拓展软实力提供了便利条件之外，一方面美国通过互联网对中国进行的客观解读，这不但有助于世界更好地了解中国，有助于中国更好地融入世界，进而为扩大美国媒体的世界影响增加了不少印象分，另一方面，美国戴着有色眼镜针对中国开展的一波又一波的网络攻势，不仅使中国深受其害，也让自己为其所困，这种损人不利己的效果也是美国始料未及的。更为重要的是，美国为了一己之私，而不惜歪曲事实，对中国展开恶意诽谤和政治攻击，这不仅未能达到预期目的，而且也在无情揭开自己所谓“互联网自由”的虚伪面纱及其背后全球新帝国这一厢情愿的幻想。2010年，谷歌公司借中国政府过度审查为由，退出中国大陆市场，其中不乏美国政府的官方授意与支持，其背后也蕴藏着奥巴马政府以“谷歌事件”为借口对中国施压而试图实现更多其他利益的动机。[①] 根据企业发展的常理，放弃中国这个大市场绝不是企业的追求，而美国政府有意让谷歌商业行为抹上政治色彩，进而挑起世界关注所谓中国的网络管制和审查制度，才是其背后的险恶用心。事实证明，中国并没有因为“谷歌事件”而失去多少形象上或者经济上的利益，真正的输家是美国。通过这一事件，“谷歌”不但失去了中国大陆这一极有潜力的新兴市场，而且也给国际社会留下了其不遵守东道国国内法制的恶劣印象。而美国政府在其背后的推波助澜，则更是让世界对其不惜利用各种手段干涉他国内政的形象有了新的体会。因此，可以预见，如果不能放弃傲慢的姿态，美国的对华网络外交是无法达到赢得人心这一效果的。

① 赵红凯:《“浅析奥巴马政府的‘E外交’”》,《现代国际关系》,2010年，第7期，第22—29页。

（二）美国网络外交的全球影响

首先，美国的网络外交将会进一步刺激国际社会对于制网权的争夺，全球信息争霸将会走向白热化。互联网技术是整个信息化革命的核心，“世界上核心的经济、社会、政治和文化活动正在被因特网和其他的计算机网络重组”。[①] 网络外交这种新兴外交形式是顺应这种趋势发展的产物，它反过来也同样会推动这种趋势的发展。在这过程中，国际社会对于制网权的争夺将会日趋激烈，各国际行为体的信息争夺战也同样会白热化。当前美国在这方面处于绝对霸主地位，而且它也为实行信息霸权做了准备。2010年5月21日，美军启动网络司令部，其主要目的就是利用技术优势，“实现网络威慑战略”并“全面发展‘先发制人’的网络攻击能力”。[②] 除此以外，全球互联网管理机构国际互联网名称和编号分配公司（ICANN）的管理权也牢牢掌握在美国手中。

但是，美国的这种地位正面临越来越多的挑战，就长远来看，其优势甚至可能不保。早在2005年12月7日，欧盟就推出了自己的互联网扩展域名“.eu”，以便为“欧盟国家在网络中建立一个公共域名空间，树立统一市场的形象，并抗衡美国在互联网领域的主导地位”。[③]“继美国宣布建立网络司令部之后，韩国军方也宣布将建立网络战指挥中心，并将于2012年投入使用。英国则出台首个国家网络安全战略，计划征召包括黑客在内的网络精英保护网络安全，并成立网络安全办公室和网络安全行动中心。法国、德国、日本、印度等国也都在加强对网络战的研究，均已基本形成自己的网络战理论和发展规

① ［美］曼纽尔·卡斯特著，郑波、武炜译：《网络星河：对互联网、商业和社会的反思》，社会科学文献出版社，2007年6月，第3页。

② 陈宝国：《美国网络安全策略对我国的启示》，《中国电子报》，2009年8月13日，第3版。

③ “欧盟正式开放.eu顶级域名申请　对抗美国霸权”，http://news.xinhuanet.com/newmedia/2005-12/08/content_3893634.htm.

划，相继成立网络战机构或部队”。[①] 虽然“互联网在全球的不平衡的发展态势在相当长的一个时期内不会发生根本性的改变”，但是，“全球互联网的格局正在发生缓慢的变化：加拿大和欧洲的互联网流量已经不再流经美国，日本正在建立印度和中国间的数据网络，将使部分数据传输路线无须流经美国。”明尼苏达州大学安德鲁教授表示，美国发明了互联网，但不能将互联网作为自己的私有财产。他说，“10年前美国传输了70%的互联网流量，目前这一比例可能已经下降到了约25%”。[②]

其次，中美两国围绕网络外交展开的斗争，体现了国际社会在“自由”与“安全”这一传统对立命题的博弈中面临的更为深刻的伦理困境，网络弱势国家将会受到强势大国越来越多的干涉。网络外交的发展，则更是推动了全球信息的自由流动。然而，这种自由流动对人类社会而言，又并非是绝对有利或者说利大于弊的。换句话说，在一个过于透明的世界，没有一个国际行为体能够保留自己的隐私，从而获得足够的安全感。同时，随着网络外交所依赖技术平台的升级和非国家行为体的网络外交对国家主权的不断挑战，传统意义上的国家安全命题也在面临逻辑困境：国家为了维护自己在内政外交上的绝对权威和国家安全必然要对网络自由加以一定限制，而以安全为借口限制网络自由又会给人以滥用权力的印象，从而打压本国民众参与国家事务的积极性，也降低本国的国际声誉。更何况除了对互联网限制的标准难以把握之外，对互联网的控制主要只能局限于一国国内，其对国外的网络信息流动还是一筹莫展，并且对国内互联网的控制还面临着不断发展的网络反封锁技术的挑战。中美两国围绕网络外交的种种博弈就是其生动体现。表面上看，美国看重的是“自由”，而中国强调更多的则是“安全”。但事实上，在这个问题上几乎各国都面临着难以处

① 孟祥青：《网络争霸更趋激烈》，《人民日报》，2009年7月14日，第3版。

② 张宇新：《美国互联网时代正悄然终结》，《人民邮电》，2008年9月10日，第7版。

理的困境，美国自身也不例外。即便是它天天鼓吹互联网自由，也对其国内的互联网实行了严格监控，甚至不惜未经法律许可侵犯其国内公民的网络权利，这从2009年和2010年中国政府发布的美国人权记录中可以看出。美国民众对这个问题同样没有清晰的认识，态度也很模糊。以“维基解密”事件后《华盛顿邮报》所作的关于“美国政府是否应该起诉阿桑奇”的调查为例：“认为‘阿桑奇的行为是在提供一项重要的公共服务’的支持者占45%，而认为‘阿桑奇泄露政府文件的行为是有害的并且必须被制止’的反对者占41%”。[①] 在这种情况下，全球社会发展将进一步面临着自由与安全难以得兼的伦理困境。从当前的趋势看，由于发达国家在信息技术上的天然优势，在国际舞台上“自由”占据了相对于“安全”的有利地位。这对于在网络技术上处于弱势的国家而言，并非是一个好消息，因为发达国家往往借口网络自由干涉发展中国家内政，给这些国家埋下冲突的种子，美国对华网络外交就是典型例子。此外，甚至一些跨国网络巨头都试图以此开拓国际市场，控制他国的网络经济命脉和宣传口舌，谷歌、微软和BBC等都是如此。

再次，美国网络外交在全球的文化和价值观攻势，不断强化着国际行为体向全球推销自己文化价值观的冲动，这将会给全球文化的发展带来重大变革，全球文明融合与冲突的趋势将会在虚拟空间进一步走向深入。美国网络外交在全球文化价值观领域的攻城略地，不断刺激着其他国际行为体发展自己的网络文化价值观外交。这首先有助于弱小行为体用低成本的方式向国际社会展示自己，也直接推动了各个不同文化之间交流与融合，有助于它们相互学习和借鉴，促进彼此在碰撞中共同生存与发展。但是，网络外交同样也会使一些不同文化之间的差异和对立更加突出，一些文明之间的冲突正在面临越来越激烈

---

① 郑康：《分析“维基解密”事件看新闻自由与国家利益的博弈》，《信息网络安全》，2011年2月，第9—12页。

的网络正面交锋。文化冲突的区域性、集团性、阶级性、宗教性、时代性和民族性将会在更深更广的范围内发展。①许多不同民族之间的冲突也是通过互联网的文明文化斗争开始和放大的，“这是因为诸如民族心理、语言、价值标准、审美情趣、生活方式等这些深层的民族特征以及许多特殊的历史进程和发展阶段依然存在。尤其是历史上曾有积怨的国家和民族，更是充分利用互联网带来的机遇，宣扬民族主义情绪，进一步激化了已有的民族和国家矛盾。”②“互联网已使有无政府、反社会或搞阴谋倾向的人，通过与其他有同样信仰的人的网上联盟，得以加强他们常常偏执和狭隘的世界观”，③各种恐怖主义和极端势力的文化温床也正借助互联网迅速渗透整个世界。与此同时，强调全球价值观的普世文化也在网络兴起，由于它强调打破国家和民族的界限来追求全人类社会的共同利益，因此必然会加速公民对国家的价值观、忠诚度和身份认同的改变，强化注重全球利益的跨国公司和国际组织影响力，使国家主权的认同感和政府的控制力受到削弱。不仅如此，拥有涵盖全球通讯网络的跨国传媒公司也在挖掘各个角落的文化资源，并将其作为娱乐产品而包装，从而使传统文化资源被商品化，神圣感被剥离，成为文化商品经营者牟利的工具，这在增强低俗的快餐消费文化认同同时，也会降低人们对本国传统文化的认同感。④在这种情况下，如何利用网络外交来继承和发展自身文化，使之在拥有时代特征被他者接受的同时，又具有高度的凝聚力得到内部认可，也就成为了各国际行为体面临的问题。

---

① 陈华文:《当前几种激烈的文化冲突》,《人民论坛》,2011年7月，第72—73页。

② 申琰:《互联网的国际博弈与合作研究》，中共中央党校博士学位论文,2009年5月，第131—132页。

③ 罗杰·菲德勒:《媒介形态变化》，华夏出版社,2000年，第158页，转引自田佑中:《论因特网时代的社会控制》,《社会科学集刊》，2001年第5期，第38页。

④ 联合国教科文组织:《世界文化报告》,1999年，第201页，转引自仪名海主编:《信息全球化与国际关系》，中国传媒大学出版社，2006年1月，第165页。

四、中国网络外交应有的对策

从发展趋势看，网络必将成为各国开展外交活动的主要阵地。闭塞是落后的根源。中国改革开放三十多年来的辉煌告诉我们：只有打开网络国际化的通道，才能真正在当今网络社会里与世界接轨。目前国外网络外交还处于发展的上升阶段，我国的网络外交才刚刚起步，作为世界主要大国之一，我国必须抓住这个机遇，在网络外交上有所作为，把有中国特色的发展道路贯穿到中国网络外交当中来，力争在国际上取得网络外交的话语权。

（一）制定清晰的网络外交战略，建立统一的网络外交协调机制

中国网络外交应当以服务于中国的和平发展为目标，努力创造和谐的国内外网络环境。这就要求我们制定出清晰的网络外交战略。中国政府必须清楚认识网络在外交中的作用：网络不仅仅是公共外交的宣传手段，而更应该成为外交的一个载体。我国的网络外交战略应该包含三部分的内容：

首先，外交机构要形成一个内部网络沟通系统，外交人员通过网络共享外交资源。这样可以提高外交人员的工作效率，也可以从实际行动上把网络外交的概念深入人心；其次，要加强与他国外交部门的沟通。要经常性地通过网络与他国互通有无、加强合作与沟通，保证信息畅通，有利于消除误解，促进工作顺畅化；最后，应树立明确的网络外交战略目标。成功的网络外交就是利用互联网创造有利于本国的舆论氛围，使目标国的网民对目标国的政府产生压力并迫使其改变外交行为。现阶段我国网络外交应该以消除国际隔阂为目标，创造和谐有利的网络环境；长远来看，应以更好地介绍我国政策思想为目标。

其次，还要有适当的战术作为支撑，而首当其冲的便是建立统一的网络外交协调机制。这需要从两方面入手：一是设立网络外交专门机构，比如网络外交办公室等，从积极争夺网络话语权、引导网民参与网络外交活动、重视新媒体在外交中的作用三方面开展工作，这就要求我们要有一支素质过硬的宣传队伍，除了有理有据地与反华思想作斗争，还要创造性地策划一些正面的网络外交事件来引导国际舆论；二是设立网络外交官，担负起与国外网民沟通协调的工作，这就要求网络外交官充分了解对象国网民的特征，拥有敏感的网络意识，积极利用新媒体开展外交活动。除通过论坛、微博等方式与网民交流之外，还应该策划一些与网民现场互动的活动，充分调动起网民的积极性。

（二）丰富网络外交形式，积极追踪网络新媒体，推进网络外交的时代化和特色化

首先，我国应该建立起一个有效的网络平台公开外交信息，与网民加强互动，保证国内网民的知情权，了解国外网民的兴趣。外交部网站应该及时、有效地更新，发布最新的外交资讯，可考虑设立“公民信箱”，针对某些特定的外交突发事件，以及中国政府作出的外交决策，收集网民意见，监测民意导向，并设立专员及时答疑，以消除误解。此外，我国还可以与国际著名的社交网Twitter、Facebook等合作，与国外网民定时互动，收集国外网民的疑问和建议，通过专门的外交人员进行解答，并增加与国外网民现场互动的机会，通过国内外的商业网站全程直播，吸引大众眼球。

其次，我国应该积极而有节奏地展开网络公共外交。由于中国特殊的国情以及复杂的国际形势，面对西方国家的网络外交攻势，我国的网络外交应当是“内敛型”的，即符合当前“韬光养晦，有所作为”的外交理念。“韬光养晦”是指在面对西方国家蓄意制造的网络外交事件时，应当有理有据地批驳与揭露，但是不主动谋划网络攻击舆论、挑衅他国政策或政府，也不公然通过网络对他国人民宣传本国政策以

及价值观，进行所谓的“网络殖民主义”；而“有所作为”就是要通过积极策划公共网络事件，塑造一个正面的国家形象。“要加强网上思想舆论阵地建设，掌握网上舆论主导权，提高网上引导水平，讲求引导艺术，积极运用新技术，加大正面宣传力度，形成积极向上的主流舆论”。[①] 这就要求中国的网络外交应该积极地掌握网络舆论主导权。网络外交在总体方向上应当与总体的外交政策保持一致：以守为主，积极防御，攻防结合。

再次，我国的网络外交应该积极跟上时代步伐，善于利用新媒体技术。由于外交的载体是技术日新月异的“网络”，我国的网络外交专门部门和网络外交官应该保持创新性思维和战略性眼光。除了完善外宣网的建设、充分利用商业网站的优势，也应该抢占国际著名社交网站的外交阵地，与国际知名商业网站合作策划网络外交事件。如可考虑在Twitter等社交网上开设国家领导人的个人微博或博客，可以建立专业的团队来打造。除了可以介绍领导者个人以及国家政策，还可以在行为上引起广大网民的共鸣，获得广大网民的了解与理解，也有助于“中国威胁论”等不利言论和误解的消解。从国际上来说，美国总统奥巴马的微博并不是自己亲自经营管理，但却收到了不错的效果；委内瑞拉总统查韦斯利用Twitter微博与反政府武装作斗争，不到半个月其微博就吸引了几十万网民的关注。我国的网络外交应该充分利用这些无形资源。

（三）在政府的主导下，建设全民网络外交

网络外交的受众是广大网民，主要目的是引导网民舆论导向，营造对我国开展外交工作有利的氛围。我国的网络外交应当扩大阵地，在政府的主导下，广泛利用公民、媒体、商业网站等资源为外交服务。

---

① “胡锦涛：以创新的精神加强网络文化建设和管理”，中共中央政治局第三十八次集体学习，2007年1月24日，http://news.cctv.com/china/20070124/111582.shtml.

首先，打造主导性的政府门户网站，系统而有区别地公布政府工作信息，尽量做到客观、公正。政府门户网站的建设如同国家机构的设立，各司其职、各有所为，在宣传策略上要把握好度，在提高政府工作透明度的同时，应考虑到网民们的“窥探”心理，对国家领导人的工作以及生活进行渲染，以减少神秘感带来的误解。就像中国网民想通过上白宫网了解美国“第一家庭”，我们应该有一个让外国网民了解中国领导人的平台。

其次，加强对网民尤其是青年学生的网络外交教育。青年学生的英语水平较高，与国际接轨更紧密，并且有足够的时间和精力畅游网络世界，是网络外交要依靠的主要对象之一。我们应该在互联网世界实行“门户开放”政策，鼓励中国大学生在这些网站上发帖、留言及与国外网友互动，让世界更好地了解中国。当然，“门户开放”必须建立在国内坚实的政治立场上，政府应该加强对网民的外交素质教育，对突发性的网络外交事件进行全民引导，让网民了解政府动态，更好地参与到政治生活当中来。

再次，扶持重点新闻网站建设，提升国家形象。由于缺乏能够影响世界舆论的平台，我国总是在防范、解释各种失真报道，西方国家强势的网络媒体使得世界网民也难以系统地、有效地听到我们的呼声。“中国必须大力加强网络传播和网上新闻宣传，以应对国内外敌对势力利用互联网这个阵地对中国进行渗透。要加快重点网站建设，扩大重点新闻网站的知名度，抢占这个思想舆论阵地的制高点。”[①] 因此，政府应该在经济和政策上扶持几个主要的新闻宣传网站，建设影响世界舆论的平台，尤其要注重完善这些网站的外文版本。

最后，要使新、旧媒体的发展相辅相成、互为促进。虽然网络已成为最大的信息载体，其信息量、更新速度是传统媒体无法匹敌的，但网络也有其弱点，其所处环境的不确定性以及虚拟性，导致在安全

---

① “网络公共外交大有可为”，http://blog.sina.com.cn/s/blog_5025cdbd0100ridx.html.

性上很难拥有令人置信的说服力。网络传播速度快、受众广等特点也加大了政府对传播控制的难度。而传统媒体在舆论传播上依然具有不可忽视的力量。例如，在互联网普及率高居世界前列的瑞典，仍有80%的公众依然认为报纸“不可取代”。[①] 因此，我们在对西方国家进行网络外交的同时，应注重新旧媒体的结合。新旧媒体相辅相成，一方面可对外展开积极的网络外交，“将有利于自己的认知传达给别人，进而影响他国政府外交决策”，另一方面还可对内营造稳定的舆论氛围，从而真正将网络的广泛号召力和快速传递性与传统媒体的庄重性、可信性结合起来，为我国网络外交战略目标服务。

① 何国平:《中国对外报道思想研究》，中国传媒大学出版社，2009年，第86页。

中国的非洲战略：现实与挑战

北京大学国际关系学院教授、非洲研究中心主任　**李安山**

不容置疑，改革开放以来，中国的非洲战略成绩卓著，否则难以解释为何中非合作在世界上引发如此大的震荡。然而，中国已不是90年代或2000年的中国，非洲也不是以前的非洲，国际局势更是产生了巨大变化。面对新的形势，中国的非洲战略是否需要调整呢？回答是肯定的。2011年9月6日，《中国的和平发展》白皮书首次界定了中国的核心利益，即国家主权、国家安全、领土完整、国家统一、中国宪法确立的国家政治制度和社会大局稳定、经济社会可持续发展的基本保障。中国的国家战略正是为实现和保护国家利益服务。所谓"战略"的重要特征之一是前瞻性。然而，我们看到，在制定对非政策时缺乏前瞻性与整体意识。

中国的非洲战略须适时应变。西方大国之间在对付中国、侵害中国的国家利益方面不断地互相协调，我们须有应对之策，不能以不变应万变。中非合作是一件长远之事，需长久之计。

中国在非洲缺乏战略思考和战略设计表现在三个方面：

一是应付外交，即人家批什么，我们就否认什么。这样不能服人，也不够客观。这种状况已持续多年，既缺乏主动性，也使中国外交被人家牵着鼻子走。中国从未搞过什么殖民主义，现在反而要在各个场合向老殖民主义者声明中国搞的不是殖民主义，这种反应十分被动。

二是缺乏长远规划。中国的非洲战略主要依托于3年一次的中非合作论坛。然而，这是一个双边合作框架，中国的非洲战略应有自己的规划和重点。中非合作论坛的27个相关部门为了办好3年一次的论坛，忙于应付各种会议，特别是外交部与商务部。中国与非洲国家高官会议在部长会议前举办两次，一为总结上次举措落实的情况，一为次年论坛的筹备会议。为加强后续机制建设，2006年北京峰会上决定建立中非外长级定期政治对话机制。这样，中方部委忙于总结、筹备和协调，几乎没有人力、物力和时间来考虑战略布局和战略筹划。

三是分头行动，缺乏统一筹划。中非合作论坛的三个主要部门是外交部、商务部和财政部。虽然是各负其责，但在统一协调方面存在各种困难。27个相关部门负责中非合作论坛事务的单位和个人或是临时，或是兼职，难以做到责权落实。主管金融、工矿、卫生、农业、文化、能源、科技、法律、教育、非政府组织等事务的部门都希望参与到中非合作之中，这是好事，但在诸多情况下，中非合作论坛后续委无权对这些活动进行协调和干预。因此，实有必要从长计议，通盘考量，将中非合作论坛放到中国的非洲战略中考虑，将非洲战略放到全球化背景下的中国国际战略中考虑，以找到各自的恰当位置。

目前，从可持续发展的观点和全盘统筹的大局看，中国的非洲战略应注意以下方面。

经济与政治要两手抓。中非合作近年来主要集中在经济方面。四次中非合作论坛的涵盖面集中在经济合作，胡锦涛主席在2006年的中非峰会上提出的“老八点”（即中非加强合作的八项措施）和2009年温家宝总理提出的“新八点”都集中在经济合作。在舆论上，中国往往表示希望西方国家不要将中非经济合作的问题政治化。在实际操作层面，虽然中非关系是全方位的合作，但很多方面形式多于内容，只有经济合作的成果最显著，表现在三个方面：一是承包量和贸易额增长较快，二是央企在非洲的金融和实业投资一直在增加，三是商务部负责的援助事务以经济技术方面为主。尽管中非关系的注意力集中在经济合作方面，但西方却通过政治一而再、再而三地干扰中国经济。略举几例。西方全力反对中国在非洲的各种经济合作，不惜动用各种手段进行全力阻截，或是国际金融组织以停止对相关国家的援助相威胁（如刚果金），或是非政府组织对中国的基础建设进行攻击（如苏丹麦洛维大坝），从各方面使中国的经济行为政治化。希拉里访非时对中国在非洲的投资和援助进行诋毁，并宣称中国方式对非洲“没有太多益处可言”；卡梅伦访非时对中国的政治制度进行攻击，并表示他反对“中国侵略”非洲。这到底是经济还是政治？可以说，政治无时无刻不在影响着经济。重经济合作而忽略政治合作会给自己带来极大的麻烦。利比亚之变是一个深刻的教训。

加强中非战略合作，积极稳妥地支持非洲一体化。中非战略合作可从三方面加强。

第一，积极推动非洲国家入常。在非洲国家争取联合国常任理事国席位的过程中，中国应该全力支持，不要患得患失。从人类发展的角度看，一个具有54个国家的大陆在联合国常任理事国中没有席位，这有悖常理，也不符合人类平等的原则。非洲入常将壮大发展中国家的力量，加强多极化趋势。中国或是自己提出提案，或是支持非洲国家的提案，应在这一问题上掌握道德制高点，亮出支持非洲的旗帜，这是一个原则问题。

第二，推进非洲一体化进程。非洲一体化进程是一个涉及各领域的系统工程，中国应就咨询、培训、实践以及基础建设等方面与非洲方面一起筹划。在国际舞台上，非洲国家往往是中国真诚的朋友，走向一体化的非洲对于中国的政治支持将更有力。在经济层面，统一的非洲市场有利于经贸合作的扩大。在文化领域，非洲与中国在捍卫文化多样性方面有共同语言，非洲一体化可为双方文化、教育和艺术领域的交流合作提供更广阔的平台。中国进行援助或投资时要将促进非洲一体化作为重要因素来考虑，重视交通、水力、发电、电信等可以起到连接作用的工程项目。中国可以为较成熟的区域（如南共体和西共体）提供能力建设培训的援助和相应的技术支持（如提供电脑和相关程序等）。

第三，加强中非合作中的战略性投资。目前中国在非洲的投资主要集中在矿业和油气方面，而这些资源都是不可再生的，非常容易引起当地的反感。实际上，还有相当多的战略投资领域需要开拓。农业投资是一个潜力巨大的领域，既可帮助非洲解决粮食安全问题，也可发挥中国在农业生产方面的先进技术，特别是农业投资可以提高当地农产品的附加值，也可充分利用非洲有利条件大力开展有机食品的生产。制造业一直是阻碍非洲发展的瓶颈。中国政府应鼓励企业投资制造业，既提升非洲工业的水平，也可解决当地工人的就业问题。为什么说这些领域具有战略性？一是影响深远，对非洲的发展、解决贫困、就业问题有好处，从而带来和平与稳定的局面。二是需求量大，这些投资都与解决民生问题有关，而非洲的人口增长迅速，市场规模在不断扩大。三是潜力大，由于自然条件优越，这些领域的发展前景不可估量。四是这些领域的投资均具有可持续性。在投资项目、承包建筑和援助领域，一定要妥善处理土地问题（不鼓励在外购买土地，鼓励承包），否则将会后患无穷。

不要过于在意国外的批评而忽略自身的优势。中国正经历着任何大国崛起都需要经历的过程，成为诸多既得利益者的靶子。这是一种“成长的烦恼”，中国政府不必过于在意。对于批评，过于紧张或不予理睬都是源于一种弱者心态。中国在处境极为困难的时期都敢于与西方抗衡以维护自身利益。现在，中国的综合国力日益加强，中非合作的大方向基本正确，只要行得正，没有什么可怕。对于中非合作，我们应有一种为人类共同发展作贡献的坚强信念，这是一种不能超越的道德制高点，精神上要有底气。然而，对非洲社会的批评，一定要认真对待。虽然这些批评多来自非政府组织，但其影响不可忽视，应与非洲方面一起努力纠正不良现象。实际上，中国具有自身优势，对此应有足够自信。中国经济平稳发展，政治体制正在改革，掌握的巨大财政储备成为撬动世界经济的有力杠杆；中非平等合作和互相尊重的关系代表着国际关系中的一种新趋势；中国不附带任何政治条件的援助方式正在形成独立于国际援助体系之外的独特模式；中国独立自主的成功经验正在日益吸引着非洲国家“向东看”，撼动着西方发展模式。西方人都在着意研究这些现象，中国应有自信心。

不要过于在乎大国关系却忽略其他因素。大国关系固然重要，但并非一切。我们在制定政策时似乎过于重视大国关系而忽略了其他因素，特别是发展中国家的利益。中国在联合国对一些重大国际事务投票时既明确宣示自己的立场，也表达了中国政府在国际政治中的道义。过于在乎大国关系的政策取向正在使中国失去一些真正的朋友。在重视大国关系时不要忽略大国的对非政策。英国以何种隐蔽的方式和手段全面维系着“大英帝国”的框架？美国非洲司令部设立的战略意图及其战略部署何在？法国为何努力推动“地中海联盟计划”？对这些都缺乏研究，从而导致中国对一些重要事件缺乏应变策略。中国对法国通过非洲区域组织影响科特迪瓦的局势和希拉里在赞比亚影响选举的活动缺乏战略认识，致使两国都在明显或隐蔽的外来干预下完成了有利于西方既得利益者的权力转移。

适当采取结盟方式以利于保护国家利益。结盟是国际政治中的一种必要手段。在特定的情况下，中国采取了不结盟政策，至今已有30年。然而，欧盟、非盟、阿盟、东盟等地区联盟的力量日益壮大，拉美国家新联盟正在筹备，美国正拉拢日、韩、澳组成新联盟，也在呼吁建立反中国货币政策的国际联盟。当然，中国在上合组织、金砖国家和与周边国家的联盟关系也在加强。很明显，任何国家在世界舞台上的行动多以结盟方式取得成功。当然，这种结盟可为短期应对，也可为长期规划，可为权宜结盟，也可为战略性结盟。试想，人们在分析世界局势时为何习惯于用“西方”来形容某些国家，重要原因是这些国家在大多数国际政治事务中能相互配合。目前，新兴大国在诸多国际事务中的立场比较一致：对不公正的国际经济秩序非常不满，对国际政治中的霸权行为极度愤慨，对国际援助体系附加条件的做法不以为然，对西方动辄用制裁、禁运或军事干涉来达到自身目的的行为非常反感，对西方在伊拉克、阿富汙的做法颇有微词，对近期西方在利比亚的举动和提出制裁叙利亚的提案明确反对。在新的形势下，中国与新兴国家结盟将有利于在国际舞台上发挥更大作用。

不要过于在意部门利益而忽略国家利益。中国的形势在变，机构也要变。在对非工作中也一样，要勇于创新。以援助机制为例，中国目前还是沿用几十年以前的机制，即由商务部的援外司来负责援外事务。中国国力的日益增强，承担的国际责任日益重大，援助的力度和范围日益扩大，援助的思维和理念也日益拓展。援助事务已摆脱作为纯粹外交手段的定位，日益与受援国的发展和全球千年发展目标相联系。如此重要的工作仍由一个管理经贸工作的部门来承担显然不妥。况且，商务部的工作集中在商业贸易领域，以钱生钱是一种职业要求，实难以承担需要广阔视野和全盘策划的国际发展援助事务。援助工作具有特殊性和专业性，它需要各方面的人才和经验，也需要各部门的配合。援助工作由一个司负责，既缺乏权威性，也难以应付诸多领域的协调，结果是很多事情难以如愿。

在加强对非援助的同时大力宣传自力更生为主、外援为辅的理念和经验。中国的发展表明，光靠援助解决不了发展问题。在过去50年，发达国家向发展中国家提供了2万亿美元的援助，援款绝大部分进入非洲，但非洲情况并未变好。在援助最多的70－90年代，非洲的贫困人口大大增加。由此可见，援助不会对非洲发展产生根本性改变。有鉴于此，中国领导人在对非交往中要多宣传自力更生的思想，不宜一味提高援助额，翻番援助的方式不可持续，也容易造成非洲国家的依赖感。在援助项目上要切实注意“授人以渔”和可持续发展的项目，特别要加强小项目和民生项目。援建项目必须与培训同时进行，以帮助非洲国家掌握有关技术，既可防止所谓“中国没有进行技术转让”的指责，也可避免出现援建项目完成后仍需中方人员留守的情况。对非援助中的大项目一定要慎重。这种项目金额多，牵涉面大，并非只有正面影响。由于大项目涉及因素多，一旦出现问题（生态、环境、移民、与民争利、与地方的关系等），当地人只会责怪援助方，最终出现费力不讨好的局面。

中国应加强对非战略性课题的研究。研究应放在全球战略上去考量，不能就事论事、事情发生后再进行所谓的研究。仅从国际关系上看，中国的非洲战略这一课题的研究内容相当丰富，如非洲战略与国家战略的关系，非洲战略与大国关系或与邻国关系及与南南合作的关联，非洲战略与中国发展战略的关系（如市场、金融、劳动力、技术转移与产品升级）等。不容置疑，我们应该重视大国关系，也应该重视大国关系的研究。然而，这种大国关系须与国际大势与国际战略一起来思考。以美国对非政策为例，美国对非政策在不同阶段有些什么诉求？非洲司令部设立的主要战略意图何在？美国全球战略与非洲地缘政治的关系？美国政府如何控制非政府组织在非洲的活动？美国在非洲的政治利益与经济利益的关系？美国政府如何从政策上支持美国企业在非洲的投资与运作？美国对非洲文化战略的计划、实施手段与步骤如何？当然，我们还可以列出很多类似的课题，如对其他老殖民主义国家的对非政策也值得深入研究。

国际战略新环境下的中阿关系

中国中东问题特使　吴思科

2011年，国际形势发生了复杂而深刻的变化。西亚北非地区发生的大动荡、大变革是2011年世界发生的影响深远的事件，举世瞩目。就在2011年初凝望未来，有谁能够看到，在十几个月的时间内，中东的多米诺骨牌被推倒，一场战争爆发、四个政权倒台、多国陷入混乱？这无疑是这些国家长期积累的各种矛盾和冲突的总爆发，这场政治风暴几乎刮遍整个阿拉伯世界。可以说，中东地区正在经历冷战结束以来规模最大、冲击最广、影响最深的大变局，其烈度已打破西亚北非地区原有的政治生态，对地区格局乃至国际体系都产生剧烈冲击。中东地区将进入一个较长时间的持续动荡时期。在动荡中谋求变革、在变革中寻求稳定，将成为这一时期的主要特征。

在全球利益格局大变革、发展格局大调整、政治格局内涵大改变的世界格局变革期，中国正在这个历史性的变化中发挥着重要的作用。面对中东多个国家民众运动和政治动荡，中国明确强调尊重各国人民的意愿和选择，主张通过对话和协商，用和平方式解决社会问题，反对使用武力，反对干涉别国内政。在世界大变化、大调整、大发展的时代，人民要求变革、要求社会公正、要求改善民生，这完全是合乎世界潮流的。中国所倡导的互利共赢、共同发展、共享繁荣的政治理念为世界发展注入了新的战略内涵。未来的岁月里，中国将在推动人类文明进步，建立一个持久和平、共同繁荣的和谐世界中发挥越来越重要的作用。

一、深化中阿合作是双方的共同需要

中东局势持续动荡引起国际社会强烈关注，各大国围绕中东变局的博弈异常激烈，其中东战略的根本出发点和落脚点，都是本国的利益，包括经济和政治等多种领域的利益，毋庸置疑，能源利益也是各方战略考量的重点之一。中东作为世界首屈一指的“石油库”，蕴涵着巨大的经济和能源利益，促使大国竞相把这一地区作为其战略角逐的重要地区。石油是大国发展经济、提升其综合国力必不可缺的战略物资，因此美、欧、俄等长期以来一直围绕中东能源明争暗斗。由法国、英国、美国主导发动的对利比亚的战争还没结束，于9月初在巴黎召开的“利比亚之友”会议就已经飘散着石油的气味，大有论“战功”邀赏瓜分利比亚油源之势。

当今，谋求和平、可持续发展和促进世界各国和各国人民之间的平等互利合作已成为时代的要求。中东政治大动荡使我国外交工作面临新挑战，同时也带来新机遇。我们必须从大局着眼，冷静观察，稳妥应对，在新形势中前进，在新机遇中发展。随着中国综合国力的增长和对外合作的增加，中东地区日益成为中国大周边战略的重要组成部分，是中国高度重视的一个战略板块。中国在中东地区存在着政治、经济、贸易、安全、文化等多方面利益。在当今全球利益格局大变革、发展格局大调整、政治格局内涵大改变的新形势下，阿拉伯国家在政治、经济、文化等诸多方面也有加强与中国合作的迫切需要；不论是探索符合各自国情的发展道路、实现经济振兴，还是借助新兴经济体群体提升其国际地位，都离不开同中国的合作。当然，中国与阿拉伯国家发展合作关系面临新的机遇，但也有不容忽视的挑战。

为此，我们必须密切关注并深入研究中东形势的发展变化，探讨中国与该地区国家友好合作关系发展的新途径，为我们在新形势下因势利导地深化同阿拉伯国家关系、开展人文交流、经济合作等工作打下坚实基础。

二、深刻理解新形势下中阿关系内涵

中东地区在我国对外战略中具有特殊重要性。首先，中东是我国周边的战略延伸，直接关乎我国的发展安全，特别是西部边陲的安全稳定与可持续发展；第二，中东石油关乎我国的能源安全，是我国商品和技术出口的潜在大市场，和平发展的重要依托。第三，中东是我国作为负责任大国在国际上发挥作用、提升国际影响力的大舞台，也是深化与当事各方合作关系的重要平台。具体而言，中国与中东阿拉伯国家关系内涵和利益诉求主要体现在以下五个方面：政治上相互倚重、经济上互利共赢、能源上战略合作、安全上相互保障、文化价值上交流借鉴。

（一）政治上相互倚重

中国是世界上最大的发展中国家，而阿拉伯国家是重要的发展中国家群体，在半个多世纪的国际风云变幻中一直相互理解、相互支持。在新的历史时期，这种关系尤显突出，中阿合作论坛应运而生，中阿关系提升到战略合作新高度。从中国方面来看，中国的和平发展需要包括中东国家在内的广大发展中国家的合作。随着国家实力的增强和中华民族的伟大复兴，中国将在国际事务中发挥越来越重要的作用，而中东国家将成为中国维护主权、安全、发展利益，推动多极化进程和构建有利于和平发展国际格局的重要战略依托。另一方面，中东国家也希望中国在国际事务中发挥相应的作用，共同维护发展中国家的正当权益。促进世界经济结构更加平衡，使全球利益格局更加公平，促进国际关系民主化，需要中国和包括中东国家在内的广大发展中国家实施战略意义上的努力与合作。

展望未来，中东地区在中国外交布局中的基础地位将更加突出。中国将从外交大局、国家发展全局出发，把与中东国家及发展中国家团结协作放在突出位置，高度重视，并进一步有所作为，在经济全球化进程中共同创造崭新画卷。

（二）拓展合作领域，实现经济上互利共赢

随着中国经济的全球化发展，中东已然离中国很近，攸关国家利益。这主要体现在三个方面：其一，中东是中国能源合作的最主要区域，包括直接油气贸易、上游合作、工程承包和共建炼油厂等；其二，中东是中国劳务出口的重要市场，中国相对成熟的技术、设备和训练有素的人力资源都是中东国家所需要的；其三，中东已成为中国商品出口的重要集散地。

此外，受长期动荡局势和近年全球经济不景气影响，中东国家总体经济发展步伐滞后。为此，许多中东国家相继出台了鼓励外资的政策和法规，为中国资本注入中东地区相关领域，包括能源合作与基础设施建设领域提供了良好的外部环境，成为中国实施“走出去”战略的重要目的地。尽管相比欧美市场，中国在中东的进出口贸易和投资绝对额仍然不高，但中东作为中国新兴国际市场的特性开始展现。在当前世界金融形势下，欧美等国家贸易保护主义势力有所抬头，而中国经济的出口导向型特性仍然强烈，中东新兴市场有利于中国国际地区市场的多元化。

同时必须注意的是，目前中东地区政局动荡和暴力冲突，不但改变了该地区一些国家的政治生态，也将对整个中东地区乃至世界格局产生深远影响；同时也在世界经济和金融领域引起了一系列动荡不安的连锁反应。一个时期以来的动荡已给中国企业在中东地区的经营与资产造成了重大损失。但从长远看，扩大合作领域、深化合作内涵仍是双方的利益所在。为此，一方面要提醒正在“走出去”的中国企业

及政府相关部门高度关注完全不同于国内环境的政治风险，建立政治风险的识别、预警及应对措施体系；同时应充分发挥中国和平外交的优势，推进与这些合作国的传统友好关系，努力构建与相关国家的合作共赢机制，包括建立共抗风险、合作救护方面的机制，指导帮助双方企业在共同的经济、贸易以及能源纽带中建立信任和更为深入的合作。

在对利比亚事件的处置过程中，中国政府采取了前所未有的政治、经济、外交等手段，成功完成了规模空前的海、陆、空撤离人员任务，并及时、准确地利用区域地缘政治剧变中的有利时机，把中国海空军保护国家利益、维护世界和平的使命推进到了地中海及非洲内陆地区。这也向世人证明，中国有信心、有能力担负起一个大国的国际义务与责任。

企业在寻求政府相关部门的支持和保护同时，必须建立完善的海外项目政治风险规避与应对措施体系，包括要为海外项目投保，尤其是针对政治风险的保险。分析中国企业海外投资与经营面临的政治风险，构建应对风险的对策机制，是政府与企业加强风险管理需要重点关注的内容，更对保障中国国家利益，尤其是能源安全具有重要战略意义。

（三）能源上战略合作

作为世界第二大石油消费国和进口国，中国与中东在经济、政治等多方面的联系日趋密切，中国与重要产油国的合作也是互需互补，对双方都具有一定的战略意义。自20世纪七十年代以来，中东地区石油和天然气剩余探明储量一直高居全球首位，分别占全球总量的61.5%和40.5%。当前中国是世界第二大能源消耗国，据估计，沙特和伊朗分别是中国第一、第三大进口国。从资源可获量看，中东的油气资源将是中国未来数十年甚至更长时间不得不倚重的获取目标。因此，未来中国能源安全问题的重点之一是保证中东石油供应的安全。

中东局势发展对国际石油价格走势的影响牵动人们的神经。从地缘政治的角度来看，沙特、伊朗以及期望走向稳定的伊拉克等重量级产油大国是影响国际油价中长期走势的决定性因素。而迄今为止，沙特、伊朗国内的反政府力量都不足以撼动现政权，这两个位居欧佩克前两位的产油大国有望保持相对稳定。我们必须不失时机地做好海湾国家的工作，夯实长期合作的基础，使双方的合作向更深更宽的领域发展。伊拉克总理马利基2011年夏季访华时，表达了希望中国更广泛地参与伊拉克重建中石油、天然气、电力、铁路交通、住房建设以及通信等领域合作的愿望。经过动荡开始走向平稳的阿尔及利亚实力雄厚，同我国的友好合作关系基础深厚，双方可抓住机遇推进、深化互利合作。而像埃及、突尼斯、利比亚这样发生政权更迭的国家，可能还要经历较长的动荡转型期，我们也必须关注其局势发展，巩固旧有关系，不断探索开拓新关系。

（四）安全上相互保障

从地缘战略上看，中东与中国西部边疆毗邻，且有民族、宗教、文化等诸多方面的传统联系，长期相互影响和渗透。随着中国对外开放的深入和西部大开发战略的实施，双方联系势将更加密切，相互影响更为复杂。具体来看，中国仍然面临民族分裂主义、宗教极端主义和暴力恐怖主义“三股势力”的威胁，这些势力与中东地区宗教极端主义分子和恐怖主义分子有千丝万缕的联系，直接影响到中国西部边疆的长治久安，也是该地区国家的共同威胁。夯实与中东国家的政治、经济、文化乃至军事合作关系，该地区可成为我国西部安全的缓冲地带和隔离区。

（五）文化上交流借鉴

作为人类文明的主要发源地，中国与中东地区都对人类文明进步都做出了巨大贡献。中国和古巴比伦、古埃及创造了人类今天所拥有的哲学、科学、文学、艺术等古典文明。中阿文化交流源远流长，虽然历史、文化、社会制度和发展模式不同，但双方都主张文明多样化和各种文明间的兼容并蓄。不少阿拉伯领导人表达了希望同中国开展文明对话的愿望。

中国与中东地区的文化交流活跃，与该地区几乎所有国家都签署了文化、教育、卫生协定和年度执行计划；互派文化代表团；举办文化活动；开展新闻合作；进行宗教和人才交流；创办研究机构；实施语言教育交流和开展学术研究、学术交流等。加强文化交流不仅有利于提升双方的友好关系，还将为缓解国际争端、建设和谐世界起到示范作用。

国家利益中应包含和重视文化利益。双方间文化的交流与互动，最终有利于促进“软实力”建设和文化安全建设。我们应以多种方式开展双方人文交往，传播中国传统文化和中国特色的发展理念，这是正在步入大国行列的中国所必须认真面对和切实做好的一项大任务。

三、深化中阿合作意义重大

中国是最大的发展中国家，中国的和平发展和科学发展，将极大推动整个发展中国家群体的大发展，将积极促进人类社会的大进步。

中国的发展是经济、政治、社会、文化、生态等领域协调和谐发展。西亚北非地区进入持续动荡时期，在动荡中谋求变革，在变革中寻求稳定，将成为这一时期的主要特征。在当今世界格局产生深刻变革的时代背景下，探索中国和平发展的新思路、新机制，探索中国科学发展的内涵，具有重要的时代和历史意义。向世界介绍中国改革开放的艰辛与成果，介绍中国发展的内涵与价值，向世界传播中国发展理念的智慧与精髓，意义重大而深远。我们不仅要让世界看到改革开放以来中国的高速发展和巨大变化，还应让世界了解中国何以有这样的变化，了解适合中国国情的发展道路及其体制和相关方针政策。

时代在给予我们发展机遇的同时，也赋予了历史的责任。中阿已建立起中阿合作论坛等战略机制，这是推动中国与阿拉伯国家在政治、经贸、投资、文化、科技等领域交流合作的战略举措。应充分发挥这些机制的作用，在新形势中前进，在新机遇中发展，持之以恒地推进中阿合作关系深入发展。

中国战略机遇期的新阶段及其把握

中央党校国际战略研究所副所长、教授　**刘建飞**

胡锦涛总书记在庆祝中国共产党成立90周年大会上的讲话中指出:“牢牢抓住和用好我国发展的重要战略机遇期，是我们赢得主动、赢得优势、赢得未来的关键所在，是对我们党执政能力的重大考验，也是对我们民族自强能力的重大考验”。“重要战略机遇期”是以胡锦涛为总书记的中央领导集体在深入分析当前的世情和国情、科学评估今后一个时期我国经济社会发展的国内外环境的基础上做出的重大战略判断。从世情和国情的总体发展态势来看，尽管我国的经济社会发展仍然面临各种新风险和新挑战，但是，机遇仍然存在，而且大于挑战。把握好重要战略机遇，关键在于科学评估中国特色社会主义所面临的外部环境并做出妥善应对。

一、战略机遇期新阶段的主要表现

总的来看，中国目前仍面临许多发展机遇，这些机遇与十六大之时及此前的机遇有所不同。虽然现在的机遇是以世界范围内的发展竞争更为激烈为基础的，但是中国的发展却是在新的水平上，中国参与国际竞争的条件和实力已经今非昔比，因此，中国发展所面临的重要战略机遇期也会有新的内涵。

战略机遇期新阶段主要表现为：综合实力增长使中国在国际舞台

上处境更为有利。

经过30多年的快速发展，中国的综合实力明显提升。这虽然引起一些西方大国和中国周边国家的战略疑虑，进而导致它们同中国在一些问题上的摩擦、冲突增多，但是从总体上来看，综合实力增长对中国处理好同外部世界的关系更加有利，进而有利于中国营造良好的外部环境，有利于中国的发展。

首先是经济上，随着中国经济实力的提升，世界各国同中国进行经济合作的意愿不断增强。当前，由于全球金融危机的影响，发达国家的经济状况普遍低迷，它们都更加看重同中国这个“世界经济引擎”的合作。从中美战略与经济对话，到中欧、中日之间的各种经济合作都反映出，发达国家都想抓住中国崛起这个机遇来促进本国经济的复苏。新兴经济体和其他发展中国家也同样越来越重视同中国的经济合作。中非合作论坛、中国—东盟自由贸易区、金砖国家机制等就是这种合作进程的反映。中国同世界各国经济关系越来越密切，有利于推动总体关系的发展，也有利于抵消、弱化因安全、军事、意识形态、领土领海权益等方面的矛盾和争端所带来的负面影响。

其次是在全球治理上，中国实力的提升有助于各国增强同中国合作的愿望。随着经济全球化的发展，全球性问题不断增多，需要世界各国携手努力来应对，而有实力和能力的国家自然会受到国际社会的青睐。近年在20国集团峰会上中国领导人的表现更受关注，就反映出国际社会对中国在应对金融危机中的作用寄予很高期望。而国际货币基金组织和世界银行给予中国更多的份额，让中国专家进入领导层，既体现出国际社会对中国实力和能力的认可，也反映出这些机构对中国未来所做贡献的预期。近些年来，从核不扩散问题到亚丁湾打击海盗，从应对气候变化到联合国维和行动，中国的积极参与越来越受瞩目。中国在全球治理上发挥积极作用，有利于中国提升国际地位，也有利于中国维护、拓展国家利益。

最后是在地区安全与稳定上，中国实力的提升有助于促进地区相关国家同中国的合作。中国作为一个亚洲大国，在维护亚洲及亚洲各区域的安全与稳定上发挥着重要作用。随着中国实力的增强，中国的这种作用越来越明显，进而促进相关国家加强同中国的合作。上海合作组织、东盟地区论坛、东亚峰会、朝核六方会谈等既是维护地区安全与稳定的多边组织和机制，同时也是中国同相关国家合作的重要平台。虽然近些年来一些同中国有利益矛盾的国家试图通过配合美国“重返东亚”来平衡中国崛起所带来的影响，但是它们并未因此而放弃在相关多边组织和机制中同中国合作。

随着中国实力的增强和中国不断融入世界，中国与世界的关系越来越密切，中国需要世界，世界也需要中国。在中国与世界的互动过程中，也形成了一些共同或相似的理念和价值，比如，中国要科学发展，一些发达国家则提倡包容性增长；中国要建设和谐世界，欧美则强调全球治理。共同的理念和价值有利于促进国际合作，而实力增强使中国更有能力将理念和价值付诸实践。此外，随着中国与世界关系的发展，随着中国外交越来越成熟，中国与一些国家之间的各种矛盾，都能找到化解的渠道，而不至于破坏中国的总体外部环境和重要战略机遇期。

中国综合实力增强，不仅体现为经济、军事、科技等硬实力上，也体现在软实力上。中国软实力的一个重要方面就是执政党的执政能力，而执政能力的一个重要表现就是认识、抓住、用好战略机遇期的能力，特别是应对各种外部风险和挑战、驾驭复杂局势的能力。

经过90多年的奋斗，60多年的执政，30多年的改革开放，中国共产党已经越来越成熟，积累了丰富的应对各种外部风险与挑战的经验，准确把握世界发展大势、统筹国内国际两个大局、驾驭复杂局势的能力不断增强。仅就近20多年的历程来说，在中国共产党领导下，中国既经受住了冷战结束、苏东剧变、亚洲金融危机、全球金融危机等重大国际事件的考验，也妥善应对了诸如“六·四”风波后西方的制裁、台海危机、炸馆事件、撞机事件等涉华突发事件的挑战。在积累经验的同时，中国也逐渐形成、建立了一整套应对外部风险和挑战的思路、方略、渠道和机制。特别是，党中央对风云变幻的国际形势，对前所未有的新情况、新问题、新挑战，对长期、复杂、严峻的外部环境考验，始终保持清醒的认识。也就是说，在应对外部风险和挑战上，中国既有物质准备，也有精神准备。

二、支撑原有战略机遇期的一些重要因素仍然存在

中国发展的重要战略机遇期除了新阶段的突出表现外，原有的一些重要支撑因素依然存在，主要是时代主题和科技进步态势。

（一）和平、发展、合作仍然是时代潮流

近年来，在全球金融危机的作用下，世界格局加速按原有的轨迹发展。国际经济政治力量由发达国家向发展中国家特别是新兴国家、由欧美向亚太、由“单极”向“多极”转移的进程明显加快。在这三个进程中，中国都占有突出的位置。与此相伴随，中国所处的外部环境更加复杂，面临着许多新风险和新挑战。比如，西方大国普遍患上“中国崛起不适应症”，试图用“中国责任论”来约束中国；美国担心被中国挤出东亚，因此高调“重返东亚”，并试图拉拢“亚洲民主国家”来平衡中国的影响；美国还介入南海争端，同东亚一些国家搞联合军事演习，为一些与中国有领土领海权益争端的国家撑腰打气；东亚地区的一些国家也积极配合美国“重返东亚”，试图在中美之间搞平衡；日本、印度等地区大国对中国在本地区影响力的快速提升心存戒心……乍看起来，似乎中国面临的挑战很多，而机遇则相对不突出。

然而，如果我们将视野放宽，并透过现象看本质，就会发现，世界原有的一些大趋势并未改变，特别是和平与发展时代主题不仅未消失，而且还进一步深化。

放眼世界，展望未来，世界总体和平的局面能够维持，世界大战或大国之间的大规模战争打不起来。这主要在于大国关系基本稳定。就拿中美关系来说，虽然两国在南海争端、中国军事力量发展、台湾、人权、人民币汇率、知识产权、贸易不平衡、气候变化等诸多问题上不时出现争斗，但是双边关系的总体状况是好的，两国领导人都明确要共同努力推动积极合作全面的双边关系发展，不断建立并深化战略互信。近些年来，中美两国在应对金融危机、防止核扩散、维护地区安全、开发新能源等领域进行了很好的合作，双边经贸关系进一步深化，文化、教育等方面交流更加密切。中美战略与经济对话卓有成效，已经成为两国沟通、交流、合作的重要机制。特别是在具有指标意义的两军关系上，虽然有许多分歧，但是在两军关系定位上已经达成重要共识，即"推动建立相互尊重、合作互惠的中美新型军事关系"。骆家辉作为首位华裔美国驻华大使走马上任，表明奥巴马政府非常重视同中国的沟通与合作。总的来看，美国从其全球战略出发，对华政策虽然有两面性，有牵制、防范、平衡、遏制的一面，但是，合作是主流。美国不愿意同一个越来越强大的中国走向敌对，而且美国也认识到，中美之间存在着许多共同利益，两国需要合作互惠。

其他大国关系也是如此，都呈现出合作与竞争并存，但合作是主流的特征。中俄作为战略协作伙伴，双边关系不断深化。中俄合作对抑制美国和西方的霸权主义和强权政治倾向，维护世界战略平衡，起到了不可替代的作用。欧洲国家目前在经济上遇到困难，这为加强中欧经济合作提供了良好的契机。日本虽然在一些问题上同中国有摩擦，但是双边关系总体上还是稳定发展的。印度近些年积极发展对美关系，但是也仍然重视对华关系，特别是，中印同为金砖国家和"基础四国"成员，这些多边机制也为加强中印合作提供了平台。除了涉华的大国关系外，其他大国关系也是以合作为主流，在可预见的未来，没有走向截然对抗的趋向。

以合作为主流的大国关系构成和平与发展时代主题的重要基础，

与此同时，和平与发展时代主题又促进了大国合作，二者相辅相成。

当今世界，尽管还存在着霸权主义、强权政治、冷战思维、恐怖主义、极端主义等危害世界和平与发展的因素，而且某些因素在一定条件下还会有所膨胀，但是求发展、要和平、谋合作的时代潮流不可逆转。特别是全球金融危机之后，无论是美国，还是欧盟、日本，都将主要注意力用在恢复本国经济上，新兴国家也都谋求维持良好的发展势头。为此，世界主要国家都希望有一个和平稳定的国际环境。利比亚战争虽然反映出西方大国并没有放弃强权政治思维，但是战争的进程却体现出，相关国家并不想付出太大的代价，更不愿意深陷战争泥沼。求发展、要和平，就需要世界各国，特别是那些对世界和平与发展有重要影响的大国进行合作。大国之间的冲突或战争，不仅会危害世界和平与发展，而且肯定会使冲突双方两败俱伤，损害它们的根本利益。

（二）科学技术进步为中国发展提供了新机遇

全球金融危机之后，世界经济一直处于低沉状态，并且引发保护主义回潮；此外，欧洲主权债务危机、美国债务违约潜在风险都有可能带来新的金融动荡。这些对中国经济发展无疑都是挑战。但是，中国加快转变增长方式，有助于克服上述负面因素的影响。而且，国际经济秩序总体上还是稳定、有效的。二十国集团、国际货币基金组织、世界银行、世界贸易组织等机制仍然在有效运转。特别是，经济全球化仍在深入发展，并推动世界科学技术进步。而科学技术进步一直是中国经济发展的重要机遇。

改革开放30多年来，中国经济社会发展之所以取得巨大成就，一个重要原因就是实行了对外开放战略，积极顺应经济全球化大潮。而这30多年又恰逢世界范围的科技进步出现了新高潮。对外开放使中国分享到了世界科技革命的成果，进而实现跨越式发展。当然，这也与中国自身重视科学技术，将之视为第一生产力有密切关系。邓小平同志在推动改革开放的过程中，特别强调要抓科学技术。他指出："世界形势日新月异，特别是现代科学技术发展很快。现在的一年抵得上过去古老社会几十年、上百年甚至更长的时间"。"经济发展得快一点，必须依靠科技和教育。我说科学技术是第一生产力。近一二十年来，世界科学技术发展得多快啊！高科技领域的一个突破，带动一批产业的发展。"这里，他不仅指明了世界科学技术的发展态势，也揭示了科技进步与产业发展之间的关系。近几十年来，科学技术在经济社会发展中发挥了明显的基础性和带动性作用。

展望未来，科学技术进步的势头仍然看好。突出表现为科技创新呈现出群体突破的态势。如果说第一次技术革命的主导技术是蒸汽机动力技术，第二次是电力技术，第三次是电子技术的话，那么当代的科技发展则表现出群体突破的态势，起核心作用的已不是一两门科学技术，而一个高科技群体，包括信息科技、生命科学和生物技术、纳米科技、新材料与先进制造科技、航空航天科技、新能源与环保科技等。这标志着科学技术进入了一个前所未有的创新密集时代。在科技创新的带动下，许多高新技术产业群迅速崛起壮大，成为经济发展的主要推动力。各种先进实验仪器设备的发展，为科研活动提供了前所未有的条件，大大提高了人类认识和改造物质世界的能力，也使科学技术正在宏观和微观两个尺度上向着最复杂、最基本的方向发展。与此同时，科学技术发展的跨学科性更加明显，学科交叉融合加快，新兴学科不断涌现。这为科技创新提供了更广阔的空间。科学技术发展的历程表明，重大创新更多地出现在学科交叉领域。再者，科技创新、转化和技术更新的速度不断加快，原始性创新、关键技术创新和系统集成的作用日益突出。

与科技进步相伴随，国际科技交流与合作日益广泛。这既是由科学技术的本质特点所决定的，也与经济全球化的作用密切相关。科学技术没有国界，在当今世界，任何一个国家都不可能独自封闭发展并保持科技领先地位，也不能长期独享某项科技成果。随着经济全球化的发展，人类所共同面临的问题和挑战越来越多，需要全球范围的交流与合作，科技交流与合作就是其中最重要的方面之一。国际科技交流与合作有利于科技发展，特别是有利于发展中国家及时吸收世界上最先进的科技成果以及科技人才的成长。

经过几十年的发展，中国的科技和教育整体水平有了很大提升，这为中国更好地参与国际科技交流与合作，及时吸收先进科技成果打下了良好的基础。如果说在过去的30多年中，世界科技进步为中国的经济发展提供了很好机遇的话，那么在中国未来的发展中，世界科技进步所提供的机遇只能会更好。

三、战略机遇期新阶段伴随新挑战

把握好新阶段的战略机遇期，关键是科学评估中国特色社会主义国家（不仅仅是中国）所面临的外部环境。挑战与机遇往往相伴而生。胡锦涛总书记在“七·一讲话”中指出：“加强党的执政能力建设和先进性建设，面临许多前所未有的新情况新问题新挑战，执政考验、改革开放考验、市场经济考验、外部环境考验是长期的、复杂的、严峻的。”这是继2009年十七届四中全会通过的《中共中央关于加强和改进新形势下党的建设若干重大问题的决定》之后，在党的重要文献中再次强调“四大考验”。其中，“外部环境考验”是近几年来才提出的，正值中国率先成功应对国际金融危机、经济社会建设成就举世关注、综合实力明显增强、国际地位空前提升之时。人们不禁要问，为什么中国的综合实力增强了，国际地位提升了，反倒要强调外部环境考验？难道现在的外部环境还不如过去吗？

认识中国特色社会主义事业和中国共产党所面临的外部环境，必须用动态的目光，着眼于“新情况新问题新挑战”。自改革开放以来，外部环境建设取得了巨大成就，外部环境不断改善。这既得益于伴随着中国特色社会主义事业的发展，中国的综合实力有了飞跃式的提升，也得益于中国共产党人在进行内部建设的同时，也非常重视外部环境建设。就目前来看，外部环境总体上是好的，中国的发展仍然面临“重要战略机遇期”，中国还可以继续集中精力谋发展。然而，随着中国的发展和中国与世界关系的变化，外部环境建设所面临的形势和任务也在不断变化。改革开放初期，外部环境建设的主要任务是营造和平稳定的国际安全环境，避免被卷入大规模的战争，以便能集中精力谋发展。冷战结束、苏东剧变后初期，外部环境建设的主要任务是营造良好的国际政治环境，妥善应对西方“西化、分化”战略以及各种政治压力。进入21世纪后，随着中国经济的快速发展、综合实力增强、国际地位提高，中国的国际安全环境和国际政治环境明显改观，中国被迫卷入大规模战争的可能性已经微乎其微，西方对中国施加的各种政治压力也越来越没有效力。然而，外部环境建设并非可以高枕无忧。伴随着国际社会对“中国崛起”、“中国模式”的关注和中国经济进一步“走出去”，中国特色社会主义事业和中国共产党面临的外部环境考验仍然十分严峻，而且更加复杂，外部环境建设面临着许多新挑战。

首先是经济上，随着“走出去”战略的实施，中国在同世界各国开展经济合作的同时，也带来经济竞争和摩擦，进而影响中国同各国的关系。就拿中美关系来说，过去两国经济基本上是互补的，两国经济合作构成维系双边总体关系的重要基础；而现在，两国在人民币汇率、知识产权、贸易逆差等问题上争执不断。如何为中国对外开放继续营造良好的外部环境，将是未来中国外交的一项重要任务。

其次是政治上，西方国家并未放弃“西化”、“分化”中国的战略，只是将实施这项战略的重点由政治上打压转为在舆论上抹黑。而在国际舆论中，西方仍然处于明显的强势地位。有些西方国家的媒体仍然抱守冷战思维，戴着有色眼镜看中国，将中国发展中出现的一些问题无限放大，并且牵强地同社会制度和意识形态联系起来，企图“妖魔化”中国。而中国的媒体，由于各种原因，国际传播力和影响力还难以满足需求。如何塑造有利于中国特色社会主义事业的国际舆论环境，将是一项十分艰巨的任务。

再次是安全上，虽然由于中国坚持走和平发展道路，奉行独立自主的和平外交政策和互利共赢的开放战略，努力同世界各国发展友好合作，不寻求同任何国家搞意识形态对抗和军事对抗，总体安全环境比较好，但是，中国的安全环境也面临许多挑战和问题。其中较为突出的是周边安全环境。中国周边一些国家同中国有领土、领海权益等方面的利益纠纷，个别国家出于自己的利益，试图借助西方大国的力量来同中国博弈。此外，朝鲜核问题以及朝鲜半岛南北军事对峙的状况时常引发紧张局势，这种紧张局势经常导致美国借机到中国沿海展示武力，从而使中国的周边安全环境面临风险。如何维护和平稳定的周边安全环境，同时又不使中国的领土、领海权益遭受损失，将是中国外部环境建设所面临的一个重大课题。

最后是战略上，中国同唯一超级大国美国之间的战略互信一直处于若有若无状态。美国从其霸权战略出发，一直将快速发展的社会主义中国看成是“潜在的战略竞争对手”，在其对华政策中一直含有防范、牵制、遏制的成分。为此，它一方面加大在西太平洋地区的军事力量布置，另一方面加强同其亚洲盟友的关系，并将共同价值观作为同盟的基础。奥巴马政府上台后，美国积极发展同“亚洲民主国家”以及同中国有利益冲突国家的关系，试图利用这些国家来平衡中国在亚洲的影响，协助美国“重返亚洲”。建立并深化中美战略互信将继续是中国外交的一个难题。

上述四个方面只是比较突出的挑战。外部环境建设始终与中国内部发展和核心利益维护紧密联系在一起，长期存在着一些两难的选择，比如加强国防建设与增强大国战略互信、促进祖国统一与维护地区和平、维护国内社会政治稳定与加强对外开放。在外部环境建设上，必须保持头脑清醒、增强忧患意识，居安思危、未雨绸缪。

四、坚持韬光养晦战略方针不动摇

中国发展的重要战略机遇期能够存续多久，关键取决于中国能否发挥主观能动性，把握、使用好机遇，妥善应对挑战。机遇与挑战不仅并存共进，而且还会相互转化。把握好战略机遇期，就需要在把中国自己的事情办好的同时，始终不渝坚持走和平发展道路，坚持互利共赢的开放战略，坚持全方位的和平外交，推动建设持久和平、共同繁荣的和谐世界。对当今的中国来说，走好和平发展道路，尤其需要坚持韬光养晦战略方针不动摇。

近年来，随着国际国内形势的变化，尤其是近期中国同美国在诸多问题上的较量，"韬光养晦"又成了舆论关注的一个焦点。有人质疑，韬光养晦是近20年前邓小平提出的战略方针，已经过时，应当寻找替代的方针政策；甚至有人断言，中国政府在气候变化、南海、黄海等问题上以强硬姿态同美国叫板，等于是已经放弃了韬光养晦。那么，到底应当怎样看待韬光养晦？中国是不是还需要韬光养晦？应当怎样坚持韬光养晦？

要回答这些问题，首先要弄清韬光养晦的精神实质。韬光养晦是在中国"六·四风波"之后、苏东剧变的过程中提出的。当时，西方七国联合对中国进行制裁，东欧国家纷纷改旗易帜，苏联政治急剧震荡、正处在解体的前夜。西方高呼"不战而胜"、"共产主义大失败"、"历史的终结"，并试图乘胜追击，让苏东剧变的冲击波席卷全球，实现世界完全的"自由民主化"。中国面临着来自西方"以压促变"的巨大政治压力。针对这种形势，国内党内一些同志有点迷茫，有人提出中国要扛起国际共产主义运动领袖的大旗，替代苏联成为共产主义运动中心，同西方进行针锋相对的斗争。甚至还有人提出，要重提阶级斗争为纲，至少是阶级斗争与经济建设"双纲"并重。可以设想，如果按照这种思路走下去，会是一种什么结局。就在这紧要关头，邓小平提出了“韬光养晦”的战略方针。其意就是要“韬意识形态之光”，“养经济建设之晦”。当时，中国的首要任务是继续进行改革开放，发展经济，早日实现现代化，为此要同世界各国尤其是西方发达国家保持良好的关系。如果搞意识形态对抗，势必会恶化同西方的关系以及中国的改革开放所需要的外部环境。而且，在力量对比上，走社会主义道路的“东方”处于明显的弱势，同西方搞意识形态斗争，肯定斗不出什么结果。

邓小平在提出“韬光养晦”时，还有一些连带的词语，主要是“冷静观察、稳住阵脚、善于守拙、有所作为、决不当头”。理解“韬光养晦”，要与这些词语联系起来。“韬光养晦”作为一个战略方针，其精神实质就是：集中精力实现既定的大战略目标，着眼于长远的、核心的利益，不让次要的利益干扰、冲击主要利益，不因在次要目标上的斗争影响主要目标的实现；为此，中国不同西方搞意识形态对抗，在国际事务中低姿态、不当头、不争霸、不称霸；在这种姿态下，中国在国际事务中要“有所作为”。

这里需要特别强调“有所作为”。它是在韬光养晦的大前提下，因此只能是有限度、有选择的作为，不能是随意作为、全面作为，当然也不是无所作为。在“西强我弱”的国际大环境中，中国在国际舞台上很难“大有作为”。而且，“西强我弱”的态势不是短期的，同时，中国实现现代化的进程是长期的，因此，韬光养晦就是需要长期坚持的指导中国国际战略的方针。

20年来，中国一直坚持韬光养晦战略方针，应该说，是成功的，正确的。然而，随着中国综合实力的增强，不断有人质疑韬光养晦。尤其近年来，在应对全球金融危机上，中国表现不凡，与之相应，中国同西方大国之间的实力对比进一步拉近，并且实现GDP总量超日、跃居世界第二。这些似乎为质疑韬光养晦者提供了强有力的论据。与之相应，“中国模式PK西方模式”、“改革开放到头了”、“中国需要结盟”、“中国要当头”等论调也甚嚣尘上。

笔者以为，尽管中国发展成绩巨大，中国模式也很成功，中国与西方大国的实力差距确实明显缩小，但是却远未到放弃韬光养晦战略方针的时候。且不说中国同西方世界的实力对比差距仍然很大，就是拿美国一个国家同中国对比，中国在经济、军事、科技、国际影响力等方面也都存在着相当明显的差距。仅以经济为例，即使中国GDP总量跃居世界第二，但也只是美国的1/3左右，而且中国GDP的质量是有很大问题的，相当部分是以牺牲环境、增加碳排放、损害民生为代价的，被媒体冠以“黑色GDP”、“血色GDP”等称号。这样的高速发展不仅难持久，而且还会带来许多生态、社会、政治问题。如果聚焦到政治领域，虽然中国模式的成功举世公认，但是很多发展中国家却并不想仿效。笔者不久前到加勒比一些国家访问，深切感受到，这些国家只愿意跟中国进行经济合作，而不愿谈政治问题，它们都认同自己已经实行的西方发展模式和政治制度。目前在世界上，实行西方模式民主制度的国家已经占到2/3，除了西方发达国家外，还有许多是发展比较成功的发展中国家。在意识形态和价值观上，这些国家与西方国家基本上是一致的。当年苏联在最兴盛时，同西方的实力差距要比现在中国的差距小得多；苏联在1929—1933年大危机中表现得也相当出色。按说，当年苏联也应当韬光养晦。目前的中国就更不用说了。

中国实力增强，固然为中国在国际舞台上发挥更大作用、担负更大责任、拓展国家利益创造了条件，而且中国也理应担负更多的国际责任，以更积极的姿态维护自己的利益。但是这与韬光养晦并不矛盾。随着中国崛起，尤其是中国经济总量跃居世界第二之后，西方大国更倾向于将坚持走社会主义道路的中国看成战略竞争对手，或者存在心理上的不适应，许多发展中国家特别是周边国家也对中国的战略走向存有疑虑。在这种情况下，中国更应当坚持韬光养晦，避免成为国际矛盾的焦点。

当然，坚持韬光养晦并不排斥中国根据实力变化和利益拓展而在某些事情上采取更积极、主动的姿态。实际上，中国政府在这样做，但那同放弃韬光养晦是两码事。中国可以“更加有所作为”或“积极有所作用”，但是不能丢弃韬光养晦这个大前提。鉴于“韬光养晦”这个词语不好理解，特别是容易被外国人误解，可以适当用其他词语来取代之，但是韬光养晦的精神实质一定要坚持。

中国主张推进文明与宗教和谐

《国际问题研究》编辑部副主任　**王泽胜**

纵观当今世界的许多重大事件，如苏东解体，北约东扩，“9·11”事件，伊拉克、阿富汗战争，反恐战争，“金砖四国”崛起，特别是2009年的全球金融危机带来的世界格局的新变化，可以看出，在全球化和相互依存加深的当代世界，国际关系仍充满深刻矛盾、动荡、冲突和战争，和平与发展问题依然任重道远，制度之争、模式之争、文明之争甚为剧烈。其中，欧美西方强势文化对其他亚非拉国家弱势文化的挤压、歪曲与丑化成为引发世界不和谐、不稳定的一个重要因素，对国际关系产生许多负面影响，危害世界的和平、发展与合作。维护世界和平、促进共同发展是中国外交政策的宗旨，中国倡导并致力于同世界各国一道推动建设持久和平、共同繁荣的和谐世界。在文化上，中国主张相互借鉴、求同存异，尊重世界的多样性，共同促进人类文明繁荣进步。[①] 中国大力提倡不同文明间对话和交流，消除意识形态偏见和隔阂，使人类社会一天比一天和谐和睦，让世界更加丰富多彩。[②] 中国的这一主张将有力驳斥西方错误的文明观，进一步推进文明与宗教的对话与和谐，丰富全球治理的内容和理念，为和谐世界建设做出积极贡献。

---

① 胡锦涛主席：《高举中国特色社会主义伟大旗帜　为夺取全面建设小康社会新胜利而奋斗》，2007年10月15日，中国共产党十七大报告。

② 参阅《中国的和平发展》白皮书，2011年9月6日，国务院新闻办公室。

一、当今西方主要文明历史观流派

在精神层面，世界文明与宗教之间的冲突与不和谐，与西方推行错误的文明历史观密不可分。当前，这些主要流派与思潮包括：

（一）欧洲中心论

长期以来，现代人们形成了这样的观念，即欧洲历史涵盖了基本的文明史，仅有个别无足轻重的例外；欧洲人的发展一直是沿着一条符合人的理性、常态的道路通往最高级的人类文明。[①] 欧洲人有一种历史上形成的根深蒂固的欧洲中心主义和文明优越感，认为经过启蒙运动发展起来的西方民主、自由、人权等价值观具有普世价值。欧洲中心论是欧洲资本主义凭借经济、政治、宗教、文化、军事、科技的优势向全球扩张的产物，在长期的发展中形成以欧洲作为世界中心的思潮或观念，成为欧洲国家为主宰世界而制造的合法性“历史观”与“世界观”。它鼓吹欧洲是人类历史的文明中心，尊崇其地理环境优越、种族优越、文化优越等，吹捧其自由、民主和理性，其他亚非拉地区的文明诸如中国文明、印度文明、伊斯兰文明、非洲文明等被严重歪曲和边缘化，并极力否定文明的互动交融，掩盖和美化自己丑恶、肮脏的殖民侵略、资本掠夺与战争历史罪行。欧洲中心论的精神源头来自于古希腊文化、犹太人的宗教和伦理及现代科学的产物——现代工业主义，[②] 它大致经历以下变化：希腊、罗马为核心的地中海中心观；中世纪神学观念下的基督教中心论；近代以来随着殖民扩张兴起的西欧中心论，美国崛起后逐渐融合为欧洲中心论或西方中心主义；第一

① 约翰·霍布森：《西方文明的东方起源》，山东画报出版社，2009年11月，第5页。

② 罗素：《罗素论中西文化》，北京出版社，第80页。

次世界大战以后尤其“二战”后，殖民体系逐渐瓦解，西方中心论遭到质疑和批判。

欧洲的价值观是基于欧洲传统的社会民主主义价值理念，它在强调经济增长的同时，更强调“以人为本”，倡导人权、环保、社会保障和公平分配等。[①] 欧洲国家为“最发达的社会福利保障体系”而骄傲，其“从摇篮到坟墓”的社会保障政策曾是欧洲模式的主要标签。[②] 随着欧盟的不断发展和壮大，欧洲国家经常在国际事务中倡导其价值和模式，在很多方面，欧洲正在和美国区分开来，努力寻求自己的模式，很显然，在内政方面，欧洲的社会主义因素远较美国多。与美国相比，富有的欧洲国家（主要指东欧国家加入之前的欧盟十五国）的贫困人口更少，社会更加平等，医疗保障制度更加完善，教育质量更高。而且，大多数欧洲国家往往提供更为慷慨的失业救济金、更长的产假及更多的儿童津贴福利。欧洲模式曾主导了整个20世纪。[③]

总之，欧洲中心论过分强调欧洲文明的优越，肆意兜售欧洲的“模式和标准”，其核心观念是：“无论过去还是现在，西方完全应该占据世界历史发展舞台的中心”。[④]

（二）美国例外和霸权论

从一开始，美国就认为自己与其他国家不同，而且绝对是唯一的；从殖民地时代起，就存在美利坚民族是“上帝选民”的清教理念，这是后来美国“例外论”、民族主义和单边主义的主要宗教历史来源。[⑤] 第二次世界大战后，美国迅速发展成为世界帝国。当时，世界的发展

---

① 赵剑英、吴波：《论中国模式》（下），中国社会科学出版社，第938页。

② 曲星：《从当前国际形势看西方社会的深层次结构性矛盾》，《国际问题研究》，2011年第5期，第15页。

③ 戴维·S. 梅森：《美国世纪的终结》，上海辞书出版社，2009年4月，第169—170页。

④ 约翰·霍布森[英]著：《西方文明的东方起源》，山东画报出版社，第2页。

⑤ 徐以骅：“宗教因素与当前中美关系”，《国际问题研究》，2011年第3期，第35页。

模式基本上分为苏联模式和西方模式。现在苏联模式已经解体，只剩下西方模式（主要指的是美国模式和欧洲模式），美国成为冷战后的唯一超级大国，有力量推行其模式。[①]半个多世纪以来，美国利用在布雷顿森林体系内部的垄断地位，利用美元作为国际储备货币的特权地位，通过操纵美元对相关贸易伙伴货币的汇率，实现单方面经济政策目标，转嫁国内通货膨胀和社会问题，谋求单方面竞争优势，制约竞争对手发展速度和方向。[②]在"美国世纪"中，美国崛起为全球性大国，美国例外论开始成为全球主义，把美国的价值观视为普世性的，认为美国是唯一能促进和保护这些价值观念的国家。它为美国的全球领导地位、全球驻军和全球干涉提供了振振有词的理由。[③]

美国推崇霸权和帝国理论，认为上天赋予美国有拯救人类文明的特殊使命，积极输出美国的"模式和标准"，鼓吹和标榜美国文明的优越，动辄搞帝国战争与霸权。美国的核心文化是WASP（White Anglo-Saxon Protestant），即盎格鲁撒克逊白人新教，被认为是美国文明的基石，而个人主义、物质主义和贪婪则是美国文化的核心。美国人尤其是美国的社会精英中普遍存在着"美国例外和特殊论"，[④]不但认为美国的经济力量、军事力量、科技力量和综合国力在世界上占有"绝对优势"，没有任何国家可以望其项背，还认为美国的三权分立政治制度、自由主义经济模式和个人主义至上以及自由、民主价值观是世界上最好的。在这些美国人的心目中，美国是世界上唯一能承担"特殊责任"的"特殊国家"，是世界的"救世主"，美国的政经制度和价值观具有普世价值，应为各国效法和向全球推广。美国高其他国家一等，对其他国家适用的国际法对美国未必适用。对其他国家来说，国际法高于国内法，对美国

① 赵剑英、吴波：《论中国模式》（上），中国社会科学出版社，第318页。

② 刘友法：《我国经济面临的国际形势》，《后危机时期国际格局演变与中国的和平发展环境》，时事出版社，2011年6月第1版。

③ 戴维·S.梅森：《美国世纪的终结》，上海辞书出版社，2009年4月，第98—99页。

④ 戴维·S.梅森：《美国世纪的终结》，上海辞书出版社，2009年4月，第97—100页。

来说，国内法高于国际法。美国视联合国为全球治理的一个有效工具，能利用就利用，不能利用就抛开单搞。如此等等，不一而足。

美国的这种霸权与优越思想源头深深根植于维护美国的帝国与霸权地位。

（三）文明冲突论

美国学者塞缪尔·亨廷顿1993年抛出“文明冲突论”，认为：冷战后冲突的主要根源不再是意识形态或经济因素，主导人类冲突的将是文化的差异，强调文明的冲突是一切冲突的根源，突出的不是文明的趋同而是文明的对立。[①]理论依据是：其一，冷战后的全球政治第一次成为既是多极的，又是多文明的，现代化不同于西方化，也未导致非西方社会的西方化。其二，文明之间的均势正在发生变化，西方的影响在相对下降，亚洲文明正在扩张其经济、军事和政治权力，非西方文明正在重新发现和跟定自己的文化价值。其三，以文明为基础的世界秩序正在出现，文化类同的社会彼此合作，国家正围绕文明的核心国来划分自己的归属。其四，西方国家的普世主义日益引向与其他文明的冲突，最严重的是同伊斯兰和中国的冲突，在区域层面断层线上的战争很大程度上是穆斯林与非穆斯林的战争，产生了亲缘国家的集结和更广泛的逐步升级的威胁。最后，西方的生存依赖于美国人重新肯定他们对西方的认同，以及西方人把自己的文明看作是独特的而不是普遍的，并且团结起来更新和保护自己的文化，使它免受来自非西方社会的挑战。[②]

亨廷顿不像“历史终结论”的作者福山那样乐观，并不认为冷战的结束意味着西方的文明已经取胜，而是对西方文明表示出深深的忧

① 云德：《全球化语境中的文化选择》，人民文学出版社，第124页。

② 塞缪尔·亨廷顿：《文明的冲突与世界秩序的重建》，新华出版社，1999年版，周琪等译，第4—5页。

虑和担心。虽然公开赞成全球化为西方文化世界化的人并不多，但在西方是一种普遍的社会观念。文明冲突论严重歪曲了伊斯兰文明与中华文明，主旨是以文明冲突来消解国际政治的真实意义，提醒美国联合同类文明来打击、遏制异类文明，突显出该理论的偏狭、自私以及作者对历史和现实所缺失的道德感与良知。

西方的三大主流思潮都充满了优越感、偏见与无知，遭到世界许多国家和仁人志士的批判。当今，以欧美为主的西方强势文明仍继续信奉和推行一种霸权的逻辑：把自己的文明和价值观凌驾并强加于其他民族国家和文明之上，自视天生优越，高人一等，尊奉狭隘的和充满偏见的文明历史观与世界观。这类事例，在冷战结束和"9·11"后，有增多和加深趋势。比如，美国为民主改造中东发动的伊拉克战争、阿富汗战争；反恐战争；"颜色革命"；欧美鼓吹名目繁多与花样翻新的"中国威胁论"、"中国崩溃论"，并炮制超出中国发展阶段与实力范围的"中国责任论"，可谓举不胜举。"我们喜欢的是支配他人的权力以及支配自然的权力。"[①] 英国思想家罗素一语中的，击中西方文明的要害。多个世纪来，世界一直受西方思想和制度主导。1917年俄国十月革命之后，特别是在第二次世界大战之后，社会主义国家和阵营崛起，打破了西方意识形态和社会制度一统天下的局面。但冷战结束后，西方以冷战胜利者自居，鼓吹"历史终结论"，[②] 认为冷战结束表明西方文明已彻底取胜，与西方对立的其他意识形态已走向失败，断言社会主义将从此退出历史舞台，强调西方的政经模式终会成为"普世价值"和历史的"终极模式"。在欧美，这种延续数百年的"西方中心论"的文明历史观有着深厚的根基与渊源，根深蒂固，其思想与观念至今仍充斥着各类媒体，并深藏于民众尤其社会精英的内心与灵魂。在冷战结束后的国际关系中，西方除了继续争夺和控制物质利益

---

① 罗素:《罗素论中西文化》，北京出版社，第8页。

② Francis Fukuyama, "The End of History?", The National Interest, Summer, 1989.

与权力，更积极推行文化霸权，向其他国家推销自己的一整套文化价值观念及发展模式，希望全球以西方为尊和以西方为榜样。从这个意义上可以说，在某种程度上，我们所处的的国际社会是不健康的，国际关系是矛盾和不平衡的。

二、文明与宗教和谐的法理基础与现实意义

西方这种“自我中心”和“唯我独尊”的文明历史观应该彻底地予以审视、批判和破除，而一部全新的、整体的人类文明史观有待重建。当今，中国主张和谐世界建设，积极推进各文明与宗教的和谐，将有力回击西方的文明观，同时也是对中华文明自身传统历史的超越。这是一种全新的世界观和文明观，有着坚实的法理基础和重大现实意义。

（一）法理基础

中国主张文明与宗教和谐，与《联合国宪章》及和平共处五项原则的精神是一脉相通的。

2007年10月15日，胡锦涛主席在中国共产党第十七次代表大会报告中全面阐述了中国关于和谐世界的构想：“政治上相互尊重、平等协商，共同推进国际关系民主化；经济上相互合作、优势互补，共同推动经济全球化朝着均衡、普惠、共赢方向发展；文化上相互借鉴、求同存异，尊重世界多样性，共同促进人类文明繁荣进步；安全上相互信任、加强合作，共同维护世界和平稳定；环保上相互帮助、协力推进，共同呵护人类赖以生存的地球家园。”

胡主席的讲话集中诠释了中国的新文明观。它与《联合国宪章》及和平共处五项原则的精神完全相一致。

中国的新文明观理念主张以人为本、不同文明与宗教平等，《联合国宪章》序言明确宣布“重申基本人权、人格尊严与价值，以及男女

与大小各国平等权利之信念”；中国的新文明观理念主张包容，《联合国宪章》序言中强调，各成员国须“力行容恕，彼此以善邻之道，和睦相处”；中国的新文明观理念主张合作，《联合国宪章》规定，联合国各成员国应在解决经济、社会、文化及有关人类福利性质等国际问题上进行国际合作，以增进并激励对于全体人类的人权和基本自由的尊重；中国的新文明观理念主张协调，《联合国宪章》规定其一个重要宗旨就是“构成一协调各国行动之中心”，应与“其他在经济、社会、文化、教育、健康和有关领域负有国际责任的国际组织建立联系”。①

联合国是迄今为止世界各国普遍和广泛参与的最高、最权威的政府间国际组织，在维护与促进世界和平、发展、合作与安全方面正发挥着不可替代和日益增大的作用。《联合国宪章》作为联合国组织的总章程，除序言和结语外，共分19章111条。它表达了使人类不再遭受战祸的决心，并且为防止战争、维持和平建立起一套完整、可行的运作机制。宪章规定，联合国的宗旨是“维护国际和平与安全”、“制止侵略行为”、“发展国际间以尊重各国人民平等权利自决原则为基础的友好关系”和“促成国际合作”等。宪章还规定联合国及其会员国应遵循所有会员国主权平等、各会员国应以和平方式解决国际争端、各会员国在它们的国际关系中不得对其他国家进行武力威胁或使用武力，以及不得干涉各国内政等原则。在当代，承认和遵守《联合国宪章》、尊重和维护联合国在国际事务和解决国际问题中的主导作用是国际社会的普遍共识，也是顺应世界进步潮流的标志。

而由中国、印度、缅甸共同倡导的和平共处五项原则，即各国要互相尊重主权与领土完整、互不侵犯、互不干涉内政、平等互利、和平共处，与联合国宪章精神是完全一致的，而且更精确地概括了当代国际关系的本质，是处理国际关系的理想准则。中国坚持在和平共处五项基本原则的基础上同所有国家发展友好合作。中国主张的和谐世

① 参阅《联合国宪章》，http://baike.baidu.com/view/64830.htm#sub64830.

界理论以及文明与宗教和谐的思想充分阐释了和平共处五项原则的精神与实质。

（二）现实意义

1. 建设和谐社会的需要，有利于推动富强、民主、文明与法治中国的建设。中国是一个拥有13.39亿人口的发展中大国，中华民族有56个民族，存在着信仰伊斯兰教、基督教、佛教和道教等其他宗教的众多信徒。目前，中国国内正处在改革的攻坚期，各种社会矛盾比较尖锐和复杂。中国共产党正在领导全国各族人民进行一场伟大的中华民族复兴运动，必须有一个和谐、安定的社会大环境。中国推动文明与宗教和谐建设，将会充分发挥中华民族的凝聚力，为中华文明的复兴与和谐社会的建设提供重要保障。

2. 建设和谐世界的需要，有利于进一步促进世界的和平、发展与合作。和谐世界建设需要和谐文化之道，而欧洲中心论、美国例外和霸权论以及文明冲突论等，根本上都有悖于世界和谐大道。20世纪，西方文明曾给人类带来巨大的财富和科技进步。但科技力量同时又成为西方强权国家推行西方文明、破坏世界和平和进行殖民统治的工具，给人类造成巨大灾难，尤其是两次世界大战。此后，虽然没有再打世界大战，但局部冲突和战争接连不断，再加上持续了近半个世纪的“冷战”，意识形态的斗争更加激烈。当前，“冷战”虽已结束，但霸权主义的余毒仍在。因此，中国主张和谐世界建设，积极推进文明与宗教和谐，正是超越和根治这种西方病态文明观的良药，将是中华文明对21世纪人类文明发展的伟大贡献，其意义和影响将是深远的。

三、中国“文明和谐观”的演变和发展

在五千多年文明发展历程中，中国各族人民以自己的勤劳智慧，

创造了璀璨的中华文明，缔造了统一的多民族国家。中华文明具有独特的延续性、包容性、开放性。[①]中华文明在历史上曾发挥过重要作用，对人类文明发展做出过重大贡献。中国的传统文化有许多精华，"天地人和"、"知足常乐"是中国传统文化的基本精神。这和现代资本主义文化里的精神——"贪得无厌"刚刚相反。[②]中国拥有五千年的文明，中华文化博大精深，其中有关和合、和谐的思想一以贯之，当代更赋予它新的内涵与发展。

（一）源远流长的多元一体的中华文明

在漫长的历史进程中，中国各族人民密切交往、相互依存、交流融合、休戚与共，形成了中华民族的多元一体格局。[③]秦汉以后逐渐形成了中华民族，它既是指生活在中国的各民族共同建造的国家，又是今天在中国领域内56个民族的总称。

1."多元一体"的中华文明与和合精神

中华文明的演进过程，首先是多元文明的融合。中国地域辽阔，民族众多，方言阻隔，是靠文化思想和文字为纽带，维系多元一体的文化格局。[④]这种"多元一体"的中华传统文明具有三大特征：一是以农耕文明为主轴，以草原游牧文明与山林农牧文明为两翼并借助商业和手工业予以维系的复合型文明；二是以君主官僚国家政权体系为主轴，以血缘网络与地缘网络为两翼，并借助众多经济共同体及文化上高度认同而予以强化的大一统文明；三是尊德性，崇礼义，重教化，尚君子，以伦理为本位的泛道德主义文明。[⑤]

---

① 参阅《中国的和平发展》白皮书，2011年9月6日，国务院新闻办公室。

② 费孝通："土地里长出来的文化"，《文化与文化自觉》，群言出版社，第12页。

③ 费孝通："中华民族的多元一体格局"，《文化与文化自觉》，群言出版社，第52页。

④ 单霁翔："谈谈中华文明的几个特点"，http://www.ccnh.cn/zx/sp/2572196260.htm.

⑤ 姜义华："中华文明从传统向现代转型及其路径的独创性"，《中国深度研究高级讲坛讲演录》（第一辑），商务印书馆，2010年，北京，第272—276页。

走和平发展道路是中国政府和人民继承中华文化的优秀传统、根据时代发展潮流和中国根本利益做出的战略抉择，是中国发展的内在需要。[①]中华文明本质上是一种“和合”的文明。中国有几千年以“仁”、“和”为核心的政治文化传统，崇尚“和为贵”、“亲仁善邻”、“协和万邦”。老子《道德经》强调:“万物负阴而抱阳，冲气以为和。”孔子《论语》表示:“君子和而不同，小人同而不和。”。《中庸》认为:“中也者，天下之大本也；和也者，天下之达道也。致中和，天地位焉，万物育焉。”因此，“中和”、“中庸”、“中道”、“和谐”成为中华文明的思想内核和主要价值导向。同时，中华民族文化的历史发展表明，中华文化的内部形态是多种多样和丰富多彩的，不同的文化之间相互沟通，相互交融。“多元互补”与“和而不同”正是中华文化得以延续发展的重要因素。在处理与其他文化、其他民族的关系问题上，中华文化自古以来就讲“王道”而远“霸道”。“和”在中国古代历史上被奉为最高价值，是中华文化的精髓。中国古老的经典——《尚书》就提出“百姓昭明，协和万邦”的理想，主张人民和睦相处，国家友好往来。[②]“和”是中国五千年文化的精髓，也是中华民族不懈追求的理想境界。[③]

和合与和谐思想真正体现了中华文明的优秀传承。“和谐是中国文化传统的本质与核心价值。中华民族历来追求和谐，强调人与自然、人与社会和谐统一。开放和包容是中国文化的重要特征，是中国文明得以经久不衰的重要因素。中国文化传统极其富于人文关怀精神，热爱和平，讲信修睦，亲仁善邻。建设和谐世界思想把中华文明的这些优秀传承与法治、民主和科学等人类共同的文明遗产有机结合，体现

① 参阅《中国的和平发展》白皮书，2011年9月6日，国务院新闻办公室。

② 温家宝总理:《用发展的眼光看中国》，2009年2月2日，在英国剑桥大学的演讲。

③ 李克强副总理:《合作包容　共创未来　促进世界经济健康复苏和持续发展》，2010年1月28日，瑞士达沃斯世界经济年会致辞。

在其提出的治世理念和政策主张中。”①

2. 少数民族区域自治

新中国成立后，彻底废除了过去几千年的民族不平等关系，而且中国政府把实现民族平等作为根本性政策明确写入了国家宪法。中国共产党和中国政府牢牢把握各民族共同团结奋斗、共同繁荣发展的主题，坚持从本国国情出发，总结历史经验，借鉴世界其他国家的有益做法，开创了具有中国特色的解决民族问题的正确道路，确立并实施了以民族平等、民族团结、民族区域自治和各民族共同繁荣为基本内容的民族政策，形成了比较完备的民族政策体系。②中国的宪法和民族区域自治法明确规定：凡是少数民族聚居的地方都实行区域自治，建立自治地方的自治机关，由少数民族自己管理自己的事务；少数民族的语言和风俗习惯要受到其他民族的尊重，改革与否由各族人民自己决定；国家对少数民族实施一系列优惠政策等。客观地看，符合国情的正确的民族政策，促进了中国各族人民同心同德、和睦相处、和衷共济，开创了经济发展、政治安定、文化繁荣、社会和谐的良好局面，少数民族的面貌、民族地区的面貌、民族关系的面貌发生了历史性巨大变化。

3. 港澳台“一国两制”，和平实现祖国统一

在解决香港、澳门和台湾回归祖国的问题上，中国政府提出“一国两制”的原则，即在一个中国前提下，国家主体坚持社会主义制度，香港、澳门、台湾是中国不可分割的组成部分，它们保持原有的资本主义制度长期不变，在国际上代表中国的只能是中华人民共和国政府。它主要有以下六个方面的内容：一是“一国两制”的基础为一个中国，在国际上代表中国的只能是中华人民共和国政府，国家的领土

① 徐坚：《建设“和谐世界”的理论思考》，《国际问题研究》，2007年第1期，第4页。

② 参见中国政府白皮书《中国的民族政策与各民族共同繁荣发展》，中华人民共和国国务院新闻办公室，2009年9月，北京。http://www.gov.cn/zwgk/2009-09/27/content-1427930.htm.

和主权不能分割。二是“一国两制”的核心问题是祖国统一。三是“一国两制”的“两制”是指在中国国内可以两种制度长期并存，共同发展，由宪法规定设置特别行政区，在特别行政区内. 原有的社会经济制度、生活方式、同外国的经济文化关系不变。四是“一国两制”的主体是社会主义。五是实行“一国两制”，台湾与香港有所不同，比香港更宽。作为中国对香港恢复行使主权的象征，中央政府向香港派驻军队；台湾可以保留军队，中央政府不派军队去。统一后，大陆不仅不派行政人员到台湾去，中央政府还要在全国性政权机构中留出一定比例的名额，让台湾各界人士参与国家管理。六是实行“一国两制”长期不变，且有法律保证。“一国两制”构想，既体现了实现祖国统一、维护国家主权的原则性，又充分考虑到台湾、香港、澳门的历史和现实，体现了高度的灵活性，是推进祖国和平统一大业的指导思想。“一国两制”原则的实质是从正面来说明以不同意识形态为基础的两种社会制度是可以在统一的政治体制下，一个主权国家内，并行不悖，而且可以相互合作取长补短，促进共同繁荣的。那就是把意识形态和经济政治予以分别处理，求同而存异。[①]

在新时期，中国政府将坚定不移地贯彻“一国两制”、“港人治港”、“澳人治澳”、高度自治的方针，全力支持香港、澳门两个特别行政区发展经济，改善民生。同时，中国将坚持新形势下发展两岸关系、促进祖国和平统一的大政方针和各项政策。总之，通过“和平统一、一国两制”的构想来实现祖国的统一，这是中国共产党政治智慧和文化智慧中的一项伟大创新。

（二）现实发展的需要

中国的改革开放与和平发展，取得巨大成就，但人与自然及社会的不和谐问题也日益突出，需要我们下大力气重视存在的问题，积极

---

① 费孝通：“对美好社会的思考”，《文化与文化自觉》，群言出版社，第109页。

转变经济发展方式，努力构建一个和谐与可持续发展的社会。

面对国内外复杂形势和一系列重大风险挑战，经过短短30多年的改革开放，中国共产党团结带领全国各族人民，全面推进改革开放和现代化建设，国家面貌发生了历史性巨变。沿着和平发展道路，中国经历了广泛而深刻的变革，取得了显著的发展成就，为世界繁荣稳定做出了重大贡献，与世界更加紧密地联系在一起。中国实现了综合国力的大幅度提升，实现了从封闭半封闭到全方位开放的伟大历史转折，为维护世界和平、应对全球性挑战发挥了重要作用。新中国成立以来、特别是改革开放30多年的发展历程表明，中国是国际社会的重要成员，是推动国际政治经济秩序朝着更加公正合理方向发展并努力做出贡献的国家。[①] 中国的国际地位和影响力显著提高，中国成功举办北京奥运会、上海世博会，实现了中华民族的百年梦想。这些辉煌成就，充分显示了中国特色社会主义的优越性，展现了改革开放的伟大力量，极大增强了中国各族人民的自信心和自豪感，增强了中华民族的凝聚力和向心力。[②]

中国在取得这些伟大成就的同时也付出了沉重的代价，关键在于粗放式的、资源浪费型的发展方式、劳动密集型的产业结构以及高能耗、低产出的生产方式所造成的严重的环境污染和自然破坏。而且，社会保障水平整体上仍处于非常低的发展阶段。社会发展中不平衡、不协调、不可持续的问题依然突出。主要是：经济增长的资源环境约束强化，投资与消费关系失衡，收入分配差距较大，科技创新能力不强，产业结构不合理，农业基础仍然薄弱，城乡区域发展不协调，就业总量压力和结构性矛盾并存，制约科学发展的体制机制障碍依然较多等。一些群众反映强烈的问题没有根本解决，主要是：优质教育、医疗资源总量不足、分布不均；物价上涨压力加大，部分城市房价涨

① 参阅《中国的和平发展》白皮书，2011年9月6日，国务院新闻办公室。

② 温家宝总理：2011年《政府工作报告》，《人民日报》，2011年3月16日。

幅过高；违法征地拆迁等引发的社会矛盾增多；食品安全问题比较突出；一些领域腐败现象严重。[①] 尤其当前，中国正处于一个改革攻坚期、社会转型期的特殊时期，社会矛盾多发、易发，特别是悬殊的社会贫富差距以及目前中国社会道德体系的严重危机和人与自然关系的日趋紧张，已引起国内外广泛关注和热议。

中国的基本国情是：中国人口多、底子薄，用世界7.9%的耕地和6.5%的淡水资源养活着世界近20%的人口，经济社会发展成就要由13亿多人共享，不断满足众多人口生存和发展需求是巨大难题。2010年，中国人均国内生产总值约为4400美元，居世界100位左右。中国城乡、区域发展很不平衡，经济社会发展结构性矛盾突出，资源环境等发展的瓶颈制约突出，经济增长过于依赖物质资源投入，转变经济发展方式任务艰巨。中国自主创新能力较弱，在国际产业体系和贸易分工中仍处于产业链低端。中国人民生活水平还不高，社会保障体系还很不完善，与发达国家相比还有很大差距。中国现代化是世界五分之一人口的现代化，这是一个很长的历史过程。这一过程中的困难和问题，无论规模还是难度，在当今世界都是绝无仅有的，在人类历史上也是罕见的。在相当长历史时期内，中国仍将是一个发展中国家。[②] 这一基本国情不会在短期内改变。中国“发展起来以后的问题不比不发展时少。”[③] 如何正确认识问题产生的原因是如何解决这些问题的前提。因此，中国政府提出构建和谐社会与转变发展方式，是一次思想上的新的解放与革命，将有效地化解和破解发展中的难题，推进中国的现代化建设持续、健康地向前发展。

① 温家宝总理：2011年《政府工作报告》，《人民日报》，2011年3月16日。

② 参阅《中国的和平发展》白皮书，2011年9月6日，国务院新闻办公室。

③ 中共中央文献研究室编：《邓小平年谱（1975—1997）》（下），中央文献出版社2004年版，第1364页。

（三）中国共产党的自我选择

坚持走和平发展道路，是以胡锦涛同志为总书记的中央领导集体在深刻把握时代特征和中国国情，统筹国内国际两个大局，研究借鉴其他大国发展经验教训的基础上提出的崭新发展道路。[①] 推进文明与宗教和谐是中国共产党的自我选择。

中国多次向世界宣示，中国始终不渝走和平发展道路，在坚持自己和平发展的同时，致力于维护世界和平，积极促进各国共同发展繁荣。[②] 2002年11月，中共十六大报告指出，"我们愿意与国际社会共同努力，积极促进世界多极化，推动多种力量和谐共存"。2005年9月，中国国家主席胡锦涛在联合国成立60周年首脑会议上，首次提出构建"和谐世界"理念。胡主席强调："只有世界所有国家紧密团结起来，共同把握机遇、应对挑战，才能为人类社会发展创造光明的未来，才能建设一个持久和平、共同繁荣的和谐世界"，并提出四条主张：坚持多边主义，实现共同安全；坚持互利合作，实现共同繁荣；坚持包容精神，共建和谐世界；坚持积极稳妥的方针，推进联合国改革。2006年10月，党的十六届六中全会通过的决议中明确提出要"推动建设持久和平、共同繁荣的和谐世界。"温家宝总理在2006年政府工作报告里，强调了推动建设和谐世界的思想内涵，指出中国在国际事务中，要坚持民主公正，推进协调合作；坚持和睦互信，维护共同安全；坚持平等互利，促进共同繁荣；坚持开放包容，推动文明对话，积极促进国际秩序向公正合理方向发展。同年8月召开的中央外事工作会议上，中央提出推动建设和谐世界既是我国外事工作指导思想的重要内容，又是外事工作的重要任务之一。和谐世界理念成为中国对外政策中纲领性的战略主张和最终目标，对中国外交工作全局有着重大和长

① 戴秉国：《坚持走和平发展道路》，《外交》2011年第1期，世界知识出版社，第92页。

② 参阅《中国的和平发展》白皮书，2011年9月6日，国务院新闻办公室。

远的指导意义。2007年10月，中国共产党十七大报告对和谐世界理念的内涵作了如下概括：我们主张，各国人民携手努力，推动建设持久和平、共同繁荣的和谐世界。为此，应该遵循联合国宪章宗旨和原则，恪守国际法和公认的国际关系准则，在国际关系中弘扬民主、和睦、协作、共赢精神。政治上相互尊重、平等协商，共同推进国际关系民主化；经济上相互合作、优势互补，共同推动经济全球化朝着均衡、普惠、共赢方向发展；文化上相互借鉴、求同存异，尊重世界多样性，共同促进人类文明繁荣进步；安全上相互信任、加强合作，坚持用和平方式而不是战争手段解决国际争端，共同维护世界和平稳定；环保上相互帮助、协力推进，共同呵护人类赖以生存的地球家园。2010年10月，党的十七届五中全会通过的《中共中央关于制定国民经济和社会发展第十二个五年规划的建议》，绘制了未来五年中国发展的宏伟蓝图。在对外工作部分再次提出，高举和平、发展、合作旗帜，奉行独立自主的和平外交政策，坚持走和平发展道路，坚持互利共赢的开放战略，维护中国的主权、安全和发展利益，同世界各国一道推动建设持久和平、共同繁荣的和谐世界。

中国和平发展的不懈追求是，对内求发展、求和谐，对外求合作、求和平。历史和事实证明，中国共产党领导全国各族人民不畏困难，勇于挑战，终于探索出一条适合中国国情的现代化建设道路。它既克服了前苏联模式的弊端，也避免了西方现代化的各类陷阱。邓小平强调："我们既不能照搬西方资本主义国家的做法，也不能照搬其他社会主义国家的做法，更不能丢掉我们制度的优越性。"[①] 和谐世界理论极大地继承、丰富和发展了毛泽东思想、邓小平理论、"三个代表"和科学发展观。中国共产党根据当前国际、国内的新形势，将马克思主义的普遍性与中国的特殊性相结合，着眼人类的美好未来愿景，正进行着一场新的思想创新。和谐世界理论将进一步丰富全球治理的理念，

① 邓小平:《邓小平文选》第3卷，人民出版社1993年版，第173页。

有力促进世界的文明与宗教和谐共处。

四、世界文明与宗教和谐发展的趋势

当今和平、发展与合作的时代特点决定了世界文明与宗教和谐发展的大趋势。在全球化的今天，我们面对的是一个由西方文明、伊斯兰文明、印度文明、中华文明等多种文明组成的越来越密切的文化多元世界。而处于强势的西方的文明观仍建立在霸权、偏见和唯我独尊的基础上，这不利于人类文明与宗教的和谐相处，是导致世界冲突和动荡的一个重要因素。全球化导致了全球政治、经济、文化等物质力量和精神力量的跨国交流、碰撞、冲突与融合，它在给人类积极构建和谐世界带来希望的同时，也带来了不同程度的焦虑。对待人类不同文明和宗教的正确态度应是“各美其美，美人之美，美美与共，天下大同。”① 因此，中国主张，在多样中求同一，在差异中求和谐，在交流中求发展，是人类社会应有的文明观。②

（一）尊重文明与宗教的多样性与平等性

文明具有多样性，就如同自然界物种具有多样性一样。当今世界，有200多个国家和地区，2500多个民族，6000多种语言。正是这些不同民族、不同肤色、不同历史文化背景的人们，共同创造了丰富多彩的世界。③2005年10月21日，联合国教科文组织在巴黎通过《保护和促进文化表现形式多样性公约》，提出“确认文化多样性是人类的一项基本特征”，并明确指出存在多样性文明的意义在于它“创造了一个多

① 费孝通：《人的研究在中国》，《费孝通文集》第12卷，群言出版社，1999年10月10日。
② 温家宝总理：《尊重文明的多样性》，2009年11月7日，新华社开罗电。
③ 温家宝总理：《尊重文明的多样性》，2009年11月7日，新华社开罗电。

姿多彩的世界，它使人类有了更多的选择，得以提高自己的能力和形成价值观，并因此成为各社区、各民族和各国可持续发展的一股主要推动力。”

尊重各个文明与宗教的平等性是世界多元文化和谐共处的基础。文明存在差异，但并没有优劣之分。各种文明都包含有人类发展进步所积淀的共同理念、共同追求。当今世界是一个发展不平衡的世界，仍存在着不公正和不平等的国际政治、经济旧秩序。中国主张：国家不分大小、强弱、贫富，都是国际社会平等成员；要反对以大欺小、以强凌弱、以富压贫；各国人民有权根据本国的国情和自己的意愿，选择社会制度和发展道路。

中国是一个多民族、多宗教的国家。中国有56个民族平等相待，佛教、道教、伊斯兰教、天主教、基督教各教和谐共处。[①] 据不完全统计，中国现有各种宗教信徒一亿多人，宗教活动场所8.5万余处，宗教教职人员约30万人，宗教团体3000多个。中国政府的基本政策是，坚定不移地坚持和完善民族区域自治制度，切实保障各民族一律平等，加快少数民族和民族地区经济社会发展；坚定不移地坚持宗教信仰自由政策，发挥宗教界人士和信教群众在促进经济社会发展中的积极作用。[②] 在中国，宗教信仰自由，指每个公民既有信仰宗教的自由，也有不信仰宗教的自由；有信仰这种宗教的自由，也有信仰那种宗教的自由，有过去不信教而现在信教的自由，也有过去信教而现在不信教的自由。在中国，少数民族信教群众的正常宗教活动都受到法律的保护，宗教活动场所分布各地，基本满足了信教群众宗教生活的需要。此外，中国政府还帮助宗教团体建立宗教院校，培养少数民族宗教教职人员，并对少数民族地区部分宗教活动场所维修给予资助，对生活困难的少数民族宗教界人士给予补贴。具有中国特色的民族和宗教政

① 叶小文：《宗教对话 世界和平 社会和谐》，http://www.china.com.cn/.../content-7500790.

② 温家宝总理：《尊重文明的多样性》，2009年11月7日，新华社开罗电。

策，为国家的繁荣与稳定提供了保障。

（二）强调文明与宗教之间的包容与对话

全球化时代，人类面临着一系列全球性问题。文明冲突论应让位于文明对话论。在“文明冲突”的噩梦中，主张和平、宽容的宗教不幸被一些人歪曲、利用，他们或是借口宗教问题干涉别国内政，或是打着宗教旗号制造暴力恐怖，进一步挑起隔阂、猜疑和仇视，引发紧张、冲突和对抗。[①] 文明的包容性远胜于文明的排他性，文明的平等性否定了文明的优劣之分。不同文明之间的对话、交流、融合，汇成了人类文明奔流不息的长河。人类将在文明对话中相互借鉴，完善自身社会变革，探索新的发展模式，解决面临的全球性棘手问题。

以宗教和平乃至世界和平为宗旨的宗教对话，应重视研究和总结中国宗教长期和谐共存的独特经验。中国悠悠五千年历史，从古至今，各种宗教之间，一直能够互相尊重、和睦共处。很少文明之间的互相蔑视、彼此践踏，较多的是互相尊重、彼此欣赏；很少文明之间的以大欺小，弱肉强食，较多的是有容乃大、海纳百川；很少文明之间的区分优劣、生存竞争，较多的是互相平等、和合共生；很少文明之间的孤芳自赏，一花独放，较多的是互补共荣、百花齐放。[②] 中华民族有着古老而富有生命力的文明，儒释道长期共存，一向以提倡包容、注重和谐与酷爱和平著称。面对当今全球化和复杂多变的世界，中国坚持和平与发展的时代主题观，高举和平、发展、合作的旗帜，而和平、发展与合作与文明对话密切联系在一起。中国提出了构建持久和平、共同繁荣的和谐世界的主张，而和谐世界只能是基于文明对话的世界。中国主张各国在文化上相互借鉴，求同存异，尊重世界文明与宗教及价值观的多样性，尊重各国选择社会制度的发展模式的自主权，

---

① 叶小文:《宗教对话 世界和平 社会和谐》。

② 同上。

推动不同文明和宗教友好相处，平等对话，共同促进人类文明繁荣进步，共同构建一个和谐世界。

（三）突出文明与宗教之间的交融与共同发展

文明具有多样性和互补性。各国人民有着不同的经济发展水平、文化背景、历史传统、社会制度和价值观念。各国文明的交融是人类文明进步的动力。世界各种文明与宗教应该也可能长期共存，在竞争中取长补短，在求同存异中共同发展。以往的历史表明，不同文化的接触往往能够成为历任历史进程上的里程碑。古希腊学习古埃及，古罗马师从古希腊，阿拉伯又师从罗马帝国，之后，阿拉伯人成了中世纪欧洲的导师，拜占庭成为文艺复兴时期欧洲学习的楷模。有许多青出于蓝而胜于蓝的例子。[①]

中国的和平发展道路具有鲜明的时代特色，即对内求和谐、求发展，对外求和平、求合作。主要是：其一，强调发展的和平性。中国承诺绝不搞侵略扩张，永远不争霸、不称霸。中国和平发展打破了“国强必霸”的大国崛起传统模式。[②]中国不会走西方崛起与发展的老路，不会像西方列强一样到处搞侵略、掠夺、战争、扩张和霸权。世界上一些大国兴衰的经验教训告诉我们，扩张主义和军备竞赛的路不能走，称霸全球是一条死路，和平发展才是唯一正确的道路。其二，强调发展的科学性。按照以人为本、全面协调可持续发展的科学发展观的要求，积极稳妥地处理好改革、稳定和发展的关系，统筹国内国际两个大局，努力推动和谐社会建设，为和平发展提供有利的国内环境。其三，强调发展的合作性。大家都是地球村的村民，同属利益共同体。因此，中国主张合作、平等、信任、友好、协商，反对对抗、歧视、怀疑、敌视和动武。其四，强调发展的共同性。中国主张风雨

① 罗素：《罗素论中西文化》，北京出版集团公司，北京出版社，2010年2月，第79页。

② 参阅《中国的和平发展》白皮书，2011年9月6日，国务院新闻办公室。

同舟，利益共享，责任共担，互利共赢，共同发展。不同的国家、不同的发展道路应相互尊重、相互学习和借鉴。中国不输出发展模式和社会制度，将与其他国家共享发展经验与发展理念。

五、文明与宗教和谐观对中国外交政策的影响

中国主张各国应该维护世界多样性和发展模式多样化，坚持平等对话和交流，倡导开放和兼容并蓄的文明观，使不同文明在竞争比较中取长补短，在求同存异中共同发展；应该承认各国文化传统、社会制度、价值观念和发展道路的差异，不能以此为借口对别国内政说三道四，更不能把世界上存在的一些问题和矛盾归因于哪一种文明、哪一个民族或哪一种宗教；应该努力使世界上所有文明、所有民族携手合作，共同推进人类和平与发展的崇高事业。[①] 文明与宗教和谐观是一系列中国特色外交理念的重要组成部分，这一理念将随着中国的外交实践而变得日益丰富和完善。

（一）在理论层面

文明与宗教和谐观是用全新的视角，丰富、建构和宣示有中国特色的国际关系理论，将进一步加强中国的外交“软实力”建设，增强中国的话语权。

该理念与中国的其他外交思想相辅相成，相得益彰，密不可分。如关于和平与发展是当今世界的主题，以合作谋和平，以合作求发展的“新时代观”，积极推动东西关系和南北关系改善和平等对话；关于在和平共处五项原则基础上建立国际政治经济新秩序的“新秩序观”，

① 胡锦涛主席:《促进中东和平　建设和谐世界》,2006年4月23日，利雅得，在沙特阿拉伯王国协商会议的演讲。

推动国际关系向着更加公正、公平、合理的方向发展；关于相互借鉴、求同存异、包容互补、尊重文明多样性的“新文明观”，推动不同文明、宗教和发展模式取长补短、共同发展；关于互信、互利、平等和协作为重要手段来保证国际安全的“新安全观”，互相尊重对方的安全利益，实现共同安全；关于以科学发展观为指导开展广泛国际经济互利合作的“新发展观”，推动经济全球化朝着均衡普惠的方向发展；关于坚持普遍性与特殊性相统一的“新人权观”，反对用抽象的人权普遍性，超阶级、超时代、超历史地割裂人权普遍性与特殊性的辩证统一关系；关于树立相互帮助、协力推进的生态文明“环保观”，共同呵护人类赖以生存的地球家园；关于主张自主办教，反对西方宗教势力干涉中国内政，提倡宗教平等交流的“新宗教观”。而上述一系列外交理念构成新时期有中国特色的和谐世界理论。中国把这些理念体现在外交政策、外交实践和对外宣传中，将进一步提高中国的国际形象、国际声望和国际地位，增强对外影响力。

（二）在实践层面

该理念将进一步指导中国的外交实践，为中国的和平发展营造友好的国际环境与周边环境。中国坚持在和平共处五项基本原则的基础上同所有国家发展友好合作。

首先，中国将更加积极推进与各文明的平等对话，塑造新型的大国均衡外交关系。同发达国家加强战略对话，增进战略互信，深化互利合作，妥善处理分歧，探索建立和发展新型大国关系，推动相互关系长期稳定健康发展。[①] 中国通过持续不断的努力，改善和发展了同各大国的关系，逐步构筑成功总体稳定、互利共赢、健康发展的大国

① 参阅《中国的和平发展》白皮书，2011年9月6日，国务院新闻办公室。

关系战略框架。[①] 当前，中国与各大国的关系不断发展。中俄建立了高水平的战略协作关系。中美确定了努力建设21世纪积极合作全面的关系新定位。中国同欧盟建立了全面战略伙伴关系。中国同日本建立了战略互惠关系。

其次，中国将继续贯彻执行“强邻、富邻、安邻”的外交政策，努力构筑新形势下的新型中国周边外交关系。坚持与邻为善、以邻为伴、睦邻友好的方针，发展同周边国家和亚洲其他国家的友好合作关系，积极开展双边和区域合作，共同营造和平稳定、平等互信、合作共赢的地区环境。[②] 中国坚持与邻为善、以邻为伴的方针，同绝大多数邻国解决了边界问题，同周边国家睦邻友好合作不断深化。中国倡议成立了上海合作组织，积极参加东盟与中国、东盟与中日韩等区域合作。

最后，中国将打造新型的发展中国家关系。加强同广大发展中国家的团结，深化传统友谊，扩大互利合作，通过援助和投资等方式，真诚帮助发展中国家实现自主发展，维护发展中国家正当权益和共同利益。[③] 中国同广大发展中国家在政治上相互支持，在经贸、能源、科技、文化领域合作不断深化，在国际和地区事务中协调不断加强。在新形势下，中国不断探索与发展中国家合作的新领域、新途径和新方式。建立中非合作论坛、中阿（拉伯）合作论坛、中国与太平洋岛国经济发展合作论坛等机制，发表对拉美政策文件，深化与加勒比国家及组织关系，对加强与发展中国家友好关系都起了积极推动作用。[④]

国父孙中山先生曾指出：“大道之行也，天下为公”；“世界潮流浩

---

① 马振岗：《中国外交向立体化格局的全面发展》，《新中国外交辉煌60年文集》，世界知识出版社，2010年1月，第75页。

② 参阅《中国的和平发展》白皮书，2011年9月6日，国务院新闻办公室。

③ 同上。

④ 马振岗：《中国外交向立体化格局的全面发展》，《新中国外交辉煌60年文集》，世界知识出版社，2010年1月，第77页。

浩荡荡，顺之则昌，逆之则亡。”欧美某些国家一意孤行，其所推行的文明“一元论”和“一统论”主张应当休矣，文明与宗教冲突的论调更是谬误！人类要大胆超越自身，有勇气打破陈旧的“零和博弈”及原始的弱肉强食的森林法则观念，敢于超越种种历史的局限，致力寻求多元文明平等对话、交流互鉴的新局面。中国主张大力推进文明与宗教和谐建设，不但有利于消除人类文明的隔阂与误解，有利于化解各种国际矛盾与争端，而且将极大地促进世界的和平、发展与合作。

2011年中国周边海洋形势综述

国家海洋局海洋发展战略研究所副所长　**张海文**

2011年中国周边海洋总体态势可归纳为北方海域总体平稳，南方海域风起浪涌。

一、黄海形势：大体平静，仍有安全隐患

2010年底，美韩为了强硬回应延坪岛炮击事件，[①] 在黄海高调开展了联合军演，导致黄海局势一度动荡。进入2011年，该事件的余波基本停息，黄海局势恢复平静。11月下旬，随着“延坪岛炮击事件”一周年的到来，朝鲜和韩国之间展开了一场舆论战，但此事未对黄海总体平稳的局势造成太大影响。临近年底，突发了“韩国海警抓扣中国渔民遇刺身亡事件”，[②] 事件真相尚在查证过程中。尽管黄海局势总体平稳，但并不排除随时发生海上突发事件的可能性。

---

① 据报道，2010年11月23日，朝鲜向韩国一侧的延坪岛附近发射200多枚海岸炮炮弹，其中数枚落在有居民居住的岛上，导致60—70栋建筑起火或受损，至少1名韩国海军士兵死亡，13名军人和3名平民受伤。作为反击，韩国向朝鲜一侧发射了80多枚炮弹，并紧急派出空军F-16战机赶往延坪岛上空。资料引自http://news.sina.com.cn/w/2010-11-23/171321520180.shtml.

② 韩国媒体称，12月12日，一名韩海警在海上抓扣“非法捕捞”的中国渔船时，被中国渔民刺死。http://news.sina.com.cn/w/2011-12-12/104423617597.shtml.

二、东海形势：表面平稳，时有暗波涌动

2011年的东海总体比较平静，但仍存在着一些摩擦和安全隐患，主要的问题是发生多起日本和韩国海上执法人员强行对涉嫌“非法捕捞”的中国渔民实行巨额罚款，采取撞翻、撞沉中国渔船、强行抓扣中国渔民等暴力方式而导致双方人员伤亡的事件。[①]

（一）日本

2011年，日本海上保安厅的飞机和船舶仍然每天定时“造访”东海我春晓油气田上空和附近海域，对中国合法正常的作业活动进行抵近监视，对作业平台及其人员安全构成相当程度的威胁。

8月，日本发布2011年度防卫白皮书，列举了一系列的“高压”事例，为其新防卫政策明显增加西南方向力量部署进行辩解，其中包括中方在东海和太平洋的海洋勘测和军事训练等原本属于正常合法的活动。

（二）韩国

在东海，中韩之间虽有渔业协定，不过，仍不断地出现复杂的渔业事件。有媒体报道，韩国济州海洋警察署介绍说，2011年以来，韩方抓扣54艘涉嫌“非法捕捞”的中国渔船，并对其中的9名船员申请了拘捕令。韩国西海渔业管理团人士说，2011年已经抓扣中国渔船74艘。《东亚日报》报道称，最近5年韩国扣留中方渔船共2200余艘，罚

---

① 《环球时报》,2011年10月24日第16版；人民网，“韩国武力扣押3艘中国渔船，中国要求在执法中避免暴力”，http://world.people.com.cn/GB/172467/16006542.html.“外交部谈韩国扣留中国渔船，要求韩方文明执法”，http://world.people.com.cn/GB/157278/16003349.html.

款总额达294亿韩元（按现汇率约1.645亿人民币）。[1]

2009年，根据《联合国海洋法公约》及其缔约国大会决议等相关规定，中国和韩国分别向联合国大陆架界限委员会提交了各自在东海所主张的200海里外大陆架划界案。2011年，韩国方面向媒体公开介绍说，拟于2012年1月向联合国大陆架界限委员会提交其东海200海里外大陆架外部界限的划界案。韩国所指的东海大陆架与中国在东海的大陆架完全重合。中韩之间仍需加强沟通，积极协调在东海大陆架问题上的立场，争取找到既可保留各自利益，又不影响将来双边划界的解决办法。

（三）东海形势预测

目前及今后一个时期，东海方向仍存在着极大的不稳定因素。例如，日本很可能利用南海方面出现的复杂和紧张局势对中国造成的压力，在东海方向主动采取一些措施，如与美国在东海搞联合军演、在钓鱼岛问题上做文章、继续无理纠缠春晓油气田问题、继续抓扣中方渔船渔民等。这些举措至少可达到两方面的效果：一方面，可重申和巩固日本在东海的权利主张；另一方面，也可达到挑衅和激怒中国的效果，借机宣扬"中国威胁论"，为其不断增强东海方向的军事力量建设寻找借口。

受日本和南海周边国家采取的公开挑战和对抗中国立场的刺激和影响，韩国在东海也可能采取一些过激举措，例如，加大抓扣中国渔船渔民的力度，加大苏岩礁的建设力度等，激化与中国在东海的渔业纠纷。

---

① http://news-hzrb.hangzhou.com.cn/system/2011/10/24/011564737.shtml.

三、南海形势：风起云涌，各方角力正酣

2011年，南海问题被炒作成为地区“热点”话题之一，到11月召开的东盟系列论坛上，南海问题几乎被炒到“沸点”。除了两个国家之外，其他所有国家均就南海问题发表了看法，这是有史以来从未出现过的情况。

围绕南海问题的斗争主要表现为：在美国策划和指挥下，以越南和菲律宾等国为先锋，以日本等国为后援的围攻中国的“口水战”。越南和美国是破坏和影响南海地区和平与稳定的首要因素，菲律宾和马来西亚等国是促成南海局势恶化的主要因素，日本和印度则是推动南海局势动荡的主要帮手。

（一）越南和美国在南海的举措

1.越南

越南是近几年来炒作南海问题的最主要推手。自2009年以来，越南开始在南海积极推进越共中央通过的“2020海洋战略”，稳步地朝着“建设海洋强国”的战略目标迈进。2011年，越南继续坚持其一贯的两面手法，一方面与中国保持着友好的政治和经济关系；另一方面与菲律宾等南海周边国家和美国、印度等域外势力互相利用，以东盟各论坛为主要平台，加强和提升与这些国家之间的双边战略关系，企图在南海方向构筑“对华战略大同盟”，用各种借口否定中国在南海的权利主张的合法性，达到将中国逐出南沙海域的目的。

2011年越南热炒南海问题的主要借口之一是5月发生的所谓“割缆事件”。该事件的真相是，越南勘探船在南海中国管辖海域从事非法作业活动遭到了中国海监的有力打击，越南借此利用国际舆论攻击中国的合法维权活动，终将其炒成2011年本地区“热点”话题之一，使

美国有更好的借口插手南海争端，[①] 也为它们在下半年召开的东盟一系列论坛上提出南海议题、借机围攻中国做足了舆论准备。

2011年，越南采取了一系列措施和实际行动，稳步推进“举全国之力，维护越南在东海（即南中国海）的主权”的南海总体战略，大体可归纳为：舆论和法律战、既得利益保卫战、争议区油气资源争夺战。

在舆论和法律战方面，越南有规划、有步骤地推进海洋宣教工作，逐渐营造出对华不利的国际舆论氛围。例如，越南各相关部门和各级政府开展了多种多样的海洋爱国宣传教育活动；默许民众持续多周的反华示威游行。越南还连续多年定期召开国内和国际南海问题研讨会，雇用外国专家帮其论证所谓的南海主权、攻击中国南海权利主张和依据，误导舆论，混淆视听。越南改变其南海斗争策略，不断加强与菲律宾、马来西亚等其他争端国之间的沟通和协调立场，企图联手否定中国南海权利主张及其依据，排挤中国在南海的存在空间。

在既得利益保卫战方面，越南从内外两方面入手，采取了一系列的举措。对内，越南不断巩固和加强对其所侵占的南沙岛礁的基础设施建设；在南沙部分岛礁及其海域举行军事训练和演习等活动；鼓励和扶持渔民赴争议海域从事渔业生产活动；鼓励普通民众向南沙岛礁移民；组织副总理等军政高官赴岛礁开展慰问活动。对外，越南加强与美国、日本、菲律宾、印度等国的军事合作，共同制衡中国。

在南海争议区油气资源争夺战方面，越南不断吸引外国石油公司参与争议区油气资源的开发。20世纪80年代，越南将整个南海划分为200多个小区，作为对外油气勘探开发的招标区块，制作成图并予以公布，并以极大的优惠政策吸引西方油气公司参与勘探开发。2011年，除了继续拉拢西方油气公司之外，越南国家主席赴印吸引印度油气公

---

① 2010年美国高调重返南海的借口是“南海航行自由”问题，此借口当即遭到中国外长有理有据的严正驳斥。2011年美国再想插手南海争端，显然还需一个更好的借口。

司到南海争议区从事勘探开发活动。

2.美国

自2010年高调“重返亚洲”之后，美国加大了在南海地区政治和军事投入的力度。例如，在南海海域与菲律宾等国开展联合军演；2011年底，突然宣布在澳大利亚驻军，巩固与澳大利亚的军事同盟关系，为实施其在南海方向围堵中国的战略提供军事保障。

美国采取“借力”的策略，通过教唆和支持越南、菲律宾等国加强与中国对抗的方式来达到其战略目标，而避免与中国在南海问题上发生直接冲突。继2010年提出所谓的“南海航行自由论”之后，2011年，美国又提出了要求中国应“遵守国际法规则”的理论。美国上半年就开始策划，积极与越南协调立场，共谋利用在年底召开的东盟系列论坛炒热南海问题；进一步加强美菲军事同盟关系，怂恿菲律宾在南海问题上加剧与中国的对抗。美国不断加大对西太平洋的投入和对南海的干涉力度，其战略意图十分明显，即极力维护其在亚太地区的领导地位，削弱和遏制中国在本地区日益增强的影响力。

（二）菲律宾和马来西亚在南海的举措

1.菲律宾

2011年，菲律宾在南海问题上非常活跃，采取了多方面措施，重申和巩固其南海主张。

与越南一样，菲律宾对中国也采取了赤裸裸的两面派手法：一方面是其高官高调访华，大唱中菲合作赞歌，从中国获得经济利益；另一方面，该高官一回到国内，就改唱美菲安全同盟之歌，从美国获得安全利益保障。

积极拉拢和支持更多的国家作为其“伙伴”介入南海争端。例如，9月，菲律宾总统阿基诺三世访问日本期间，与日本一拍即合，发表联合声明，其中专门提到，双方同意加强两国海军等军事合作，以应对中国不断增长的军事实力及在本地区“日益强硬的领土主张”，并重申它们在南海拥有“重大利益”。

继续争夺南海争议区油气资源。2011年，菲律宾与西方油气公司签署了在争议区内进行油气资源勘探开发活动的新协定。

同时，与越南一样，菲律宾也充分利用国际舆论，挑起南海问题的法律战和舆论战。例如，菲律宾外长访华期间，高调地声称要将南海问题提交国际法院解决。众所周知，根据一般国际法规则和《联合国海洋法公约》的规定，是否将国家之间的海洋争端提交第三方解决是有前提的，即需要争端当事国之间先通过外交谈判达成协议。在并未就此问题与中国开展过正式外交磋商的情况下，菲律宾外长利用访华之际抛出此提议，实质上是争取舆论主动权，因为他明知中国不可能立即答应此提议，这样一来，势必造成“中国不敢应诉”的舆论效果。菲律宾还高调表示，要在东盟内提出一个提案，讨论划分南海“争议海域”和“非争议海域”。由于该提议在实质上也只是为了造势，因此遭到越南等其他争端国的冷遇。

2. 马来西亚

马来西亚的南海政策是保持低调不挑头，既实实在在巩固其在南海既得利益，又大力发展与中国等国家的交流与合作。

马来西亚继续在争议区从事油气勘探开发活动，同时积极加强对其所侵占的南沙岛礁的建设，发展旅游业。

2009年，马来西亚无视中国对南沙群岛及其海域的权利，与越南联合向联合国大陆架界限委员会提交了南沙西南部海域200海里外大陆架划界案，重申其在南海的大陆架权利主张，侵犯了中国南海权益。在委员会根据其议事规则做出不审议有争端的划界案的决定后，马来西亚并不死心，2011年又在准备新的南沙西北海域的200海里外大陆架划界案，并极力拉拢越南、菲律宾和文莱共同提案，准备再次提交委员会。

此外，马来西亚很重视舆论宣传作用，召开南海问题研讨会，宣传其南海立场，歪曲和攻击中国南海权利主张。

（三）日本和印度

1.日本

在南海问题上，日本紧密配合美国调整南海政策的步调。2011年，日本一反常态，公开高调地介入南海争端，不同寻常地与越南亲密起来，将双边关系提升到军事与战略合作层面。与此同时，日本还提升了与菲律宾和印尼等国的双边战略伙伴关系。

2.印度

印度海洋战略目标之一是“东进南中国海”。2011年，印度石油公司与越南签订协议，介入南海争议区油气勘探开发活动。与此同时，印度提升了同越南在军事领域的合作，承诺帮助越南加强海军建设。越南成为印度进军南海的最佳战略伙伴。

2011年11月，中国大洋协会依照《联合国海洋法公约》和《硫化物勘探开发管理规章》等相关规定，与国际海底管理局签署了硫化物勘探开发合同。尽管印度有关部门非常清楚地解释了这只是一个正常合法的合同，但印度部分媒体仍然将此炒作成“中国要挑战印度在印度洋的利益”，仿佛作为世界四大洋之一的印度洋是已经属于印度的管辖海域。实际上，该合同所签署的勘探开发区块是位于远离印度海岸达数千公里之外的西南印度洋中脊上、属于全人类共同继承财产的国际海底区域。根据合同规定，中国将在15年内履行许多义务，包括要投入大量资金从事勘探调查研究活动，还要将合同区面积中的75%区域留给国际海底局等。中国大洋协会一方面为自己获得了对该合同区域面积中25%的专属的勘探开发权，另一方面也为国际社会对该合同区域面积中75%开展调查和勘探，为全人类分享该区域的硫化物资源做出自己的贡献。

目前，南海已经成为各方战略角逐的舞台。今后一个时期内，南海地区将维持“总体和平稳定，局部纷争不断”的态势。有关各方均不愿发起军事冲突，南海斗争形式主要还是舆论战。美国、越南和菲律宾等国将继续联手上演以歪曲事实、丑化中国形象为目的，以曲解和滥用相关国际法制度为手段，以歪曲和攻击中国南海权利主张为主要内容的南海问题舆论战。一方面，因得到了美日印等域外势力的怂恿和支持，因充分了解中国在南海采取的是稳定周边、不激化矛盾等守势政策，因目标明确、措施得力、行动积极而大获实际利益，越南和菲律宾等南海争端国的“胃口”已经大开。可以预见，今后一个时期，这些国家在南海仍会频频出招。另一方面，美国和越南等各国因有着继续保持与中国的友好关系，加强与中国的经济往来等多方面的需求，近期内不会因南海争端问题与中国发生直接的冲突。因此，南海局势将继续保持在“斗而不破”的状态。

国际问题专论

奥巴马政府的“能源新政”

中国国际问题研究所研究员　**陈德照**

奥巴马政府的“能源新政”有四大支柱：大力开发清洁能源和可再生能源、大力开发页岩气和增加国内油气生产、节能增效、全方位加强国际能源合作。放在首位的是开发清洁能源和可再生新能源。

像以往历届美国政府一样，保证国内能源稳定供应无疑是奥巴马政府能源战略的重要目标。与过去不同的是，在新形势下，奥巴马政府把能源战略提升到了一个更高的战略高度，赋予能源战略以一系列新的内容。

一

美国“能源新政”的四大支柱是：

（一）大力开发、利用清洁能源和可再生能源

开发、利用清洁能源和可再生能源并不是奥巴马政府所创，小布什执政后期通过的有关能源法案已经为此拉开了序幕。但奥巴马政府把开发、利用清洁能源和可再生能源提到一个新的高度，并把它放在能源战略的核心位置上。

奥巴马上任后迅速促成了《2009年复兴与再投资法》（下称复兴法案）的通过，规定大幅增加以下八个领域的投资：（1）能源效率；

（2）可再生能源发电；（3）电网现代化（智能电网）；（4）先进电池、车辆和燃料技术；（5）传统运输和高铁；（6）碳捕获、分离和储存技术；（7）绿色创新和职业培训；（8）清洁能源设备制造业。这八个领域共包括56个项目，其中45个是直接支出，拨款总额为607亿美元，另外11个是税收刺激项目。根据税收分析办公室的估计，到2019财年，这11个项目的成本为295亿美元。二者合起来超过900亿美元，其中除300亿美元用于提高能源效率外，其他600多亿美元用于发展清洁能源和可再生能源以及与它直接或间接有关的项目。复兴法案的通过意味着奥巴马的能源政策取得了重大进展，标志着向清洁能源转型迈出了有决定意义的一步。

在2009年初发表的首次国情咨文中，奥巴马提出，由于受金融危机的影响，从2011年起，除国家安全、医疗和社会保障以外的政府开支将被冻结3年，但将继续在新能源、教育和基础设施等方面增加投资。

《2009财政年度总统预算建议》、《2010财政年度总统预算建议》以及《2011财政年度总统预算建议》都体现了复兴法案的上述投资方向。

经过几年的努力，奥巴马政府在社会上成功地营造了重视发展可再生能源的氛围。风险资本界开始省悟到，可再生能源及清洁能源技术正如信息技术及生命科学一样蕴含巨大的商机，加大了对这些领域投资的力度。

美国新能源战略的一个重点目标是到2012年，可再生能源的生产能力翻一番，在能源结构中的比例提高到35%。2009年1月1日，美国的可再生能源生产能力为27.8兆瓦。到2012年，应达到或超过55.6兆瓦，其增长速度超过任何其他经济部门。

奥巴马政府计划到2035年美国电力的80%来自可再生能源、核电、使用碳捕获和分离的化石燃料以及有效率的天然气等。这个标准将使清洁能源发电的份额在25年内翻一番（目前为40%左右）。美国规定可再生能源相关设备费用的20%—30%可以用来抵税，可再生能源相关企业可以享受10%—40%不等的减税额度。

美国还通过立法手段规定了可再生燃料标准，要求在汽油总组成中加入特定数量的可再生燃料，并计划逐年递增，到2012年达到75亿加仑，占汽油消费量的5%，2012年后继续保持这一比例，目标是2022年达到360亿加仑。[①]

此外，奥巴马还通过签署联邦可持续发展行政令（Executive Order on Federal Sustainability），要求联邦政府在环境、能源和经济表现等方面发挥带头作用。各联邦机构要制定并实现满足温室气体减排的积极目标，包括增加可再生能源使用、减少化石燃料消费、降低联邦建筑的能源强度。

五角大楼历来是美国的用油大户。联邦政府采购能源的近90%用于军队的各式武器装备。国家能源战略的转型迫使各军种都在寻找合适的替代能源。2011年11月，海军能源协调办公室主任詹姆斯·古德罗说，海军正向生物燃料工业投资5亿美元，用以开发替代燃料，以期在未来10年实现化石燃料消耗减半的目标。2011年11月16日，美国保罗·H. 福斯特号驱逐舰在注入7.6万升生物燃料后，从圣迭戈出发，驶往怀尼米港。这是美国大型海军舰船第一次使用生物燃料驱动。美联社报道，这次注入驱逐舰的生物燃料实际上是一种“海藻燃料”，它由50%的传统石油产品和50%的海藻油混合而成。海军还计划2012年用生物柴油驱动一支小型航空母舰战斗群，测试生物柴油在航母编队全系列舰只中的实际使用效果。美国海军还打算在2016年前推出“绿色航母编队”，让核动力舰船、油电混合舰船、传统燃料舰船以及舰载战机全部靠生物燃料驱动。[②]

① 陈宝森、王荣军、罗振兴主编:《当代美国经济(修订版)》，社会科学文献出版社，2011年6月第1版，第199页。

② 凌朔:《美军驱逐舰首喝“海藻油”》，《文汇报》2011年11月18日文章。

美国开发、利用清洁能源和可再生能源，重点是发展生物质能、核能、页岩气、太阳能、风能、地热能、海洋能以及清洁煤技术。美国目前的生物燃料主要是用玉米制取的乙醇，但从玉米提取乙醇也存在一些问题。首先，它会加剧世界的粮食危机。其次，种植玉米所用的肥料会使空气中的一氧化二氮含量增加，加剧全球气候变暖。

由于玉米乙醇存在这些问题，奥巴马政府把发展生物燃料的重点放在“纤维乙醇”上，即利用秸秆、锯末、草屑、废枝叶等农业废物提取乙醇。从木屑中提取乙醇不但效率大大提高，而且成本低，更重要的是这种新的生物燃料在使用中几乎不会产生二氧化碳。在奥巴马执政前，美国的“纤维乙醇”技术在实验室中已经取得突破。奥巴马执政后，一方面加强同公司、企业以及各种研究机构合作，寻找从各种可能来源中提取生物燃料。这些合作单位目前已递交各自的生物燃料样本，其原材料各式各样，包括鸡肉、芥菜籽、微生物，甚至城市固体垃圾。另一方面，奥巴马政府正作出各种努力，把在实验室中取得的突破投入生产。上面说的海藻油就是其中的一个例子。

当前美国20%的电能来自于核能，70%的清洁电也来自于核电，是全球核电生产能力最强的国家之一。20世纪60年代以来，核能在美国能源消费中的地位仅次于石油、天然气和煤炭。目前，美国有104座通过注册的核反应堆，其中69座为压水反应堆，另外35座为轻水反应堆。

奥巴马政府执政以来，大力发展核电成为其能源战略的重要内容。有的人把这一战略称为“核电复兴”战略。奥巴马表示：“美国将建成一批设计新颖，更安全、更清洁的核电站。”在2011年初发表的《国情咨文》中，奥巴马强调美国政府将大力发展包括核能在内的清洁能源，力争在2035年让美国80%的电力供应来自清洁能源。在2012年度预算案中，奥巴马政府寻求追加360亿美元贷款，以确保启动新的核电建设项目。日本福岛核泄漏事故发生后，尽管存在各种不同的声音，美国选择了继续发展核电的政策，同时政府多次表示，将“尽一切努力"确保核设施的"安全与可靠。"[①]

到2008年底，美国风电装机总容量252亿千瓦，新增风电装机容量84亿千瓦，均居世界首位。2008年美国太阳能装机容量为877.5万千瓦，同比增长17%；在太阳能电池导入量上排名世界第三；佛罗里达投资20亿美元要打造全球首个真正的太阳能城市。截至2009年，美国全国电力生产的1/3来自非碳能源。

奥巴马在就职演说中说："我们将利用太阳、风和土壤来为我们的汽车和工厂提供能源"。[②]他上台后不久推出的复兴法案规定，到2012年做到风能和太阳能发电量占美国发电总量的10%，到2025年占到25%。目前，美国风能和太阳能成本已大幅下降，其中大规模风力发电成本从20年前的80美分/千瓦时降到了现在的6美分/千瓦时。在部分地区，风能和地热发电已经具备在价格上与其他类型电力竞争的能力。

在交通运输方面，奥巴马政府提出要让美国成为世界上第一个在2015年拥有100万辆电动车辆的国家。在先进技术车辆制造贷款中有24亿多美元已发放给了位于特拉华州、田纳西州和加利福尼亚州的三个电动汽车厂，这三个厂是世界首批电动汽车厂之一。2012年预算计划对购买电动车辆的消费者提供每人实时退税7500美元。

美国政府提出的目标是，到2015年，有30家新型电池和其他电动汽车制造厂全部投入运营，并具备足够的先进电池生产能力，以便每年为50万辆插电式混合动力车提供动力。与此同时，美国政府也在投资建设相应的基础设施，以支持电动汽车的发展。目前美国的电动汽车充电站不足500家，到2015年，计划在12个城市建设10000多家充电站。

在清洁煤技术方面，奥巴马政府积极致力于发展碳捕获与封存技

---

① "美国坚守'核电复兴'能源战略"，人民网，2011年03月21日文章。

② http：//kswl.vip.cnb.yahoo.com/question/18241599html.

术，把它视为清洁能源经济的重要组成部分。截至2009年1月，美国没有一家达到商业规模的电厂拥有大型碳捕获与封存设施。美国提出的目标是，到2015年，拥有大型碳捕获与封存设施的电厂要达到5家，每年捕获的二氧化碳要达到1200万吨以上。

奥巴马政府致力于发展智能电网，推动电网的现代化改造。在2009年2月17日批准的经济刺激计划中，政府决定拨款110亿美元用于智能电网技术，帮助实施智能电网的研究和演示项目。

为了确保美国在新能源和可再生能源产业中占居世界领先地位，奥巴马政府要求在清洁能源研究、开发和应用等领域投入80多亿美元。为了促进跨学科和跨机构的科学家之间的交流和合作，能源部还成立了三个能源创新中心，每个中心都汇聚了学界、行业和政府部门许多资深研究人员，从事特定的能源相关技术的研究。同时，美国还计划将能源效率研究、开发和应用方面的投资增长一倍多，可再生能源投资增长70%多，以确保美国在能源技术方面的“领导地位”。

（二）大力开发页岩气，增加国内油气生产

奥巴马政府增加国内油气生产的一个重要手段是大力开发页岩气。

美国是世界上页岩气开发最早、最成功的国家。1981年，第一口页岩气井压裂在美国取得成功，实现了页岩气开发的突破。21世纪以来，依靠水平井大规模压裂技术的推广应用以及国内完善的管网设施，美国页岩气发展很快。2005年产量为196亿立方米，2010年为1378亿立方米，相当于2005年的7倍，年均增长47.7%。2006年，页岩气仅占美国天然气总产量的1%，2010年增至23%左右，使美国成为世界上页岩气商业性开采规模最大的国家，目前其商业成本只略高于传统天然气。

在2009年2月的美国剑桥能源周上，专家们用“页岩气革命”来形容美国在页岩气领域取得的重大突破。2009年之后，由于页岩气勘探开发热潮席卷全球，世界石油工业在经历了长达150年的陆上常规

油气阶段和海上常规油气阶段之后，开始迈入陆上非常规油气阶段。

对于美国来说，大规模开发页岩气改变了国内的能源供求结构，大大提高了本国能源自给率，减少了对国外能源的依赖。页岩气大规模开发前，美国曾规划大量进口液化天然气（LNG）。页岩气的快速发展使美国进口LNG数量逐年减少。2006年，美国LNG进口量为1174.4万吨（约合160亿立方米）；2010年，美国LNG进口量为882.9万吨（约合120亿立方米），比2006年下降了四分之一。据美国能源信息署预测，2015年美国页岩气产量将达到2600亿—2800亿立方米，届时将占天然气总产量的三分之一。在未来10年里，美国不仅可以一改天然气大举进口的局面，实现全面的自给自足，还有望成为液化天然气出口国。大规模开发页岩气对于稳定美国内油气价格起了积极的作用。近两年，国际油价大幅度上升，但由于页岩气产量快速增长，美国国内天然气价格没有发生变化，每立方米折合人民币约1元左右，是世界三大天然气区域市场（北美、欧洲、亚太）中价格最低的地区。

大规模开发页岩气是世界油气地缘政治格局发生结构性调整的催化剂。由于开发页岩气，2009年美国的天然气产量首次超过俄罗斯，成为世界第一天然气生产国。

除此之外，大规模开发页岩气也给美国经济带来收益，给许多美国家庭带来新的就业机会。在到2011年5月的12个月内，仅Marcellus Shale一家公司就在美国的宾夕法尼亚州招聘了4.8万名钻井工人。到2015年前，这家公司还将在纽约州招聘1.5万名员工。按曼哈顿研究所的估计，仅页岩钻井一项工作，就将给纽约州增加17亿美元的收入，2亿美元的税收。一个新的产业正在美国形成。在当前世界经济复苏艰难、私人资本却步不前情况下，在世界页岩气领域，资本的跨国流动和收购与兼并却非常活跃，美国和世界各地的资金正在迅速涌入这一产业。2009年12月，埃克森-美孚以410亿美元收购XTO能源公司的天然气资源。2010年4月，英国BG集团计划支付9.5亿美元购买EXCO资源公司在阿巴拉契亚50%的页岩气资产；同月，印度信实工业公司以17亿美元从美国阿特拉斯能源公司购买页岩气股份。法国道达尔公司以8亿美元收购美国切萨皮克公司位于北得克萨斯州的巴耐特页岩气项目25%的股权。挪威国家石油公司出资34亿美元购入切萨皮克公司在阿巴拉契亚地区的马塞勒斯页岩气资产32.5%股份。中海油2011年10月11日宣布，以10.8亿美元收购切萨皮克在得克萨斯州南部的一个名为鹰滩的页岩油气项目的三分之一股权。[①]

（三）提高能效和节能减排

20世纪70年代首次发生能源危机后，美国政府出台了包括设定汽车油耗标准、控制燃油价格和进行定量供应、通过限制高速公路车速以节约燃油等多项节能措施，同时要求开发新的替代能源（包括风能和太阳能等在内的可再生能源）。石油危机也促使美国建立起战略石油储备机制和成立了能源部，并在1978年颁布了《国家能源法》。此外，由于美国的石油很大一部分用于交通运输，政府除了提出平均每加仑27.5英里的汽车油耗标准外，对汽车型号也提出了要求。然而，随着石油危机的缓解，美国社会很快淡化了危机带来的伤痛，“节能不再成为政府关注的重点”。

奥巴马上台后，开始大力推行提高能效和节能的政策，主要在以下方面采取了措施：

第一，出台了一系列严格的节能和提高能效的政策措施。2009年2月，奥巴马要求能源部制定有关电器的更为严格的效率新标准。2009年3月以后，能源部先后制定了洗碗机、普通白炽灯、家用洗衣机、厨房炉灶和烤箱、荧光灯、商用取暖、空调和热水设备等相关电器的更为严格的效率标准。自从奥巴马上任以来，能源部加快电器能源效率新标准的制定并加大了执行力度，已经制定了20多个不同产品的能源效率标准，到2030年预计将为消费者节约2500亿—3000亿美元的能

① 杨沐：《页岩气革命能让美国经济回春吗？》，新加坡《联合早报》2011年6月18日文章。

源支出。[①] 由于有关电器的涉及面非常广泛，每个家庭和企业使用的电器都会受到影响，新的能效标准的出台，对于促进有关企业和产业推动产品结构和产业结构的升级，有着重要作用。

2009年5月19日，奥巴马公布了一项新的汽车节能减排计划，宣布将对汽车和卡车首次实行综合的燃料经济 / 温室气体排放标准。2010年5月，奥巴马为中型和重型汽车和卡车创设了第一个效率和排放标准。而在过去15年中，美国车辆燃油效率只有微小的提高，在技术上没有实质性的突破。

目前，美国的汽车能耗标准是世界上最宽松的，比欧洲标准至少相差每加仑16公里。欧洲计划到2020年达到每加仑行驶96公里的目标。作为推进绿色经济的一项重要措施，奥巴马政府目前正全力推动一项美国汽车能耗新标准，要求美国汽车制造商未来生产的车型在“2025年达到每加仑汽油行驶56.2英里（相当于89.92公里）”的标准。据称，此举将对美国汽车业的未来发展产生深远影响。[②]

除了着力提高交通部门的能源使用效率外，美国政府还加强了对建筑物的节能要求。

第二，建立二氧化硫排污权交易制度和碳排放权自愿交易制度，发挥市场机制在节能减排中的基础性作用。成立了芝加哥气候交易所，会员自愿承诺交易所要求的减排目标，通过交易平台，卖出超标减排量，获得额外利润。交易所起初只有13家企业参与，目前发展到460多家会员，其每月二氧化碳成交量达13万吨。

第三，美国一些官方和商业贷款机构向企业提供优惠的低息贷款，鼓励它们开发节能产品。

第四，对消费者实行现金补贴和税收优惠。联邦政府首次于2009

---

① 陈宝森、王荣军、罗振兴主编：《当代美国经济（修订版）》，社会科学文献出版社，2011年6月第1版，第198页。

② 《文汇报》，华盛顿，2011年7月4日专电。

年出资30亿美元，用来补贴购买节能型新车的消费者，购买新车的消费者每辆可以得到4500美元的优惠折扣。奥巴马还鼓励州政府以及企业和公司对消费者提供节能补贴。目前，美国的电力、天然气公司等公用事业组织每年都向用户提供大量补贴，鼓励他们购买节能产品。南加州天然气公司2009年度对购买家庭能效产品者返还部分现金，对家庭节能改造项目共提供510万美元资助。美国有14个州对电力收入加收一定费用，每年从中征集到约5亿美元的资金，用来建立节能公益资金，由各州公共事业委员会管理，各相关部门都可以申请这笔资金用以开展节能项目。①

（四）开展全方位的能源外交战略

前苏联解体后，美国加强了对中亚里海地区的渗透，增加从中亚和里海地区输入石油。美国政府一边争夺里海石油资源开发权，一边积极谋求石油运输管道控制权。与此同时，美国也加强了与俄罗斯在能源领域的合作。

进入21世纪后，美国加快了能源多样化步伐，对非洲国家发起了一场全方位能源外交攻势。据能源专家预计，到2015年，非洲石油将占美国石油总输入的25%甚至是35%，超过整个波斯湾地区。

二

在新形势下，奥巴马政府把能源战略提升到了一个更高的战略高度，赋予能源战略以一系列新的内容。后者主要表现在以下三个方面：

① 汪巍：《美国：政府企业第三方合力推动节能减排》，《中国经济时报》，2010年08月05日。

(一)把大力发展新能源技术和产业视为新时期增加就业、在世界范围内重振美国经济的主要举措之一

奥巴马在他所写的《无畏的希望》一书中说,"一个控制不了能源的国家也控制不了自己的未来","增加美国竞争力最后一个关键的投资是能源基础设施"。在这一思想指导下,奥巴马在执政之初就将发展新能源上升到关系国家安全和民族未来的战略高度,一再强调新能源战略的重要意义,动用自己的政治资源游说国会,并大力推进在新能源领域的国际合作。美国劳工部长希尔达·索利斯在参加第二次全美清洁能源峰会时,就以一场新的"工业革命"来描述未来的新能源产业,充分表达出美国政府对此的重视程度。挽救能源联盟主席查拉罕则强调:"在能源效率和清洁能源技术的基础上进行重建经济以及保护环境是美国重获并且保持全球经济领导地位的最佳途径,也许也是唯一的办法。"[①] 与布什政府时期比较,奥巴马政府在新能源问题上的战略思考明显地前进了一大步。布什时期的美国政府把能源战略的重点放在石油进口地的多样化和确保运输通道的顺畅上,而奥巴马则把重心放在了开发新能源,把它作为振兴美国经济的主要抓手。新任美国能源部长朱棣文这样说道:他的工作重点是推动可再生能源的开发,而不是与OPEC(石油输出国组织)打交道。分析家认为,美国希望的是,新能源政策能像里根和克林顿执政时提出的"信息高速公路计划"一样,通过占领未来经济增长的制高点来牢牢握住世界经济的主导权。如果说,布什政府将发展新能源作为减少对中东石油依赖的重要手段,奥巴马政府则将其上升到更高的战略层面,关注新能源既是为了美国的"石油独立"、复苏美国经济、增加国内就业机会,更是为了从根本上提高美国的国际竞争力,使美国能够超越世界其他主要经济体、"引领21世纪世界经济的发展"。

---

① http://kswl.vip.cnb.yahoo.com/question/18241599html.

（二）通过开发新能源技术和产业，美国将牢牢抓住制订相关产品国际标准和规则的主导权，迫使贸易伙伴就范

新能源技术和产业不仅将改变能源产业和产品的结构，并将影响整个制造业及其他许多部门的发展。美国新能源战略的目标不是限于能源一个部门，也不限于美国国内。这个战略的一个最终目标是把打着“美国制造”标签的绿色标准推向全世界，作为在世界各地生产、销售和消费有关产品的“标准”。这将不但影响许多国家国内经济生活的规则，并将影响国际贸易和投资的发展，改变世界范围内利益分配的格局。届时，对于包括新兴经济体在内的发展中国家来说，要么按照美国的“国际标准”改造国内的生产结构，购买美国的能源及环保技术和产品，否则便会遭遇美国环保关税的“保护”，难以进入美国市场。美国的目的是借此形成一个新的美元循环体系，重建美国在世界经济和金融领域的超强地位。

（三）争取国际气候谈判的主导权

通过开发新能源和加强实施节能减排等措施，把能源战略和环境保护、应对气候变化等问题直接地联系起来，既减少对中东等地区进口石油的依赖，又可改变布什政府拒签《京都议定书》后美国在国际气候谈判中所处的被动局面，力争在国际气候谈判中起主导作用。

因此，美国新能源战略的意义，远远超出了能源战略的范畴，已经成为奥巴马政府发展战略、外交战略、安全战略的重要组成部分、在美国的全球战略中起着重要作用。

三

奥巴马的“能源新政”会有怎样的发展前景呢？

美国历届政府的能源战略和政策虽然在内容、细节、具体举措等方面有所不同，但在目标、原则和主要措施方面都有一些相同点。奥巴马政府的能源转型政策在保障美国能源供应安全、保持能源合理价格、维持美国联邦和州监管体系、限制大公司的市场支配力量等方面与过去历届美国政府的做法也有许多相同的地方，但在如何保障美国能源供应安全、在对待石油等常规化石燃料和鼓励竞争等方面则有明显的不同。奥巴马对常规化石燃料采取了不同于以往历届政府的立场，即认为严重依赖常规化石燃料是美国能源安全问题的根源，是环境问题尤其是气候变暖的主因，因此主张大力发展可再生能源和页岩气等非常规化石燃料，希望未来它们能取代常规化石能源成为主流能源。奥巴马政府采取的是不支持常规化石能源发展的政策，不鼓励常规化石能源去和其他能源竞争。这从奥巴马要求取消石油和天然气的税收优惠、提高对石油和天然气的相关收费、大力鼓励发展可再生能源和页岩气等相关政策中反映了出来。他在G20峰会上也作出了削减化石能源补贴的承诺。这种政策自然会受到石油集团的反对和抵制，使美国政府在取消常规化石能源补贴政策的时间和幅度方面有可能作出一定妥协，但会坚持向清洁能源和可再生能源转型的总体方向及有关政策。

由于美国能源转型之路注定是一个比较长的过程，石化能源的比重在逐步下降，但在一个相当时期内，它仍将是美国的主导能源。据美国能源信息署预测，美国一次能源消费总量将从2009年的94.8夸特Btu增长到2035年的114.3夸特Btu，增幅为21%。在此期间，化石燃料在美国一次能源消费结构中仍将占有支配地位，但其所占份额将从2009年的83%下降到2035年的78%。

美国的能源战略是一个比较完整的体系，是一种硬国力和软国力紧密结合、相互协调，比较灵动的机制。在不同的历史时期，美国的能源战略都根据情况的变化在不断地调整、发展与变化，值得关注和研究。

“巧实力”与奥巴马政府外交政策调整

辽宁大学国际关系学院教授 **唐彦林**

2009年1月13日，希拉里·克林顿在提名其为国务卿的听证会上，提出了“巧实力”的概念，“通过灵巧运用可由美国支配的所有政策工具，包括外交、经济、军事、政治、法律和文化等各种手段，恢复美国的全球领导力。”[①] 实施“巧实力”外交，成为奥巴马政府对外政策调整的重要方向。

一、“巧实力”概述

（一）“巧实力”概念的来源及涵义

“巧实力”的概念是以硬实力和软实力概念为基础的。一般认为，“巧实力”包括硬实力和软实力这两种权力形式，关键是如何将两者巧妙结合起来，获得最佳的政策实施效果。研究软实力的重量级人物约瑟夫·奈称，自己在2003年提出了“巧实力”这个概念，以反驳只要有软实力就能产生有效的外交政策这一错误看法。[②] 而普遍认为，最先将“巧实力”这一概念引入公共领域的是苏珊娜·诺塞尔。苏珊

① http://www.state.gov/secretary/rm/2009a/01/115196.htm.

② Joseph S. Nye Jr. , “Get Smart”, *Foreign Affairs* , July-August 2009, Vol.88, Issue 4, p.160.

娜·诺塞尔在2004年3/4月号美国《外交》杂志发表了题为"巧实力"的文章。[①]在诺塞尔看来，小布什政府新保守主义外交政策和单边主义军事行动极大损害了美国的国际形象，建议美国政府将硬实力与软实力结合起来加以运用。当时，苏珊娜·诺塞尔也界定了"巧实力"的涵义，"巧实力"意味着美国知晓自己手中的工具并不总是最好的，美国的利益可以通过同盟、国际机制、谨慎外交和信念的力量加以拓展。[②]2006年，约瑟夫·奈意识到了软实力概念的弱点，对相关理论进行了发展，明确提出了"巧实力"的概念，认为"巧实力"意味着很好地认知如何把硬实力和软实力结合起来并加以平衡。[③]其他学者也对"巧实力"概念提出了自己的看法。美国学者欧内斯特·威尔逊将"巧实力"界定为：某一行为体将硬实力和软实力的因素通过一些途径结合起来，可以相互增强，从而有效完成行为体的目标。并认为，受国际条件的结构性变化和现任政府（指小布什政府）政策失败的同时驱使，提升"巧实力"已经成为美国国家安全的一种迫切需要。[④]按照约瑟夫·奈的观点，"巧实力"主要是软实力的扩展，美国必须学会合作与倾听，这样，美国就会成为一个受欢迎的世界领导。[⑤]美国智库之一的战略与国际研究中心早在2006年就开始了有关"巧实力"战略的研究。2008年4月24日，理查德·阿米蒂奇和约瑟夫·奈在美国参议院外交关系委员就"巧实力"战略作证时，明确提出，"巧实力"是"指导整合战略、开发出实现美国目标所需的资源基础和工具包以及发挥硬实力和软实力的框架。它强调了拥有一支强大军队的必

① Suzanne Nossel, "Smart Power", *Foreign Affairs*, March-April 2004, Vol. 83, Issue 2.

② Suzanne Nossel, "Smart Power", Foreign Affairs, March-April 2004, Vol. 83, Issue 2, pp.131-142.

③ Joseph S. Nye Jr., "In Mideast, the Goal is 'Smart Power'". http://www.boston.com/news/globe/editorial_opinion/oped/articles/2006/08/19/in_mideast_the_goal_is_smart_power/.

④ Ernest J. Wilson III, "Hard Power, Soft Power, Smart Power," The Annals of the American Academy of Political and Social Science, March 2008, Vol. 616, No.1, pp.110-124.

⑤ http://www.timesonline.co.uk/tol/news/world/us_and_americas/article5511343.ece.

要性，同时也应大量投资于盟国、伙伴关系和各级机构以扩大美国的影响力并建立美国行动的合法性。在没有美国领导的前提下，通过投资全球利益——为有需要的民众及政府提供服务政策，这样美国实力变得更为灵巧。”2011年6月，兰德公司的两位学者查尔斯·沃尔夫（Charles Wolf）和伊丽莎白·布朗（Elizabeth Brown）在美国国务院召开的“外交、发展与防卫：外交政策成效评估”的会议时，以“实施巧实力：含义、衡量与管理”为题，对“巧实力”问题进行了细致分析。他们提出，“巧实力”是软实力与硬实力工具的巧妙（最佳）结合。在具体应用巧实力时，涉及到对软实力和硬实力进行权衡和排序，而最佳的结合则需要根据不同的具体情况而定，还受到合作伙伴的成本分担以及决策体制等因素影响。[①] 实际上，“巧实力”这个概念是在小布什政府发动伊拉克战争不久出现的，是作为布什政府富有侵略性的新保守主义的替代物而出现的。实际上，“巧实力”还远未成为清晰和具有操作性的概念，在很多情形中，“巧”的意义不是很清楚，经常被载入不同的而有时又使人误解的内容。

（二）“巧实力”的特点

从上述概念来看，“巧实力”具有如下特点：一是构成的复合性。“巧实力”包括硬实力和软实力两个组成部分。单独使用硬实力或者软实力都不是“巧实力”。权力是国际关系领域中的核心元素，而首先将权力分为硬实力和软实力的是美国学者约瑟夫·奈。他认为，硬实力是指能够迫使他国遵从特定行为的军事和经济力。与此相对，软实力指文化力、榜样力、理念和理想等力量的巧妙发挥，是使别国做

① Charles Wolf, Elizabeth Brown, Operationalizing Smart-Power: Meaning, Measurement, Management, U.S. Department of State Conference,“Diplomacy, Development and Defense: Evaluating Foreign Policy Success” June 7-8, 2011.

你想做的。[1] 新现实主义者倾向于强调国家的硬实力，而自由制度主义学者强调软实力是治国之道的必要资源（包括制定游戏规则的权力）。“巧实力”就是要使用外交、经济、军事、政治、法律和文化等工具，综合运用硬实力和软实力来实现一国的外交目标。二是硬实力与软实力的巧妙（最佳）组合性。如何界定硬实力和软实力的关系是考察“巧实力”特点的重要视角。有的学者将硬实力和软实力视为彼此孤立、甚至彼此抵触的政策手段。2005年，科布和布尔斯廷（Korb and Boorstin）提出应该舍弃硬实力和软实力的提法，以“整合权力”（integrated power）取而代之。因为，这两种形式的实力是“合作者”的关系，而不是非此即彼的关系。按照他们的观点，“整合权力”意味着领导和利用联盟；发展新的战略，并与传统战略相结合；结束防卫、国土安全、外交、能源和外交援助的区分等。[2] 此种观点意识到了硬实力与软实力之间的内在关系，并试图将两者进行有效的整合，是一种有益的探索。而“巧实力”意味着不仅要将硬实力和软实力结合起来，而且两种权力相互影响和相互借重，要“聪明”地产生1+1>2的效果。三是实施“巧实力”战略的灵活性。有的学者曾质疑，“巧实力”中的硬实力和软实力的比重分别是多少？其实，“巧实力”战略要获得成功，没有固定的模式，而是需要根据时间、空间、实施对象和实施者自身条件等因素的变化而变化，这恰恰是“巧实力”战略的独特魅力之处，需要外交政策决策者审时度势，采用恰当的硬实力和软实力的手段及比例。2009年7月15日，希拉里·克林顿国务卿在对外关系委员会发表的讲话中对如何实施“巧实力”进行了论述：“巧实力”对美国人的思维和政府的决策至关重要。它意味着明智地动用美国可以动用的

---

① Joseph S. Nye Jr., *The Paradox of American Power,* Oxford University Press, 2002, p.51.

② Lawrence J.Korb, Robert O. Boosrtin, and the National Security Staff of the Center for American Progress. *Integrated Power: A National Security Strategy for the 21st Century*, Center for American Progress, 2005, pp.9-17.

一切手段，其中包括召集与连接的能力。意味着美国的经济与军事实力、创业与革新能力，以及奥巴马总统及其领导班子的能力与信誉。它还意味着在决策中运用古典的常识。它是原则与务实的结合。[①]美国学者欧内斯特·威尔逊提出了实施“巧实力”的框架：（1）重视对象国的人口和地区的属性。（2）了解自己的目的和能力。“巧实力”需要权力运用者知道自己寻求的是什么，也要知道明确达到其目的的愿望和能力。（3）实施权力行为的更加广阔的地区和全球背景。（4）运用什么样的工具，以及如何、什么时候单独或者组合运用权力工具。[②]约瑟夫·奈认为，“巧实力”的本质是，在不同的情势中，考虑各种因素，综合运用硬实力和软实力的能力。也就是要增长“情境智慧”。而“情境智慧”主要包括五大因素：文化、权力资源的分配、跟随者的需求、危机和时间紧迫性、信息流。[③]上述观点概括起来就是知彼、知己、知环境以及运用权力工具的技巧。上述关于“巧实力”的探讨，对奥巴马政府的“巧实力”战略具有理论与政策的双重意义。

二、“巧实力”在奥巴马政府外交政策调整中的地位与主要体现

负责政治军事事务的国务卿助理安德鲁·夏皮罗（Andrew J. Shapiro）认为，奥巴马政府已经采纳“巧实力”理念，是成为奥巴马总统和希拉里国务卿政策理念的最核心。而且“巧实力”不只是一个口号，还将是未来几年美国外交政策的驱动力并担当力量倍增器（a

① http://www.america.gov/st/peacesec-chinese/2009/July/20090717143527xjsnommis9.745425e-02.html.

② Ernest J. Wilson III, “Hard Power, Soft Power, Smart Power”, The Annals of the American Academy of Political and Social Science, March 2008, Vol. 616, No.1, p.115.

③ ［美］约瑟夫·奈著，李达飞译，《灵巧领导力》，中信出版社，2009年版，第102页。

force multiplier）的角色。而国务院主管国际组织事务局的副助理国务卿苏珊娜·诺塞尔认为，奥巴马政府正通过扩大外交政策工具来实施“巧实力”战略。“巧实力”已经成为美国一系列外交政策变化的试金石。[①] 从总体看，“巧实力”理念在奥巴马外交政策调整中主要体现在如下几个方面：

（一）外交中心任务从以反恐为核心转移到逐步实现防务、外交和发展三者的良性互动来维护国家利益

希拉里·克林顿国务卿明确提出了美国外交政策的3D支柱：防务（defense）、外交（diplomacy）和发展（development），[②] 并认为，外交和经济发展是奥巴马总统的国家安全战略不可或缺的组成部分，对保障美国人民的安全与军事力量具有同样重要的地位。[③] 美国学者也持赞成态度：“美国要想成为一个颇有建树的世界领导者，必须从战略上平衡美国力量的三个组成部分——防卫、外交和发展——这就是我们所说的运用‘巧实力’：恰当整合和运用治理国家的所有工具。”[④] 奥巴马总统对希拉里国务卿提出的3D政策也持鲜明的支持态度。在宣布向阿富汗再增兵1.7万人时，奥巴马表示，“我确信，仅仅通过军事手段不能解决阿富汗问题、不能解决塔利班和极端主义的蔓延，我们不得不运用外交手段、运用发展手段。”2010年5月27日美国公布的《国家安全战略》（National Security Strategy）也提出，为了维护美国的国家安全，除了依靠美国可辐射全球和拥有超强资源的军事能力外，还

① Suzanne Nossel, Smart Power: From Theory to Practice, March 17, 2011, http://www.state.gov/p/io/rm/2011/158726.htm.

② http://www.state.gov/secretary/rm/2009a/01/115196.htm.

③ http://www.america.gov/st/peacesec-chinese/2010/June/20100529111818jbnij0.4455683.html.

④ Smart Power: Building a Better, Safer World, Joint Testimony of General Anthony C. Zinni, USMC (Ret.) and Admiral Leighton W. Smith, Jr., USN (Ret.) Senate Foreign Relations Committee, Wednesday, March 5, 2008.

要高度倚重外交与接触、经济发展及其他发挥影响力的途径。这表明，奥巴马政府将发展纳入到美国实力的核心支柱地位，并上升为国家战略。奥巴马总统主要关注“发展”，这主要表现在：一是提出了新的全球发展计划。包括“全球粮食安全计划”（“保障未来粮食供给”，Feed the Future）、“全球健康行动计划”（Global Health Initiative）和全球气候变化倡议（Global Climate Change Initiative，GCCI）。玛丽亚·奥特罗（Maria Otero）提出，奥巴马总统和希拉里国务卿正创设一个全球发展政策，对美国政府如何促进全球发展给予了前所未有的关注。国务院出台了《四年发展与外交展望》，奥巴马总统制订了《美国全球发展政策总统指令》，这将确保外交和发展成为国家安全的必要方面，并相互借助。[①] 这源于战略、经济和道义需求，这对于美国在全球发挥领导作用至关重要。[②]

（二）从单边主义向多边主义外交方式转变

奥巴马就职后，美国行为方式开始由单边主义向多边主义的转变，这种转变的根本依据是哪种方式更能促进美国国家利益的实现。在竞选期间，奥巴马总统承诺将重建同盟、伙伴关系和必要的制度来应对共同的挑战，提升共同安全。[③] 2009年6月，奥巴马在开罗讲话中，提出全球参与和多边合作政策。奥巴马号召加强原有的军事同盟，增加新的伙伴，同时塑造更加强有力的国际标准和制度。[④] 奥巴马政府认为多边主义是保持和提升美国领导地位的新方法：“奥巴马总统已引导

---

① Maria Otero, Smart Power: Applications and Lessons for Development, http://www.state.gov/g/140252.htm.

② Maria Otero, Smart Power: Applications and Lessons for Development, http://www.state.gov/g/140252.htm.

③ Barack Obama, “Renewing American Leadership,” *Foreign Affairs* 86, No. 4 ,July/August 2007,p.11.

④ Obama Calls for an “International Order”, *The New American*, June 21, 2010, p.8.

我们跳出一贯的思考模式。他开启了一个以共同利益、共同价值观和相互尊重为基础的接触交往的新时代。我们将运用美国的领导作用建立伙伴关系，解决任何国家都无法独自解决的问题。我们还将推行能够调动更多伙伴和取得成效的政策。"[①]2009年7月15日，希拉里国务卿也提出，"巧实力"的重要体现之一就是美国准备更新和建立与伙伴进行合作的手段。

（三）以"巧实力"应对全球性挑战

诸多全球性挑战的出现是国际关系领域中出现的一个新现象，并成为影响国际关系特别是大国关系的重要变量，导致国与国之间相互依赖关系不断强化，也在一定程度上改变了大国以零和博弈的思维来处理对外关系，并促使大国不断更新应对全球性挑战的方法手段。奥巴马政府提出，美国和全世界面临的巨大挑战和紧急外交政策挑战包括：正在进行的战争和地区冲突、全球经济危机，恐怖主义、大规模杀伤性武器、气候变化、世界性贫困、不安全食品和流行疾病等。有时候，军事力量对于保护我们的人民和利益是必需的。但是，外交和发展对于构建一个和平、稳定和繁荣的世界来说，将是同等重要的。这就是"巧实力"的本质。[②]2008年4月，理查德·阿米蒂奇和约瑟夫·奈在美国参议院外交关系委员就"巧实力"战略进行陈述，明确提出"巧实力"基于如下三种原则：第一，美国的国际地位问题关系着我们的安全和繁荣；第二，今天的挑战只有同有能力以及有意愿的盟友和伙伴一起才能加以解决；第三，民间手段能够增加美国政府政策的合法性、有效性以及持续性。这是为什么我们要求整合大战略、

① 2009年11月20日，美国驻华大使洪博培（Jon Huntsman）在北京大学向参加"求同论坛"（Common Ground Conference）上的讲话，http://www.america.gov/st/eap-chinese/2009/November/20091204112959abretnuh0.6701123.html.

② http://www.state.gov/r/pa/scp/fs/2009/122579.htm.

将硬的军事实力和软的“有吸引力”的实力结合起来、创造出打赢冷战类型的“巧实力”的原因。美国博思艾伦咨询公司提出，当今世界的许多挑战性问题，如恐怖主义、气候变化、能源安全和自然灾害的解决需要美国政府运用“巧实力”，即运用美国的各种力量来加以应对，综合运用防卫、外交和发展来加以解决。美国国家安全事务助理詹姆斯·琼斯（James Jones）将军也认为，美国的战略取向是基于以下几个要素：重振国家，认识到国家安全应以国内为出发点；全面接触，认识到没有任何国家能单独应付全球挑战；促进国际秩序，加强和综合利用国家实力。[①] 以反对恐怖主义为例，恐怖主义是全人类共同的敌人，但目前的恐怖主义主要以美国为袭击目标。反恐是美国对外战略的重要目标之一。随着反恐进程的深入，美国越来越多的人认为，应该运用“巧实力”来反对和打击恐怖主义，这样才能取得更好的效果。2009年12月4日，美国海军陆战队的安东尼将军（General Anthony Zinni）在宗教与外交国际中心成立10周年的会议上表示，仅靠硬实力不能战胜恐怖主义，恐怖主义者的经济和社会因素也应该加以考虑和解决。以信仰为基础的路径是“巧实力”的另一种途径。2011年9月9日，希拉里·克林顿在纽约约翰·杰刑事司法学院发表的讲话中表示，在和恐怖主义斗争过程中，需要更多的“巧实力”。因为，诸如解决冲突、减少贫困和改善治理等有助于根除恐怖主义的根源，并有助于维护美国的国家安全。美国智库“明日无恐”（Terror Free Tomorrow）所进行的连续性民意测验也表明，美国所进行的国际服务、人道主义援助和灾难救助，在印度尼西亚、巴基斯坦和孟加拉等穆斯林人口众多的国家中，改变了对美国的看法，减少了对恐怖主义的支持。

① http://www.america.gov/st/peacesec-chinese/2010/June/20100529111818jbnij0.4455683.html.

（四）和平队是奥巴马总统推行"巧实力"重点强调和实施的领域之一

和平队创建于处于冷战高潮时期的1961年，目的是通过向第三世界国家派遣和平队，增进美国与第三世界国家的相互了解，获得发展中国家对美国的支持，加强与前苏联在第三世界的竞争。冷战结束后，和平队的地位几经沉浮。奥巴马就职后，通过增加和平队预算和人员的方式来推进和平队的发展。布鲁金斯学会戴维·卡帕拉拉（David L. Caprara）认为，奥巴马正在通过国际服务、不同信仰的人之间的接触和公民外交发起"巧实力"运动，和平队（Peace Corps）是重点领域之一。2009年12月1日，奥巴马总统在美国西点军校就美国在阿富汗和巴基斯坦取得进展的途径发表讲话，"归根结底，我们的安全和主导作用不单单来自我们的武力，还来自在国外传播希望的外交人员及和平队志愿者等。"[①]2011年2月28日奥巴马总统专门发布公告，纪念和平队成立50周年。将和平队视为美国"致力于在全世界鼓励进步、创造机会并增进相互尊重与理解的一个不朽标志。"[②]充分肯定了和平队在传播美国价值观、反对恐怖主义、增进美国与其他国家相互了解方面的重要作用。

三、对奥巴马政府"巧实力"外交政策的几点评估

（一）"巧实力"体现了奥巴马政府维持美国霸权的新方式

维持和扩展霸权是美国外交政策的核心和一贯目标。历届美国政

---

① http://www.america.gov/st/peacesec-chinese/2009/December/20091202010512ptellivremos0.1350977.html.

② http://www.america.gov/st/develop-chinese/2011/March/20110302154350x0.5374654.html.

府概莫能外，只是维持和扩展美国霸权的方式和方法有所差异。2007年，奥巴马在当年的《外交》杂志上发表文章提出，美国不能独自应对本世纪的挑战，但没有美国，世界也不能应对挑战。① 希拉里国务卿也表达了同样的意思，“我相信世界一向需要美国的主导，而现在仍然需要。现在的问题不是美国能否或是否应该担当领导，而是美国如何在21世纪领导世界。只要美国信守理念，并采纳符合时代要求的战略，它就将始终是一个国际领袖。”② 2010年5月，美国公布新的国家安全战略文件，奥巴马总统对美国的战略定位是“维持美国在全球的领导地位”。作为唯一的霸权，美国最大的国家利益便是维持这个地位。在坚持和强调美国主导地位的同时，美国考虑的是，如何在日益险峻的国内外背景下，维持和强化领导作用。约瑟夫·奈提出，要想保持美国的领导地位，硬实力的强迫性及软实力的影响力和说服力便显得至关重要。美国人需要更好领悟“巧实力”的这些特征。③ 希拉里国务卿则就美国的地位和作用提出了一种新的提法：解决国际问题需要多国合作，没有一个动员他国合作的国家是不行的，而美国应该承担“动员国际合作”的作用。④ 在吸取小布什政府单纯依靠硬实力受挫，致使美国软实力和国际影响下降、同盟关系出现裂痕的教训后，奥巴马政府主张在保持军事实力的运用的前提下，主张多运用软实力，通过多边主义、强化同盟并共担责任，与新兴崛起国家强化竞争与合作的方式来维系美国霸权，运用“巧实力”成为美国维持霸权地位的新思路和新方式。

---

① Barack Obama, “Renewing American Leadership,” *Foreign Affairs*, July-August 2007, Vol.86 Iss4, p.2.

② http://www.state.gov/secretary/rm/2009a/01/115196.htm.

③ Joseph S. Nye Jr., The War on Soft Power, http://www.foreignpolicy.com/articles/2011/04/12/the_war_on_soft_power?page=0,1.

④ Hilary Rodham Clinton, “Leading Through Civilian Power: Redefining American Diplomacy and Development,” *Foreign Affairs*, Nov/Dec2010, Vol. 89 Issue 6, pp.13-25.

（二）奥巴马政府“巧实力”外交政策在一定程度上为变革国际政治经济旧秩序提供了机遇，但从长远看，美国仍是推进国际秩序朝着更加公正合理方向发展的最大障碍

每当遇到实力和影响力下降的时刻，美国均提出责任共担的论调。奥巴马政府提出“巧实力”外交也有这方面的考虑。美国希望将更多的国家纳入与自己共同承担国际公共物品提供者的行列。“从控制大规模杀伤性武器扩散到阻止温室气体排放，所有的国家都必须遵守国际规则并承担提供全球公共物品的责任，而不仅仅是搭别的国家提供的公共物品的便车。”[①] 因此，美国特别强调与新兴经济体的合作。同时，美国提出，分担责任与否是新兴大国能否参与塑造国际秩序的必要条件。一方面，美国看到了应对全球性问题必须依靠全球努力的必要性，另一方面也表明，在自身国家实力相对下降的情况下，通过国际秩序变革的名义和方式，要求其他国家特别是新兴国家分担美国的责任，以减轻其国内外压力。以国际金融秩序的变革为例，在金融危机的形势下，2008年美国主持召开第一次20国集团峰会，2009年匹兹堡峰会将20国集团作为处理全球金融、经济问题的最重要平台，同时也为国际社会协商变革国际秩序提供了平台。在这个平台内，新兴经济体与美国等西方国家展开协商，提高了新兴经济体在世界银行和国际货币基金组织中的投票权，扩大了发言权和影响力，促进了国际金融秩序的变革。从长远来看，美国会以各种借口来阻止新兴大国与美国分享国际秩序的领导权，拒绝对国际秩序进行实质性变革以维护美国的既得利益。从这个意义上说，美国是国际秩序变革的最大障碍。

---

① Stewart Patrick, “Global Governance Reform: An American View of US Leadership,” *policy analysis brief*, February 2010, p.3.

（三）奥巴马政府实施"巧实力"外交为中美关系的发展提供了新的机遇和挑战

构建更加紧密中美关系的一个障碍是，中美之间缺乏战略互信。为了减少相互之间的猜疑，中美两国可以通过合作运用它们的"巧实力"资源——包括外交、经济、军事、政治和文化手段来更有效地增进彼此了解，实现两国的经济、安全和其他种种目标。而对于如何运用两国的"巧实力"资源促进彼此合作，增进互信。曾经担任2008年奥巴马竞选团队亚洲政策顾问的安熙龙（Robert Oxnam）建议中美之间建立"绿色关系"，合作应对环境恶化、全球变暖和能源安全问题。[①]2009年美国智库之一的新美国安全中心出台报告，就如何维护美国在亚洲的战略利益，为奥巴马政府提供建议。建议奥巴马政府运用外交、经济和军事合作来协调中美在亚太地区的利益和价值观，鼓励中国成为亚洲负责任的利益攸关方。[②]

奥巴马政府实施"巧实力"外交在一定程度上促进了中美关系的发展。2009年4月1日，奥巴马总统与中国国家主席胡锦涛在英国伦敦出席20国集团金融峰会期间举行双边会晤，提出构建21世纪积极、合作和全面的中美关系，保持并加强各个层次的交流。美国国务卿希拉里·克林顿和财政部长蒂莫西·盖特纳则从解决全球问题的角度阐述了中美关系的重要性。两人指出，基本上没有任何全球性问题能由美国或中国单凭一己之力予以解决，也没有任何全球性问题能在缺乏美中合作的情况下得到解决。全球经济的实力、全球环境的健康、贫弱

---

① Liu Xuecheng and Robert Oxnam, "The Pivotal Relationship: How Obama Should Engage China" (New York: EastWest Institute, 2009), http://www.eastwestinstitute.com/pdf/LiuOxnam.pdf.

② Ralph A. Cossa, Brad Glosserman, Michael A. McDevitt, Nirav Patel, James Przystup, and Brad Roberts, The United States and the Asia-Pacific Region: Security Strategy for the Obama Administration (Washington, D.C.: Center for a New American Security, February 2009), http://www.cnas.org/files/documents/publications/CampbellPatelFord_US_Asia-Pacific_February2009.pdf.

国家的稳定以及防扩散难题的解决，均在很大程度上有赖于美国和中国的合作。[①] "巧实力"在中美关系中的重要性日益突出，在2009年7月召开的中美战略与经济首轮对话中，除探讨加强金融合作及安全合作外，能源和气候变化首次成为两国战略和经济对话的核心议题。在2011年5月召开的第三轮中美战略与经济对话中，中美双方同意在铁路、电网等基础设施以及清洁能源、绿色经济、科技创新等领域加强合作，扩大两国地方政府、企业等各层面的交流合作，在能源、环境、科技、交通、林业、气候变化等众多领域取得了合作成果。在强化与中国发展关系的同时，美国也制定和实施了"重返亚洲"的战略。加强在亚太地区的影响与存在，重返东南亚；强化与东亚盟友关系，频繁举行军演；谋求与非盟友建立信任关系，插手南海事务；极力扭转美国软权力在亚洲下降的趋势。在中美两国相互依赖性不断增加、中美之间权力转移趋势不断强化、中美之间竞争与合作同时并存并不断加深的情况下，如何处理中美关系是一种新挑战。

① Hillary Rodham Clinton and Timothy Geithner, "A New Strategic and Economic Dialogue with China", http://www.state.gov/secretary/rm/2009a/july/126455.htm.

美国“公共外交2.0”实践及发展前景

中国国际问题研究所助理研究员　**苏晓晖**

进入21世纪后，随着新媒体技术突飞猛进并在公共外交实践中发挥日益重要的作用，“公共外交2.0”（Public Diplomacy 2.0）这一概念应运而生。近年来，美国更加倚重新媒体的交流作用，培训国外民运分子使用新媒体技术，甚至组建了“网络水军”。“公共外交2.0”在美对外战略中的地位不断提升。但同时，“公共外交2.0”仍面临诸多尚未解决的问题，能否成为美公共外交政策的长期理念仍有待观察。

一、“公共外交2.0”概念及其相关实践

“公共外交2.0”概念于21世纪第一个十年的尾声时期出现于美国。美政府认为其公共外交只有进一步依赖新兴的社会网络和技术，才能跟上时代步伐。因此，美国提出了“基于网络2.0的公共外交”理念（简称“公共外交2.0”），试图利用最新的网络技术和平台在美国和对象国人民之间建立一种新型的对话方式。

美国务院、广播管理理事会、国防部等公共外交相关部门陆续推出一系列举措。美国务院建立了由阿拉伯语、波斯语和乌尔都语人才组成的数字外联小组（Digital Outreach Team），参与伊斯兰世界网站及聊天室的讨论，以应对支持恐怖主义的意识形态。广播管理理事会下

属的“美国之音”在“优图”（You Tube）、“脸谱”（Facebook）、“推特”（Twitter）等平台上建立各种语言的网页，将内容发送到用户的电脑和手机上。国防部的一些指挥部门也开设了官方博客，并使用“脸谱”和“推特”。

近年来，“公共外交2.0”在如下方面的实践活动引起了广泛关注：

（一）在紧急情况下发挥新媒体的信息沟通和传播作用

2009年，伊朗举行第10届总统选举。在伊朗内政部宣布现任总统马哈茂德·艾哈迈迪—内贾德以压倒性优势赢得连任后，前总理米尔·侯赛因·穆萨维等改革派指责选举存在舞弊，举行大规模抗议。动乱期间，伊朗政府禁止驻伊朗外国媒体记者上街采访，暂停手机短信服务。此时，新媒体的独特优势得以体现：伊朗境内的用户不仅彼此间传递有关抗议集会、示威者与军警冲突、伤亡数字和德黑兰局势的信息，还把这些信息发送给西方记者使用；境外的改革派支持者，通过“推特”向伊朗国内传递国际社会反应和主流媒体评论等内容的短信。“推特”已经成为改革派支持者进行抗议活动的重要信息平台。“美国之音”在其新闻报道中使用了新媒体上传播的信息。动乱期间，“美国之音”拥有1500万听众，其网站访问量增加了800%。

美政府认识到新媒体渠道的重要性，并提供便利以保障该渠道畅通。根据《纽约时报》2009年6月17日报道，美国务院官员里德·科恩于6月15日下午给“推特”创始人之一杰克·多尔西发电子邮件，要求这家网站延迟系统维护时间，以免影响伊朗抗议者之间的联络。之后，这家总部位于美旧金山的网络公司宣布，将系统维护的开始时间延迟至美东部时间16日下午5时，这一时间伊朗正处17日凌晨。另外，谷歌和“脸谱”迅速增设了波斯语的阅读和写作功能，使更多的伊朗民众能够加入抗议队伍。

（二）通过推广新媒体来促进民主运动

尽管美官方极力否认策划、煽动了“阿拉伯之春”，但事实证明，美政府通过为阿拉伯世界的非政府组织和民运领袖提供资助和培训，助其掌握运用新媒体工具发起运动的技巧来开展运动、发展组织网络，对中东发生的巨变起到了推波助澜的作用。除直接出面的方式外，美政府更多借助本国的非政府组织来实施。美国会每年提供给民主基金会约1亿美元资助，美政府（主要是国务院）则为自由之家等提供大量资金。

《纽约时报》2011年4月14日的报道披露，中东地区抗议和改革运动的主要推动力量，包括埃及“四月六日青年运动”（April 6 Youth Movement）、“巴林人权中心”（Bahrain Center for Human Rights）以及也门卡迪（Entsar Qadhi）这样的草根领袖，都接受过美国际共和学会（International Republican Institute）、美国全国国际事务民主学会（National Democratic Institute）和自由之家（Freedom House）等组织的培训。例如，一批埃及青年民运领袖曾于2008年在纽约参加了由“脸谱”、谷歌、MTV公司、哥伦比亚大学法学院、美国务院等资助的培训。他们学习如何使用社交网络和移动技术来推广民主。埃及“四月六日青年运动”组织创始人之一法特西（Bashem Fathy）参加了自由之家的培训，他认为所学技能“在革命期间确有用处”。也门青年运动领袖卡迪曾在也门参加过美机构举办的培训课程。她表示，她过去认为只有武力才能转变国家，但培训后，她相信和平示威既非暴力抗争也能实现转变，培训使她获益良多。在遭到政府打压的情况下，一些非政府组织将培训地点转移到约旦、摩洛哥等国，或将民运分子直接送到美国接受培训。

美方人员也承认培训所起的作用。美研究机构“中东民主计划”（Project on Middle East Democracy）的执行主任斯蒂芬·麦金尼表示，尽管美没有直接资助这些组织进行抗议活动，不是美启动了革命，但美的确帮助他们发展技巧、组织网络，培训最终发挥了作用。[1]

（三）打造"网络水军"以服务反恐战略

2011年3月，美《华盛顿时报》、英《卫报》等媒体陆续披露，美中央司令部从本土公司Ntrepid购买了价值276万美元的软件，以进行"网上身份管理服务"（Online Persona Management Service）。根据军方的采购文件，该软件能够让一名操作员在一个计算机终端用多个不同在线身份进行操作，而不会被高超的对手识破。每一个生成的假身份都匹配与美军方无关的IP地址，几乎可以伪装成位于全球任一地点，而且保证每个假身份都有令人信服的背景、经历和其他细节。按计划，一名美国军人将拥有10个"马甲"身份。合同中建议将工作地点设在位于佛罗里达州的麦克迪尔空军基地。一旦这个软件开发成功，由现役美军组成的"水军"将在各大社交网站夜以继日地聊天、发帖或利用其他方式制造亲美言论。使用语言包括阿拉伯语、波斯语、乌尔都语和普什图语。

中央司令部发言人比尔·斯比克斯证实，该软件服务于军方的"信息战"（information operations），旨在在美境外通过保密的社会媒体活动来对抗暴力极端主义意识形态和敌方宣传。这一计划被认为是美军"诚挚之声行动"（Operation Earnest Voice）的一部分。"诚挚之声行动"最初是美军在伊拉克使用的心理战武器，用于在网络上对抗基地组织支持者及其他与盟军作对的组织。该行动后来被扩大为2亿美元的项目，用来对付巴基斯坦、阿富汗和中东的圣战组织。美军高级指

① Ron Nixon, "U.S. Groups Helped Nurture Arab Uprisings", *the New York Times*, 14 April 2011, URL<http://www.nytimes.com/2011/04/15/world/15aid.html?_r=4&pagewanted=1>.

挥员认为该项目是反恐和反极端分子的重要武器。①

二、"公共外交2.0"概念提出的背景及其特点

(一)"公共外交2.0"概念提出的背景

在"公共外交2.0"概念正式提出之前，美就已开始认识到媒体发展将对外交产生深刻影响，并就此设立了相关机构，以使互联网等技术手段更好地服务于美外交政策目标。2002年，外交官詹姆斯·霍姆斯组建了"电子外交特别工作组"(e Diplomacy Task Force)。2003年，该小组被并入美国国务院，更名为"电子外交办公室"(Office of e Diplomacy)。该办公室目前仍存在，隶属于负责管理事务的副国务卿管辖的的信息资源管理局(Bureau of Information Resource Management)。

"公共外交2.0"的技术基础则是"Web 2.0"新互联网模式的出现。"Web 2.0"是相对于"Web 1.0"的互联网应用概念。"Web 1.0"模式下的用户主动权有限，主要的参与模式是通过浏览器获取信息。而"Web 2.0"以用户为中心，用户的主观能动性得到很大提升，既是网站内容的浏览者，也是网站内容的制造者。因此，"Web 2.0"便于用户进行信息交流，使地域、文化迥异的在线团体之间能够建立更加紧密的关系。"Web 2.0"的产品包括"脸谱"、"推特"等。

(二)"公共外交2.0"的特点

与传统的公共外交手段相比，"公共外交2.0"具有其鲜明特点。

---

① Nick Fielding & Ian Cobain, "Revealed: US spy operation that manipulates social media", *the Guardian*, 17 March 2011, URL<http://www.guardian.co.uk/technology/2011/mar/17/us-spy-operation-social-networks?INTCMP=SRCH>; Shaun Waterman, 'U.S. Central Command "friending" the enemy in psychological war', *the Washington Times*, 1 March 2011, URL<http://www.washingtontimes.com/news/2011/mar/1/us-central-command-friending-the-enemy-in-psycholo/print/>.

首先，基于“Web 2.0”的技术特点决定“公共外交2.0”能够及时提供丰富的信息。例如，美国务院网站经过升级改版，将原有专栏“向国务卿提问”更名为“给国务卿发短信”，方便网友通过网络或手机向希拉里提问。网站的“谷歌地图”能显示希拉里每次的出访行程，网友可以在虚拟空间“跟随希拉里出访”，出访的视频也会随时上传至网站。

其次，新媒体技术的普及使“公共外交2.0”能够覆盖了更广泛的受众，尤其是年轻群体。皮尤研究中心2008年公布的民调结果显示，40%的受调者通过互联网来获取国内和国际新闻，已经超过了主要通过报纸获取信息的民众比例（35%），但还未追上电视观众的比例（70%）。而对于年轻群体，互联网作为主要信息来源的比例上升很快，2006年为32%，2007年为32%，2008年激增到59%；以电视为主要信息来源的比例在这三年略有下降，分别为62%、68%和59%。阅读报刊和收听广播的年轻人比例相对较低，分别不超过30%和20%。[①] 数据表明，年轻人是新媒体的主要使用者和受众。鉴于当今世界60%的人口年龄低于30岁，“公共外交2.0”将使美公共外交的对话范围进一步扩大。

三、“公共外交2.0”面临的挑战及其前景

作为公共外交的一种新理念，“公共外交2.0”在备受关注的同时，也面临着如下问题：

① “Internet Overtakes Newspapers As News Outlet”, Pew Research Center, 23 December 2008, URL<http://people-press.org/2008/12/23/internet-overtakes-newspapers-as-news-outlet/>.

（一）“公共外交2.0”的部分任务能否实施在美政府内部尚存争议

“网络水军”等行动属于美军方“战略沟通”的范畴。长期以来，美政府内部对能否使用“战略沟通”活动一直存在严重分歧。反对者坚持，公共外交传播的内容应该是真实的，而军方的“战略沟通”往往为特定目标使用“欺诈”手段，不是真正意义的公共外交。军方则辩称，从实际操作看，国防部的确参与了影响海外公众舆论的活动，尤其是在反恐战争中。为实现目标，不得不借助抹黑对手或传播虚假信息等方式。多年来，“战略沟通”，主要包括“信息战”和“心理战”的活动一直没有完全中断，区别只在其形式是公开进行还是秘密进行。早在2001年10月，美国防部就成立了“战略影响办公室”（Office of Strategic Influence），专门向美国媒体和国际媒体发布虚假情报和不实报道，误导敌国的军队或民众，为美国的反恐战争服务。由于存在严重分歧，2002年2月26日，国防部长拉姆斯菲尔德被迫宣布决定撤销该办公室；但2002年11月18日，拉姆斯菲尔德又在一次媒体简报会上表示，战略影响办公室只是名义上被撤消了，其活动还在继续。该办公室的主要职能转由国防部信息作战小组负责。[①]

目前，美国内的争论仍在继续，尚未形成明确的结果。在此情况下，“公共外交2.0”的实施必然面临诸多不确定因素，有可能再次出现“朝令夕改”的尴尬局面。

---

① See the US Department of Defense website, URL<http://www.defense.gov/news/Nov2002/t11212002_t1118sd2.html>, quoted from “Secretary Rumsfeld Media Availability En Route to Chile”, Federation of American Scientists website, 18 November 2002, URL<http://www.fas.org/sgp/news/2002/11/dod111802.html>.

（二）新媒体环境下的“公共外交”可能会触犯美国内法

新媒体的出现和广泛应用进一步模糊了“内宣”和“外宣”之间的界限，但美国内立法对“内宣”和“外宣”有严格的规定。1948年，美根据众议院议员亚历山大·史密斯和卡尔·蒙特的提案通过了《美国信息与教育交流法案》(《史密斯—蒙特法案》)，授权国务院通过广播、面对面接触、交流（包括教育、文化和技术交流）、出版书籍杂志等方式与他国受众进行沟通。1972年《外交关系授权法》对《史密斯—蒙特法》做出修订，禁止将对外宣传活动适用于国内。尽管美军方强调，“网上身份管理服务”不会被运用于美国网站，但与传统的“信息战”手段如散发传单不同，网络是无疆界的，很难有效屏蔽美国内受众。

此外，使用虚假身份在网上传播信息是否违法仍在讨论中。根据美《1981年伪造与假冒犯罪法》，蓄意伪造或盗用他人身份是违法行为。2010年，一位纽约的律师因为“扮演”为学者身份而被判入狱。因此，操作假身份的军人可能面临起诉。

（三）操作层面的各类具体问题削弱了“公共外交2.0”的实施效果

首先，设备和人员条件都制约着“公共外交2.0”的运作。根据美总审计署报告，美驻外使馆官员抱怨设备和软件存在问题。例如，使馆电脑安装的网络浏览器无法播放“优图”的视频，致使工作人员无法为使馆网站或为国务院的“优图”频道制作视频。2010年6月，电子外交办公室的官员宣布，国务院已通过更新浏览器解决此问题。人员不足和员工素质方面的差异也影响“公共外交2.0”的实际效果。“公共外交2.0”的时效性要求，必须不断对其信息发布平台进行内容更新，但驻外官员事务繁忙，常常难以抽出时间来进行此项工作。官员有时不得不做出取舍，如更新了“脸谱”网站的内容就没有时间更新“虚拟存在岗位”（Virtual Presence Post）网站。另外，不同人员的技术水平和兴趣存在差异，驻外官员岗位轮换可能带来工作效果的差距。①

其次，美政府很难对交流平台发布的内容进行统一规范。由于参与者可以自由发表看法、传递信息，政府机构难以控制传播内容。即使是美官员就一个问题发表看法，也可能因为官员对国家政策的理解各不相同而造成解读上的偏差，很难统一他们在新媒体上对国家政策的具体诠释。

最后，“公共外交2.0”缺乏专用的资金和资源。根据美目前的公共外交预算分配模式，大约2/3的预算都被用于富布莱特项目等文化和教育交流计划。新的公共外交部门和机构在计划、协调、落实资金、实施、评估等各个阶段都可能受到原有公共外交系统的竞争和牵制。②

（四）“公共外交2.0”引起的官方关系紧张可能反过来制约该理念的进一步行动

由于美在中东的上述行动，埃及、巴林、也门等国的政府已经“严重质疑美在推广民主过程中所起的作用”。当地政府的敌视态度将会对美“公共外交2.0”形成制约。

即使美在也门投入数百万美元用于反恐项目，也门政府也对美推广民主的行动提出质疑，抱怨美“干涉其内政”。每年获得美15亿美元军事和经济援助的埃及政府也对美表示严重不满。2006年9月的一份电报称，埃及外交部的官员向美驻埃使馆官员抱怨美政府“在埃推动改革时采取的傲慢自大的战术”，抱怨主要针对美非政府组织。2008年10月20日的电报还显示，穆巴拉克之子贾迈勒·穆巴拉克对美政府

---

① “Engaging Foreign Audiences: Assessment of Public Diplomacy Platforms Could Help Improve State Department Plans to Expand Engagement”, General Accounting Office, July 2010, URL<http://ics.leeds.ac.uk/papers/pmt/exhibits/3178/GAO2010.pdf>.

② 叶靓、邵育群：《美国“公共外交2.0”：现状与发展趋势》，《当代世界》，2010年第3期。

向埃及非政府组织提供直接的经济资助感到气愤。因为曾有一段时间，美通过埃及政府资助政治改革团体，但在2005年，根据布什政府的提议，资助转为直接交予当地团体。①

部分国家已经采取行动对抗美“公共外交2.0”的行动。巴林在选举前数月曾拒绝美国国际民主研究院（NDI）的一名代表入境。据“维基解密”公开的2010年1月的一份电文透露，当局担心该组织的培训会“不成比例地让反对派受益”。

结束语

总体看，美“公共外交2.0”符合时代的发展要求。随着新媒体技术的不断成熟，包括美在内的世界各国都无法忽视这一新的平台在公共外交领域的作用。事实上，印度等国也已在国家政策中明确，要提升新媒体在外交中的地位，并探索如何借助新媒体更有效地开展公共外交活动。但同时，“公共外交2.0”作为近年来才逐渐成型的新型概念，尚处于起步阶段，面临各种问题与挑战，需要进一步在实践中考验，并根据时代发展做出调整。该理念能否成为美公共外交政策的长期理念仍有待观察。

① Ron Nixon, “U.S. Groups Helped Nurture Arab Uprisings”, *the New York Times*, 14 April 2011, URL<http://www.nytimes.com/2011/04/15/world/15aid.html?_r=4&pagewanted=1>.

产出缺口理论与美国经济的出路

全国人大常委会办公厅外事局副巡视员　刘　明

本轮国际金融危机的演进说明，理解危机的根源以及寻找危机的出路，最好的方法还是要从金融领域的事件与表象回到支撑金融体系的经济体系。

一、金融危机与经济危机

（一）“双危机”的基本模型

金融危机首先是信用危机。楼市、债市价格崩溃，股市动荡，银行挤提。“银行间风险”（Counterparty Risks）被急剧放大。贷款市场，特别是银行之间的贷款市场，在相当程度上陷于停顿。与信贷紧缩相伴的是消费锐减、增长停滞甚至负增长、失业率飚升。经济萧条席卷各主要经济体。这是金融危机和经济危机“双危机”的基本模型。

20世纪80年代，美国总统里根、英国首相撒切尔倡导对金融市场的“去监管化”（deregulation），自由市场经济成为当时引领世界的潮流，甚至成为一种政治信仰。1991年，布什政府推出监管改革绿皮书。到1999年克林顿政府晚期，美国国会通过《金融服务现代化法案》（Financial Services Modernization Act），废除了1933年《格拉斯-斯蒂格尔法案》的有关条款，结束了美国长达66年之久的金融分业经营的历史，导致商业银行开始大规模从事投资银行活动。“去监管化”的直接后果是包括证券化债务在内的大量金融创新相继出现、日趋复杂，以令人瞠目结舌的规模释放出流动性，并被认为最终直接导致本轮危机。

但是，截取某一时间段，其中事件的时间顺序并不必然地是因果关系。大规模释放流动性是美国等成熟经济体寻找增长出路的结果，金融繁荣与创新（同时相伴以大规模减税等政策措施），则是大规模释放流动性的机制设计或载体。例如，一定程度上，把房利美、房地美视为美国政府有目的地予以利用的放款工具也并不为过。紧随其后，资产价格攀升、投资扩张、经济增长。这一逻辑顺序和关联却常常为人忽略。

（二）"双危机"的联结点和触发点

关键在于，大规模释放流动性的结果是不是引导资金进入了可持续发展的产业。担纲的相关产业如上世纪90年代的新经济、本世纪不到十年的房地产兴盛等等，究竟能够带领美国经济走多远。当然，"去监管化"使得金融体系自身的问题也日益累积起来，包括金融机构追求短期高收益、高杠杆率放大金融风险，评级机构、会计机构等责任和能力的缺失以及存在明显的利益冲突等等。

2005年，随着美国利率的升高，美国"次贷"债务人开始出现违约，金融系统的问题逐渐暴露出来。至2007年，作为全球未付证券化债务的重要组成部分，"次贷"的违约最终引爆了本轮危机。有趣的是，不少大银行并没有把这些看起来安全而实际上并不那么安全的担保债务凭证（Collateralized Debt Obligations，CDOs）转移给没有多少经验的中小投资者，而是自己持有它们，因而最终陷入困境。其标志性事件则普遍认为是2008年9月14日雷曼兄弟公司的破产。

所以，从国别经济的角度看，同样经历着金融风暴，美国式危机的根源与冰岛等案例存在明显差异。冰岛人口约区区30万，GDP约100亿英镑，而其金融机构的债务却高达500亿英镑，其金融兴盛与本国真实经济远不相匹配，也缺乏重要关联。那里所发生的是一场典型的、狭义上的“金融危机”。在美国，事实却是不计后果式地寻找增长出路直接导致了金融危机，金融危机与经济危机在逻辑上和事实上的联结点，或者说“双危机”的触发点，正是房地产价格的崩溃与房地产兴盛的终结。

（三）误读

单一的金融危机论将导致一种误解，即美国经济本身运行良好，是过度金融创新或金融操作失误拖累了实体经济。美国不少经济学家长时间在金融危机对实体经济的负面“溢出效应”里打转，就是这一误读的表现。

房地产兴盛使美国在新经济泡沫破裂之后没有陷入长时间和大规模的衰退，却也为本轮金融危机和经济危机埋下了种子。美国房地产投机行为集中在诸如加利福利亚海岸、凤凰城、佛罗里达等不大的地域，这些地区也是后来出现拖欠、违约和取消赎回权的高发地带；但是，雪球越滚越大，区域性的危机迅速波及全美国。由于围绕美国房地产价格构建的证券化债务发行世界各地，所以美国引爆的金融危机进而蔓延至全球各主要经济体。

二、从奥肯定律看产出缺口

（一）经济危机与产出缺口理论

马克思的经济危机理论在解读美国当前危机方面仍然具有重要的理论意义。早在约160年前，马克思就分析了资本主义经济的周期性，并指出资本主义经济危机的实质是生产相对过剩。稍做引申，其理论意义即为：不是土地、技术、资源、资本、劳动力等生产要素限制了产出，而是有效需求不足限制了潜在产出的实现。特定土地、技术、资源、资本、劳动力等生产要素条件决定潜在经济增长率，而实际经济增长率与潜在经济增长率之间的偏差，即形成所谓的产出缺口。所以，现代西方经济理论在经济增长领域的研究，并没有超越马克思的视野。

分析潜在产出有助于判断经济增长的可能性和长期趋势，从而为制定经济发展战略、实施相应的宏观经济政策提供依据，并最终实现弥补产出缺口的目的。1962年，美国经济学家阿瑟·奥肯首先采用线性趋势方法对潜在产出和产出缺口进行了分析。之后，有关潜在产出和产出缺口的涵义、估计思路和估算方法等，都出现了一系列的研究成果。“目前，各个国家或国际机构在实践中应用的潜在产出和产出缺口估计方法并不完全相同。多数国家和几乎全部的国际组织，如IMF、OECD和EC等，多使用生产函数方法……。其他一些国家，尤其那些统计基础比较薄弱和完整统计数据缺乏的国家，更多地使用状态性分解方法”。此外，还有混合型分解方法等。

（二）就业与产出缺口

由于经济危机总是伴随着产出和就业的双下降，奥肯主要从就业的角度研究产出缺口问题。奥肯定律（Okun's Law）描述了失业率和GDP增长率之间关系的经验规律，认为失业意味着生产要素的非充分利用，失业率的上升会伴随着GDP增长率甚至GDP本身的下降；反之，失业率降低与实际产出增加也存在重要关联。这种产出变化与失业率变化的比值即“产出的失业率弹性系数”，简称“奥肯系数”。当然，这一系数究竟多大并无定论。斯蒂格利茨说，“根据奥肯的研究，失业率每下降1%，产品增加3%。现在，大多数经济学家仍然认为，产品增加的比例大于就业，尽管没有奥肯说的那么大。现在的估算预测，失业率每增加1%，产出将相应减少2%—2.5%。”

由此，可以在经济层面上进一步理解美国总统奥巴马为什么如此关注美国的就业数据，也可以根据这些数据对美国经济的现状、演进态势以及所存在的潜力进行粗略的评估：

一方面，美国失业率长时间徘徊在9%以上高位，显示美国经济复苏步伐缓慢。按布鲁金斯学会高级研究员泰德盖瑞分析，“大衰退”共使900万美国人失业，即使每月新增就业人数20万，美国也需长达12年的时间，才能使失业率降至危机前的水平。相应的经济表现是，美国GDP年增长率2009年为负2.63%，2010年只有2.85%，2011年的数据也不容乐观。美国经济仍然存在巨大的产出缺口。

另一方面，美国劳工部2011年12月2日公布的数据显示，当年11月美失业率显著下降至8.6%，为当年3月以来首次下破9%，也为2009年3月以来最低水平。奥巴马则称，美国经济在过去21个月中连续新增私营部门工作岗位共计约300万个，其中超过50万个是在过去4个月中创造的。这是美国经济复苏在2011年下半年有所提速的重要表现。奥巴马将继续在国会推动一系列就业法案，以进一步保持和强化美国经济的增长势头。尽管周期性和结构性的问题，以及内外经济环境的不确定性，使得美国经济增长前景仍不明朗，奥巴马还是表示，美国的失业率将在2012年11月总统选举前跌至8%以下。

（三）产出缺口理论与美国经济的主调

近年来，“双危机”再次引发了有关美国是否处于“衰落拐点”的大讨论。这一在美国已经有大约60年历史的话题，在客观上推动了对美国经济增长潜力的重新审视、评估。较为一致的看法是，无论是从土地、技术、资源、资本、劳动力等“增长硬要素”来看，还是从体制与机制、管理与创新、文化与教育等“增长软要素”来看，美国经济都没有明显的短板，因而存在巨大的产出潜力，或者说存在巨大的产出缺口有待弥补。尽管产出缺口理论的建构本身仍然存在缺陷，分析和计量手段也繁杂各异，但对于思考当前美国“双危机”的根源与出路却的确提供了一个独特的视角。

从这一理论视角出发，可以预计，美国经济2012年及下一时期的主调将是“继续加油，而不是猛踩刹车”。当然，“双危机”的基本模型表明，简单地“加油”，可能让美国经济“起死”，却难“回生”。打回原形的美国经济甚至所有成熟经济体，不得不重新回答有关增长模式的“老问题”：有效组织经济资源、弥补产出缺口的出路究竟在哪里？

三、重新构建增长模式

（一）国内与国际两个市场

大规模注入流动性从短期看是针对承担系统性功能的大型金融机构、支柱性产业和企业的救助行动，从中长期看则是刺激消费和投资，重新组织经济资源。房价的大幅下降影响美国家庭的资产负债状况，失业率居高不下，普通美国人的消费信贷受到限制，以及相应形成的消费心理和消费态度等，直接导致美国国内消费市场的萎缩。因此同理，大规模减税从短期看是针对困难的美国中产阶级家庭、劳工人群的救助行动，从中长期看也是稳固和扩大美国国内市场，重新组织经济资源。2011年9月奥巴马向国会提出的就业刺激方案，其核心内容和基本思路仍然一以贯之：降低税收（重点在于削减工薪税）和增加开支（高达4470亿美元的一揽子计划）。

但是，美国住房成交量仍然低迷，房价仍难企稳，要想再靠房地产市场带动经济复苏可能性甚小。包括修桥补路一类项目在内的基础设施建设也受到国内政治斗争的掣肘。对于成熟经济体来说，如果经济结构和消费模式不出现革命性的变化，则国内市场对于增长的支撑和提供的空间有限；而且经济模式越成熟，空间越有限。再加上基数庞大，美国GDP年增长率在2002—2010年间大都低于4%。2%—3%的增长率常常就能让美国这样的发达国家心满意足。因此，在经济刺激措施未能达到预期效果的情况下，美国不得不“放眼海外”。

按奥巴马的说法，“扩大出口不仅对短期发展至关重要，对经济的长期发展也非常关键”。短期目标就是促进就业：“在我们的失业人口以数百万增加的形势下，扩大出口是短期内势在必行的措施。”中长期目标则是转变过去的过度消费习惯，以出口带动制造业复苏，推动美国经济的可持续增长。毕竟，全球95%的消费者和增长最快的市场都不在美国，要“确保21世纪仍然是美国的世纪”，就要让美国产品在全球市场处于领先地位。

在此背景下，美国出口促进战略在2010年应运而生。在当年的国情咨文中，奥巴马提出了五年内使出口翻番的目标。美国政府旋即宣布“国家出口计划”，同时组成由多个政府部门领导人组成的“扩大出口内阁”。其他一系列措施包括大幅提高出口企业的贸易融资，尤其是面向中小出口企业；改善政府行政职能，形成对出口企业的“一站式”政府服务；推动“商业外交战略”，为美国出口商大力开拓新市场；继续推动世贸组织谈判，加大知识产权保护力度，确保美国公司“自由、公平地”进入海外市场；改革美国战略性、高科技行业的“出口控制体系”，在确保美国安全的同时，加强关键行业的竞争力；重新设立“总统出口委员会”，采取“公私合营”等多种方式，形成合力；等等。

美国尤其关注经济增长迅速的亚太地区，这个地区业已支撑美国大约500万个工作岗位，拥有大约30亿的潜在消费者。美国最近与韩国签署自由贸易协定，与俄罗斯探讨扩展双边贸易，以及在不久前召开的亚太经合组织会议前后，高调推动颇具争议的《跨太平洋战略经济伙伴关系协定》(TPP)，都是美国重新构建增长模式总体战略的重要组成部分。

受益于美元疲软等多重因素，美国出口促进战略正取得一定进展。2010年美国出口增长约17%，2011年前9个月同比增长约16%，且进口增幅小于出口，这对于美国制造业连续28个月的增长做出了贡献。当然，在全球市场竞争激烈的大背景下，出口促进战略能否成功，关键还在于美国究竟能生产些什么。

（二）传统产业与新兴产业两大支柱

为实现新一轮增长，美国正在重走大规模释放流动性的老路，甚至可能制造新一轮投资泡沫周期；要使经济泡沫处于可控范围之内，问题的关键又在于新的泡沫周期中的债务被导向可持续发展，从而带来稳定的高收益的产业，而不是简单地流入各类政府津贴计划和纯福利支出。

在重新构建增长模式的努力中，美国反复声称要重建“生产型”经济，而不仅仅到处是“金融工程师”的经济，这就是所谓的“再工业化”。奥巴马强调要制造并在全球销售产品，同时“骄傲地”打上“美国制造”的标签。他认为美国的制造能力在历史上造就了最大的中产阶级，也是美国传统的优势所在。不少美国学者对于美国政府大规模注资通用汽车、履行出资人角色解除瓦格纳职务颇多微词。其实，汽车产业是美国传统的支柱性产业，也是具有强烈经济信号意义的产业。美国政府对汽车工业实施大规模救助，恰恰传达出美国保持和恢复传统制造能力的决心，其内涵并不仅仅局限于直接得以挽救的工作岗位。《美国制造业促进法案》等一系列措施的出台，对于美国推动“再工业化”战略的决心再次添加了注脚。有研究显示，随着“美国制造”的成本优势日益显现，包括运输工具、电子设备和器械、家具、塑料和橡胶制品、机械、金属制品和电脑等在内的一些制造行业甚至可能从海外回流美国。

但是，美国究竟该“生产些什么”，这个问题并不就此那么简单。美国的“再工业化”并不是简单地回归数量规模型制造业，去生产低层次、低技术、高产量、同质化，而且在全球市场竞争激烈的廉价产品。美国正努力将制造业导向所谓的“精细工业”，即重建先进的、高技术的、高品质的、高价值的、绿色生产的新一代制造业，充分利用技术创新的影响，创造高报酬的就业岗位。美国试图回答：新的经济机会到底在哪里？下一个微软、谷歌在哪里？在人手一个Iphone以后你再让人们手捧什么?

尽管几乎所有的学者都在谈论全球产业格局的调整和变革，但是对于什么是支撑下一轮经济繁荣的新兴产业，各国却有着不同的解读。2009年奥巴马推出的7870亿美元经济刺激方案将基础设施、科研、教育、新能源、环保节能、医疗信息化等列为投资重点。2010年美国在清洁能源技术和产业、医疗卫生、环境与气候变化、信息通信、材料与先进制造业等领域继续出台新的计划与政策。2011年，奥巴马推出“高端制造合作伙伴”（Advanced Manufacturing Partnership，AMP）计划，投资新一代机器人，开发新型的节能制造工艺，致力于形成关键产业的国内制造能力，缩短从开发到推广应用的周期。

综观各类计划，被列为新一轮科技与产业革命制高点的选项很多，美国对此进行的技术储备也早在十数年或数十年前即已经展开。一般认为，以高效电池、智能电网、碳捕获和碳储存、可再生能源等为核心的新能源产业，加快三网融合、力争在下一代宽带和互联网接入方面重返世界领先地位的信息网络产业，着力推动生物医药技术、健康信息技术等领域取得突破的生物医疗产业，巩固和强化传统优势地位的航天航空及海洋产业等，更为美国经济结构实现战略转型的主攻方向。战略性新兴产业通过上下游的拉动，将引起一系列其他产业的重大变革，或催生出一系列其他新兴产业。

当然，传统产业和新兴产业并不必然地存在绝对的分野。加快传统产业的更新换代和技术改造介于二者之间，却同样有着广阔的活动空间。例如，技术突破和进步使传统石油经济正出现新的变化。美国用页岩气技术从致密岩石中提取石油取得进展，到2020年前后，产量可能会达到每天300万桶，相当于美国日产原油总量的1/3。技术的创新还可能使加拿大、巴西成为美国进口石油的重要来源，从而重绘世界能源前景和石油版图。

调整经济结构、形成新的经济增长点并非短期内可以实现的目标，但重新组织经济资源将越来越依赖于科技进步和技术创新却是全球性的趋势。在“双危机”以及相应的预算削减的大背景下，美国仍然注重研究开发领域的投入。除国家主导的投资外，美国还通过信贷、税收、补贴、鼓励私人投入、扶持中小企业发展、推动产学研结合等手段，加快改造传统产业和催生新兴产业的进程。

（三）帕累托改进与超越帕累托最优两条出路

弥补产出缺口的关键在解决有效需求不足。在既定经济技术水平、特定人群、市场和可分配资源条件下，资源分配决定有效需求，也相应地决定社会总产出。

资源分配具有多种模式，各参与方的选择也具有多样性。在博弈论中，只要任一博弈方的收益均大于或等于非合作状态下的收益，博弈各方就具有达成合作均衡的可能。同理反过来看，受损一方策略的改变，例如选择制造冲突，导致对方同样受损，将改变试图对该博弈方造成损害的另一博弈方的收益预期；若另一博弈方为理性行为者，他们将放弃这一企图，经济体系仍然归于纳什均衡。

意大利经济学家维弗雷多·帕累托如此描述这一均衡：已经不可能在没有使任何人境况变坏的前提下，使得至少一个人变得更好；否则人们会选择另一种均衡状态。如果出现这种从一种均衡到另一种均衡的变化，我们称之为实现了帕累托改进，帕累托描述的均衡状态则被称为帕累托最优（Pareto Optimality）。例如，美国催生新兴产业，即在不改变资源分配状态的条件下，通过新技术的运用，更高效地组织原有经济资源，增加社会总产出。

帕累托改进在社会合作的状态下增加了有效需求，实现了潜在产出，这当然是一种理想的状态。但是，帕累托最优并不意味着社会总产出与社会总福利达到社会资源所蕴涵的最大潜力。帕累托最优只是表明利益各方实现了纳什均衡。也即，在没有外部干预的情况下，没有任何博弈方愿意改变自己的博弈策略，并因此获得更大的效用。但是，没有理论证明和经验证据表明纳什均衡与总体效用最大化具有绝对的联系或等同。

恰恰相反，突破帕累托最优的临界点、改变资源的占有和分配状态，既可能因为社会合作的失败增加社会总交易成本，降低经济体系的总产出；也可能促成资源更充分的利用，或者使资源向效率更高的人群和经济部门倾斜和集中，从而增加经济体系的总产出。

在这种理论假定下，由于经济体系总产出的增加是以损害部分利益相关方为代价的，因此在超越帕累托最优的临界点后，受损方可能选择不予合作。例如，奥巴马2011年高调推出的就业促进法案似乎无懈可击——将教师、警察、消防员送回工作岗位，让建筑工人重建美国老朽破旧的路桥等——但最终在国会搁浅，其原因就在于为之买单需要对一百万美元以上的收入增收附加税。

此时，超越帕累托最优成为另一种选择，合作均衡状态向非合作均衡状态演化。例如，经济体系可能由于博弈方式的改变（各种形式的革命、变革导致社会资源的重新分配，实施战时经济管制等）、其他外部力量的介入（政府干预、经济体系外部竞争的强势引入等）或者多种因素形成合力（“占领华尔街”或类似的草根社会政治运动在选举年发酵，可能导致美国社会政治生态发生重大改变等），从而形成一种新的非合作状态下的均衡。

在现实世界中，利益冲突无处不在。在金融危机中，大量纳税人的资金被用于救助金融系统；反过来，纳税人却面临着信贷紧缩，因为金融机构需要调整他们的资产负债表。资源分配常常就是零和博弈。在社会资源分配实现帕累托最优的状态下同时实现社会产出的最大化，这毕竟只是兼顾公平与效率的理想。超越帕累托最优的某种非合作均衡可能“不公平”，也可能“不人道”，却可能填补产出缺口，创造远比合作均衡状态下更大的社会产出。

按经合组织（OECD）2011年12月发布的报告，美国贫富差距从1980年起就不断拉大。2008年数据显示，10%最富有者的收入比10%最低收入者高出15倍。其中，1%最富有者所得所占份额已经从1980

年翻了一倍还要多，从8%提高到18%。整个发达国家的贫富差距也创下30多年来最高纪录。随着全球化进程加速演进，世界范围内的不平等状况也愈益引发关注。要增加有效需求、弥补产出缺口，动一部分人的奶酪是绕不过去的问题。

当然，公共权力也可以尝试建立某种形式的补偿机制，使得资源分配调整过程中受益的博弈方有所付出，受损的博弈方有所补偿。在经济学理论中，如果新增的社会产出在支付受损方的补偿后还有剩余，则意味着社会增加了总福利。这对于政府干预的艺术提出了更高的、更精致的要求。政府干预的成败得失，往往决定最后的结果是达成非合作均衡还是出现社会冲突。

（四）市场与政府两种手段

美国引爆的“双危机”是政府干预失误与市场机制失灵共同作用的结果；走出这场危机也需要市场与政府两种手段。

传统上，美国主流的经济理论更倾向于自由放任的经济体系。但是，在这场席卷全球主要经济体的危机中，如果政府不进行干预，提供流动性和担保，整个银行系统可能在一夜之间崩溃。在英国，政府被迫对北岩银行完全国有化，其他有关银行部分国有化，同时购入苏格兰皇家银行等大量股份。在美国，小布什和奥巴马政府都先后推出近万亿美元的救助计划，避免危机的传导以及整个金融体系跌入深渊。金融危机爆发以来，美联储已先后两次推行量化宽松货币政策。为解决“欧债”问题，自2011年12月5日起，美联储与加拿大银行、英格兰银行、日本银行、欧洲中央银行以及瑞士国民银行采取协调行动，向市场提供流动性。这是防止全球经济再次探底的又一重大行动。

回头来看，应对本轮危机的确需要超出当时人们想象的远为大规模的政府干预。收购问题资产、稳定金融秩序、巩固金融体系，等等，这些都是完全必要的措施。引起争议的问题不是干预，而是干预不够及时和有效。比如，对于是否应该让雷曼兄弟公司破产，美国各界至今仍然意见不一。

在大规模的救助行动告一段落之后，人们开始进行更深入的反思，他们对华尔街的欺诈渔利行为感到愤怒，对金融监管机构未能有效预测、更不用说采取积极行动防止即将到来的危机感到失望，对危机爆发后甚至找不出谁应该对这场危机负责感到沮丧，所以，各国最直接的反应是纷纷重新加强对金融市场的监管（re-regulation）。美国通过了最为严厉的金融改革法案，同时依法成立美国史上首个消费者保护机构，以使美国家庭免受金融机构的利用。毕竟，按照本杰明·富兰克林的说法，一盎司的预防顶得上一镑的治疗。

产出缺口理论则表明，政府可以扮演更加积极的角色。最根本的是，政府干预还得进一步介入到核心的问题上来，即为美国经济找到增长的出路。美国金融改革法案重新聚焦金融部门真正重要的职能：让想要兴办工商企业的实业家获得资本，让需要消费的美国家庭获得信贷，如此美国经济才可能重新增长。增长不能解决所有问题，但却可以为解决几乎所有的问题提供坚实的基础。

这样的功能需要政府在系统监管者与创新促进者之间、风险控制者与增长空间释放者之间把握某种平衡，尽管这是很难把握的微妙平衡。例如，要发挥资本市场在配置资源方面的功能，就不得不在一定程度上容忍市场的投机特性。又如，在经济发展的过程中，经济泡沫是必然存在的，也是应该和允许存在的，甚至可能是产业进步的阶梯。问题的关键在于经济泡沫必须在可控范围之内；超出可控范围则经济泡沫演变为泡沫经济。美国的历次泡沫经济崩溃损害了一批人，但是成长过程中的经济泡沫也造福过一批人。这既包括一批最终生存、壮大起来的骨干企业，也包括那些被认为原本就没有购房资质的人群，他们事实上享受了长达十年的经济繁荣红利。事实上，本轮危机爆发前美国的房地产兴盛更是美国寻求增长的政策泡沫，而不是金融创新引发的市场泡沫。以小布什、格林斯潘为代表的美国核心决策者完全知道问题的存在，但是他们仍然“义无反顾”地走了下去，别无选择。

四、结语

如果说，在大规模救助阶段，为了在短期内保持充足的流动性，美联储不惜往它的资产负债表上增加数以千亿计的各类“资产”，这些所谓的资产它过去可能根本不会考虑；那么回到目前，为了实现增长，美国决策者完全可能付出相应的代价。更何况，时至今日，通货膨胀的压力并未明显地超过通货紧缩，失业率居高不下仍然是美国经济面临的头等问题。相应地，私人资产负债表上资产的大幅减值、市场消费意愿低迷等，也仍然是美国经济需要面对的现实。

尽管美国学术界出现了重新评估大萧条时期政策的思潮，今天的美国仍然需要罗斯福式的“新政”。20世纪80年代以来，货币主义理论在美国影响至深，再经由90年代美国预算平衡案的通过，货币政策成为美国对经济进行调控的主要工具。然而，鉴于量化宽松货币政策刺激美国经济复苏效果有限，进一步采取包括财政政策在内的额外措施来刺激经济增长也并非完全没有可能。

大选年的奥巴马政府面临着艰难的权衡，他既想采取实质性的措施刺激经济增长，又不得不受限于财政赤字、债务缠身的难题。在2011年12月11日的电视访问中，他认为次年的总统选举将是两种不同治国理念之争。这是他的困境，也是他的希望。

梅普易位与俄罗斯发展前景

中国现代国际关系研究院俄罗斯研究所所长　**冯玉军**

2011年，是苏联解体20周年，在这20年中，俄罗斯经历了曲折而艰辛的转型进程。2011年，也是俄罗斯当代发展史上不平凡的一年，在遭受了金融危机的沉重打击之后，梅德韦杰夫与普京“王车易位”，力图继续引领俄罗斯实现强国复兴，几年来始终困扰俄罗斯的“2012年悬念”终得破解。但时空转变，人是物非。普京“王者归来”在俄罗斯引发了异议，杜马选举后的抗议凸显了俄罗斯社会因各种原因而积聚的不满，表明普京本人和“统一俄罗斯党”（下称统俄党）的政治影响力已不如从前。尽管在2012年3月即将举行的总统选举中普京不会落败，但其未来执政难度将会增大，俄罗斯的发展前景也面临挑战。

一、政权交接“悬念”破解　普京规划俄未来发展

2011年9月24日，在统俄党代表大会上，梅德韦杰夫提议推选普京作为该党参加2012年3月总统选举的唯一候选人，普京则提出由梅领衔统俄党参加2011年12月杜马选举，并承诺当选总统后提名梅为总理候选人。至此，备受关注的“2012年悬念”终得破解，普京有望重回克里姆林宫并引领俄实现“强国梦想”。

之后，普京借各种机会为竞选造势，频频阐述未来治国蓝图，试

图消除外界对其重新执政后可能使俄“倒退”的担忧，以赢得更多选民支持。为了维持政策的连续性，普京强调政治稳定至关重要，再度当选总统后，不会大幅改变现任总统的做法。许诺2012年梅出任总理后将组建“有效政府”并继续落实目前的发展纲要，将组建“有行为能力的杜马”，并对统俄党的高层进行改组。社会领域重视民生诉求。普京赞成保持高水平的社会领域开支，称俄公民应通过自身、每日的开支、健康以及子女的教育状况感受到生活朝着好的方向发展，认为只有这样才可期望赢得公民的支持和信任。提出更高发展目标，并许诺不改变经济方针。普京提出未来几年将俄经济年均增速提高到6%—7%、平均月工资由2.4万卢布提高到3.5万卢布、5年内使俄经济进入世界前五强等发展目标。外交上不会继承“超级大国”衣钵，但将全力维护国家利益，继续实行审慎和平衡的外交政策，为国内发展创造条件。①

二、政坛斗争有所激化　普京面临诸多挑战

2011年12月4日，俄罗斯举行国家杜马（议会下院）选举。俄中央选举委员会统计表明，有4个政党突破7%门槛进入新杜马，统俄党得票率为49.3%，低于上届的64%，在新杜马中获得238席；久加诺夫领导的俄共获19.2%，占92席；米罗诺夫领导的公正俄罗斯党获13.2%，占64席；日里诺夫斯基领导的自由民主党获11.7%，占56席。②

杜马选举结果使俄议会中的政治力量对比悄然生变，左翼反对派力量明显上升，统俄党在议会中仅获简单多数议席，若需通过宪法性法案，将不得不与其他党派联合。梅德韦杰夫称统俄党愿与其他政党

① Текст интервью Путина. http://ria.ru/politics/20111017/462204254.

② Результаты выборов Госдумы. http://www.cikrf.ru/news/cec/2011/12/05/inf_centr_1.html.

合作，但俄共已明确拒绝与统俄党结盟，俄共中央委员会第一副主席梅利尼科夫称："在政治联盟这件事上，我们认为既无可能，也没意义。"[①]与此同时，俄共与公正俄罗斯党等联手挑战政权党的可能性增大，未来俄政坛斗争呈加剧态势。

杜马选举结果出炉后，俄反对派多次在莫斯科、圣彼得堡等地举行反政府示威活动。这些示威活动给普梅政权敲响了警钟，表明普京未来执政将面临挑战。首先，普京长期执政引发社会厌倦。俄民众虽对普京引领国家实现强国目标仍有期待，但对普京未来可能长期"垄断"权力也开始不满。俄列瓦达民调机构2011年9月调查显示，完全认同普京政策观点者仅占16%，不认同或对其失望者占19%。[②]其次，严峻的经济和社会问题将考验普京执政能力。普京长期以来实行保障福利为先的社会经济政策，这有助于他当选总统，却不利于促进经济增长。未来政府必须维持并扩大现有的社会福利，这将进一步加剧财政紧张。俄主要预算收入仍来自能源出口，但"石油美元"对生产领域投入有限，这使得"创新经济"可能成为无米之炊。第三，"腐败毒瘤"继续蚕食政权威望。俄腐败现象近年日趋严重，尽管普梅高调反腐，但收效甚微。在"透明国际"2010年的全球清廉指数排名中，俄在178个国家和地区中名列第154位，甚至低于津巴布韦和海地。[③]专家估算，目前俄每年用于腐败的流动资金总量为3500亿美元，[④]相当于国内生产总值的1/3。俄内务部经济安全和反腐败总局2011年8月公布的统计数据显示，2011年上半年，俄官员平均受贿30万卢布，远高于

---

① КПРФ: Партия не будет вступать в коалицию с ЕР в новой Думе. http://kp.ru/online/news/1033614/.

② Россияне о президентских выборах 16.09.2011. http://www.levada.ru/press/2011091601.html.

③ "2010年全球清廉度排行榜"。http://baike.baidu.com/view/4590843.html.

④ "俄罗斯每年用于腐败的流动资金达3500亿，公务员受贿额增长4倍"。http://www.chinaru.info/qjeluosi/jreluosi/7700.shtml.

2010年同期的6.1万卢布，表明8个月内官员平均受贿额增长4倍。[①] 第四，俄与西方矛盾重新尖锐，双方关系可能倒退。在政治发展和意识形态领域，双方干涉与反干涉的斗争有回潮之势。俄杜马选举后，美国国务卿希拉里·克林顿公开指责选举"既不公平，也不公正"，要求俄彻查"选举舞弊"。[②] 梅德韦杰夫则针锋相对地指出"政治体系是俄内政"，不容外国势力干涉。[③] 普京称美对俄选举的质疑"是在煽动动乱"。[④] 在战略安全特别是在反导领域，双方遏制与反遏制的较量重新升温。11月23日，梅德韦杰夫发表电视讲话，宣布如无法与美达成反导协议，将采取多种强硬反制措施。在地缘政治领域，美国的"新丝绸之路"计划与俄罗斯建立欧亚联盟的设想存在潜在冲突。总之，随着普京重新入主克里姆林宫，俄美关系"重启"的进程可能停滞，双方关系将重新降温。

三、普京酝酿调整治国思路　俄未来发展不会一帆风顺

尽管面临诸多挑战，但可以肯定的是，普京2012年仍将回到克里姆林宫执掌政权。作为一名雄才伟略的政治家，普京已清醒地认识到面临的挑战，并着手调整治国思路。

12月15日，普京与民众电视连线，阐述对时局看法和未来执政设

① "俄侦查委员会：2011年上半年2800多位官员因腐败落马"。http://rusnews.cn/eguoxinwen/eluosi_shehui/20111025/43189642.html.

② Хиллари Клинтон: Выборы в Госдуму РФ не были ни свободными, ни честными. http://pravaya.ru/news/22184.

③ Почему желанию США свергнуть политический режим Медведева - Путина не суждено сбыться? http://rus.ruvr.ru/2011/12/13/62113264.html.

④ На заседании координационного совета Народного фронта Владимир Путин негативно отреагировал на реакцию Вашингтона, последовавшую после выборов в Госдуму.http://www.ntv.ru/novosti/248873.

想，力图以革新者形象重树民心。首先，表示总统选举将杜绝舞弊。普京认为近期示威活动是社会健康的体现，要求中选委在总统选举时，在全部9万个投票站设置网络摄像头。其次，强调不会让国家陷入动荡，不允许搞“颜色革命”。第三，重申巩固政体和推进经济现代化是首要任务。普京称，一旦当选总统，主要任务是提高国内政治体制的稳定性，摆脱外部对其影响。第四，提出未来新举措。一是与所有政治力量、各个议会党团加强对话与协作；二是允许小党派登记程序自由化；三是打算审查霍多尔科夫斯基特赦申请；四是严惩腐败，不搞任何形式主义。第五，强调统俄党在杜马中占多数席位，能保障政府稳定运转。

12月22日，梅德韦杰夫在克里姆林宫向俄联邦会议发表国情咨文，提前阐述了普京的“全面政治体制改革”设想：包括直选地区行政长官、简化政党注册手续、改变国家杜马选举机制、加强议会对中央选举委员会监督等。梅强调，俄总统候选人必须获得的选民签名应降至30万，非议会政党的候选人参加总统选举需得到的选民签名应减至10万。他建议改变国家杜马选举机制，恢复全俄225个选区比例代表制。梅还强调反腐决心，表示俄“系统性”反腐败斗争刚刚开始，将持续进行。俄联邦委员会主席马特维延科表示，梅提出的“政治体制改革早经深思熟虑和多次讨论”。可以肯定，梅氏的政体改革言论必定是得到普京认可的，从中可判断出普京未来政改思路，它也象征着俄罗斯的新一轮政治改革已经拉开序幕。

在经济方面，普京12月21日在“实业俄罗斯”讲坛发表讲话，提出了经济改革的重要设想。一是要保持俄经济每年6%—7%的增速，力争五年内进入世界经济5强，10年内主要经济指标增长50%，如人均GDP从目前的2.07万美元增至3.5万美元（按购买力平价计算）；二要逐步改善经济结构，未来，高科技企业要取代能源企业成为经济增长的主动力；三要通过政府投入、企业投入和吸引外资等多种渠道扩大投资，实现俄罗斯的“再工业化”。未来固定资产投资要达到GDP

的25%—30%，近三年需要投入43万亿卢布，相当于2010年GDP规模；四是加强对私有财产的保护和改善投资与经营环境。

当下，普京第三个总统任期的大幕即将拉开，但可以肯定，国内外形势变化使其未来执政之路不会一帆风顺。俄罗斯未来的发展前景将取决于以下三个因素：政治上，能否在保持现有宪政制度的基础上，增加政治生活的活力，既使不同政治阶层有充分表达意见、影响决策的渠道，又保持政治局势的总体稳定；经济上，能否逐步实现经济增长方式的成功转型，既发挥能源、资源优势，又在创新发展基础上实现经济的全面现代化；外交上，能否在没落的超级大国、迅速成长的新兴国家和难以泯灭的“老大帝国”不同的身份之中构建起新的身份认同，并在维护俄罗斯的国家利益同保持与其他国家伙伴关系之间保持合理的平衡。这三大命题，不仅考验着普京的智慧，也决定着俄罗斯未来的命运。

野田执政后日本的政治与外交

清华大学当代国际关系研究院副院长　**刘江永**

2011年8月29日，野田佳彦在民主党代表选举中以215票击败获得177票的海江田万里而胜出，8月30日在日本众参两院举行的提名选举中顺利当选日本第95任、第62位首相。外交是内政的延伸。近年来，伴随日本首相频繁易人，日本外交摇摆幅度较大。野田佳彦内阁外交往哪摇摆，不能不引起人们的关注。

一、野田脱颖而出但面临严峻挑战

野田佳彦1957年5月20日出生于千叶县船桥市。其父是曾经是日本陆上自卫队精锐部队第一空挺团（空降团）自卫官。据了解，网上风传其祖父是参与南京大屠杀“百人斩”的野田毅并不属实。1985年，野田作为日本政治家摇篮——“松下政经塾”[①]的第一期学员毕业，1987年29岁时首次当选议员，迄今当选5次。1992年野田加入日本新党，后转入新进党。这两个党先后消失后，野田佳彦随小泽一郎加入

① “松下政经塾”（The Matsushita Institute of Government and Management），由松下公司创始人松下幸之助于1979年在东京创立的“私人教育机构”，旨在培养日本政界领袖人物。截至2011年7月，松下政经塾毕业生中，有前外务大臣前原诚司等31名众议员、14名参议员及25名地方议会议员。

民主党，并成为其骨干。

2002年，野田佳彦曾参选民主党党代表，但落败。2002年至2006年任民主党“国会对策委员长”，因未能识别攻击自民党干事长武部勤的“假邮件事件”而和当时的民主党代表前原诚司一并引咎辞职。2009年9月起任日本财务副大臣，2010年6月任菅直人内阁财务大臣。他在民主党执政后的党内竞争中，属于支持菅直人、反对小泽一郎派的骨干。作为“花齐会”会长，野田佳彦派在党内拥有20多个核心成员。野田佳彦在日本民主党内，是反小泽派中的主要成员之一，但其特点是比较中庸，在党内不是锋芒毕露，不和小泽派势不两立，也不是和在野党争得你死我活，而是想促成与自民党的大联合政权。他的主要工作经验是在财政、经济方面。作为菅直人内阁财务大臣，他对日本国内财政状况面临的困难和家底比较清楚。前原诚司2011年3月辞去菅直人内阁外相职务，而野田佳彦则一直陪伴菅直人执政到最后，在增加消费税问题上与菅直人持相同主张，因而得到了菅直人派的支持。这是野田佳彦在第一轮投票中得票超过前原的关键因素。

野田佳彦上台执政，在国内将面临三个艰难的重建，一是核事故以后的核电安全和能源及供电系统的重建；二是地震灾区重建；三是日本财政和经济重建。三个重建中最重要的核心问题是确保日本的民生。如果他这三个重建做不好，就可能遭到各方的指责。因为这是日本民众普遍关心的大事，而且菅直人以自己的辞职为代价换取了两个重要的相关法案的通过。对野田来说，“地雷”已被菅直人趟掉了，如果再干不好，日本民众就会对他失去信任，民主党的执政能力也会受到质疑。如果再有个人丑闻曝光，很可能导致在野党对他提出不信任案。届时，小泽派多数弃权就可能导致野田内阁垮台，提前举行众议员选举。另外，2012年9月14日前后还要举行民主党代表选举。野田佳彦这次当选是在完成菅直人没有完成的民主党代表任期，所以也必须想方设法解决上述三个重建问题。

野田佳彦今后会否受到金钱政治方面的追究值得关注。野田首相

2011年10月31日承认，经调查发现，有两名旅日外国人使用日本姓名，向其政治资金管理团体提供资金。野田团队自2000年至2006年间共接受两人政治资金47.1万日元（约合6038美元）。他已于10月26日全额退还。日本《政治资金规正法》禁止政治家接受外国人和外国法人提供的与政治活动有关的资金，违法接受资金者将被处以3年以下监禁或50万日元（约合6410美元）以下罚款。据日本共同社报道，野田首相担任代表的"民主党千叶县第4区总支部"2010年共接受来自18个企业及团体的政治献金，共计450万日元（约合人民币37万元）。民主党在2009年众院选举竞选纲领中表示将禁止接受企业及团体的政治献金，野田可能被要求对此做出解释。

从中长期看，如果日本政治右倾化继续发展，日本国会内主张修改宪法的民主党和自民党议员以应对核危机和开展灾后重建为名实现大联合，从而一举获得众参两院三分之二以上多数议席。一旦时机成熟，宪法第九条就可能被修改，日本将从此走上前途难测的危险歧途。

二、野田外交往哪里摇摆？

野田佳彦上台后似乎继承了其前任菅直人的外交套路：其一，告别福田、鸠山外交，冷落东亚共同体，决定加入美国主导的泛太平洋战略经济伙伴关系协定（TPP）谈判，但这引起日本国内分裂。其二，把中国视为潜在威胁，虚化中日战略互惠关系。其三，积极介入南中国海（简称南海）争议，企图仰仗美国，与菲律宾等东盟国家联手制华。

尽管中国反复申明在南海问题上与相关国家对话解决，反对将南海问题扩大化、复杂化、多边化。然而，2011年9月27日，野田首相却与到访的菲律宾总统阿基诺重点讨论南海问题，加强日菲海上保安合作。双方决定扩大海上联合演习，日本将向菲海岸警备队通信系统提供援助。随后，野田内阁外相玄叶光一郎又访问了新加坡、马来西亚和印度尼西亚三国，提出构建多边框架来解决南海争议。玄叶称，此行“迈出了在亚太构筑以民主价值观为支撑的稳定秩序的第一步”。这似乎是麻生“价值观外交”的翻版，所不同的是它与领土问题搅在一起。

野田佳彦2011年10月末在接受英国《金融时报》采访时表示，中国日益强大的军方在东海和南海的活动越来越频繁，为日本的安全环境带来“不确定性”。日本将在各类会议上呼吁中国遵守规则。野田内阁介入南海问题的主要目的无非是：呼应美国，借口所谓维护海洋航行自由，造成多国共同制约中国的战略格局；利用东盟一些国家同中国的南海之争，确立本国在东海及钓鱼岛主权问题上与中国较量的有利态势；谋求东盟一些国家的支持，在2011年11月举行的东亚峰会等多边场合提出南海议题，进一步牵制、孤立中国。笔者认为，这些都将是徒劳的。因为中国坚持和平发展道路，与邻国的经贸合作关系不断加深，没有对任何国家的安全构成威胁。

值得注意的是，2010年末出台的防卫计划大纲把中国作为主要防范对象，实际上已把中日领土争议问题与日本军事战略挂钩。野田佳彦上任后在日本《呼声》(Voice)月刊发表文章称，为保卫固有领土问题，该主张就主张，该行动就行动。这不仅表明其在钓鱼岛问题上采取与中国抗衡的态度，而且可能激化日本同俄罗斯、韩国之间的矛盾。从这个意义上讲，如果发生了一些紧急的不测事态，作为日本的首相，不排除他会强势应对的可能。2011年10月16日，野田首相在日本航空自卫队阅兵式上宣称，由于朝鲜及中国的活动，日本安全环境的“不透明性”在增加。他还引用中国古代兵书《司马法》中的“天下虽安，忘战必危”，告诫自卫队，暗示针对所谓“中国威胁”。

尽管中日两国领导人2008年发表了第四个政治文件中——全面推进中日战略互惠关系联合声明，双方一致表示互不视为威胁，但继菅直人内阁后，野田佳彦内阁似乎正在对中国采取一种“军经分离”的政策。即，在军事方面以中国为对手加强防范；在经济方面以中国为伙伴谋求合作。这种扭曲的对华政策使中日战略互惠关系最核心的部分受到削弱，无形中被降低为经济互惠关系，而不是“政治和经济两个轮子一起转（安倍晋三语）”。其背后是由于2007年日本防卫厅升格为防卫省后，日本对华决策过程发生变化，防卫省的影响力相对增大，而外务省则似乎只能跟随。2011年末出台的日本防卫计划大纲，实际上是包含外交在内的日本国家对外战略。

在外交上，野田内阁仍将坚持日美同盟为日本外交主轴，同时面临重建中日相互信赖关系的课题。日本在对外关系上首先会考虑对美关系，不会把中日关系放到日美关系之前或之上，但这并不表示他不重视中国。野田任内在应对核事故的同时，面临财政重建、经济重建、灾后重建，而这些都需要同中国加强合作。

2011年野田内阁对华外交的第一步是外相玄叶光一郎访华，为年内野田首相访华做准备，同时就中日建立“海上危机管理机制”进行磋商与中方达成共识。另外，在东亚峰会、亚太经合组织非正式领导人会议等多边场合，中日两国首脑做了简短的会晤。在2011年10月22日举行的第五届中日友好21世纪委员会第三次会议上，中方首席委员唐家璇提出，中日两国应推进两大系统工程：一是政治互信的系统工程，互不视为威胁，支持对方和平发展；二是两国民间感情改善的系统工程，加强中日普通民众特别是青少年的友好交往。

三、2012年应成为中日共创未来之年

2012年是中日邦交正常化40周年。展望未来40年，中日关系正处在一个十分重要的历史转折点。中方将着眼长远，继续增进中日高层互访，加强政治互信，改善民间感情，推动经贸合作，与日本携手参与地区与全球事务，努力为世界的和平与发展做出贡献。

中日两国基于“以史为鉴、面向未来”的精神共创友好合作的未来，符合双方的共同利益和人民的美好愿望。中日两国可以把2012年作为“共创未来之年”，开展各种友好交往活动。

中国是中日务实合作的积极推动者。2011年5月，温家宝总理赴日出席第四次中日韩领导人会议，先行探望了日本地震灾区。这是一次身体力行的“温情之旅”，温暖了三国民心，拉近了三方民意。同年11月，温家宝总理在东亚峰会期间出席中日韩领导人会晤又提出三方共创未来的愿景。即，确保年内完成中日韩自贸区联合研究，明年启动相关谈判，尽早完成中日韩投资协定谈判；全面开展陆海联运合作，推动东北亚信息服务网络建设，拓展新兴产业合作，加快产业升级和经济结构调整；加强金融合作，扩大双边货币互换规模；加强在环保、生物多样性保护、绿色经济、防灾减灾、民生等领域交流与合作，加快筹建循环经济示范基地，促进可持续发展；扩大社会人文交流，加强民间交往，努力实现2015年三国人员往来达2600万人次的目标。

中日合作既有内在动力，也面临各种挑战。例如，由于历史和现实问题而产生的民族感情问题、岛屿主权及海洋权益争议、朝核问题与地区安全、冷战思维残余及来自域外国家的某些制约因素等，都会影响两国的合作进程。

中日两国如何共同开创未来40年的中日关系，需要立足现实，着眼长远，共同思考。

（一）中日共创可持续发展的未来

1. 中国参与日本灾后重建事业，日本参与中国城乡排水净水系统建设。

2. 加强清洁能源（clean energy）领域合作。

3. 加强生物能源、太阳能、风能等可再生能源开发合作。

4. 加强农业与食品安全合作。

5. 开展知识产权保护合作。

6. 开展金融领域的互利合作。

7. 进一步简化出入境手续，推进观光旅游合作。

8. 推进能源、资源开发合作，加强稀土、稀有金属提炼加工技术及循环利用合作。

9. 加强生态环境、水资源有效利用方面的科技合作。

10. 推动中日韩FTA与“10+3”区域合作。

（二）中日共创可持续安全的未来

中日如何实现可持续安全，是未来全面推进中日战略互惠关系的关键。

1. 中日两国继续同走和平发展道路。战后以来，日本坚持和平宪法，走和平发展道路，坚持无核三原则，在接受美国保护的同时与邻国和平共处。这是中国可以接受的。中国将继续坚持走和平发展道路，希望日美同盟不损害中国的安全。

2. 中日两国互不视对方为军事威胁。2008年中日联合声明确认，“两国互为合作伙伴，互不构成威胁。双方重申，相互支持对方的和平发展”。同时要加强两国防务部门的交往与沟通。

3. 中日两国都不谋求霸权，不以武力解决彼此之间的任何争端。这是《中日和平友好条约》中的明确规定，双方必须共同遵守。

4. 中日两国可以在非传统安全领域加强合作。在反恐、反走私贩毒、反海盗、打击跨国犯罪、防治跨国传染病等方面加强合作。

5. 中日两国应积极支持和参与地区及全球和平的多边主义国际合作机制，防止和抵制暴力的多边主义对国际和平与安全造成的危害。

6. 中日两国需尽早建立海上危机管理机制，加强各自国内协调，共同防止有争议岛屿及相关海域争端造成突发事件，影响两国关系大局。

7. 中日两国开展创造性的合作，在条件成熟的条件下，通过海上观光旅游等共同开发、敏感海域的合作管理，化解矛盾，争取共赢。

四、中日共创民族和解与东亚文明的未来

（一）政治需要哲学

促使中日关系改善及民间感情好转，中日两国领导人及政府团队的友好态度和政治哲学十分重要。

1. 求同存异：为促进两国关系发展，要超越社会制度和意识形态的不同。对领土主权、东海划界问题，可以搁置争议，共同开发。

2. 护同尊异：为维护中日两国的共同利益，在交往中要彼此尊重，入乡随俗，努力改善民间感情。

3. 增同化异：为实现民族和解，在历史问题上要尊重事实，增进共识。在贸易自由化、入境签证便利化、零部件标准化、教育均质化等方面继续作出努力。

4. 聚同纳异：为建立和谐的中日关系，要不断汇聚共同利益、共有知识，并向对方的长处学习，取长补短。

（二）共同文化价值的发现

中日两国有共同的文化渊源，现在都重视本国的文化建设，应加强两国的教育交流、人文交流与青少年交流。清华大学和早稻田大学可为此作出贡献。

中日两国成功的企业家相互介绍、交流经营管理方面的成功经验与经营理念，也是一种共同价值的发现。他们大多尊重知识、讲究诚信、重视团队、关爱员工、争创一流。

仁、义、礼、智、信等儒家思想，是中日两国传统的共同价值观念；真（真实真诚）、善（公平正义）、美（心灵外观）、能（能力努力）、爱（无私大爱），是两国民众的普遍价值追求；法制下的民主与秩序下的自由，是中日两国社会的基本价值规范。

日本前首相福田康夫从小学过《论语》，他认为“两千五百年后孔子的话还有生命力”；“不仅是日中，今后世界都要好好学习《论语》。若孔子的话能成为世界的常识，世界就能和平了”。

日本前自民党干事长中川秀直也认为，“胡锦涛主席致力于建设的‘和谐社会’，其立足所在的‘和为贵’的精神，实际上与日本‘以和为重’的精神是一脉相承的。日中两国应该以这种‘和谐精神’来解决两国之间存在的各种困难和问题，并以战略互惠的实际成果展示于世界，来让东方的价值观普惠于全世界。”

（三）要王道不要霸道

孙中山当年指出：“东方的文化是王道，西方的文化是霸道；讲王道是主张仁义道德，讲霸道是主张功利强权。讲仁义道德，是由正义公理来感化人；讲功利强权，是用洋枪大炮来压迫人。”

1924年孙中山在日本神户发表演讲时曾指出：“你们日本民族既得到了欧美的霸道的文化，又有亚洲王道文化的本质，从今以后对于世界文化的前途，究竟是做西方霸道的鹰犬，或是做东方王道的干城，就在你们日本国民去详审慎择。”

2011年是中国辛亥革命100周年。近百年来，中国发生了前所未有的巨大变化。未来的中国要在实现富强、统一的基础上继续奉行王道而永不称霸。这既是中国可持续发展与可持续安全的内在需要，是中国特有的战略文化决定的，也是国际社会的普遍期待。

中国两国之间建立战略互惠关系，而中日两国民众“草根”之间应该努力建立和谐仁爱关系，以此作为两国战略互惠关系的民间基础。

中日建立和谐仁爱关系的善邻之道：邻厌我避、邻困我帮、邻好我学、邻恶我防（包括汲取邻国教训防止重蹈覆辙）。

温家宝的“温情之旅”2011年5月访日语录：

“我有一点体会，一个国家、一个人，当他受到困难，有了危难的时候，你表现出同情，施出援助之手，他会不忘记。”

“说一句实话，我不知我再能来不来了”。“我一共访问日本两次，出席会议两次，而这两次访问都是在关键时期，尤其是在2007年，那是融冰之旅。那次国会演讲实际上传达了中国人民的声音，讲清了中日友好的关键所在。”“要处理好与日本人民之间的感情、信任和了解，就要从点点滴滴工作做起。”

东日本大地震与中日关系

中国社会科学院日本研究所研究员　**蒋立峰**

据日本气象厅监测，在2012年的第一天，日本各地洋溢着新春伊始的喜悦气氛中，下午2时28分日本东部海域发生了里氏7.0级地震，从日本东北地区到关东地区普遍有较强震感。震中位于太平洋鸟岛近海，北纬31.4度、东经138.6度，即东京以南大约560公里，震源深度大约370公里，没有人员伤亡和财产损失报告。

人们自然要联想到两个月前，日本北海道大学地震火山研究观测中心研究人员森谷武男发表的关于日本东北部即将再次发生9级以上强震的预言。森谷武男在最近的科学观测中，发现了与2011年3月11日大地震之前完全相同的地震回波，在进一步分析论证的基础上，他认为“如果接下来继续发生和3.11大地震之前相同的变化，则可推定即将发生9级以上强震，震中位于宫城县南部海域到茨城县海域附近”。这一预言似乎是危言耸听，但公开以后引发了不小的社会恐慌，甚至出现了新一波移民潮。上述2012年1月1日发生的7.0级地震，从距离上讲，似乎并不是森谷武男预言的大地震。实际上，日本自2011年3月11日东北部海域发生里氏9.0级地震并引发巨大海啸后，直至2012年1月1日的7.0级地震，其间大大小小的余震始终未断，间或发生7.0级的余震，日本震区的居民对此已习以为常。频繁的余震说明日本目前所处的地震活跃期仍未过去，在2012年如何有效地预防地震，仍然是日本人必须认真应对的最主要问题。

东日本大地震的真相

东日本大地震，即在2011年3月11日14时46分，日本东北部海域发生的里氏9.0级地震。此次地震引发了巨大海啸，并造成了福岛第一核电站的严重损坏，其核泄漏不仅对周边数十公里范围内的生活安全造成严重影响，而且对整个日本乃至俄罗斯、中国（包括台湾）、韩国甚至美国、欧洲国家都带来了不可忽视的影响。① 据日本警察厅统计，截至2011年12月31日，东日本大地震共造成15844人死亡，确认失踪人员3450人。此次地震和海啸不仅造成了远高于1995年的阪神大地震的可达3000亿美元的生命财产损失，而且使相当于大半个东京的约443平方公里的国土沉入水中。大地震和海啸后，日本国土地理院和海上保安厅分别对震区的陆上和海底地形的变化进行了初步勘查，其结果是，宫城县牧鹿半岛向东南移动了5.3米，同时还下沉了1.2米；宫城县志津川港的地面普遍下沉，最多处下沉了75厘米，此前繁华的工厂、码头已经完全沉入海中不见踪影；岩手县山田町向东南移动了25厘米，千叶县銚子市移动了17厘米。宫城县以东海域海底向东南方向移动了24米（一说30米），海底高度增加了3米，日本本州岛整体向东位移了约3.6米。这可能是日本有记录以来所观测到的由地震引发的最大规模地壳变动。据此不难推测，日本东北地区可能因此次地震变得“更窄”，其地形图将不得不重新绘制。

造成损失如此巨大的地震、海啸和核泄漏，给日本民众尤其灾区民众造成了沉重的心理压力。日本著名的右翼政客、东京都知事石原慎太郎在地震3日后的3月14日公开宣称：“应该充分利用海啸好好地

---

① 美国国家航空航天局称，东日本大地震发生时，地球自转加快1.6微秒，地轴移动了6微米。此次地震造成朝鲜半岛向东移动了5.16厘米，甚至中国的北方地区也出现了几毫米的东移现象。

冲刷掉私欲和日本人心头多年积累的污垢。我想这就是天谴。”对于石原的“天谴论”，当然有不少的日本人表示反对，指责他没有同情心，在灾民和死者家属的伤口上撒盐，更要求他滚出日本。不过，赞成或者至少不反对石原观点者似乎仍然占多数。日本网民的留言有：“美国民众的舆论也有近四成认为是天谴。”“石原说得对，能够指引东京都和日本的只有石原。愿他再次当选。”所以，业已78岁的石原在4月10日仍能以较大的票差优势战胜比他年轻得多的多位竞选者，第四次当选东京都知事。在日本媒体播放的关于海啸的视频中，日本妇女仰望苍天乞求上苍怜悯的镜头，充分展示了日本人敬畏天神、甘受天谴的心理状态。

此次的东日本大地震之所以能造成如此巨大的损失，其原因是多方面的。

第一，日本是多地震国家，而日本本州岛北半部地区的东部（即日本本州岛东北部）更是地震频发区，而且是具有较大破坏性的大地震频发区。因为这个地区是日本列岛中距西北太平洋海底的亚洲板块与太平洋板块挤压带（日本海沟）的最前沿（200多公里），太平洋板块的推挤和亚洲板块的反弹，构成了一次又一次的大地震，东日本便首当其冲。[①] 此次大地震的震中即距仙台仅180公里远的太平洋海底挤压带附近（北纬38.1度，东经142.6度）。加之此次地震的震源深度仅有24公里，所以此次地震的陆上震区不仅摇晃剧烈，而且剧烈摇晃持续数分钟之久（摇晃持续时间达到阪神大地震的20倍）。显然，非经特殊加固的房屋建筑很难逃过这一劫。

其实，历史上东日本海岸就曾多次发生大地震。远者不说，1896年6月15日发生的东日本三陆海岸东部海域200公里处8.5级大地震，

---

① 甚至有美国学者预言，亚洲东部的日本列岛已经处在了一个随时可能塌陷的“漏斗”之上。如果再发生几次这样的大地震，很可能除了南部的琉球群岛以外，日本列岛都将面临滑入大海沟的灭顶之灾。

引发了最高达38.2米的海啸30分钟后上岸，造成21915人死亡、失踪44人、11722户房屋被毁、6930只船舶被冲走的巨大损失。1933年3月3日该地区东部海域距岸200公里处再次发生8.1级地震，地震引发的最高达28.7米的海啸在地震30分钟后登陆。其造成的损失是，死亡1522人，失踪1542人，房屋损失12188户，同样十分严重。更有甚者，1960年5月22日，大洋彼岸的智利发生9.5级大地震，引起了剧烈的地壳变动，其地震波绕地球传送3周，其海啸波在地震发生22个半小时后到达三陆海岸，6米高的海啸造成142人死亡的惨剧，其中大船渡市死53人，南三陆町死41人。应该说，在大地震和海啸频发的恶劣自然条件下，东日本海岸的许多地区似应列为不适宜人类居住的地区或人类居住的危险地区。①

第二，此次地震造成了复合型灾害。地震引发了火灾，引起了破坏力巨大的海啸，摧毁了核电站的设备，造成了十分严重的核泄漏。其地震和海啸具有的能量竟超过预想80—90倍。尤其大海啸，其摧枯拉朽之势破坏一切，所向披靡。大海啸产生的条件是，地震震源必须处于深水区，地震属于倾滑型海底断层形成的地震。这样一来，地震时断层附近地壳猛烈抬升，造成地壳上部足够大量的海水随之隆起，并以极快的速度向四周扩散，形成大海啸。形成此次东日本大地震的地形完全符合这些条件，长890公里的日本海沟，平均深度为6000米，至鹿岛滩东部深度更达到8412米。此次地震中海底抬升，形成大海啸在所难免。当海啸波冲上陆地后，如果进入口宽内窄的地形带，则海啸波的高度会迅速增加，冲击力成几何倍数增强，破坏力更加巨大。此次地震中的许多地形如岩手县宫古、大船渡、宫城县气仙沼、南三陆町等均符合这一条件，因此必然会遭受十分严重的人财物损失。

在此次地震和海啸中，虽然地震造成大批房屋倒塌，但由于日本

① 日本《读卖新闻》2012年1月11日报道，2011年3月至11月，岩手、宫城、福岛三县共迁出居民43000余人，是前一年同期的4倍。其中福岛县迁出居民最多，达31400人。

的居住房屋多为木质结构，所以，房屋虽然倒塌，只要未形成火灾，则被压在梁檩瓦砾下的难民仍可保命，等待救援。然而由于大海啸夹杂着大量泥沙在救援人员到达之前到达，遂使这些难民丧失了获救的希望。此次大海啸使青森至千叶6县中的561平方公里过水，此次地震造成的死亡人员的绝大部分即因此丧生。

第三，既然日本是多地震国家，日本民众和政府理应对如何应付地震、尽可能减少地震造成的人财物损失以及从速重建家园具有极多的教训和丰富的经验。面对强烈地震和海啸造成的严重损失，满目疮痍的家园，日本人表现出的淡定气势和自强不息的精神，的确很值得他国人民学习。日本人为应付地震，做了大量的震前工作，做到防震教育、防震演习、防震设备检查、震后生活物质储备经常化，避震地区及线路明了化。日本人尤其注意地震预报研究，地震研究机构从不以“地震不可预报”为托词为自身开脱责任，而是通过严肃认真的研究和不断提高的科技手段，在地震预报方面取得了较好的成果。因为地震是极易造成重大损失的自然灾害，目前人类尚无制服地震的能力，所以日本政府从未将地震预报列为禁区，而是采取有预报胜于无预报的方针，无论公私研究机构或个人，均可随时发表研究成果，以此提高人们的防震意识。政府所属地震调查研究推进本部是日本地震预报研究的核心机构，其研究成果是已发表多年但根据新资料不断更新的日本“地震动预测地图”，对日本全国各地及周边海域的地震趋势作出预测并附有详细说明。任何人在互联网上都可以进入其主页查阅这份地图。根据2012年1月13日更新的最新“地震动预测地图”，在未来30年内，日本北海道东部千岛海沟，发生7—8级地震的可能性为50%—90%；在比2011年东日本大地震震中稍南部的靠近日本海沟的三陆冲至房总冲[①]（东北地区的宫城至关东地区的千叶海面）发生9级地震的可能性为30%。由于面对日本中部、近畿和四国三个地区的南

① 日文的“冲”意即临近陆地的海面。

海海槽附近的地质活动频繁，中部地区的静冈和爱知附近发生8级地震的可能性为88%（称“东海地震”），近畿地区的纪伊半岛附近发生8.1级地震的可能性为70%（称“东南海地震”），四国地区附近发生8.4级地震的可能性为60%（称“南海地震”）。日本西南方向诸岛也会有不同震级的地震发生。[①] 地震的魔影威胁着全日本，但日本人仍能淡定生活。尤其“日本将发生东海地震”这种说法已经持续了几十年，虽然至今东海地震仍未发生，但人们并不想否定这一预报，而是坚持做好预防工作。

例如，1978年6月宫城县附近海面下发生的7.4级地震，使仙台一度陷于瘫痪。有关方面据此对该地区的地震史进行研究，其结论是1793年之后当地约37.1年发生一次大地震。遂于10年前提出，1978年大地震后的30—40年内，在相同地区发生更大地震的可能性为99%。日本政府则据此于1981年修改了《建筑基准法》，大大提高了建筑物的抗震标准。尽管如此，百密难免一疏，老虎也有打盹的时候。2010年2月27日，智利又发生了8.7级大地震，鉴于上一次的教训，这一次日本各方面都高度重视应对海啸，电视台甚至全天实况播放沿岸海水平面变化状况。但最终海面缓慢提升不足1米，且未造成任何人财物损失。人们无形中因此对海啸弱化了防范心理。而在此次东日本大地震时“狼”真的来了，却未能很好应对。更令人深感遗憾的是，此次东日本大地震发生两日前，即3月9日的11时45分，东日本近海海域发生7.2级地震，12点11分，大船渡检测到了0.54米高的海啸波。这次地震显然是两日后东日本大地震的前震，却被有关方面误判为以前预报的主震，因此不仅丧失了预防更大地震的两天绝佳时间，而且使民众的防震思想准备进一步松懈。再如岩手县釜石市，建有“世界第一防波堤”，2009年被吉尼斯世界记录认定为世界“最大最深的防波堤”，“首次真正进行了抗震设计的防波堤”。宫古市田老村，1982年

① 见http://www.jishin.go.jp/main/yosokuchizu/index.html.

即修筑了长2433米、高10米的防波堤。而岩手、宫城、福岛三县所建防波堤总长达到300公里，人们由此产生了较为严重的依赖心理。没有想到这些世界级的防波堤在这次大地震中却是中看不中用，不是被震毁，就是被海啸漫过。而且此次地震后，人们囿于以往应对海啸的经验，以为这次海啸也会在1小时后到达，却没想到最快的地点9分钟后海啸就排山倒海而至。其高度也大大超过原来设想的10米最高限，最高处达24米甚至更高，海啸持续推进的时间也达到罕有的30分钟。所以，此次东日本大地震无论震级、海啸的速度和高度和持续时间，都远远超出预想，造成的严重损失不言而喻。

在海啸之后，更严重的威胁随之而至。大地震发生的翌日3月12日下午4时左右，日本福岛第一核电站的一号机组因冷却系统失灵导致炉温升高，最终因氢聚积而发生爆炸。菅直人首相确认福岛核电站发生核泄漏，即刻宣布进入“核能紧急事态”，继而核电站周围数十公里范围内的大批居民被紧急疏散。日本福岛第一核电站的核泄漏因其严重最终被定为7级核泄漏事故。核事故阻止了自卫队等各种救援力量进入核污染地区，使得核污染地区的救援努力基本停顿，不仅地震和海啸造成的损失无法挽回，核污染又造成了面积更大、时间更长的严重损失。可谓雪上加霜，祸不单行。日本民众批评自卫队救援行动迟缓、胆小怕死、临阵脱逃，这些批评不见得公允。在核污染程度未搞清或明显威胁救援者性命的情况下，自卫队退出或暂不进入这个地区本无可非议。自卫队将事因归结为东京电力隐瞒灾情，批评东京电力公司如果继续隐瞒灾情，那么就会有更多的自卫队队员因此而送命。

第四，政府应对不给力，尤其在处理核泄漏方面犹豫迟缓，相关企业可能别有心机。东日本大地震发生后，在首相官邸很快成立了东日本海底大地震紧急灾害对策本部，菅直人首相召集全体内阁成员，共商对策。几个小时之后，菅直人发表电视讲话，安抚民众情绪，表示已就抗灾工作做出部署，已指示自卫队投入紧急救援工作。然而，对于国际社会众多国家表示愿迅速提供人力物力支援日本抗灾，日本政府的态度却不冷不热，回应淡漠。尤其福岛第一核电站核泄漏事故发生后，不仅政府中的内阁府原子力委员会与经济产业省原子力安全保安院各行其是，而且政府和东京电力这个超大企业之间，也是矛盾不断。由于政府决策人对核问题多为外行，加之东京电力不能准确地向政府报告灾情，致使政府一开始在处理核泄漏事故时无法作出准确判断而陷于非常被动的地步。东京电力甚至在福岛第一核电站第一次爆炸后一小时尚未向政府报告实情，招致菅直人首相只得耐着性子到东京电力总部质问其领导层。但在核泄漏的程度日益严重、东京电力已知无法独自制止核泄漏之后，东京电力又主动与政府协调合作，请求美国和法国的相关核专家给予支援。不过，政府和东京电力对核泄漏的严重程度对外仍然是吞吐扭捏，含糊其词，国际社会因此在较长时间内无法清晰了解核泄漏的真相和影响，纷纷表示不满。内阁有意延缓发布与核泄漏有关的信息或降低核泄漏的严重程度，拒不听从美国将安全线扩大至80至100公里的建议，在无可奈何的情况下勉强将10公里的安全线扩大至20公里，进而又扩大至30公里。这种作法使许多受核辐射污染地区的灾民未能及早撤离，受到不应有的损害。就在菅直人多次表示核泄漏不会对福岛地区及日本其他地区的水质造成污染之后不久，3月23日文部科学省表示，日本已经发现12个都县的自来水都遭到了一定程度的污染。这都给人留下政府与企业串通合谋、搪塞推诿的印象。所以，大多数日本民众不认可政府在这方面的作为是理所当然的。

另一方面，东京电力有意模糊或压低关于核泄漏的宣传的意图是，面对此特大事故，东京电力仍欲挽回经济损失于一二，能挽回三四当然更好（迟迟不用海水冷却炉温是顾忌海水不够纯净，用海水降温对今后再发电不利）。从福岛第一核电站的许多设备已处于超期服役甚至严重超期服役状态（否则不会发生三重安全装置全部失效、从而炉温升高、燃料棒熔化最终导致爆炸的结果）、东京电力身负多次隐瞒事故、编制虚假安检报告的不光彩历史就不难明白这一点。还有就是，东京电力不愿意让外人通过参与救援看到其设备究竟有多陈旧，搞清核泄漏究竟有多严重、与制造核弹相关的废旧核燃料棒究竟有多少。至于是否还有不能让外人知晓的更大的秘密，则难作判断。在这一点上，东京电力似与政府达成了默契。

如果说菅直人内阁在应对灾害中有官僚主义，也是应对不给力的官僚主义。其实，菅直人内阁已经付出了努力，但在日本的现行体制中，内阁不能直接命令企业，调动军队也有许多限制，在一些问题上是欲有所为而不可为。在碰了许多钉子之后，菅直人最终能够调动10万自卫队（接近自卫队总数的一半）参与救灾，已达到最大限度，应充分肯定。政府加强对灾区的管理也是必须的，各国莫不如此。但如果说基层政府在应对灾害中有官僚主义，则是多年养成的行政程序主义在作怪。例如，灾区的基层政府没有及时将仓库里堆满的各种救灾物资分发给灾民。国际社会捐赠的药物在地震后几小时就已经到达日本，但首先需得到日本相关机构的检查和批准才能使用这些药物，然后运送这些药品的卡车还要得到政府相关部门的批准才能将药品运往灾区，所以不断有伤者因未能得到及时救治而死亡。宫城县的一位政府工作人员曾表示："我们需要对灾民数量以及每个避难所需要的物资的数量进行认真的统计，然后对库房的物品进行归类。在完成这些工作之后，我们才能把救灾物资发到灾民手中，但我们的人手远远不够。"虽然如此，政府仍限制大批志愿者进入灾区协助工作。很多民众希望自驾车到灾区为灾民送食物和保暖用品，同样因拿不到警方提供的通行证而无法成行。某航运公司表示愿意提供一艘货船支援灾区，但因"该公司没有获得政府颁发的作业许可证"被政府拒绝。有国际医生团体也"由于没有取得在日本的行医资格"而被日本政府"拒之门外"。[1]

① 难怪美国《时代》周刊3月22日揶揄道："也许在日本，只有黑社会是唯一可以不用得到许可就能迅速展开救援活动的组织。"

第五，日本人的“神国”意识强烈，崇神、拜神观念根深蒂固。在他们看来，火山喷发、地震、海啸等各种自然灾害都是各路神灵的意志的体现，对这些自然灾害给自己的生活造成的损害，只能默默地承受，即或有亲人在灾害中遇难，也多是暗中流泪而已。日本人不怨天、不怪地，很少见到因遭遇灾害而指骂苍天或怒嗔大地者。灾害过后，日本人不会气馁，照样会鼓起勇气，重整瓦砾，再建家园。这就是我们常说的日本民族的自强不息的精神。这也是在此次东日本大地震后，虽然政府的救援工作有许多不到位之处，但灾区民众仍能忍耐的一个原因。同时，也是因为“神国”意识及多年的优越生活及西方文化的影响，日本人的清高意识较强，自负意识浓厚，自认为高周边亚洲人一等，即便遇到大地震、大海啸，也要保持“规矩”，也要“秩序井然”，而不能慌张失措，不能“丢份儿”。日本人尤其不愿意让外人看到自己困难无助、落魄无奈的样子，这是一种变了形的“家丑不外扬”意识。所以日本人并不希望国际社会像援助非洲不发达国家那样援助日本。此次大地震后，尽管救援条件很差，但灾区的“临时安置房”却建得颇为高档，各种设施一应俱全；从媒体播发的照片看，埋葬遇难者不是简单草率从事，而是尽力沿用极具人道主义的传统方式，一人一棺，诵经献花，亲友告别，简朴庄重，一如既往。日本人的自强不息的性格，在多数情况下能发挥好的作用，但在一些特定环境中，也会演变为自负、自傲，甚而冷漠，从而产生不利的影响。

东日本大地震的影响

东日本大地震发生大半年后，一位日本灾民在回顾2011年时说，2011年对我来讲只有三个月，因为大地震之后的每一天都是在恐怖和艰难中度过的，算不上过日子。事实正是如此。截至2011年底，核污染问题仍未彻底解决，灾区的清理工作任重而道远，住在临时安置房里的灾民仍数以十万计。不仅灾民神经紧张，日本其他地区的民众对地震也是提心吊胆。当传来仍可能发生大地震的消息时，能泰然处之者不多，心慌意乱者却不少。日本人过去以亚洲的“领头雁”自居，以为只要依靠与美国的同盟及高技术，日本便能一往无前，永属胜者。但此次大地震使日本人的自负心理遇到不小的挫折。尤其核泄漏事故发生后，日本人不得不重新评估自己居住的日本列岛的安全环境，重新审视日本面临的国际环境。在这个过程中，日本人的自负心理会发生变化，向往大陆国家的心态有可能萌生。这是东日本大地震的第一个影响，即对日本人心理变化的影响。日本人的自负心理今后将会怎样变化，这一变化对日本今后的发展会产生怎样的作用，这是值得关注的课题。

此次东日本大地震对日本的形象带来明显的负面影响。日本政府的地震及关联灾害应对政策不得力，其看似有效的纸上危机管理体制变成了无效的管理体制危机；对各国的悲情援助淡漠以对，延误救援时机；关于核泄漏的信息通报遮遮掩掩，企图用直升机在高空喷水给反应堆降温的“表演”方式缓和国内外的舆论压力，在未与有关国家沟通的情况下多次向大海排放核污染水；在核污染尚未完全排除的情况下就要求各国进口日本的农产品及其他产品，等等。国际社会原以为日本能与国际社会很好合作、有效地应对地震，实则不然，看到的是一个应对地震不得力、对内对外采取双重标准、为自保局部些小利益而无顾忌地损害国际利益的日本。如果说核微粒飘至欧洲上空一时是人力难以控制之事，但在尚可采取其他措施以将污染限制在国内的情况下匆忙向大海排放核污染水，使太平洋遭受大面积的、长期的核污染，太平洋周边国家对这种不讲国际信誉的行为不能不感到愤怒。所以，经过这次大地震，日本的国际信誉度降低是必然的，“负责任国家”的光环正变得暗淡。

此次东日本大地震引起的核泄漏，暴露了东京电力这一日本经济的骨干企业多次隐瞒事故、设备老旧超期服役的实情，暴露了国家体制中存在的诸多问题，行政机制僵硬刻板，官僚主义严重，政府与企业的关系不顺，等等。这些问题使人们明白了曾是“东亚优等生”的日本已经走过了其经济发展的黄金阶段，现在已经在走下坡路了。

东日本大地震对日本政局也产生了重要的影响。民主党菅直人内阁的支持率在2011年2月已降至21%，但在东日本大地震后，由于“国难当头”，菅直人等也在努力救灾，2011年6月27日制定通过了《东日本大地震复兴基本法》，欲通过发行“复兴债”为复兴灾区提供资金支持。菅直人等政府要员多次赴灾区视察，拉近了与灾民的距离，博得好感，其支持率也有所回升。根据NHK调查，5月份时最高达到28%。但好景不长，此后多种因素导致救灾措施不力，支持率随之下降，至7月降至最低的16%。此时民主党与自民党的支持率也出现了转折性变化，自民党的支持率（23.4%）大大超过了民主党的支持率（13.6%），如果民主党再不换帅，则民主党政权就难以为继了。在这一背景下，菅直人下台，9月2日民主党的野田佳彦内阁成立。从总体上说，民主党政权虽然暂时度过了难关，但东日本大地震造成的政治危机并未过去，民主党政权必须继续谨慎从事。

东日本大地震对日本国民经济也造成很大影响。面对三重灾害带来的巨大损失，政府制定并由国会通过《东日本大地震复兴特别区域法》（2011年12月7日）和《复兴厅设置法》（2011年12月9日），欲在内阁中设立复兴厅全面负责领导灾区复兴工作。实际上，至2012年1月，在各项救灾复兴工作中除居住问题得到较好解决外，其他众多问题解决起来仍很吃力。住的方面，丧家灾民的98%已住进临时安置房，但冬季保暖问题尚未很好解决；日常生活方面，岩手、宫城、福岛三县推计失业者达12万人，许多家庭月收入仅有10万日元，而且越来越多的人领不到失业保险金，而且东京电力对灾民的核泄漏污染损害赔偿金额太低，生活由此陷入窘境；清理废墟方面，三县震后废墟上的废杂物估计有2400余万吨，历经10个月仅清理完成总量的3.5%；福岛核泄漏污染警戒区的清理工作尚未着手进行，核污染土壤的集中置换工作量很大，尚未真正开始。[1]所以，如果加以综合评估，对地震灾区的救援复兴能拉动日本经济的增长不能抱太大期望，实际上因为救援复兴需要大笔资金，它已成为债务沉重压身的日本发展经济的一大负担，而且是不能拖延许久之后再予以解决的负担。针对这一状况，2011年12月24日野田内阁决定了一个综合性的庞大的《日本再生基本战略》，其主要内容是：承诺要在经济、社会、国际三个领域努力，克服日本面临的各种危机，使日本经济在2011年度至2020年度名义增长率达到3%，实质增长率维持在2%的水平。这显然是考虑到救援振兴灾区的负担而维持国民经济最低水平发展的目标。振兴灾区是今后较长时期内的一项重要工作。振兴灾区和完善社会保障所需资金通过社会保障与税制一体化改革解决，其中一项重要的措施就是提高与全体民众生活密切相关的消费税。鉴于福岛第一核电站的教训，必须提出新的能源政策，对核能的使用和开发要谨慎，要努力开发利用其他新能源。日本仍然要加强国际贡献，以提升日本形象。这个战略过于庞大，实际上日本民众关心的是如何解决眼前的实际利益问题，如社保、税金、核能等问题。至于其他长期性问题，不用说野田内阁，民主党内阁能持续多长时间都是一个未知数，制定再详细、再庞大的战略也难免有画饼欺世之嫌。其实，民众的担心并非多余，在2012年1月6日野田内阁就提出报告，为增加政府财政收入，在2014年4月将消费税提高到8%，2015年10月进一步提高到10%。提高消费税增加了民众的生活负担，一定会招致民众的反感。以往凡是在竞选时主张提高消费税的政党都以失败告终，野田内阁计划提高消费税，就等于为本已不稳固的民主党政权增加不稳定性。在这样的背景下，如果美国民主党在2012年的总统竞选中失败而丧失政权的话，日本民主党步其后

① 福岛第一核电站的核泄漏，可能外泄的放射性物质为人体致癌物碘131及铯137，其半衰期分别为8天和30年，而长远的辐射遗害可分别长达80天和300年。其中铯137污染泥土及水源后需要长达300年的时间才能彻底消失。

尘是完全可能的。

东日本大地震对日本的核能政策也产生了重大的影响。由于东京电力的福岛第一核电站的核泄漏给日本带来巨大灾难，严重地破坏了日本人生活的安全环境，不难想象，现在拥有55座核电站、259处核设施的日本，今后若再遇到大地震（这是非常可能的）或其他非预想因素，造成几个核电站同时出问题，日本人则会为再无安居家园可寻而发愁。所以，大多数的日本民众对政府的既有核能政策采取了明确反对的态度，政府若再不修改核能政策无疑将会失去民众的支持。5月，菅直人首相即表示会考虑摆脱依赖核能的政策，并要求中部电力的浜冈核电站停止运转。7月内阁能源环境会议决定降低核能依赖程度，制定至2050年的进度表，改革电力公司的地区垄断体制，发电系统与输电系统分离。9月野田上台后也立即表示，必须在摆脱依赖核能的基本潮流中，认真制定能源基本计划。检修中的核电站在确保安全、得到当地理解的前提下可再运转，已到使用年限的核电站不再更新，也不再新建核电站。10月经产大臣枝野幸男在国际能源机构理事会上表示，在提高核安全性达到世界水平的同时，向世界传授核事故的经验和教训，为提高国际核安全作贡献。后来枝野还表示，摆脱核能与继续出口核电技术并不矛盾，日本与印度等国的核能合作提上了日程。

还有一件与核有关的事情，因此次东日本大地震而再次显露出来。以往日本出现的制造核武器的议论已引起世人的高度关注。2002年，小泽一郎曾说："如果中国过度膨胀，日本会很紧张。制造核武器是一件很容易的事。只要日本愿意，日本核电厂里的钚完全可以制造出数千枚的核弹头。我们也拥有可以转作洲际弹道导弹的火箭。"2005年，大前研一说："日本在90天内就可以制造出核弹，日本储备了50吨以上的铀，可以造2000枚核弹头。"2006年，自民党内阁通过阁议：

核武器只要在自卫所需最小限度内，拥有它未必在宪法禁止之列。[①]在东日本大地震的前三天3月8日，英国《独立报》报道了对石原慎太郎的采访，石原表示，日本作为全世界唯一曾受核弹攻击的国家，理应发展核武器，以对抗正在迅速崛起的中国所带来的威胁，他更主张日本在一年内研制出核武，向世界发送出强有力的信号。这些日本政治家率直主张日本应该拥有核武器，着实令周边国家吃惊不小。日本核电站很多，而且多使用快增殖反应堆。这种反应堆是用来制造核弹所必不可缺的钚的最佳选择。日本的武器级钚储备位列世界前茅，据说日本现保有钚32吨，如果按8千克一枚核弹计算，日本在短时间内可造出4000枚核弹来。这将成为捍卫东亚和世界和平的重大不利因素。此次发生核泄漏重大事故的福岛第一核电站就拥有400个核废料桶，从中是否能提炼出武器级钚不得而知。东京电力对福岛第一核电站的救援迟缓，信息公开扭扭捏捏，人们怀疑其中内藏与此相关的玄机，恐怕是不无道理的。在这个问题上，周边国家尤其不可掉以轻心。

东日本大地震对日本的对外关系、尤其对美日同盟关系也产生了重大的影响。东日本大地震发生后，日本要求美国给予救灾援助。奥巴马总统表示日本是美国的同盟国，将给予尽可能的援助。奥巴马命令正在日本海参与日韩军事演习的“里根”号航母赶往地震最严重的岩手县外海，位于横须贺的“华盛顿”号航母也率领多艘驱逐舰和运输舰以及卫生救护船驶往灾区。这使日本人受到很大鼓舞。但由于福岛第一核电站的核泄漏日益严重，这些船舰均退至距海岸100公里以外，发挥的救援作用受到限制。有些日本媒体谴责美军“临阵脱逃”，但日本未能向国际社会提供准确的核泄漏信息才是这一“脱逃”的主要原因。客观地说，美国在这次救灾活动中，尽到了同盟国的责任。据日本外务省网页介绍，应日本要求，美军展开了大规模的救援行动

① 关于日本核武装的议论，参见《日本学刊》2009年第一期，江新凤、尤文虎《近年日本军事转型探析》一文。

（命名为“盟友作战”）。截止到2011年8月底，共投入人员2.45万名以上、舰船约24艘、飞机约189架（最大时），已配送食品等物资约280吨（运送货物3100吨），以及水770万公升、燃料4.5万公升。[①] 除此之外，美国还有资金、救援队、核电站冷却剂乃至无人机和核专家等方面的援助。所以，有调查说，过半数的日本人认为，在国际社会对日本的救灾援助中，首先应深深感谢提供了强有力支援的美国。显然，美日同盟关系因此次地震、海啸尤其核泄漏的救灾支援，无论在政府层面还是在民众层面都得到了加强。

作为回报，则是日本明确表示积极参与美国看好的跨太平洋战略经济伙伴关系（TPP）。在政界、财界、经济各行业及地方政府尚存在很大分歧的情况下，野田佳彦首相于2011年11月11日公开表示，要在翌日召开的夏威夷APEC首脑会议上，与有关国家协商参加TPP谈判事宜。野田与奥巴马会谈后，美方发表声明说，日本首相表示全部物品和服务都可放在贸易自由化的桌面上进行谈判。日方要求美方更正此声明内容，但遭到美方拒绝。其实，在参加TPP方面，日本国内的牵制势力仍非常强大，反对意见认为，参加TPP有百害而无一利，各地方政府试算后都认为将造成收入不同程度的减少，尤其农业会遭到毁灭性打击。实际上野田内阁是想玩一次一箭双雕，通过参加TPP既对美国表示了支持，又能保留各项贸易、服务等方面的壁垒。不过，这一次美国没有客气，在金融、医疗、农业、制造业等多方面提出了几乎是全方位的撤消壁垒、真正实现自由化的要求。在前述12月24日阁议通过的《日本再生的基本战略》中，虽然日本仍将与有关国家协商参加TPP谈判事宜作为当前施策的重点项目之一，但实际上推进这项工作必将困难重重。

另一项措施则是放松武器出口三原则。2011年12月27日，日本安全保障会议通过了《关于防卫装备品向海外转移的标准》并向内阁报

---

① 见http://www.mofa.go.jp/mofaj/saigai/pdfs/operation_tomodachi.pdf.

告，其基本精神是，根据2010年12月17日通过的《2011年度以后的防卫计划大纲》，同意大幅放宽过去基于“武器出口三原则”的禁运政策。内阁官房长官藤村修当天发表谈话说：“我国过去与美国进行了防卫装备品的共同研究和开发，在当前国际社会正在发生的巨大变化中，为确保我国的和平安全及国际的安全保障，在加强与美国合作的同时，也有必要与我国在安全保障方面有合作关系的美国以外各国联合，通过与这些国家进行防卫装备品等的国际共同研发与生产，以获得最新的防卫技术等，巩固并提升我国防卫产业的生产和技术基础，并降低成本。”[①] 此处所谓“防卫装备品”实际就是攻防两用的军事装备，通过放松武器出口三原则，今后日本要在进一步与美国协调合作的同时，与其他国家共同研发、生产更高水平的军事装备，为美国的全球政策、亚太政策服务。

东日本大地震与中日关系

欲分析中日关系当然应先分析一下国际环境的变化及中日两国各自的的发展状况。概括地说，2011年中国和日本所处的国际环境发生了很大的变化。国际经济方面，全球规模的经济危机，尚未看到光明的前景。国际政治方面，利比亚战争之后，从中亚到北非仍是矛盾重重，叙利亚、伊朗又成为矛盾的焦点，世界格局的乱象似有愈演愈烈之势。各大国的情况是，美国为挽救整体上的颓势，维护世界领导者的地位，欲以庞大的军事力量为后盾，制造张狂霸道的气势压倒对手，打出“重返亚洲”旗号，宣传所谓“美国在亚洲的利益”，组成主要针对中国的所谓“价值观同盟”。但“占领华尔街”运动仍暴露了美国外强内弱的一面。欧盟的经济也遇到了很大困难。虽然2011年12月9日

① 见http://www.kantei.go.jp/jp/tyokan/noda/20111227DANWA.pdf.

26国达成协议，欲通过政府间条约实现进一步联手，限制赤字，保住欧元，克服主权债务危机，达成欧洲一体化的目标。但各国实力不济，英国又在旁掣肘，“抱团取暖”能否挺过寒冬仍是迷惘难料。欧盟的底气已大不如前，在国际舞台上只好退至次席。俄罗斯的发展状态尚好，然而“大意失荆州”，没想到反对派杀将出来大闹一番，又有美国煽风点火，如果普京的“铁腕”最终未能战胜希拉里的“钻心术”，俄罗斯国内再现动荡，则俄罗斯重温昔日大国梦之日恐怕又会延期。

在这一场衰落大潮中，日本同样未能幸免衰落的光顾，表现是多方面的。日本经济多年不振，2011年度公共债务总额将达到1000万亿日元（合12.8万亿美元），将超过GDP的两倍。日本政府想通过提高消费税（甚至达15%乃至20%）增加收入，这无疑会进一步压制本已衰减的民众消费。国民社保难保，失业率、自杀率连年高企，社会开始弥漫阴沉之气（世态冷漠、独善其身、人生无常），元气大失。日本经济仍将会较长时期处于下行状态，“高速增长”只能是美好的历史回忆，再难成为现实了。若没有美国、中国的支撑和高科技的支撑，以及众多的国家仍然相信日元，债台高筑的日本恐怕已难逃破产的命运。政治方面的老化现象更加明显，政界丑闻频出，[①] 政权交替频繁，政策乏有效果，民族保守主义成为社会思潮主流；对外积极追随美国，国际舞台少有独立作为。在国际社会日本正在被边缘化。现在的日本，正如作家五木宽之在2009年所说，若以登山相比，日本已进入下山道路。日本人对此要认头。明明已进入衰退期，还幻想着非要让太阳升起、今后继续高速成长，或必须在与中国及亚洲各国的竞争中获胜而成为亚洲的领导者，这些想法都是错误的，应当抛弃。日本人应坦然接受事实，有应对衰退的精神准备，争取实现“优雅的缩小”，成为世界上受尊敬的智力小国。五木的观点符合事实，正在被越来越多的日

① 野田佳彦内阁连续两任外行防卫大臣露怯，受到社会嘲弄。日本政界人才匮乏由此可见一斑。

本人所接受。[①]

在各大国中，唯有中国表现突出，仍保持着较好的经济发展势头和社会稳定，与日本形成鲜明对比。中国今后的稳定发展是思考中日关系不可忽视的因素。中国经济和社会中存在的问题不少，但仍属于发展中的问题，只要认真研究、政策适宜，这些问题会得到解决。对外方面，当前中国面临的问题主要是如何破解周边外交困局，要有危机意识。[②]仅说中日之间，日本将“战略互惠”变成单纯的东海要求，甚至对它划出的中间线以西部分也提出权利要求，却拒不承认中日关于钓鱼岛群岛存在主权争议，当然更拒绝就此进行谈判了。中国渔船在北纬27度线以南捕鱼并不违反中日渔业协定，但由于日本海上保安厅巡逻船的干扰，中国渔船无法在此海区正常作业，中国巡视船也难以进入钓鱼岛周围12海浬之内。最近，据日本《产经新闻》2012年1月16日报道，野田内阁官房长官藤村修向记者发表谈话说:“日本政府要在本年度内（至2012年3月底）优先着手完成作为日本专属经济区划分基点但尚无名称的、冲绳尖阁诸岛等39座离岛的命名工作。”[③]对日本的非法无理做法，中国《人民日本》立即发文批驳，“2010年9月，日本巡逻船冲撞中国渔船。中方严正指出，日本巡逻船不得在钓鱼岛附近海域进行所谓‘执法’活动，更不得采取任何危及中国渔船和人

---

① 五木宽之《衰退时代日本人应有的精神准备》，载日本《中央公论》2009年2月号，第32—39页。

② 在20世纪80年代，韩国就罔顾事实，宣称位于东海的苏岩礁和位于黄海的日向礁为韩国的最南端和西南端领土，分别命名为离于岛、可居岛，2000年以后在这两处暗礁上开始建设所谓的科考站，还将苏岩礁附近的丁岩礁命名为波浪岛。南海形势亦不乐观。越南占了32个岛礁，宣称拥有南沙全部岛礁，近日甚至无理要求中国将西沙群岛“还给”越南。菲律宾占了8个岛礁，也宣称拥有南沙全部岛礁。马来西亚占了3个，宣称拥有北纬8度线以南的全部岛礁。文莱占了1个，主张200海浬专属经济区。印度尼西亚也以纳土纳群岛为基线主张200海浬专属经济区。马来西亚、越南、菲律宾等国已经开始对南海油气资源进行开采或勘探。印度则不仅在边界问题上与我叫劲，而且也要在南海浑水摸鱼。

③ 见http://sankei.jp.msn.com/politics/news/120116/plc12011618150014-n1.htm.

员安全的行为。企图对钓鱼岛附属岛屿命名，是明目张胆地损害中国核心利益之举。”“日本应以中日战略互惠关系为重，以东亚和平稳定为重，不要一意孤行，不要试探中国维护主权的意志和决心。”[①] 此文又一次申明了中国的立场：（1）2010年9月的撞船事件，是日本巡逻船冲撞中国渔船而不是相反；（2）日本巡逻船在钓鱼岛附近海域进行所谓“执法”，危及中国渔船和人员安全，是非法之举；（3）钓鱼岛群岛主权是中国的核心利益，中国决心维护主权；（4）日本对钓鱼岛附属岛屿命名就是侵犯中国的主权；（5）日本如果一意孤行，必将自食恶果。尽管中国的态度已经非常明确，但按照历史的经验，攫取、改名、肢解是日本扩张领土的惯用作法，这一次日本也不会因中国的警告和反对就改变作法。日本的如意算盘是，首先占住钓鱼岛，并以钓鱼岛为基点在东海划出中间线，然后在东海开发上占便宜。中国对此必须作好下一步有效回应的准备。

截止到2010年，中日贸易额已达到3018亿美元，分别占中国对外贸易总额的约10%和日本对外贸易总额的约20%。中日互访总人数达到692万人，其中访日中国人（包括大陆人、台湾人、香港人）319万人（其中大陆人141万人），访中日本人373万人。[②] 尽管东日本大地震后这两组数字会有所下降，但已说明中日关系已经具备了稳固的经济基础和人员往来基础。但遗憾的是，事实已说明，东海问题（包括东海划界与开发问题和钓鱼岛主权归属问题）已成为中日关系进一步发展的绕不过去的障碍。非但如此，日本作为南海域外国家，却积极地参与南海事务，和印度携手来南海浑水摸鱼，还成为美国操纵组成的“价值观联盟”的“积极分子”。日本的这些举动更增加了解决东海问题的难度。

处于衰落态势的日本对处于上升态势的中国，担心其发展会带来

---

① 《人民日报》，2012年1月17日第3版，《中国维护领土主权的意志不容试探》。

② 依中日两国各相关官方机构网页公布数字列出。

威胁，这种心情是不难理解的。面对这种所谓的“威胁”，日本民主党政权进一步投靠美国，这是日本“傍大求安”的传统心态的表现。但如果行事过分，以为只要“靠美”就可以不听中国政府的警告，可以伤害中国人民的感情，这就大错特错了。东日本大地震发生后，中国民众对日本民众遭受的巨大灾难深表同情，并努力克服困难向日本民众及时提供了相应的人力和物质援助。据日本赤十字社的公告，截至2011年12月15日，中国红十字会向日本捐款约合9亿日元，香港红十字分会捐款约16亿日元，澳门红十字分会捐款约合4430万日元，台湾红十字会捐款约合16.8亿日元，另有缔结协议捐款额44亿多日元。[①]另据日本外务省的记录，中国政府派出救援队15人，捐出救灾物资有：12人用帐篷500顶，6人用帐篷400顶，毛毯2000块，手提式应急灯200个，饮用水6万瓶，垃圾袋325万个，临时厕所60个，厚橡胶手套1万副，轻便运动鞋2.5万双，另赠汽油和柴油各1万吨。另外，中国台湾和香港也都有大批量捐赠。香港捐出食品罐头3万听，袜子10万双。台湾派出救援队28人，捐出发电机688台，毛毯2099箱，睡袋2587箱，睡垫236箱，衣类4671箱，食品16.5吨加12577箱，取暖设备953台，口罩404箱，怀炉150箱，饮料1125箱，睡具457箱，奶粉895箱，卫生用品112箱，手电6箱，尸袋24箱。[②]国际能源专业人士甚至非专业人士都知道，在遭受两次石油危机冲击后，日本视能源为经济发展的命脉，开始大力储备能源，尤其储备石油，现在日本实际上已超过储油3个月的目标而达到储油100天，在各经济发达国家中名列前茅，也远远高于中国。中国尽管国内用油非常紧张，仍出于“大义”捐赠给日本2万吨柴汽油。中国并依照国际惯例，将各种援助物资都运送到受助方指定的位置。中国民众知道，中国在改革开放的过程中，得到日本很多的帮助和支持。中国遭遇各类自然灾害时，日本

① http://www.jrc.or.jp/vcms_lf/111215_kaigaikyuenkin_uchiwake.pdf.

② http://www.mofa.go.jp/mofaj/saigai/pdfs/bussisien.pdf.

也提供了较多的人道主义援助。所以，中国民众对政府提供的对日援助给予肯定。温家宝总理还利用出席中日韩首脑会议的机会，在人们仍在为核泄漏而惶恐不安的气氛中，于2011年5月21日访问了东日本大地震的重灾区宫城县名取市閖上地区，向正遭受苦难的日本灾民转达了中国人民的深切同情和诚挚的问候。有个别人说中国的援助和温家宝总理的慰问别有所求，这是以己之心度他人之腹。中华民族具有的友爱、大度的胸怀可昭示日月，剖露天地。

但日本方面的回应却有些不尽如人意。地震发生后，中国立即向日本政府提出准备派出80人的救援队，但日方犹豫之后只同意中国派15人的救援队，并不能携带搜救犬。当地震灾区的中国人撤回中国时，有些日本人说，中国人都跑回中国了，不能同甘共苦，靠不住。当然，这些中国人如果愿意留在灾区和日本人一起救灾，这种行动应予以肯定，但如果这些中国人愿意回到中国，这在客观上也是以增加自己负担的方式减轻了日本政府救灾的负担，同样是不应予以非议的。在这个问题上，日本人不妨从对方的角度反省一下，可能就能使内心的块垒得到释然。①

关于中国进口日本农产品问题，地震后的6月17日，法国竞争、消费和反欺诈总局发布公告称，一批重162千克的、含有超标放射性铯的日本绿茶近日在法国巴黎戴高乐机场被截获。另从4月上旬开始，就发现福岛县发送往日本各地的食用牛遭到严重的放射性铯污染，有些“铯牛”受污染程度甚至超过安全上限73倍。7月18日又发现从福岛县和新泻县进入流通环节的“铯牛”435头，加上截至17日查明的“铯牛”143头，进入日本国内近40个都道府县流通环节的“铯牛”增

① 据日本内阁府于2011年9、10月间进行的调查，与2010年相比，对中国感到亲近的日本人由20.0%上升至26.3%，感到不亲近的日本人由77.8%下降至71.4%，但发生大地震的东北地区日本人对中国的不亲近感却逆向升高。认为中日关系良好的日本人由8.3%升至18.8%，认为中日关系不好的日本人由88.6%降至76.3%。见http://www8.cao.go.jp/survey/h23/h23-gaiko/2-1.html.

至578头。在这种状况下，日本外相玄叶光一郎于11月23日访问中国时，仍希望中国放宽从日本进口农产品的限制。中方对放宽进口日本农产品的限制采取了积极认真研究的态度。但仅数日后，日本明治乳业公司12月6日公布，该公司生产的“明治STEP”奶粉检测出微量放射性铯。11日日本共同社报道，从日本福岛市以及福岛县伊达市、二本松市的大米中接连检测出超出国家暂定标准（每千克500贝克勒尔）的放射性铯。福岛县产大米的安全性受到质疑。福岛县政府称，在9、10两月对收割1周前的稻米进行了先期调查，并对收割后的稻米展开了正式调查，在两个阶段的抽样调查中均未发现辐射超标。10月12日，福岛县知事佐藤雄平宣布福岛大米是安全的。但福岛县内各地大米开始出货后却发现辐射超标。县政府高官表示无奈，辩解道“该做的都做了，不可能逐一进行调查”，而被暂停出货的稻米产地的农民甚至表示:“本来就是辐射较高的地区，对大米辐射超标不感到惊讶。”联想到在2008年所谓“毒饺子事件”中，日方对中方的不依不饶的劲头，对于日方采用双重标准的做法和某些人的自私自利的心理和行为，只能感到遗憾。

2011年12月25日至26日，日本野田佳彦首相访问中国。此次访问虽未取得重大成果，但再次确认了中日关系的“战略互惠”框架。这种“战略互惠”关系，实际上是一种利益关系。日本应能认识到，这种利益关系是双向的，并不排斥他人获得利益。所以，日本发展与中国的互惠关系，与坚持与美国的同盟关系并无矛盾。如果日本感到其间有不可调和的矛盾，只能“靠美对中”或“从美弃中”，一定是判断上出了错误。目前，中日之间影响中日关系发展的难解问题仍旧是钓鱼岛主权归属问题和东海划界开发问题。虽然难解，只要日本注意克制言行，相向而行而不是背向而行，则这些问题终究会得到双方满意的解决，或至少在相当时期内不会影响中日关系的稳定和发展。

土耳其外交政策的调整及其在中东地区的作用和影响

中国前驻土耳其大使　**姚匡乙**

2011年年底以来，西亚北非形势急剧动荡，一场大规模群众性的政治风暴几乎席卷整个阿拉伯世界。从突尼斯总统被迫仓皇出走，到埃及总统黯然下台；从西方国家以“人道主义干涉”为借口对利比亚狂轰滥炸，致使利比亚内战不已，卡扎菲政权轰然倒台，到也门反对派持续发动争斗，萨利赫政府被迫交权；从巴林发生流血冲突，到叙利亚暴力对抗急剧扩大，阿萨德政权处境艰难，西亚北非地区的执政者无不感到统治的危机性、变革的紧迫性和稳定的重要性。然而，在这场动乱中，作为本地区的重要大国土耳其，不仅未被波及，相反动作频频，外交十分活跃，高调宣称支持中东国家民众的民主诉求。埃尔多安总理表示，土耳其将在全球事务中充当更加积极、更加有效的角色，为本地区的权利、公正、法治、自由和民主而努力。达武特奥卢外长也宣称，如果全世界着火了，土耳其就是消防员，将承担稳定中东的领导责任。土耳其舆论宣扬要向阿拉伯世界输出“土耳其模式”，称现实证明在一个穆斯林占大多数的国家内，同样可以实现民主化和自由化，这也是土耳其迅速崛起的重要原因；土耳其将填补埃及转型后出现的地缘政治真空，充当地区的领导者。随着西亚北非地区局势的演变，土耳其外交政策的调整，特别是其在本地区的作用和影响以及“土耳其模式”的示范效应，成了国际社会关注的焦点。

一

土耳其外交政策的调整并非始于此次西亚北非地区形势动荡，而发端于本世纪初正义发展党上台。土外交政策调整有深刻的内外原因。

国土面积只有3%在欧洲的土耳其历来自认是欧洲国家。长期以来奉行亲西方的对外政策，视土美关系为外交政策基石，将加入欧盟作为外交的首要目标。“脱亚入欧”可以概括土耳其外交政策的基本取向。2002年正义发展党赢得大选单独上台执政后，外交政策从“重欧轻亚”逐步转变到较为平衡的“欧亚并重”，利用其连结欧亚大陆的特殊战略地位，在欧亚两端发挥作用，成为连结欧亚的桥梁和纽带，扩大在全球事务的影响力。这一外交思想的倡导者是现任外长达武特奥卢。2001年达武特奥卢在安卡拉皮尔肯特大学国际关系学院院长任上出版了《战略纵深》一书，提出应当利用其地理位置，寻求战略纵深，在欧洲之外更加积极地参与中东、亚洲、巴尔干和外高加索地区的政治体系，成为西方和伊斯兰世界之间的桥梁。2009年出任外长后，上述构想即成为土耳其外交政策基本思路。这一外交新政也被称为“达武特奥卢外交”或者“新奥斯曼外交”。它的提出有其内在的地缘政治、经济、文化甚至宗教的背景。

首先，土耳其占据独特的地缘优势，在国际政治格局中扮演不可或缺的角色。冷战期间，土耳其作为北约的重要成员，成为西方遏制苏联的前沿阵地。冷战的结束并未改变其在国际关系中的重要地位。1997年布热津斯基在其著作《大棋局》中指出，美作为唯一超级大国，为巩固自己的领导权，首先要控制欧亚大陆，土耳其等国正属于这一棋局中地缘政治支轴国家。从现实情况看，美一直视土耳其为实现其在中东战略的重要盟友。独特的地缘优势具有双重效应：土耳其成为大国竞相争夺的对象，一方面为其带来不少压力和难题，另一方面也使其可以充分利用大国矛盾，扩展其外交空间。达武特奥卢正是看到这一点，提出了“战略纵深”，使土耳其在更加广阔的地域内发挥作用，提升其全球影响力。

其次，欧盟延缓土耳其入盟进程，迫使其对入盟策略做出调整。土耳其的入盟之路经历了近半个世纪的坎坷历程。1959土耳其与欧盟的前身欧共体建立正式关系，1963欧共体原则同意土耳其加入，2005年10月，双方开始正式谈判。尽管做了种种努力，对涉及政治、经济、司法等一系列重大法律进行了修改，并推动库尔德新政，试图解决困扰多年的民族问题。但入盟谈判进程总体缓慢，在入盟所需35项谈判中，至今仅启动13项，完成1项。从现实情况看，欧盟吸纳土耳其确实存在不少困难和障碍。土耳其经济仍相对落后，入盟后势必给欧盟本已十分困难的财政雪上加霜；而拥有7000万人口的土耳其，入盟后将对欧盟的“德法轴心”构成挑战。更重要的是，欧盟对土耳其身份认同问题并未解决，让一个伊斯兰国家加入一个由基督教国家组成的联合体，欧洲民众包括一些政治精英在心理和感情上都尚无准备。前欧洲制宪会议主席、法国前总统德斯坦的话很有代表性，他认为古希腊文明、古罗马文明、文艺复兴、启蒙运动和宗教是构成欧洲国家的几大要素，土耳其不拥有其中任何一项。土耳其是一个有自己宗教和文化的国家。土耳其若入盟，将破坏欧洲精神。但土耳其也看到，在战略上欧盟需要土耳其。其入盟符合欧盟的长远利益。土耳其位于欧亚结合部的中东，以其独特的地缘优势，丰富的油气资源和广阔的市场，历来是大国的角力场。欧盟接纳土耳其为成员国，将使其边界直接与中东相连，可以大大扩展其地缘战略空间，获得更多的经济和资源利益。同时，土耳其军力位居北约第二，吸纳土有利于欧盟增加军力，加速其防务一体化建设。因此，在目前土耳其暂无可能加入欧盟的情况下，土加大对中东的投入，密切与中东各国的联系，无疑也增大了与欧盟谈判的筹码。土耳其总统居尔多次表示加入欧盟决心未变，将坚持推动入盟进程。

再次，土耳其政局保持相对稳定，经济迅速发展，综合国力有所提高，为外交政策的调整提供了坚实的基础。2003年正义发展党单独上台执政后，结束了持续多年的多党联合政府内阁频繁更替的局面，使其有可能采取稳定的经济改革政策。土耳其政府对经济进行了一系列重大改革，大力发展私营经济，开放资本市场，吸引外资，增强市场透明度和经济竞争力，摆脱通货膨胀长期居高不下、经济发展持续低迷的局面。土耳其采取有力措施，迅速克服2009年世界金融危机带来的不利影响，2010年国内生产总值（GDP）达7358亿美元，人均国内生产总值8590美元，年经济增长率为8.1%，发展速度在20国集团中仅次于中国和印度，名列第三，超过所有欧洲国家。目前土耳其经济总量在全球排名第十七位，计划到2023年，即共和国成立100周年时，经济总量进入世界前十名。经济快速发展促成了土耳其的崛起，大大地增强其在地区乃至在全球事务上的地位和发言权。

最后，土耳其外交政策的调整与执政党的宗教背景不无关系。正义发展党的前身是伊斯兰宗教色彩浓厚的救国党，该党虽几经易名，都遭到军方以违反世俗主义原则而被取缔。2002年，正义发展党上台后也多次遭到军方和共和人民党等的反对，双方围绕世俗原则、凯末尔主义等问题经过多次较量，最终正义发展党不得不竭力淡化党的宗教色彩，强调坚持世俗主义，并依靠民众的支持站稳了脚跟，但它并不回避自已的伊斯兰政党属性。执政党明显的宗教背景，是土耳其外交政策调整中加强与伊斯兰世界国家关系的重要原因之一。

二

西亚北非地区形势剧变为土耳其强势崛起提供了难得机遇，“零问题”外交、积极介入地区热点问题和推行“土耳其模式”是推行中东外交新政的三大支柱。

长期以来，土耳其与周边多数邻国关系不好。开展“零问题”睦邻外交，着力改善同周边国家关系，从而拓展其在本地区的影响力，成为土耳其外交新政的首要任务。撇开分歧，主动与希腊等邻国修好，谋求更大的商业和外交利益。2009年，土耳其牵头，与伊拉克、约旦、黎巴嫩和叙利亚召开“高层战略合作委员会”会议，同意建立类似自由贸易区的合作机制。与伊拉克竭力弥合因土耳其频繁越境打击库尔德工人党而引发的龃龉，双方达成了建立战略合作关系的协议。土耳其还同意向伊增加幼发拉底河河水的排放量。土耳其与亚美尼亚因历史上亚美尼亚人遭屠杀案存在宿怨。土耳其创造性地开展“足球外交”，谋求实现与亚关系正常化。2008年9月，居尔总统前往亚美尼亚首都埃里温观看两国足球队南非世界杯预选赛比赛，成为首位访亚的土耳其国家元首，双方还发表联合声明，在改善两国关系上迈出历史性的一步。此后双方又签署了结束长期敌对状况并实现双边关系正常化的协定。土亚关系正常化是土耳其推行“零问题”睦邻外交的典型事例，赢得地区各国的普遍赞誉。

积极介入地区热点，是土耳其外交新政的核心内容。中东地区矛盾和冲突频发，土耳其难以置身事外。土耳其虽不是巴以冲突、伊拉克问题和伊核问题的当事方，但积极介入热点问题不仅可以防范热点的溢出效应对其安全与稳定的冲击，而且可以扩大自已在本地区的影响。土耳其一改过去在中东问题上消极观望的态度，主动参与到中东和平进程中来。埃尔多安总理多次尖锐批评以色列为“国家恐怖主义”。为声援巴勒斯坦，土耳其不顾以反对，主动派人道主义救援船驶往加沙。它还邀请巴勒斯坦民族权力机构主席阿巴斯和哈马斯领导人迈沙阿勒来访，努力推动巴内部两派和解以及中断以巴直接谈判。土耳其密切关注伊拉克的稳定，强调必须保持伊的独立、主权、统一和领土完整，积极与伊各派接触，协助消除各派在组阁问题上的分歧，打破了伊组阁僵局。在伊朗核问题上，土耳其不顾美和西方反对，与巴西总统一起在德黑兰签署交换伊朗浓缩铀协议，以图为通过外交谈判解决伊核问题另辟蹊径。西亚北非地区动荡伊始，土耳其即高调介入，发挥自身独特作用。埃及民众起事次日，美国奥巴马总统即与埃尔多安总理通话，要求土耳其提供全面合作，协助尽快稳定局势。土耳其正义发展党利用其与穆斯林兄弟会的特殊关系，曾警告埃及穆兄会不要向军事和国家机构挑衅，不要诉诸武力。正义发展党以中东各国穆兄会"监护者"自居，在一定程度上影响着埃及、突尼斯、叙利亚等国形势的发展。随着西亚北非地区形势的发展，土耳其不仅参与了北约对利比亚的军事行动，率先承认班加西"过渡委员会"的合法性，埃尔多安总理还专程访问班加西，表示对反卡扎菲力量的支持。叙利亚动乱加剧后，土耳其紧随美和西方国家宣布巴沙尔政权非法，竭力向叙现政权施压。土耳其在中东乱局中俨然扮演了一个十分重要的角色。

输出"土耳其模式"，扩充土耳其的软实力，提升在本地区的形象，是土耳其推行外交新政的主要手段。所谓"土耳其模式"，主要是指在充分尊重伊斯兰宗教自由的前提下，奉行国家政权的世俗化，政治形态的民主化和社会生活的现代化。如同所有的伊斯兰国家一样，传统的伊斯兰宗教渗透到土耳其社会生活的方方面面，这就决定其现代化进程不可能走西方的道路。现代化的一个主要任务是处理好宗教与世俗的关系。早在1923年土耳其共和国建立之初，以凯末尔为首的领导层即确定国家政治体制世俗化的原则，自上而下颁布了一系列强制性的法令，如废除哈里法制度，撤销教法部和教法法庭，以及提高妇女社会地位，改革文字和服饰等法规，基本上实现宗教与政治相分离、宗教与司法相分离、宗教与教育相分离。应该看到，土耳其在长达近一个世纪的世俗化道路上，宗教和世俗始终处于相互争斗、相互碰撞、又相互妥协之中。这是世俗化道路的基本特征。如同前述，2002年正义发展党上台后，在坚持伊斯兰价值观的同时，尽量淡化宗教色彩，强调党的全民性、民主性和世俗化，坚持政教分离。这种状况说明，共和国90多年的历史已给土耳其社会的世俗化打下深深烙印，达到不可逆转的程度；与此同时，随着国内形势的演变，土耳其政权在不根本动摇世俗制度根基的前提下，对宗教势力的界定朝着宽松的方向发展。可以说，土耳其在寻求世俗与宗教平衡、维护伊斯兰文化传统和实现社会生活现代化的平衡方面，在中东国家中走出了一条较为成功的道路。联合国的人权与发展报告称，几乎所有阿拉伯国家都在经历合法性治理的危机，而在这其中，土耳其无疑给予它们以榜样的作用。

三

土耳其在中东的崛起，并大力介入中东事务，将对地区形势的演变产生重大影响。

首先，将推动本地区格局的重组。西亚北非地区的动荡将长期存在。埃及、突尼斯、叙利亚和也门等国将经历一个漫长的动荡和重建的过程；沙特、科威特、卡塔尔等海湾君主制国家凭借其强大财力和海湾合作委员会相对完善的安全保障体系，暂时度过此次危机，但必将面临来自内外的要求实行政治、社会、经济改革的强大压力；阿拉伯国家间的分歧和矛盾加深，阿拉伯世界再次被分化和削弱，阿拉伯世界的重心正进一步东移至以沙特为首的海湾合作委员会，而伊朗特别是土耳其则在动荡中乘机坐大，这种态势将加速地区权势的转移和新政治格局的形成。土耳其在形成之中的地区政治格局中将起到不可或缺的重要作用，在一定程度上影响地区形势的演变。

其次，“土耳其模式”对一些阿拉伯国家有一定的借鉴意义。阿拉伯世界的此次动荡，预示着阿拉伯—伊斯兰世界进入一个新的更为深刻的转型时期。从历史发展角度看，伊斯兰教及其文明有着悠久深厚的底蕴和强大的生命力。阿拉伯—伊斯兰世界的转型，基本是建立在伊斯兰文明基础上的自我完善和革新。由于各国国情各异，所处社会发展阶段不同，因而改革的模式也将是多种多样的。但总的看，建立具有伊斯兰特色的民主政治和与之相适应的自由市场经济，以及逐步实行社会生活世俗化，应该是这些国家改革政策的主要取向。“土耳其模式”中关于宗教与世俗关系的处理，可能为这些国家提供可资借鉴的经验。埃及、突尼斯等国一些舆论，就称土耳其是“伊斯兰政党民主主义的范例”，“伊斯兰教和经济繁荣关系的典范”。约旦、摩洛哥等国都出现了正义党组织，准备学习土耳其正义发展党治国理政的经验。2011年10月，突尼斯举行了动乱后首次全国大选，结果属于温和势力的伊斯兰复兴运动异军突起，在全部217个制宪议会议席中独揽了90席，这也可以说在一定程度受到“土耳其模式”的影响。

但应该看到，土耳其在中东的影响和作用仍有一定局限。这是因为：

第一，历史上不少阿拉伯国家曾遭受奥斯曼帝国占领和欺凌，有过一定屈辱感；当代土耳其又长期奉行亲美和西方的外交政策，除贸易商业联系外，土耳其与阿拉伯国家在政治和人文领域内的交往并不密切；虽同属伊斯兰世界，但它们的历史背景、文化传统和发展阶段并不相同；阿拉伯国家之间虽存在歧见和不和，但都强调自己的阿拉伯属性，如同它们对以色列和伊朗怀有很深的戒心一样，对土耳其在本地区的崛起也深怀疑惧。阿拉伯世界经过此次动荡内聚力和影响力均有所减弱，但毕竟是22个国家的联合体，经过认真反思和总结，团结的呼声和努力必将增强，其影响和作用仍不可小视。在以阿拉伯国家为主体的中东地区，非阿拉伯的土耳其难以发挥主导作用。埃及虽历尽动乱，元气大伤，但假以时日，凭借其地缘战略地位、人口资源、政治军事和经济实力，依然是阿拉伯世界的重要大国，这一地位难以为土耳其取代。

第二，应看到土耳其中东政策中的“零问题外交”和“土耳其模式”都存在易变性和不确定性，也难以为广大阿拉伯国家所信服和接受。土耳其一方面竭力鼓吹“零问题外交”，另一方面又公然要求推翻巴沙尔政权，干涉叙利亚内政，同时不顾伊拉克的主权，再度出兵越境进入伊拉克领土，打击库尔德工人党武装，这种相互矛盾的做法，不能不引起人们对其“零问题外交”的怀疑。“土耳其模式”虽可为一些阿拉伯国家借鉴，但由于它的独特性和不确定性决定了其在广大阿拉伯国家不具备推广的意义。所谓独特性，是指它是在有着近一个世纪世俗化的国度内出现的，世俗化已深入人心，任何一个政党无力也无可能加以改变，目前无一阿拉伯国家具有这种条件。从另一层面说，所谓“土耳其模式”是随着正义发展党的发展、巩固、壮大而形成的。正发党能否在议会长期保持一党独大，土耳其各大政党彼此角逐、相互影响，从而在议会中形成新的政治版图，都将影响“土耳其模式”的内涵或延续。还应该看到，极端宗教势力在一些阿拉伯国家内仍具有较大发展空间，“土耳其模式”中世俗化的原则必将招致这股势力的不满和反对，从而影响一些国家当权者对土耳其的态度。

第三，土耳其外交政策的调整，并不意味脱离西方阵营，外交主轴仍是与美国和西方国家的关系。美和西方对土耳其外交政策调整十分关切，一方面鼓励其在中东推行民主价值观，另一方面也担心土耳其与西方渐行渐远，脱离美和西方的轨道。为此，土耳其总统居尔不得不多次重申外交政策没有变化，土耳其加入欧盟的目标不会改变。上述情况都将对土耳其在本地区发挥作用构成牵制。

乱象丛生的中东

中国人民外交学会前副会长，前驻阿联酋、约旦大使　**刘宝莱**

2011年，中东地区出现大动荡、大变革和大改组的局面，西亚北非地区阿拉伯国家普遍受到冲击，其中部分国家受到了猛烈冲击，地区热点跌宕起伏；土耳其、伊朗闻风而动，影响大增；美国和西方国家对地区事务的干涉，更为添乱。南苏丹建国，任重而道远。

阿拉伯共和制国家普遍动荡，但各国程度不同

地区民众矛头所向，直指共和制国家，其中有些国家政权问题多，矛盾大，已形成烈火干柴之势。2010年12月，突尼斯仅因一名无业青年自焚引发公愤，民众上街游行示威，军队倒戈，局势失控，被西方媒体称之为“茉莉花革命”。本·阿里总统携全家于2011年1月14日仓皇逃往沙特；1月25日，埃及经历了“多年来规模最大的抗议活动，要求结束穆巴拉克近30年的统治”。[①] 穆巴拉克总统虽采取了关乎民生的举措，但为时已晚，只好在“2月11日（即抗议活动的第18天）宣布辞职，把权力移交给军方”；[②] 随后，利比亚反对派掀起了倒卡扎非运动。在北约军事干预下，利反对派武装经过同卡扎非军队半年多的

① 《美联社开罗》，2011年1月26日。

② 《法新社开罗》，2011年2月11日。

激烈交战，于8月22日，攻占首都的黎波里，推翻了卡扎菲政权；目前，叙利亚政局紧张，流血冲突不断。叙反对派也效仿利比亚成立“全国委员会”同政府对抗，强烈要求其领导人下台，大有不达目的决不罢休之势。[①]究其原因，此乃社会基本矛盾长期积压所致。“水能载舟，亦能覆舟”，广大民众贫穷落后生存艰难，政府官员贪污腐败盛行，社会分配不公，贫富悬殊巨大。据阿拉伯媒体报道，地区25岁以下青年占总人口的60%，其中27%的年轻人失业。他们要求分享参与地区政治、经济、文化等事务的权利，改变现状。他们看到富人挥金如土，更为憎恶，普遍希望回到默罕默德创立伊斯兰教初期的众生平等、有福同享、有难同当的均贫富时代。这既成为他们上街游行的政治口号，也为伊斯兰极端势力提供了大显身手的机会。就利比亚而言，广大民众掀起倒卡运动，主要是因为卡扎菲的长期统治，富了其家族、少数统治集团和部落，苦了多数民众和部落造成的，而部落间的矛盾与分歧增加了问题的复杂性。其次，体制僵化，强人统治。上述国家政权，长期专制独裁，引发民愤。穆巴拉克执政近30年，本·阿里23年，卡扎菲42年，萨利赫33年，巴沙尔11年（从老阿萨德算起，执政已40余年）。另外，在政治上，他们深感“政治失声”，[②]丧失尊严，总看别人的眼色行事，抬不起头来，到处低三下四，向人乞讨，难以伸张正义。2月13日，美国《华盛顿邮报》网站撰文称：“阿拉伯政治销声匿迹了。……阿拉伯政府奉行的政策又违背了民众的意愿，……阿拉伯人觉得丧失了尊严和自主决策的能力”。[③]“埃及本国人民对穆巴拉克的众多怨言之一就是他太忠实于他的美国支持者，损害了埃及

---

① 《法新社伊斯坦布尔》，2011年10月2日。

② 侯赛因·阿迦（牛津大学圣安东尼学院学者）、罗伯特·马利（美国前总统克林顿阿以事务特别助理）：《阿拉伯世界复兴与穆巴拉克下台后的埃及》，美国《华盛顿邮报》网站，2011年2月13日。

③ 同①。

的利益。”[①] 西方舆论界甚至颇具嘲讽味道地表示，卡塔尔半岛电视台就是新时代的纳赛尔。阿拉伯世界的领袖竟然是一家电视台。

就国际背景而言，主要有四，一是国际金融危机，转嫁于广大发展中国家，加重了地区国家的经济困难，激化了原来固有的矛盾，成为加速事件爆发的催化剂；二是美国及西方国家插手地区事务，大搞新“人道干涉主义”，使地区局势更为复杂。它们还利用“推特”、“脸谱”等网络，推波助澜，煽动民众闹事；三是国际信息化和互联网的飞速发展，使人们既进一步了解世界，看到自身差距，又方便了他们相互配合、联络和聚集，造成声势；四是阿拉伯各国年轻一代相互串联，互通情况，相互支持。

穆巴拉克的下野，标志着阿拉伯世界共和制政权的强权体制时代的结束，一个变革时代的开始。估计，地区强人政权将陆续退出历史舞台。但道路是曲折的、漫长的，不可能顺利发展，一蹴而就，不排除反复的可能。今后，地区局势将充满动荡、多变和诸多未知因素。由于各国国情不同，程度也会有别，但都要经过“阵痛”。值得提及的是，在地区推进民主过程中，曾长期被打压的伊斯兰势力异常活跃，正以政党方式，积极参与政权角逐，成为各国政治舞台上的一支举足轻重的政治力量。如10月23日，突尼斯举行制宪议会选举，有90%的选民参与了投票。“伊斯兰复兴运动在投票中跃升为最大的党派，获得了41.47%的选票，在由217名议员组成的议会中赢得了90个席位”。[②] 摩洛哥温和的伊斯兰政党正义与发展党也赢得了议会选举。利比亚执政当局贾利勒主席宣布，利将伊斯兰教法作为主要法律依据，任何违反伊斯兰教法的法律都是无效的。于是，利一改卡扎菲统治时期的一夫一妻制，又恢复了一夫多妻制。埃及议会第一阶段选举，于

① 肯尼迪·韦斯布罗德（欧洲大学学院外交史学家）:《美国和埃及：霸权的限制》，美国《世界政治评论》网站，2011年2月8日。

② 《法新社突尼斯》，2011年10月27日。

11月28日在一片混乱中拉开了序幕。尽管如此，广大民众踊跃参加。12月4日，埃及官方统计数据显示，伊斯兰政党赢得了总票数的65%，其中穆兄会的自由与正义党得票率为36.62%，萨拉菲派的光明党为24.36%，温和派的新中心党为4.27%。……这表明“伊斯兰主义者在阿拉伯之春之后正发起挑战，以争取权力。”[①]对此，西方感到担忧。但埃及毕竟不是伊朗，它长期实施世俗的共和制，故不会走政教合一的伊朗道路；它长期处于强权统治，也不会遵循土耳其模式。新政权不会是穆巴拉克政权的翻版，但会有它的影子。军队的作用，不容忽视。估计，将组成由较中立的中年政客出面和军队及伊斯兰政党为后盾的带有伊斯兰色彩的民选联合政权。

至于利比亚，情况更为复杂。种种迹象表明，“倒卡难，稳定更难”。“至少在一段时间内将遍布充满复仇色彩的混乱现象”。[②]10月31日，利执政当局选出名气不大的学者阿卜杜勒·凯卜为临时政府总理。但人们担心利可能成为第二个伊拉克或索马里，主要依据是：（1）利反对派先天不足，难以填补“权力真空”。反对派成份复杂，仅在倒卡问题尚能团结一致，而在执政问题上，涉及各方利益，内部分歧严重，缺乏领军人物。正如美国战略预测网的中东事务负责人卡姆兰·博哈里讲的那样：“没有一个反对派领导人能受到所有人尊敬。这是个问题。”曾任卡扎菲政府司法秘书的“全国过渡委员会”主席贾利勒举止文雅，善于团结左右，但人们怀疑他的魄力和执政能力。9月19日，卡塔尔半岛电视台网站载文，谈及利五大政治力量难分高下，它们是：伊德里斯国王派；阿拉伯民族主义派；伊斯兰派（一派以穆兄会为代表；另一派以圣战运动为代表）；民主联盟力量（由反对派领袖曼苏尔·基希亚建立）；发动革命的青年运动（青年占利人口的

① 《路透社突尼斯》，2011年10月25日。

② 马西莫·卡拉西布雷：《希拉里·克林顿与巧实力的兴起》，美国《时代》周刊，2011年11月7日。

60%)。[①]（2）利部落林立，互争雄长。利部落多达140余个，且各有武装，自成体系，相对独立。不管过去是受卡扎菲支持或打压，还是受其制约的部落，都会大打出手，争夺地盘和资源。如不满足其要求，将会与新政权分庭抗礼。（3）卡扎菲虽死，但其残余势力还会继续顽抗。（4）"基地"组织乘机发展，制造事端。据报道，大批曾关押在利狱中的恐怖分子已越狱潜逃，他们还从卡扎菲的军火库中偷走了大批军火。这些人有可能寻机闹事。（5）北约插手，雪上加霜。北约助利反对派推翻卡扎菲政权，意在瓜分利石油大蛋糕。在巴黎召开的利重建会议，实际上是西方列强对利"坐地分赃"会议。10月20日卡扎菲死后，北约28日正式决定31日结束在利军事行动。尽管如此，体现美法英意志的"利比亚之友"又来了。这将给利动乱的局面乱上添乱。（6）凯卜总理的新政府七拼八凑，软弱无力，尚无权威性。面对国内复杂的矛盾、权力斗争和国内外各种利益的纠葛及西方的插手，将难有作为。

叙利亚是否成为下一个利比亚，迄今仍是一个问号，但危险性日增。叙当局现正面临三大挑战，一是民众对政府不满，示威不断，暴乱增加，反对派借机发难，并正在形成联合之势；二是美国与西方国家执意推翻叙政权，在争取安理会通过制裁叙决议失败后，继续对叙进行多方制裁，并大力支持叙反对派在国内闹事。据报道，土耳其正积极准备对叙进行军事干预，并帮助叙反对派组建"叙利亚自由军"；三是以阿盟为代表的阿拉伯国家，特别是海合会成员国力促叙加大加快政治改革进程。据报道，阿盟加大了对叙的经济制裁并要其签署有关协议。目前看来，叙政权仍得到执政党——复兴社会党和军队的支持，尚有较好的社会基础；反对派力量薄弱，一时难成气候，北约在叙复制"利比亚模式"的可能性不大，伊朗、黎巴嫩真主党、哈马斯继续站在叙一边。但局势仍不容乐观。现"国际干涉行动"步步紧逼，

① 《利比亚过度阶段面临的挑战》，卡塔尔《半岛电视台》网站，2011年9月19日。

阿盟抓得也很紧。如叙局势持续动荡，经济恶化，反对派力量增强，民众不满情绪日增，一旦叙执政党和军队出事，巴沙尔总统恐难逃下台的命运。

阿拉伯国家君主制政权相对稳定，但也在改革

面对这场政治风暴，海合会六国（即沙特、阿联酋、科威特、卡塔尔、阿曼和巴林）和摩洛哥、约旦君主制政权均受到了不同程度的波及。除阿联酋和卡塔尔两国外，其他六国部分民众都上街游行，要求改善民生，改组内阁，扩大民主、自由等。约旦局势有起伏。前段，首都安曼群众多人上街游行，要求改善民生，改组政府，穆兄会十分活跃，但军队忠于王室。5月上旬，笔者前往安曼出席“西亚北非论坛”年会，发现约局势已趋平静。许多约旦朋友告，阿卜杜拉二世国王执政十余年来，为民众做了不少实事，受到大家的拥戴。其时国王正访美、欧，寻求经援，甚至申请加入海合会，以解燃眉之急，顺利度过难关。摩洛哥也乱了一段时间，曾发生多起爆炸事件。巴林情况尤为严重。2月14日开始，巴林什叶派民众效仿埃及民众的做法，聚集在首都麦纳麦珍珠广场，安营扎寨，提出要求分享与逊尼派民众同等的待遇。聚集人数不断增加，多达上万人。他们堵塞交通，严重影响社会正常秩序，致使商店关门、学校停课、外国游客纷纷离去。同月26日，什叶派领导人哈桑·迈谢阿回国，向静坐者发表讲话，要求他们坚持下去，并提出推翻王室政权，“要哈里法家族和哈马德国王走人”。直到3月16日，在哈马德国王的要求下，沙特、阿联酋和科威特等国派兵帮助巴林稳定了局势，巴社会秩序才恢复正常。其他五国因采取了补救措施，政局也逐步平静下来。

为稳定政局，君主制八国主要采取了如下措施：

1. 改善民生，提高国民福利待遇。“沙特王国投入1300亿美元用

于提高工资待遇、修建保障房、资助宗教机构等，有效地压制住大部分的反对声”；[①] 科威特政府向每户家庭发红包3400美元和14个月的粮油补贴；巴林政府向每户家庭发3000美元的红包；阿曼解决了3000人的就业问题；约旦政府拨专款2.38亿美元，用于提高公务员的工资和退休金等。

2. 进行政治和经济改革。约旦国王阿卜杜拉二世承诺今后将根据选举产生的议会多数组建内阁。摩洛哥国王穆罕默德六世同意根据修宪委员会提交的新宪法草案，将放弃重要权力，扩大首相和议会的权力。7月1日，摩对该草案进行了全民公决。海合会六国相继进行内阁改组，选用专家、学者入阁，并提拔一批年轻干部和地方实力派及头面人物等。关于经济改革，首先加大了发展民生设施的力度。

3. 扩大民主和言论自由。各国注意营造较为宽松的社会民主氛围，提高妇女的社会地位。沙特建立女子大学；阿卜杜拉国王首次宣布赋予妇女选举权和被选举权，并允许妇女进入“协商会议”。当地新闻媒体也经常对政府及官员提出批评。

4. 调整对外政策。其一，积极寻求美国和西方国家的支持，以求自保。在利比亚、也门、叙利亚等问题上，做了些配合工作，其中有海合会支持联合国安理会通过的在利设禁飞区的1973号决议，卡塔尔派战机参与；海合会向也门政府提出和平解决也问题的倡议，并积极斡旋成功；沙特和卡塔尔允向埃及提供大量经援；海合会向叙利亚政府施压，促其和平解决国内问题，避免流血，并促成阿盟对叙实施经济制裁。其二，加强同中国的关系，以对外树立相对独立的形象。各国政要相继访华。其三，同伊朗保持正常关系，尤其是巴林注意改善同伊关系。在伊拉克问题上保持低调，不与伊朗正面叫板；在“暗杀门”问题上，沙特很恼火，但注意不同伊朗闹得太僵。

5. 抱团自救、抱团自强。约、摩两国申请加入海合会，并已被接

---

① 《在沙特，王室资金眼下还能买到和平》，美国《纽约时报》网站，2011年6月8日。

受。海合会此举，意在联合自强，以便填补埃及变革造成的真空和来自伊朗的压力。另外，海合会的“半岛之盾”出兵巴林，加快了海合会军事一体化的进程。

巴以争端依旧，以处境孤立

巴勒斯坦人民现在最关心两大问题，一是建国；二是法塔赫同哈马斯和解。2011年以来，中东动乱，转移了国际社会对巴问题的关注视线，故约旦河西岸巴民众举行大规模游行，强烈呼吁法、哈两大派握手言和，重归旧好，一致对外，并要求巴民族权力机构主席阿巴斯予以积极促成，特别是叙利亚政局吃紧之后，哈马斯也深感事态的严峻。在此背景下，经埃及斡旋，法、哈两派以巴大局为重，终于达成和解协议。“实现团结，巴勒斯坦就能以一个声音说话，就有可能形成更坚定的谈判立场”。[①] 对此，以色列当局表示了强烈的反对。内塔尼亚胡总理公开要“巴民族权力机构必须在与哈马斯和解与以方达成和平协议之间做出选择”。[②]

关于巴建国，这是巴人梦寐以求的，且一直为之奋斗。现巴急，以不急。2010年9月巴以重启和谈，因以方反对延长约旦河西岸犹太人定居点的“限建令”，于当月底再次搁浅至今。在以强巴弱的情况下，巴处境始终被动，既无力同以动武，又难以和谈，只能眼巴巴地看着犹太人在西岸扩建定居点，吞食巴领土。巴问题被长期边缘化的危险性日增。为改变被动局面，进一步向美以施压，争取早日同以复谈，阿巴斯在66届联大期间向联合国秘书长潘基文递交了巴勒斯坦寻

---

① 丹尼尔·利维:《哈马斯—法塔赫团结将怎样打破中东僵局》，英国《卫报》,2011年4月28日。

② 美国《纽约时报》，2011年4月27日。

求成为联合国第194个成员国的申请。巴人入联申请，充分反映了其对美主导的中东和平进程的失望。对此，美很恼火。奥巴马总统于9月21日在联大会上重申了美反对巴“入联”。10月1日，英国《每日电讯报》网站报道，美国在阿巴斯提交入联申请后中止了对该国的2亿美元援助。联合国教科文组织批准了巴成为正式成员的申请后，美以反对，并要停止对该组织的资助。

当前，以色列正面临着严峻的外交挑战。其一，埃以和平不稳。埃及民众反以情绪高涨。据报道，56%的被访者要求取消《戴维营协议》，甚至前总理谢拉夫也表示，该协议并非圣书。9月9日，开罗发生了以驻埃使馆被冲击事件，致使以大使乘专机回国。此外，埃西奈半岛输往以的天然气管道多次发生爆炸。许多民众要求政府停止向以供气。其二，巴入联“申请”，对以是一打击。巴虽难以成功，但会扩大影响，孤立以色列。近日，联合国教科文组织，已接纳巴为正式成员，直接触痛了以，使以软实力下降。另外，法塔赫和哈马斯和解，令以十分恼火。其三，土以关系已跌至谷底。土驱逐以驻土大使，将两国外交关系降至二秘级，并中止了一切军事协议。与此同时，土高调支持巴正义事业及其入联申请，从而使两国外交关系又雪上加霜。

土耳其、伊朗地区影响扩大，但难成气候

作为北约组织成员国、伊斯兰国家的土耳其地处中东战略要地，还是“展望五国”和“二十国集团”成员国，综合国力不断增强，目前经济世界排名第17位。2010年，土国内生产总值增长率为8.1%，人均国内生产总值约8600美元，从而大大助长了其扩大地区影响，重塑地区政治格局的图谋。近年来，土大幅调整对外政策，强调其独立性和伊斯兰属性，高调介入中东地区事务，推动中东和平进程，调解有关各方的地区争端，不时搞些轰动效应。土在不放弃面向西方的同时，

采取东向政策，意在中东、中亚和巴尔干发挥重要作用。土一直寻机突显自己，欲做中东地区“老大”，不惧对美以公开挑战，为阿拉伯世界出头。土外交政策“越发趋向于在奥斯曼帝国曾经统治的区域——从巴尔干半岛到埃及——扮演独立自主的区域领袖的角色”。[①] 自中东动荡以来，土颇显活跃，明确支持阿拉伯国家变革和巴勒斯坦正义事业。在利比亚问题上，及时调整方针，转而支持北约军事干预；同叙利亚交恶；同以色列关系跌至谷底。9月，土总理埃尔多安访问突尼斯、利比亚和埃及，受到了三国朝野的热烈欢迎和隆重接待。埃尔多安宣布支持三国“革命”，积极推介土耳其模式。土还宣布建立在快速发展的“土埃盟友关系”上的“中东新设想”，土外长艾·达武特奥卢解读为两国建立“民主轴心”，[②] 以便“填补中东的实力政治真空”。[③] 但这仅是土方的一厢情愿。土既不可能取代埃及的地区地位和影响，更难以成为地区“老大’，主要因为：其一，阿拉伯世界不欢迎。土在阿拉伯世界的软实力较弱。历史上，土耳其奥斯曼帝国曾统治阿拉伯国家长达400年之久。这始终是阿土关系中的一个阴影。即使土想重温奥斯曼帝国的旧梦，阿拉伯人感情上也不愿再接受其“领导”。至于土耳其模式，确实体现了东西方文明相结合，对阿国有一定的参考价值，但他们不会照搬，否则，将水土不服，消化不良。其二，埃及反对。埃一向“把自己视为领袖”，[④] 更不甘其地区领导地位被土取代，故埃对土提出的建立两国之间“民主轴心”的倡议不会感兴趣。其三，美国不允许。美用土助其继续主导中东地区事务，并非任其势力坐大，尾大不掉，与之争雄。其四，土方权宜之计。土一向视己为欧洲国家，其东向举动，主要为加入欧盟增加筹码。另外，土政府仍存变数，一

① 《美联社安卡拉》，2011年9月7日。

② 《土尔其的“民主轴心”在埃及不大好卖》，美国《世界政治评论》网站，2011年9月21日。

③ 德国《明镜》周刊网站，2011年9月6日。

④ 《土耳其的“民主轴心”在埃及不大好卖》，美国《世界政治评论》网站，2011年9月21日。

旦其他政党上台，不排除调整政策的可能性。

关于伊朗。作为另一个地区大国，伊朗在中东地区的地位和影响力也有所上升，主要因为地区动荡转移了美国及西方国家对伊朗的注意力，战略环境发生了有利于伊朗的变化，使之“天赐良机”，大有发展，包括发展核计划和扩大地区影响，尤其改善了同埃及的关系。自1979年伊朗伊斯兰革命以来，伊军舰首次通过了苏伊士运河。伊朗大力宣传“伊斯兰革命”，支持阿拉伯变革，认为此系“伊斯兰革命的成果”，鼓吹阿拉伯国家实现伊斯兰化和伊朗化，但尚未直接介入。当前，伊朗大力发展核计划，强调和平利用核能，同西方国家虚与委蛇，争取联合国逐渐取消对其制裁。伊朗注重加强军事实力，同叙利亚、真主党和哈马斯结成反美统一阵线，与伊拉克、阿富汗保持特殊关系，积极发展同世界大国关系，同美分庭抗礼，强调地区事务应由地区人民解决，不容外国插手。对叙政局，伊十分关注，力挺巴沙尔政权，认为叙一旦有变，将对其充当中东地区“旗手”产生负面影响。

基于伊朗国内问题较多，权力斗争复杂，反对派力量上升，经济困难，物价飞涨，失业率居高不下，民众不满情绪日增，政府担心“阿拉伯之春”蔓延至伊朗，故正采取措施，解决民生热点问题。阿拉伯国家，特别是沙特等海合会国家，对伊朗已有所防范。美国一直视伊朗为心腹大患，正借“暗杀门”和国际原子能机构关于伊核问题报告，大造国际舆论，高调反伊，对伊喊打的“嘀答声”又开始响了。尤其是伊、英关系紧张后，美与西方国家又掀起国际反伊新闻战，并将加大对伊多方制裁和施压的力度。在此情况下，伊朗必忙于应对，且还会受多方掣肘，对今后中东局势走向难以发挥大的影响。

南苏丹宣告独立，任重道远

7月9日，南苏丹正式宣告独立，成立南苏丹共和国，苏丹第一副总统兼南部自治政府主席萨尔瓦·基尔就任首任总统，从而揭开了南苏丹历史的新篇章。它成为自联合国1945年成立以来，通过该国中央政府同意的地区民众公决建立的唯一独立国家。

南苏丹独立，经历了漫长且曲折复杂的过程。几十年来，苏丹北南双方纷争激烈，流血冲突不断。2005年，苏丹政府在巴希尔总统领导下，经过不懈努力，北南双方终于达成了《全面和平协议》。根据该协议，2011年1月9日至15日，苏丹南部地区进行公民公决，决定该地区的未来。据报道，约有93%的居民参加了投票，其中绝大多数选民支持独立。巴希尔总统当即宣布接受这一现实，支持南方独立。事实证明，武力不能解决问题，只有平等对话和协商，才是解决彼此争端、分歧和矛盾的唯一途径。但南苏丹问题，具有其特殊性，该模式在国际上难以复制。

应该看到，南苏丹要实现真正的独立，任重而道远。(1)国内“一穷二白”，尚需多方支援。长期的战乱、动荡，使之发展滞后。工业刚刚起步，农业更为落后，“全国90%的人口生活在国际贫困线下，文盲率高达85%以上”。[①] 教育、医疗、卫生等不值一提。首都朱巴市，人口40万，几乎无一座现代化的建筑设施或较为时尚的星级饭店。目前是百废待兴，百事待举。(2)边界划分尚未解决。据报道，新边界的80%已被确定，其余仍在商议之中，尤其是位于中部的阿卜耶伊地区的归属问题迄未划定，那里有哈季利季油田。6月27日，美联社联合国报道，安理会通过了美国发起的一项决议，同意在阿卜耶伊地区部署4200人的临时维和部队，时间为6个月。这有利于缓解该地区的紧张局势，但毕竟不是长久之计。(3)石油资源收入的分配问题。苏丹现已探明的石油资源60%以上在南部地区，但对外石油出口的运输管道、港口和炼油设施均在北方地区。南苏丹独立后，没有出海口。南苏丹自治期间，曾对中央政府的石油收入分配不公大为不满，现在

① 《南苏丹正式宣告独立》，《北京日报》，2011年7月10日。

它独立了，更是当仁不让，因此，双方仍争执不休。如处置不当，将出大事。（4）南苏丹拥有200多个部落，派系林立，各自为政，相互对立，在独立问题上有共同语言，但要团结共事，统一意志，尚需时日。“南方部族和武装集团之间以及与南方政府之间的恩怨，不是一朝一夕就可以化解的。”①（5）北方的反对派和军政要员中，反对南方独立者大有人在。他们对失去南部地区耿耿于怀，并正虎视眈眈，伺机待动，制造事端。迄今双方边界军事摩擦不断。（6）南苏丹执政党“苏丹人民解放运动”“腐败现象十分猖獗”。②另外，据报道，南苏丹反对派武装力量也很活跃，政府军企图镇压，招致当地人的批评，认为不应因为他们与政府有恩怨，就把他们“当成新国家的敌人”。③

当前南苏丹正站在新的历史起点上，相信勤劳、智慧的南苏丹人定能克服重重困难，建设好自己的家园。

美国与西方干预地区事务，乱上添乱

面对中东乱局，基于自身既得利益，美国与西方国家见风使舵，推波助澜，打着“人道主义”、“民主”、“自由”的幌子，干涉地区国家内政，以图将地区走势纳入其掌控之中。主要表现有二：

（一）北约军事干涉利比亚，助利反对派，推翻了卡扎菲政权

8月22日，《法新社》华盛顿报道，北约共出击1.9877万次，其

① 《一个国家的诞生：南苏丹能控制内部斗争吗？》，美国《基督教箴言报》网站，2011年7月6日。

② 同上。

③ 同上。

中美国飞机执行了5316次飞行任务，约占北约行动总数的27%。前不久，西方媒体大肆赞扬北约"干涉主义的成功"。由此，"奥巴马主义"应运而生。3月26日，美国《华盛顿邮报》载文解读称："它具备三方面的内容：首先，人道主义的出发点，保证了美国军事行动的合法性；其次，这种军事行动应该受到严格限制，尤其不应该涉及地面部队；第三，军事行动必须是多边的，其他国家应该在可能的时候，分担责任，并占据主导地位"。北约在利的"惨胜"，成为"奥巴马主义"的成功范例，实乃西方"炮舰政策"的翻版，是对一个主权国家内政的粗暴干涉，对人道主义准则的无理践踏，有违于联合国宪章基本原则。北约倒卡蓄谋已久，欲在利建立亲西方政权，一可打造西方式的民主样板；二可大捞经济实惠，瓜分利石油；三可阻止难民涌入欧洲；四可将利拉入萨科齐倡导的地中海联盟。西方列强在利或许得逞一时，但不会持久。不管何人执政，利都不可能对西方亦步亦趋，而是会同其拉开一定距离。

（二）奥巴马的中东"新思维"

在中东持续动荡、美处境被动的背景下，奥巴马提出了美对解决该地区乱局的路线图。他明确支持地区大变革，强调美国的"首要任务是推动这个地区的民主改革，支持言论自由、宗教自由；反对使用武力，支持向民主过渡"；[①] 对埃及、突尼斯、利比亚、也门、叙利亚、巴林等国政局说三道四，指手画脚；首次提出"巴以的永久性边界应建立在1967年边界线的基础上"。[②] 上述种种，旨在稳住埃、突；打倒卡扎菲；压垮萨利赫和巴沙尔；保住巴林，"敦促中东盟友接受改革和争取和平"。[③] 他提出巴以边界的划分问题，也是为了缓解巴方不满情

① 《路透社华盛顿》，2011年5月19日。

② 美国《华尔街日报》网站，2011年5月19日。

③ 《奥巴马敦促中东盟友接受改革和争取和平》，美国《华盛顿邮报》网站，2011年5月19日。

绪，变被动为主动，继续掌控地区事务。

目前，该地区局势走向，开始出现了奥巴马“新思维”的影子。但随着地区民众民族独立意识的增强，他们将强烈反对外来干涉。因此，中东局势恐难以按美国人的意图发展。

图书在版编目（CIP）数据

国际战略环境的新变化与中国战略机遇期的新阶段：2011年国际形势研讨会论文集 / 曲星主编. —北京：世界知识出版社，2012.3

ISBN 978-7-5012-4250-4

Ⅰ.①国… Ⅱ.①曲… Ⅲ.①国际形势—2011—文集 Ⅳ.①D5-53

中国版本图书馆CIP数据核字（2012）第044795号

书　名　**国际战略环境的新变化与中国战略机遇期的新阶段**
——2011年国际形势研讨会论文集
Guoji Zhanlue Huanjing De Xinbianhua Yu Zhongguo Zhanlue Jiyuqi De Xinjieduan
— 2011 Nian Guoji Xingshi Yantaohui Lunwenji

主　编　曲　星

责任编辑　贾如梅
责任出版　林　琦
责任校对　张　琨

出版发行　世界知识出版社
地址邮编　北京市东城区干面胡同51号（100010）
网　址　www.wap1934.com
经　销　新华书店
排　版　科鑫苑图文设计制作中心
印　刷　北京楠萍印刷有限公司
开本印张　787×1092毫米　1/16　28½印张
字　数　383千字
版次印次　2012年3月第一版　2012年3月第一次印刷
标准书号　ISBN 978-7-5012-4250-4
定　价　52.00元